篆刻跟我学

增订本

吴颐人 著

上海书店出版社
SHANGHAI BOOKSTORE PUBLISHING HOUSE

岂能尽如人意
但求无愧我心

高山半是微尘积
小印全凭大气沉

尽日相亲惟有石
长年可乐莫如出

中锋堪说千秋法
山印能追万古魂

序

司马无缰

献给读者的是一本书，又是一座特殊的医院，专治"印病"。

"病员"的来历、年龄各异，或天真烂漫，或返老还童，或广有建树，但在刻印上，都是新手，没有老印人的套路，可塑性大。"大夫"治疗的对象，不仅包括"病员"，也包括他自己。得病、治病，并不绝对。因为，只有学到学生长处的老师，才是真正的教育家。越是常见多发症，越容易"野火烧不尽，春风吹又生"，因为刻印是中国最难把握的传统艺术形式之一。大师不是没有缺点，而是勇于和自己的不足作终生的拼搏。

从学刻字开始到刻出高水平、高境界、高品位，要求我们付出毕生的热爱，并且善于消化、吸收先秦以来有名大师、无名高手的长处，熔铸个人的风格。本书是一个小小的路标，指明路径但不能代替你行走。愿你在跋涉中用汗水洗出生命的新充实，为古老的东方艺术，贡献新鲜血液。能成名成家很好；不能，也无妨享受一下耕耘的快乐，把你前进的踪迹，印在多彩的人生道路上。

2000年9月25日7时
与颐人同客京华惠新西路寓次

目 录

序 / 司马无缰

第一章	刻印的工具 /1
	1. 刻刀 /1
	2. 印石 /1
	3. 印床 /1
	4. 印泥 /1
	5. 印箸 /1
	6. 印规 /1
	7. 笔墨纸砚 /1
	8. 刷子、小镜子 /2
	9. 砂纸、旧砂轮 /2

第二章	印石知识 /2
	1. 青田石 /2
	2. 寿山石 /2
	3. 昌化石 /3
	4. 莆田石 /3
	5. 煤精石 /3
	6. 大松石 /3
	7. 楚石 /3
	8. 莱石 /3
	9. 其他 /3

第三章	选石与印石打磨上光 /4

第四章	刻印的一般步骤 /5
	1. 磨平印面 /5
	2. 设计印稿 /5
	3. 印稿上石 /5
	4. 动刀刻印 /6
	5. 刷净石面 /6
	6. 检查修改 /6
	7. 钤印 /6
	8. 刻边款 /6

第五章	画印法 /7
	1. 回文画法 /7
	（1）朱文回文画法 /7
	（2）白文回文画法 /9
	2. 画印举例 /10

第六章	执刀法 /44

第七章	运刀法 /45
	1. 切刀法 /45
	2. 冲刀法 /45
	3. 兼冲带切法 /45

第八章	印章摹刻法 /46

第九章	初学者的基本训练 /46
	1. 回文刻法 /46
	（1）朱文回文练习 /47
	（2）白文回文练习 /48
	2. 朱文刻法 /48
	（1）朱文一字印 /49
	（2）朱文二字印 /59
	（3）朱文三字印 /74
	（4）朱文四字印 /78

　　　　（5）朱文多字印 /94
　3. 白文刻法 /96
　　　　（1）白文一字印 /96
　　　　（2）白文二字印 /115
　　　　（3）白文三字印 /144
　　　　（4）白文四字印 /152
　　　　（5）白文多字印 /252
　4. 粗放一类印的临刻 /258
　　　　（1）粗放一类朱文印 /258
　　　　（2）粗放一类白文印 /267

第十章　　**临刻后的自我检查 /293**

第十一章　**印章的残破与印边处理 /294**

第十二章　**边款知识 /297**

第十三章　**刻款法 /300**

第十四章　**边款的临刻 /301**

第十五章　**边款临刻资料 /304**

第十六章　**印泥知识及钤印法 /308**
　1. 印泥知识 /308
　2. 钤印方法 /308

第十七章　**印章的过渡创作举例 /309**

第十八章　**创作举例 /311**

附录 /343
逐鹿于方寸之间 /343
长跋印八方 /346
作者别号、斋名小引 /354
明天，你会选择什么样的
篆刻风格 /356
2009版《篆刻跟我学》后记 /360

后记 /361

第一章 刻印的工具

1. 刻刀

刻石章的刻刀一般用平口单面刀,而不像刻木、象牙、牛角、有机玻璃等

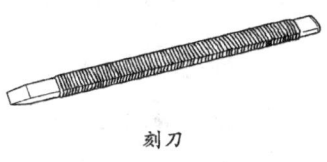
刻刀

其他材料要用斜口刀、双面刀等。如能备大、中、小三种刻刀以适应大小不同的石章更好。也可用旧锉刀改制,另一头磨成不方不圆的形状,作为研磨印面追求残破时的辅助工具。刻刀中段宜夹以两截竹片或木片,再缠以牢度较高又粗糙一点的绳子如麻绳等,可以防止滑手和勒痛手指。要保护好刀角,如刀钝了,可在油石上磨,磨时刀杆平放胸前,将刀刃上下方向推磨。

2. 印石

篆刻要使用印石才能显示出艺术效果,犹如画国画用宣纸才能表现水墨的情趣一样。印石的种类以产地划分,后面将详细介绍,初学者只要挑选价廉、不裂又能受刀的印石即可。

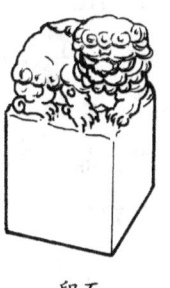
印石

3. 印床

这是用以固定印石的工具。印床种类一般

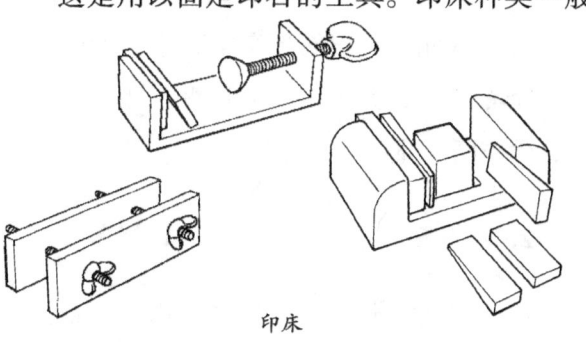
印床

有三种。最常见的一种是木质凹形,中间是一排木楔按印石大小随意增删加塞;另一种是金属或胶木制成的单枚螺丝夹;最价廉物美的一种只要备一副元宝螺丝,配上两块钻有小洞的木块即可。初学使用印床可以防止刀刃伤手,熟练后不用印床,则右手执刀,左手执石,迎刃受刀,反能灵活方便。刻带有印纽的石章时,特别要注意的是别夹坏了印纽,不妨在印石的夹面各衬以橡皮块。

4. 印泥

印章的艺术效果常借助优质的印泥得以表现。印泥的优劣,价格

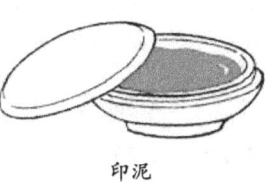
印泥

相差极大,上海、苏州、杭州、漳州等地都产印泥,具体情况后面将介绍。商店里铁盒印泥初学时可勉强一用,但泡沫印泥则不可用。

5. 印箸

印泥不可盛放在金属器皿内,而宜置于瓷缸内,印泥搁置日久就会泛油,此时宜在一个月左右用印箸翻调一次。市上有骨质印箸出售,但自己也可用旧牙刷柄锉制。

印箸

6. 印规

印规的作用是钤印后如觉不够清晰,可将印章紧贴印规再钤一次,是一种直角形的定位用具,也可以自制。

7. 笔墨纸砚

写印稿一般用硬毫(五号或六号狼毫描笔、叶筋、衣纹笔都可用)。水印印稿时,宜以油烟

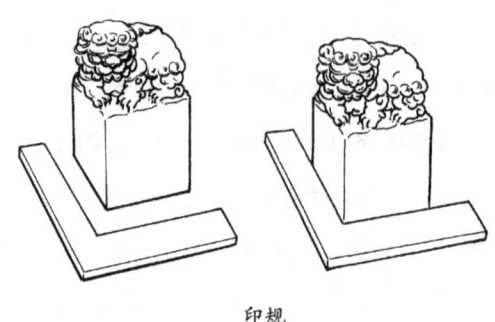

印规

墨磨出的浓墨写稿以保证水印清晰，如直接在石上写稿，也可用墨汁。水印印稿以吸水的土纸，如毛边纸、元书纸、毛太纸、蜡纸坯或薄宣纸为最宜。钤印用纸以薄而洁白的连史纸最为理想，如用宣纸，也以薄而纯净者为好。砚台以石砚为佳，橡皮砚、方便墨等使用时行笔不爽，不可取。市上出售的廉价的学生用小墨，质劣，磨出来似泥浆，不可采用。

8. 刷子、小镜子

印章刻制完毕，在使用印泥前，为防止石屑污损印泥，必须用刷子清除刻面，一般用旧牙刷，或旧油画笔等代替，也可用棕丝自扎。小镜子以方形为佳，临印时置于印拓侧面用以反照印文，也可用以检查反字印文的正面效果。

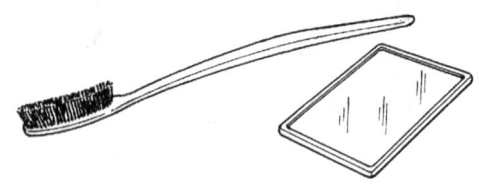

刷子　小镜子

9. 砂纸、旧砂轮

磨去旧印文，如在旧砂轮上磨可加快速度，一般备铁砂纸、水砂纸粗细两种即可。为使石面磨平，砂纸宜平铺玻璃板上，不平整的砂纸上往往磨不好石面的边角。两张用过的砂纸宜砂面相合放置，以保持砂纸反面的清洁并备作最后的细磨使用。

第二章　印石知识

印石易于受刀，能随心所欲地表达作者的刀法和笔意，故篆刻家都乐于采用。印石的种类很多，名称主要以印石产地命名，著名的有浙江青田石、福建寿山石、浙江昌化石，以及宁波大松石、山东莱石、内蒙古内蒙石、湖南楚石、新疆伊宁石等。各省都可找到一些宜于受刀的印材或代用品，下面简单介绍几种主要印石的知识。

1. 青田石

在矿物学上是一种含氧化铝、氧化硅、氧化铁等多种成分的硅酸盐矿物，属于叶蜡石科。由于各种成分含量的不同，形成的石纹、色彩也不同，有青、红、黄、紫、黑、淡红、淡黄、淡紫、黑青等。产于浙江青田县城南郊二十余里的山口至方山一带。方山一带所出石料较名贵。近年在邻近各县也发现新石源。

青田石之佳者，通体无杂质，在灯光映照下，晶莹透明，称为"灯光冻石"。还有一种色白如鱼脑的称"鱼脑冻"。其他名称很多，如五彩冻、夹板冻、红木冻、桃花红、石榴红、老虎花、墨青花等，最为名贵的是封门青。青田石质地细腻，便于雕凿，采作石雕、印石的历史悠久，在明代已有"价重于玉"的记载。1915年青田石雕、印石参加巴拿马博览会荣获金质奖。从此，青田石便名扬天下。青田县有好几个石雕厂，数千名工人从事石雕和印石生产，供应国内外市场的需要。

2. 寿山石

产于福建福州郊区下寮乡寿山村一带。寿

山石被采用作雕刻材料，据记载已有一千五百多年的历史了。它也是属于叶蜡石科的一种矿石。一般按生产地区而分为田坑、水坑、山坑，以田坑为第一，水坑次之。

田坑石最为稀罕，简称"田石"，是藏于寿山山溪两旁水田底层、古砂层中的零散石块。一般是独块石，往往由石农翻田搜掘时偶尔得之。这种石块长期在溪水中浸润洗刷，倍加莹澈。石质逐渐变色呈黄色的叫"田黄"，呈白色的叫"田白"。田黄、田白合于一石名"金银地"。田黄的价值数倍于黄金就是因为其产量极少之故。在寿山中坂溪管屋附近，因地势骤平，加之溪水转弯，故这一地区水底积石较丰富。水坑石简称"坑石"，产在寿山溪坑头支流的发源地矿洞中。其石质多呈透明或半透明状，富有光泽。这种凝腻透明如结冻的石质，就是所谓"冻"。这里多产各类"晶"、"冻"。如鱼脑冻、水晶冻、鳝草冻、牛角冻、天兰冻、桃花冻、玛瑙冻等。

山坑一般指寿山乡四周的蜡石矿，矿区主要分寿山和月洋两个。因产地不同，石质亦有不同，所以，山坑的名目也特别多。

3. 昌化石

产于浙江昌化。昌化石中分水坑和旱坑两大类，因水坑质地细腻故较名贵。其优劣之别，一看质地，二看含"血"。昌化中的鸡血石，与寿山中的田黄、青田中的灯光，为我国印石中的三大名品。水坑中石质以白如玉又半透明的羊脂冻为最佳，顺次为乌冻、黄冻、灰冻、牛角冻等。石中含红色成分俗称"鸡血"，以鲜红为贵。含血多少，又分全红、四面红、对面红、单面红、顶脚红、局部红等。如果一方印石是羊脂冻地而又含全红或四面红，其价值要超过田黄，成为罕见的印石珍品。

昌化石中凡旱坑所产，石质不但粗糙质硬，而且石中多砂钉。这种砂钉刀不能入，为篆刻家所不取。

4. 莆田石

产于福建莆田。质地中有一种类似碎瓷的冰裂，石质坚韧。

5. 煤精石

产于陕西。黑色有光泽，分量较轻，产量不多。

6. 大松石

产于浙江宁波之大松。真品大松石上面有自然的如洒墨之黑斑，质地坚硬。有些商人烧斑伪造的就不足取。

7. 楚石

产于湖南、广东一带。暗黑色，如退了光的黑漆。由于质地较松软，故作为初学篆刻练习还可以。当年齐白石挑了一担石头回去制成印材学刻，取的就是这种楚石。

8. 莱石

产于山东莱州。颜色也很好看，碧绿如玉，但由于质地松脆，也只能作习刻用。

9. 其他

其他还有宝花石、大田石、朝鲜石、阴洞石、辽石、延平石、古田石、绿松石、广石、房山石、丰润石、湖广石等，各地均有一些出产。近来各地新矿时有发现，内蒙一带矿源充沛，虽然不如青田、寿山、昌化等名贵，但作为学习篆刻，只要能受刀而不伤刃，不妨就地取材，节约办事。

第三章　选石与印石打磨上光

石章分有钮、无钮、不规则形状三种。前两者以方形为主，也有长方形、椭圆形。如果印钮雕得高雅、古朴，可与篆刻作品相得益彰；如钮制粗俗，不如无钮为好。无钮的以六面方为标准。不规则印石，是以零星边角石料制成，除了少数能随形布局外，大都不足取。市上书画店出售的廉价青田石、寿山石用作学刻最宜。这类印石软硬适中，运刀时不开裂无度，也不粘刀，所以刻刀入石畅爽如意，能尽随作者意图。印石的优劣与篆刻的艺术效果关系很大，因为运刀时手指的轻重徐疾，都能影响到线条的变化，就如同毛笔在宣纸上能如意表现出干湿浓淡一样。青田石、寿山石还具有吸色不吸油的优点，印泥容易沾牢而不易干燥。

此外，我们在选购印石时还要注意以下几点：

其一，印石要结实无裂纹。因为一般石矿多采用炸药爆破，廉价印石难免有裂纹。有的裂纹已经过油浸蜡嵌，使外行人难以辨识。

其二，看有否砂钉，尤其印面更不能有砂钉。

其三，颜色纯净无杂色。带透明的为最佳，但颜色美丽、纹理巧妙的也十分难得。如果善于雕钮，那么如选得印石中有一二块别具特色的色块，则可以随色设计雕制别致的印钮。

以上只是介绍一般篆刻爱好者习刻所用的印石，而挑选名贵的印石，或是旧石章，则与鉴别古书画无异，要请教有一定鉴赏经验的专家来识别了。这是一项专门的学问。市上一般出售的印石中，还有一种白色的粉石，外观类似白寿山，颇为美观，但以刀就石如同泥块，印面不能经久，也不能刻工细的文字。另外，山东的滑石、青海茶色的冻石等，因为质地粗松似粉石，也不宜治印。绛褐黄色的内蒙冻石，刻时感觉脆硬干涩，常呈片状爆裂，初学者也难以控制。还有一种辽宁石，外观嫩绿略黄，光彩照人，粗看似封门青田冻石，但一刻上去顿觉石质异常顽硬，不堪作印。

同样一方印石，打磨上光与否售价相差甚多，如果要治印馈赠亲友留念，不妨自己打磨上光，工艺也并不复杂。具体步骤如下：

整形——先将印石在火上略微烘烤，把蜡质用布或纸揩拭干净，然后检查一下石面四角是否都呈九十度、顶端是否有斜角或圆头，如有，先要在粗砂纸上整形，磨成标准的六面光。

去纹——印石最后打光效果的好坏，取决于石纹的磨光程度，在砂纸上由粗到细地打磨后，最后剪一块六百号左右的水砂纸蘸水打磨，力求去尽纹路，总之，要尽可能打磨得越光洁越好。对印石的四棱也可用细砂纸轻抹几下，做到不刃手即可。

抛光——抛光的方法有两种，一种是用金相砂纸蘸一点缝纫油不断细磨后，再以软布擦净就行；另一种是先以抛光绿油膏涂于猪、羊皮的里层，再将印石在皮子上用力快速打磨。以上两种办法，均可使一方印石达到光灿夺目的效果。

第四章　刻印的一般步骤

下面介绍的是初学者必须知道和掌握的刻印步骤。

1. 磨平印面

印面是指写印文的一面，其他几面如石面粗糙，当然也最好整磨几下。磨印面时可先在粗砂纸上进行，以求去除纹路快速省时；然后再在细砂纸（如水砂纸等）上磨，以求石面光洁。如要磨去旧刻，则可先在砂轮上磨，省时间省砂纸。

五指执石，用力平均，要不断转换执石方向，方可避免磨成斜面。如以"8"字形方向，循环往复，徐徐磨来，也可达到目的。砂纸最好平铺在玻璃板上，如桌面不平，难免磨出的石面四角不平。

2. 设计印稿

刻成功一方印，最重要的是章法，也就是设计印稿。分行布局，或朱或白，或工整，或奔放，都应成竹在胸，然后在纸上以毛笔反复设计，挑选出满意的定稿。

3. 印稿上石

只有把设计好的正字印稿，反写到印面上去，刻出来的反字才能钤盖出正字来。如何反写印文，根据基础不同，可有以下几种办法：

（1）最熟练者，可以直接据印稿反写到石面上。但非有相当功力不可。不妨用铅笔在石面上大体安排，再用毛笔定下墨稿。

（2）为防止反字中误加了正字，可将印稿设计在透明或半透明的纸上，然后依印稿背面显示之反稿，摹写上石。这一方法简易可靠。

（3）可在印稿侧面置一块小方镜，视镜中反稿，将反字写上石面。用此法久而久之可锻炼自己的适应和书写反字的能力。

（4）初学者最好采用水印法，具体过程如下：

a. 先将一小张毛边纸或其他吸水的毛太纸等放于手心内，将磨好的印石印面置于手心上，在纸上压出一方印面轮廓。

b. 在此轮廓内用浓墨写印稿，白文要写出较粗的线条（不必写双钩字），朱文要留出边栏的地位。写好后将石不偏不倚地覆盖于纸上压出的轮廓内，并用左手捏定印石及覆盖着的墨稿，不使移动。

c. 用一支清洁的笔蘸一点清水，使印面上

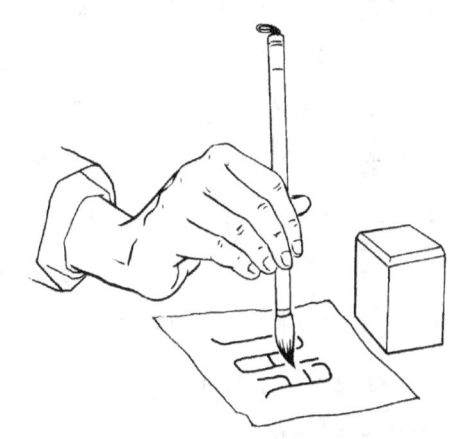

在压痕内用浓墨写印稿
（写前可先用铅笔起稿）

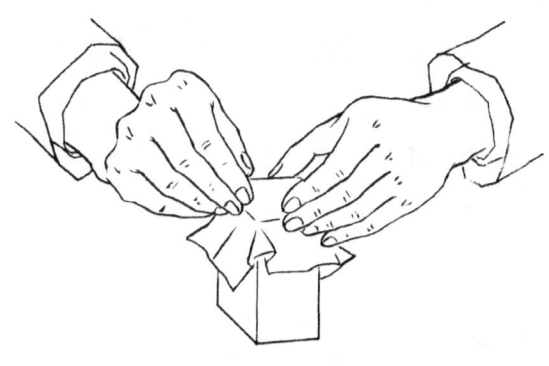

将纸覆于印面固定

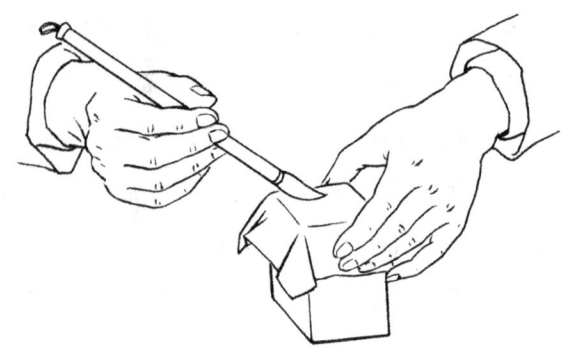

使印稿微潮，多余水分吸干

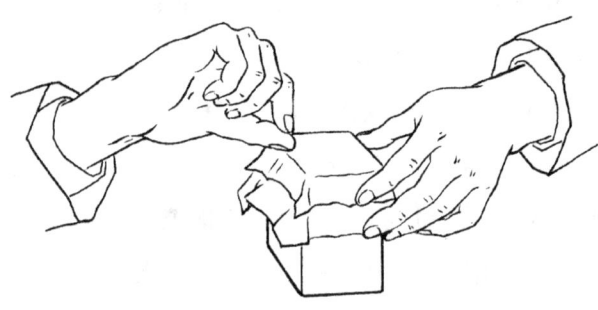

覆上二三层纸并用指甲重磨印面

覆盖着的稿纸微潮，另用二层折好的小块毛边纸蒙在墨稿上，也不使移动。

　　d. 左手执石扶纸，右手用大拇指指甲均匀地反复研磨墨稿，勿使遗漏一边一角，然后揭去三层毛边纸，印稿上的墨迹便反印到印面上了。

　　e. 如有不够清晰之处，则依靠小镜反照印稿，用毛笔据镜中反字略加修正。

　　要水印好墨稿有一定诀窍：

　　a. 不要揩去砂纸磨过后残留在印面上的一层极薄的粉末。

　　b. 写墨稿一定要用墨锭磨出的浓墨，墨汁或淡墨效果不好。

　　c. 蘸水不可太多，达到微潮即可。

　　d. 动作要干净利落，如动作迟缓，研磨轻重不当，都会影响水印质量。

　　掌握上述四点，则效果必佳。

4. 动刀刻印

　　即按后面第九章第2、第3两节介绍的朱文、白文流水刻法来完成。注意表现线条的书法笔意，要剔尽笔画空隙处残留的斑点。

5. 刷净石面

　　用旧牙刷刷印面中石屑，使不致污损印泥。用印泥前也最好把印面上的墨迹揩净。

6. 检查修改

　　初学者可以手指薄蘸一点墨在印面上轻拍，勿使墨汁嵌入印文凹地，再以镜子置于黑白分明的印文旁对照原稿检查修改；也可将印章钤于较薄的半透明纸（如蜡纸坯、打字纸之类）上，从纸背视印拓的反文对照修改。

7. 钤印

　　要注意洁净印面，垫纸不可过厚，以免失真。左手扶正石章，右手运全身之力于指端钤印。印面施力务必均匀，四角都要受力。钤好后当纸石分离时，不可猛然抽石，宜轻轻揭开。为可靠起见，可采用印规。详见第十六章第2节"钤印方法"。

8. 刻边款

　　详见第十三章"刻款法"。

第五章 画 印 法

1. 回文画法

朱文要画得细,可视印石大小,以圈数多、线条细者为好,但不可过密,以防用刀时石面开裂而影响旁边的线条。白文线条可粗厚一点,线条的间隙以极密极细为好。粗看起来,朱、白文回文难以分辨,区别的要点是:朱文要在印面边沿画细的边线,白文则要离开印面边沿一点点距离,然后依次紧挨着画出一条一条粗线条。

别小看了画回文,这与在石上写印一样,对初学者会有一定难度。即使成人用一支五号狼毫描笔(羊毫笔画线不易做到细而挺),要在石上画出粗细一致、间距统一、转折自然的回文印,也常常不能满意。最难克服的是手抖、线条画不直。建议你将印石移至桌子左侧边缘下,使印石与桌面平齐。一手握石,一手执笔,或在执笔的右手下垫几本书使之与石面平齐。画印时,也可只以拇指、食指执笔,可克服手抖而画线不直的困难。初画回文印,还可先以细铅笔、小三角尺在石面上打好一圈圈回文样子,再依线用笔墨描画。这是第一关,其难度并不在镌刻之下。

(1)朱文回文画法

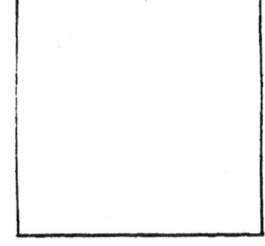

a. 先以铅笔画一个正方形,宜淡而细,以便最后用毛笔复描。只有在纸上练熟了才能在石上画好。

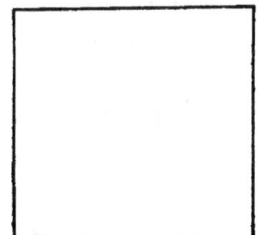

◆ 尺寸准,粗细匀。

◆ 右竖线比左竖线长了一点;右上角与左下角都不该出头。

◆ 右竖线与下横线画粗了一点。

◆ 尺寸准,粗细匀。

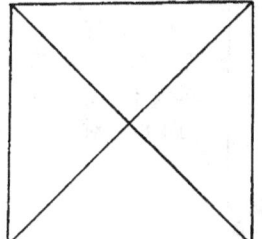
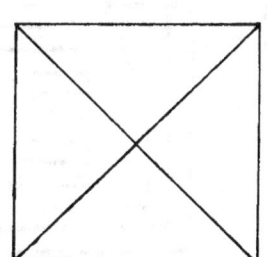

b. 画对角线。

◆ 框准,对角线也好。

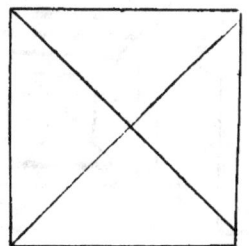

◆ 右上角、右下角对角线未对准框角。

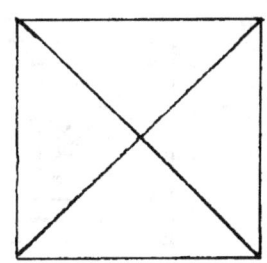

◆ 除左下角框角未对准外,其余均好。

◆ 用细铅笔轻轻地画才好,因为最后要求用狼毫描笔重描一遍。

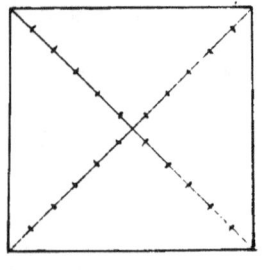

c. 在对角线上轻轻地由外向内等距点线，间距可大可小，但要统一。

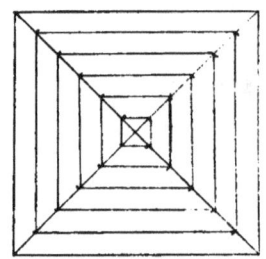

d. 以平行、等距、粗细一致的线条在斜线"点"上连接，连线之角宜方中见圆。

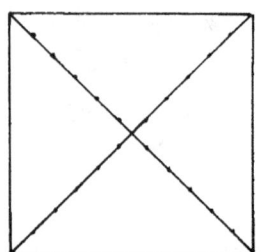

◆ 可以。

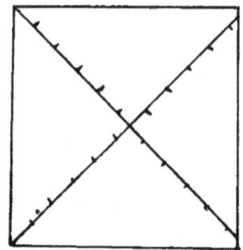

◆ 右上角、右下角未对准框角。
◆ 点线要点在线上。

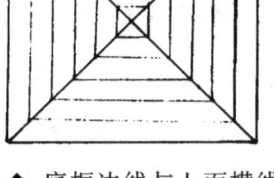

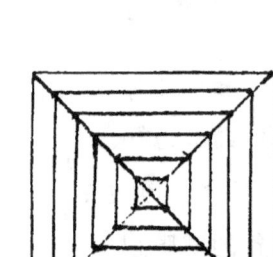

◆ 底框边线与上面横线左右间距不匀。
◆ 竖线与横线连接之角宜方中有圆意。

◆ 横、竖线最好粗细统一，连接之角宜方中有圆意。办法是连接处空开一点再补一圆角。
◆ 右侧竖线及下部横线间距不匀称。

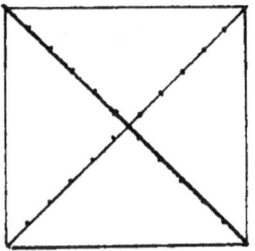

◆ 对角斜线粗了一点。

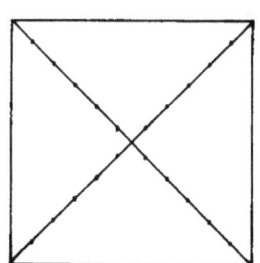

◆ 可以。

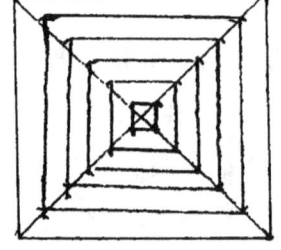

◆ 下部几根横线之间距尤其不统一。
◆ 左上横、竖线连接不在斜线上。
◆ 所有连接点均十分粗糙，基本不在点上。

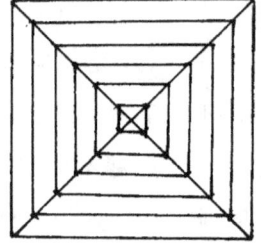

◆ 右边上下两斜线上，横、竖线交接均不到位，应该都连在线上，而不是线外。
◆ 交接时，横、竖线之间留一点余隙，以便再补一小点圆角:（▢▢）。

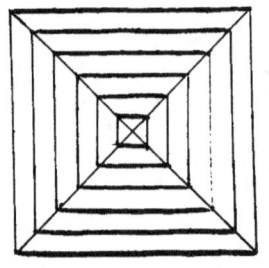

e. 改用狼毫、描笔用墨从上到下画出横画，要挺，粗细和间距均要统一。

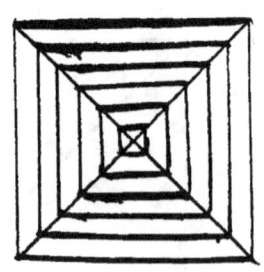

◆ 有几根线都太粗，上半部的间距不统一。

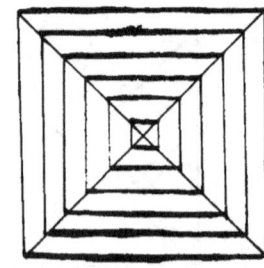

◆ 下半部上面三根短横还好，越向下越不好，末两根不仅不挺，粗细、间距也不对。

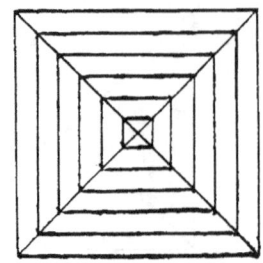

◆ 描线过细，如能更挺一点，则更好。

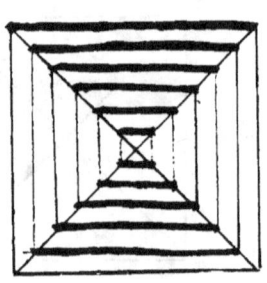

◆ 粗细和间距都不到位。

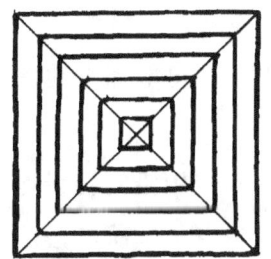

f. 用描笔从左到右画出竖线，要求同横线，两线连接处宜方中见圆。这是朱文回文画法。

（2）白文回文画法

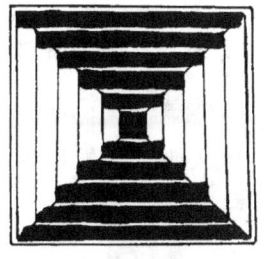

a. 前面几道步骤与朱文回文画法 a~d 相同，再在横线下画粗线，间距为极细的一条白线，粗线四边要留出一条边线。

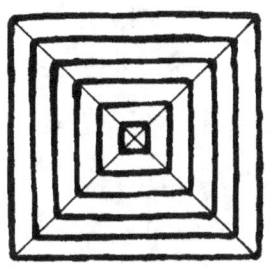 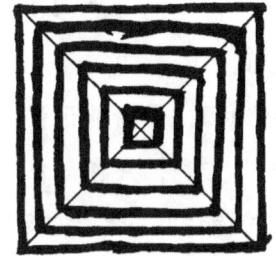

◆ 还可以。右上部横、竖线连接处显得有点"肿"。

◆ 太粗，横线较竖线更差，粗细与间距均不对。

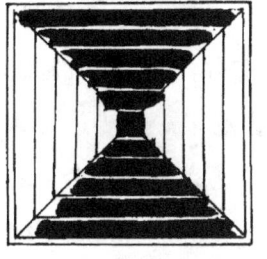 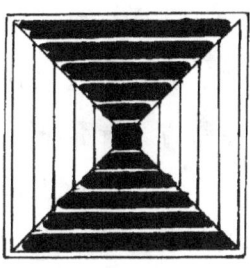

◆ 画得还好，所留间隙白线如能又细又挺则更好。

◆ 同左。

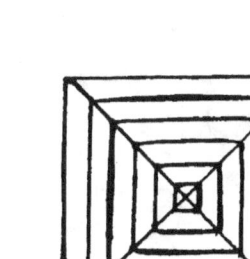 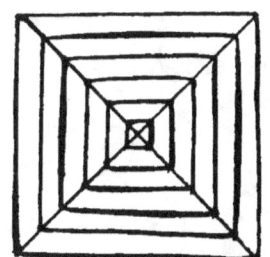

◆ 粗细、间距都还可以，线条能光洁一点会更好。
◆ 横、竖相接之角要方中见圆。

◆ 横、竖线中有几根太粗，有点不协调。
◆ 上部几根横线有点向右上倾斜，近底边的横线间距太大。

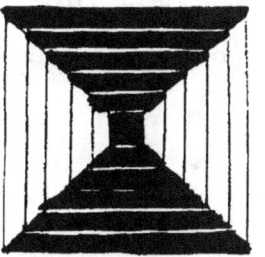 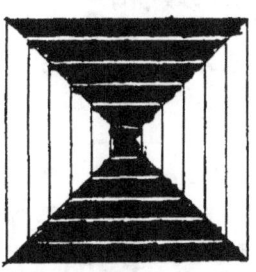

◆ 四周要留一极细之边。
◆ 所留间隙白线要挺而粗细统一。现在少数白线已被并掉了。

◆ 四周要留一极细之边。
◆ 白线要细而挺。

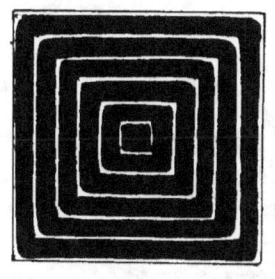 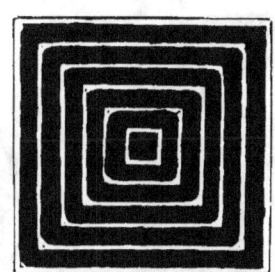

b. 用同样办法画竖线，注意白线要细而挺，更要画好转角，宜方中见圆。

◆ 基本合格。
◆ 无论朱文、白文，要在纸上反复练习。只有在纸上练好画朱、白文线条的基本功，一旦在石上画线，就不会感到困难。

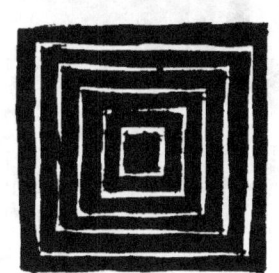

◆ 四边未留一圈白边。
◆ 转角太方，宜方中见圆。
◆ 所留白色细边是间距线，不可粗细不匀。

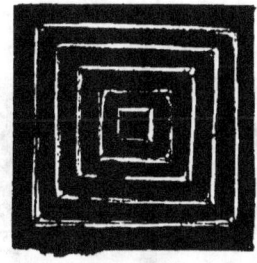

◆ 四边要留一圈白边（可预先留出）。
◆ 粗黑线要紧贴线条画。
◆ 所留白线不清晰，有些地方已见并笔。

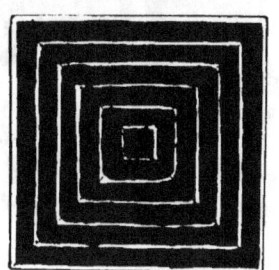

◆ 还可以。
◆ 白色细间隙线要挺而粗细均匀。

2. 画印举例

画印作业对于入门不久或有一定篆刻基础的学习者，都不失为一种有效的学习方法。要点是严格按范印的一笔一画放大画（一般四厘米见方即可，过大者相应放大）。朱、白文均画其笔画，白文不必写空心字。每根线条要求逼似范印，注意每根线条的头、尾是方、是圆、是尖，其转角处也有圆、有方，或方中带圆、圆中带方。最不好的是不看范印，把转角一律画成90°的棱角。另外还要注意范印中几个字的比例，横中线、竖中线的宽窄，以及线条与线条的间距。

白文的四边要留一圈，宽窄即印石之印边与文字之间距。文字或印边的残破可以用点墨来表示。怎么破就怎么点，马虎不得。画朱文的文字及边框就容易多了，该粗、该细、该圆、该方、该尖、该残，都要尽可能逼真地依样画出。

有必要提请注意的是可以先用铅笔轻轻地打好样子，然后用五、六号狼毫描笔蘸墨按范印仔细描画一遍，描画完毕再一一对照范印修补一遍。白文的印边之外，要画一圈黑边，便于画出印章的实际边框形状。另外，不管画印、临刻印，是否能记住种种线条的排列姿态及粗细、方圆，并在创作时逐点活学活用，这是十分关键的一点。如不加研究地画印、临刻印，即使摹仿了成千上万方印，也是徒劳无益。

完成画印作业时，最好先将本书第九章中的"朱文一字印"、"朱文二字印"和"白文一字印"、"白文二字印"全部画一遍，如此，必将获益极大。

仁举

文起

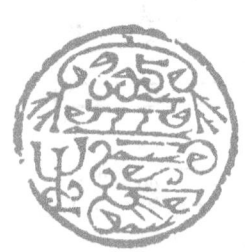

宁坞

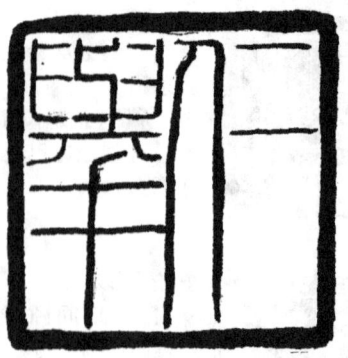

◆ 无论印边内侧和文字的线条，均应挺而瘦劲。

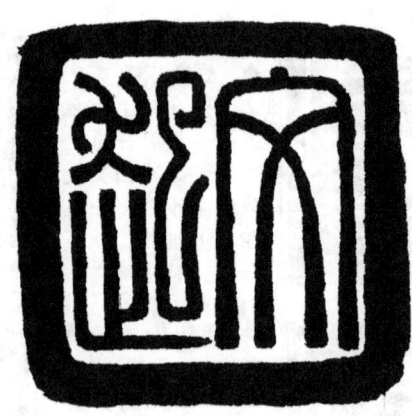

◆ "文"字间距要均匀，竖笔终端太粗。

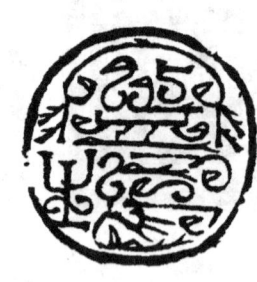

◆ 第一是内圈不圆，第二是线条太粗。内圈不圆是变了形，外圈不圆可称残破。
◆ 线条应有粗细变化。

◎第五章 画印法

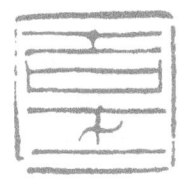
吉士

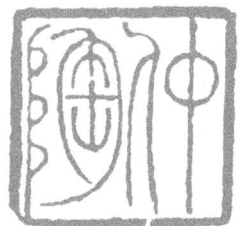
仲陶

中（仲）瑊

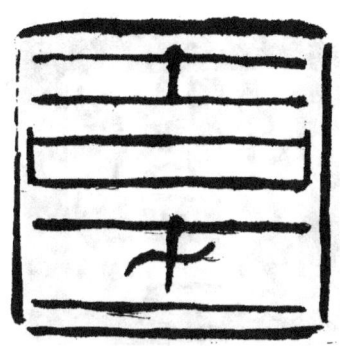

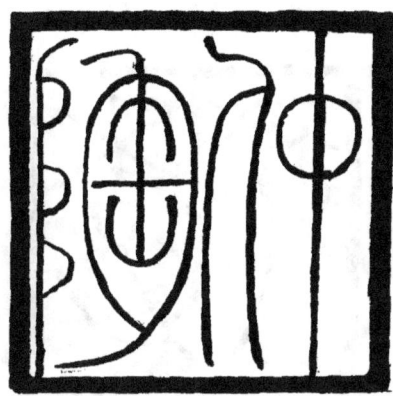

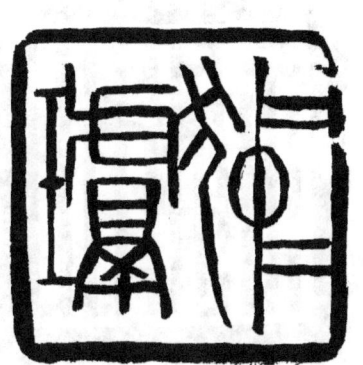

◆ 两字安排尚好。
◆ 线条要求犀利、挺劲，"吉"字的首横要有点上弯。
◆ 残边还要讲究一点，如底边右侧要细而上翘，左右两侧的边与文字要空开一点。

◆ 边角太方。
◆ "仲"字单人旁两竖太分开。
◆ "陶"字右半部左弯终端不可与右弯线相接。

◆ 两字安排还好，但笔画的粗细变化未掌握，如"中"字一长竖的头尾，哪有这么大而平的？
◆ "瑊"的右下应有一圆形顶双垂，一样平齐才对。

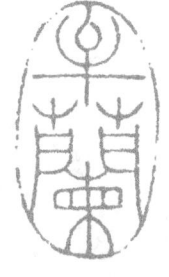
牟兰

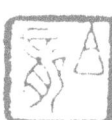
白（伯）龙

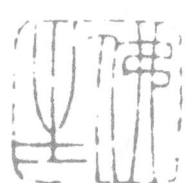
佛生

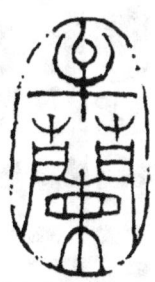

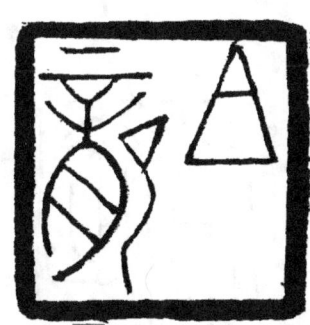

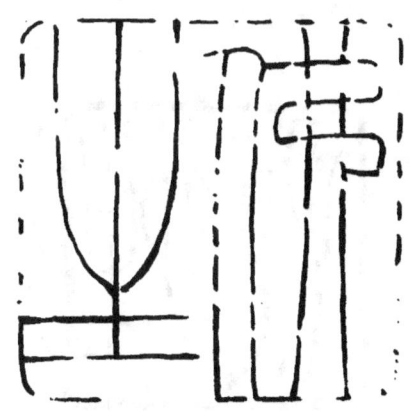

◆ 除了"牟"字，有些笔画画得太粗，其他都很好。

◆ 布局还好，但从比例上看，文字还要细，细到有些线条几乎没了。
◆ "龙"字与左边框要离开很多。

◆ 不该放得这么大。
◆ "佛"字左"人"断裂太有规律，右边竖画为什么要断？
◆ 印边的断裂太有规律。

和福

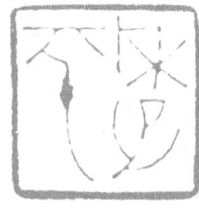

季平

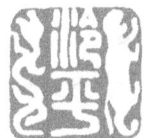

泠平

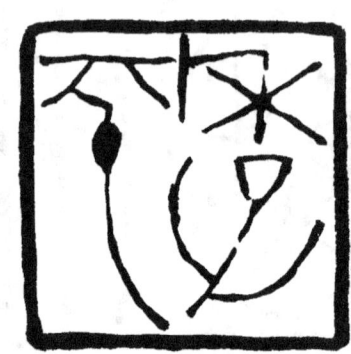

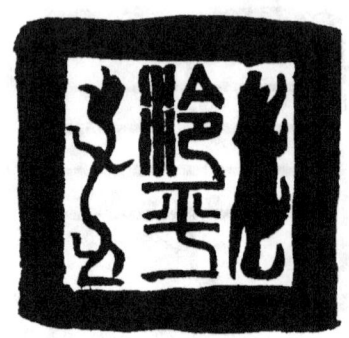

◆ 此印其实很难画，要求线条不同于满白文，不粗不细，尤其间距要匀，较难掌握。
◆ "和"的"口"上横要稍下降点，"口"与"禾"的间距稍嫌紧了点，应全印统一间距才好。

◆ 线条不挺，用墨也太淡。
◆ "季"字上半部左上斜线头太近横线，空间小了。

◆ 图饰要丰满，总体线条太瘦。
◆ 两字均太瘦，"泠"三点水不挺，"令"字末尾太斜。
◆ "平"字下部转折留空太多。

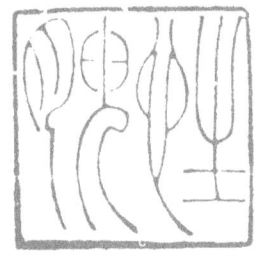

性腴

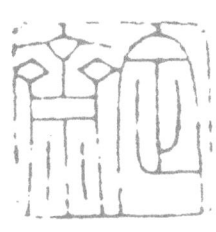

定斋

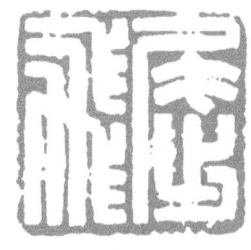

屈飞

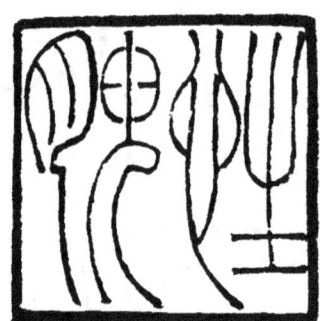

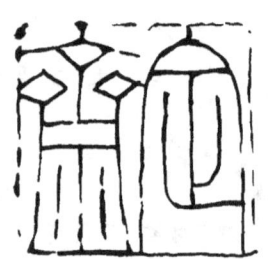

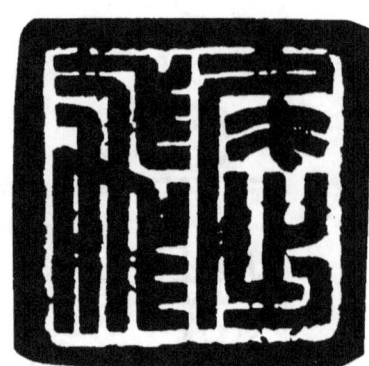

◆ 画得很好，位置基本准，如按比例把线条细一半会好很多。

◆ 画得还可以，但"定"等长线条不够挺，是一大缺点。
◆ "斋"的上面三只"眼"中，上、左两只嫌大。

◆ 画得真好，连细微的残破处也努力表达出来，很不容易。

◎第五章 画印法

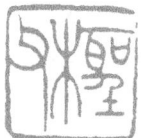
柽父

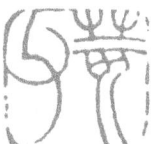
荄父

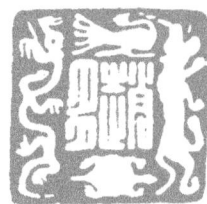
赵多

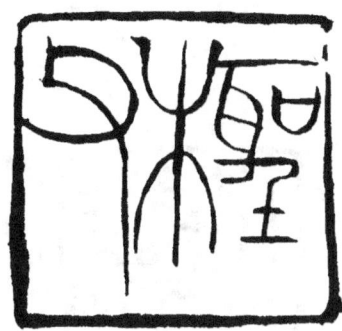

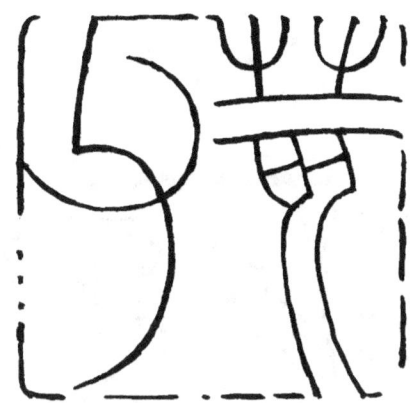

◆ 画得太大，真不讨好。
◆ 右上小"口"还要上去一点。
◆ "父"左上角一小竖还要出头点。
◆ 左边框没这么粗。

◆ 相应大一点易画好，现在太大了，效果出不来。
◆ 线条生硬，无书法笔意。
◆ "父"字左印角宜圆，内一竖也有相应弧度，并在适当位置再下弯，现在太下去了一点。
◆ 残破太生硬。

◆ "赵"字"肖"上面并不并笔，"月"竖线宜挺。此两字总的要饱满，还应大一点。
◆ 四灵也要饱满，如"凤鸟"头颈要后仰以补空，"龙"的线不流转，也不饱满。
◆ 印边、印角未修理好。

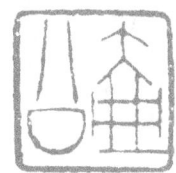
壶公

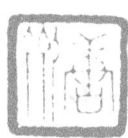
唐斋

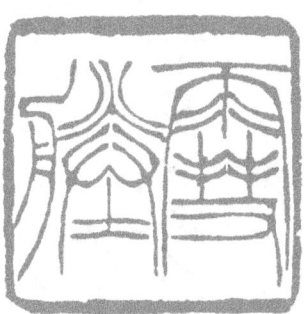
雪塍

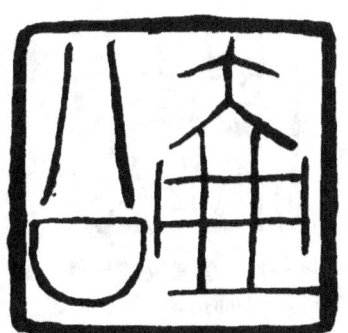

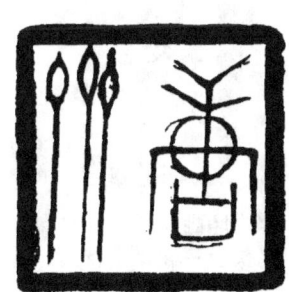

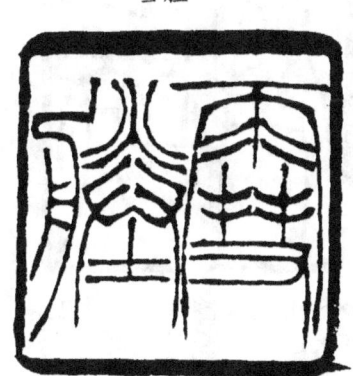

◆ 画这类小印，不宜这么大，过大易失真。
◆ "公"的两竖粗了些，下面半圆状也不该与左边太靠近。

◆ 铅笔线太深，很脏。
◆ 所有线条要细而挺才好。
◆ 左上三个圈应基本等大。

◆ "塍"字"舟"首笔应有圆势。
◆ 其他都还好。

13

隗长

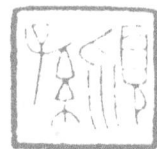

颍孙

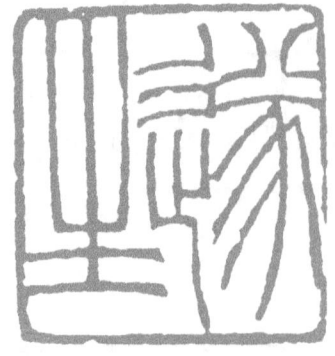

遂生

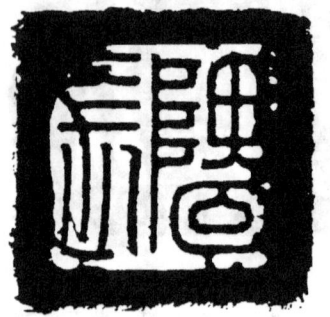

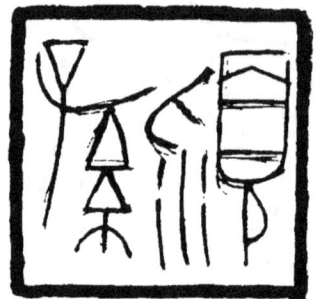

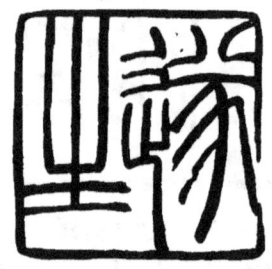

◆ "隗"右下扁"口"宜扁而上有曲线。
◆ 残破很好。

◆ 铅笔线太深，很脏。
◆ "颍"字底下总体要左低右高，不可一样平。
◆ "孙"右下结束左右两笔，应左低右高。

◆ 线条一光就僵，没有了生命力，尤以"遂"的两根长竖以及"生"字上面三竖为突出。
◆ 无论文字、边角，一光就必然没有了残破。

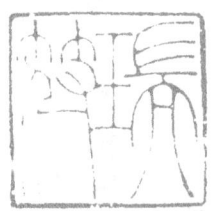

瑞符

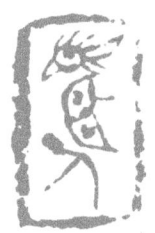

颐人

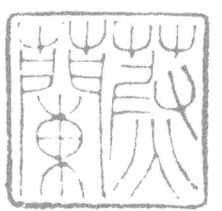

蔚兰

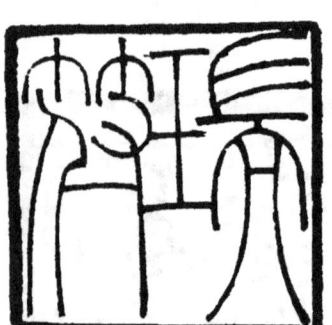

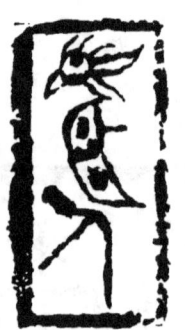

◆ 安排基本上很稳妥，这已经不大容易了。
◆ 最大缺点是所有线条均粗了。
◆ "瑞"字"王"首横太斜。

◆ 整个印画长了。
◆ 鸟头上三撇是平行的，鸟身上要有残破，下面两撇短而平行。
◆ 鸟下"臣"太长，该细的地方没细。
◆ "人"的一竖一撇都太长。

◆ 画得好，就是要按比例让文字画得再细而挺劲。
◆ "兰"字"门"中的圆圈内框还要刻得扩大才好。

◎第五章 画印法

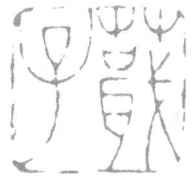

蒇子

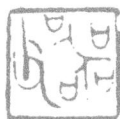

器父

戴襄

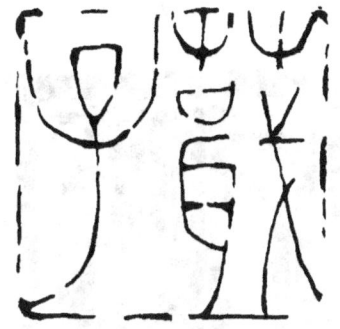

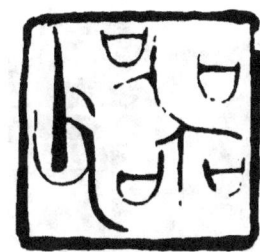

◆ 草头左边的好，右边的差，"口"及"戈"的线条均少书法韵味。

◆ 画得很好。
◆ 边框的内边要挺。

◆ 此印上边有两处出头，底下两字的底部应一样平。
◆ "戴"字"田"下左右两处笔画应一样粗。
◆ "襄"字底下左侧第二竖不可与右竖上端连。

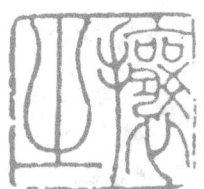

攘之

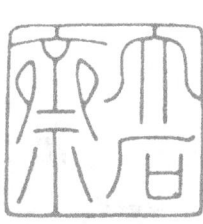

大石斋

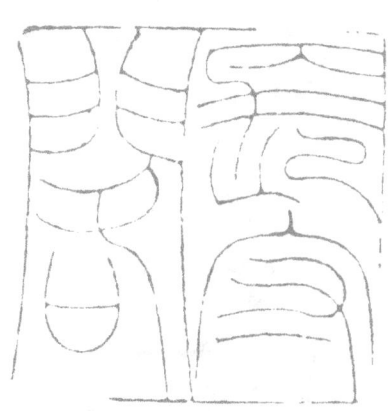

长守阁

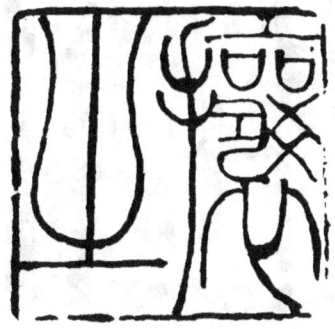

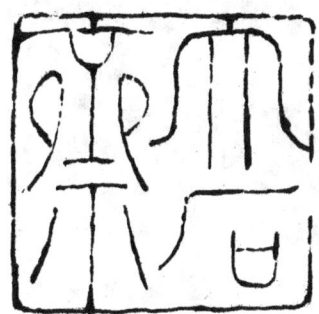

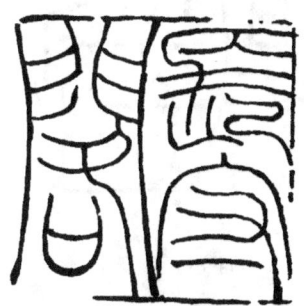

◆ "攘"字疏密安排得不妥，"手"的竖画终端与底边只留一点相接。
◆ "之"左右曲线还不够曲。

◆ "大"字首横有点倾斜，垂线粗细不统一。
◆ "石"字左撇太开张，"口"字要左移点。
◆ "斋"布局尚可，但线条不挺，粗细不一，边框也不挺。

◆ 整个线条要相应细一点。
◆ "长"字右下"己"部的左下转折与左半部的横太靠近。

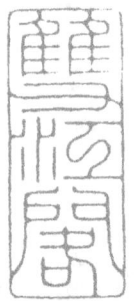

双江阁

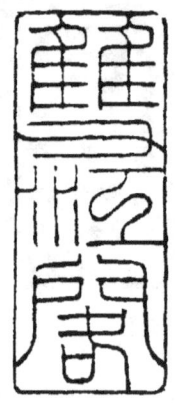

◆ 画得不差。
◆ 如"双"字的三根线条一长，就控制不住，显得不够挺了。

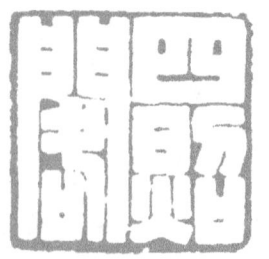

四照阁

◆ 画得真好。在石上也这样画，刻出来就很浑厚。

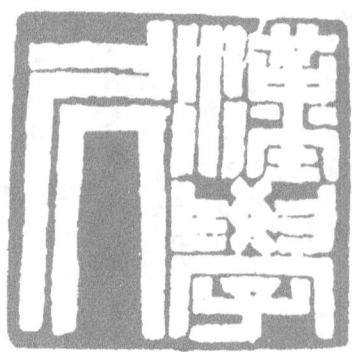

汉学居

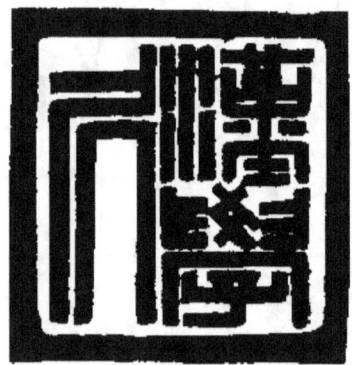

◆ 一眼看去就觉不饱满，太光。
◆ 排列还可以，还有一些残破、并笔未注意到。

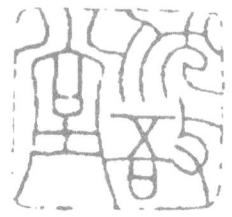

伏敔堂

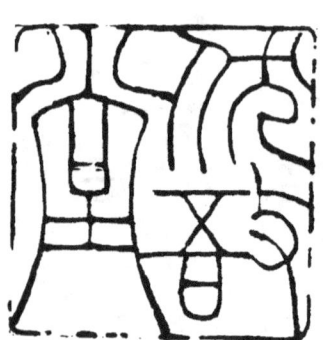

◆ 线条太粗了一点。
◆ 尤其是印边，残破得不够、不自然。

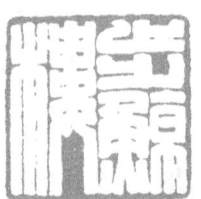

步鲸楼

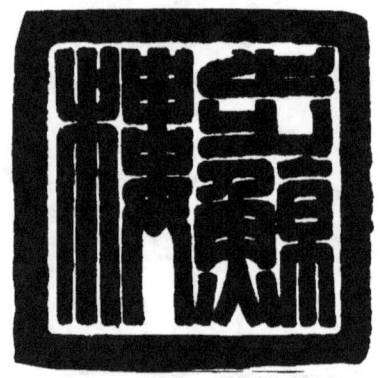

◆ 画得不差。
◆ "步"字上边左侧小转笔未处理好。
◆ "鲸"字右下"京"的三竖笔及"楼"左侧"木"均少了残破，右下"女"左上转折一笔要留出两点作交代。

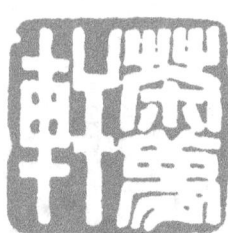

茶梦轩

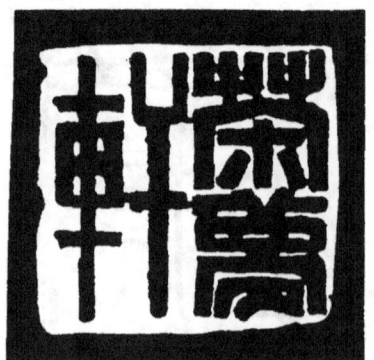

◆ "茶"字上边宜多留空。
◆ "梦"字"四"下椎角太方，内"夕"须与框边残破。
◆ "车"字"田"右上角太方，底边太细，短横下竖线不挺，"田"与上下两横距离应相等。
◆ 左上、左下印角未处理好。

○第五章　画印法

赵扨叔

◆ 文字画得还好，但"赵"字的"月"左竖、"止"的下部及"扨"字"为"的上边"爪"的三撇等，与范印有出入。
◆ 印边、印角有不到位的地方，其实这些地方是不可疏忽的。

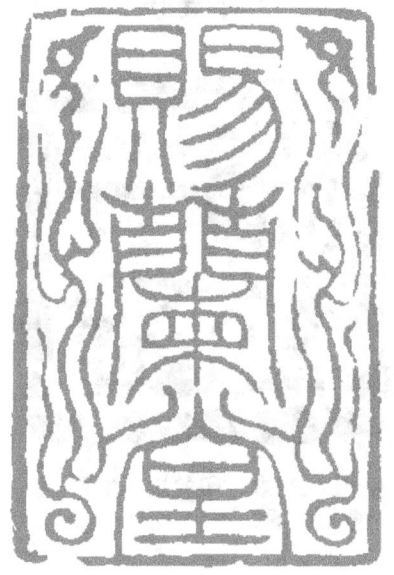

赐兰堂

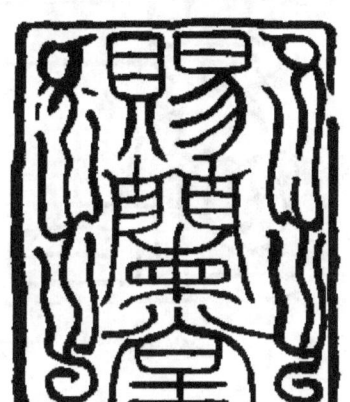

◆ 线条毛较难，线条光较易，此印不毛，乃一大缺点。
◆ "贝"下两竖宜稍细而分开一点，"易"下四撇间距、弧度宜相等。
◆ "兰"字"门"下"四"上一弧太大，下面就压抑。
◆ "堂"上左右两撇要高于中竖。
◆ 鸟头上双目太大，边框未残破好。

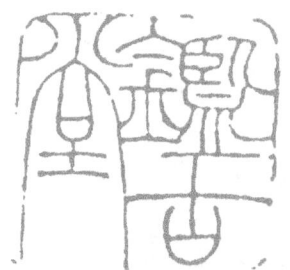

鉴古堂

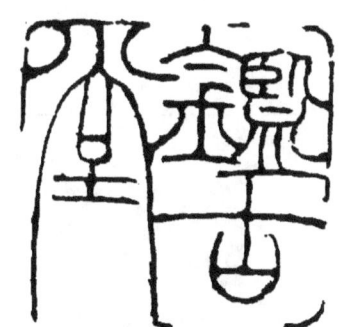

◆ 懂得要表现书法的意趣和笔意，但几乎有一半线条太粗了一点。
◆ "鉴"字右上角太空，宜上升一点。

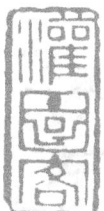

灌园客

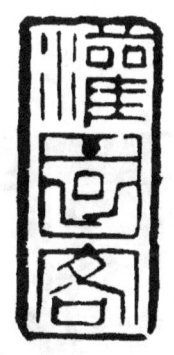

◆ 基本安排都很好，细节上还得注意，如"灌"字三点水左上一点太粗，双"口"上缘该平才好。

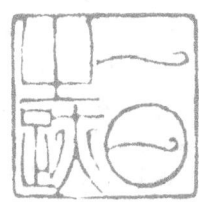

一日之迹

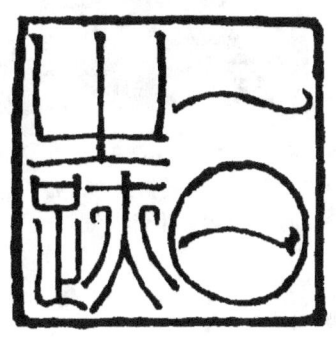

◆ "一"及"日"中一横右端要有弯钩。
◆ "之"上端要连边。
◆ "迹"字下部连边，左右要有粗细及残破。

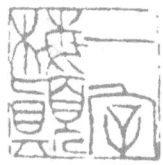　　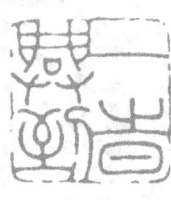　　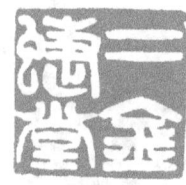

一字梅颠　　　　　一时兴到　　　　　二金蝶堂

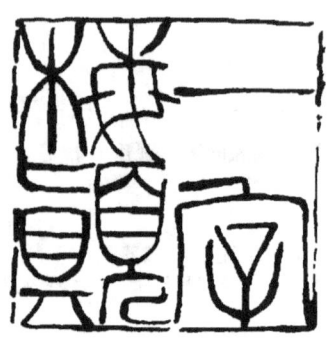　　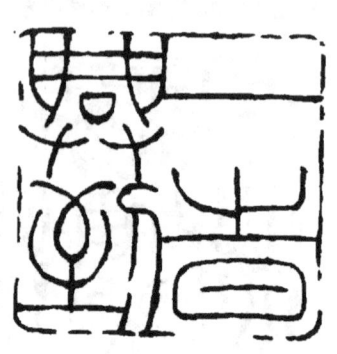　　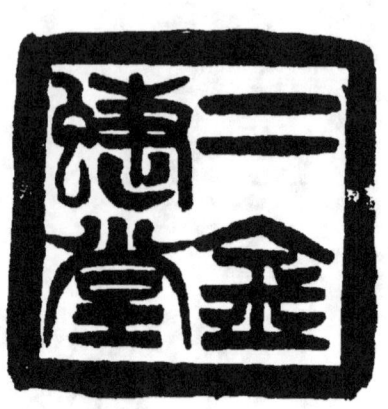

◆ "字"的宝盖左低右高，顶端一横太左倾，宝盖两角宜有方意。
◆ "梅"字向右两撇角度不对，也不可与"颠"字相连。
◆ 残边要讲究。

◆ 各字位置安排尚妥帖，线条也还有点毛。
◆ 印边残破不自然，很生硬。

◆ 印文很好，印的边、角要再仔细收拾一下。

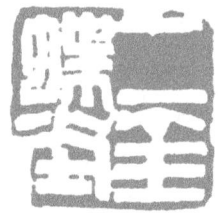　　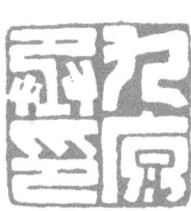　　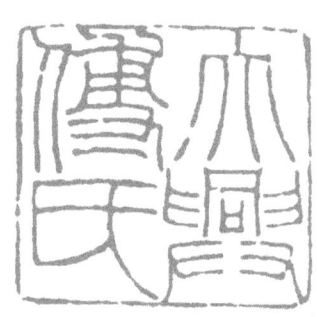

二金蝶堂　　　　　九原丞印　　　　　大兴傅氏

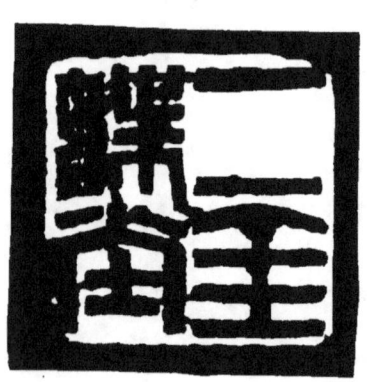　　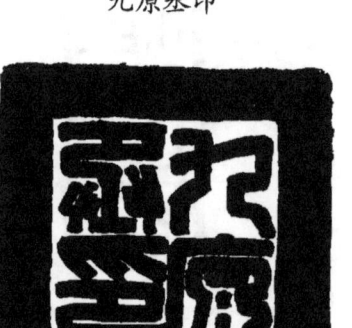　　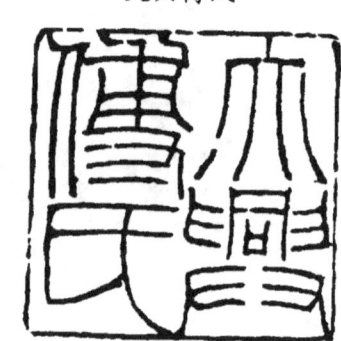

◆ "二"上印边宜直，且有残破。
◆ "金"字中竖细而有节不好。
◆ "蝶"字左侧转角、直线与范印均有出入；右下中竖应居中，左右竖应等距、等长；"虫"字中竖太细。

◆ 不见竖中线，下部不该连。
◆ "九"字左下转折太方，右下拖得太长。
◆ "原"字内上半部要超过一半才好。
◆ "印"的三撇有粗细之分，下半部转折宜周到点。
◆ 印角宜有圆意。

◆ "大"四笔终端应有尖意。
◆ "傅"字单人旁短横基本属平，间距也嫌紧了点。
◆ "氏"字拖笔不与底笔连。

上官建印

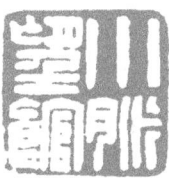
小脉望馆

王羲之印

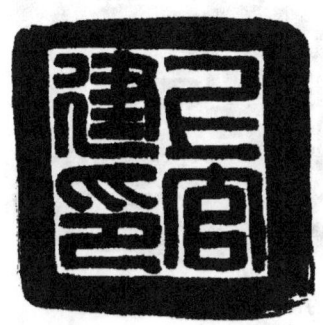

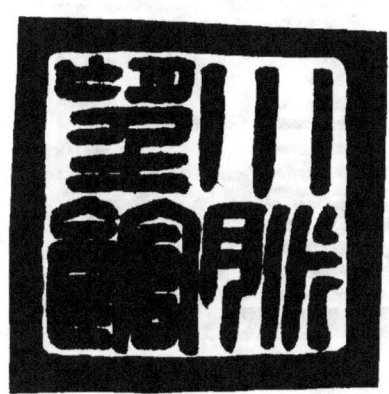

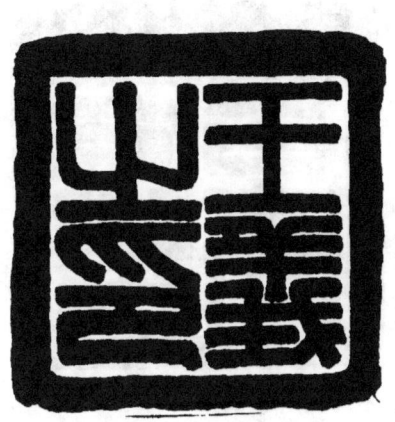

◆ 每个字之中，都会出现一、二笔特别粗的线条，很不协调。
◆ "上"左竖太斜。
◆ "印"末画终端太过分。
◆ 印的边、角未处理好。

◆ "脉"字"月"上边的左右两角未处理好。
◆ "望"字"壬"左侧空得多了点。
◆ "馆"字"官"左右两角宜带方意。

◆ 画得不差。
◆ "印"上部第三撇不可与下半部连。
◆ 左上、左下印角太方。

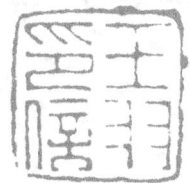
王羽印信

王秉恩观

王闿印信

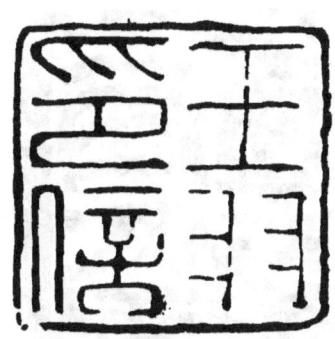

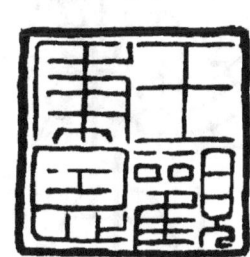

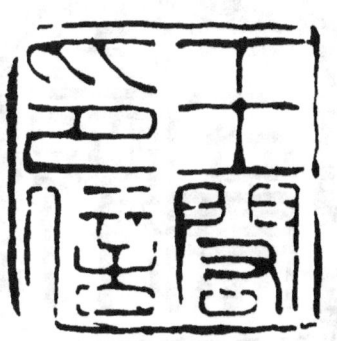

◆ 基本还可以，左右印边应呈圆弧形。

◆ 边框要内方外圆。
◆ "观"与"秉"两字都是上面松、下面紧，尤其"观"的下部十分局促，故在笔画的总体安排上要妥帖。
◆ "恩"字的框线特别不挺。

◆ 基本还可以，如"信"字"言"的上两横，其实粗细还是有区别的。

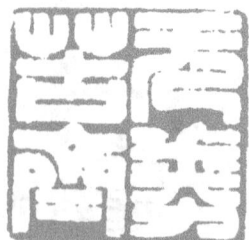

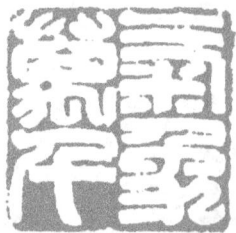

无倦苦斋　　　　　毛庆蕃印　　　　　气象万千

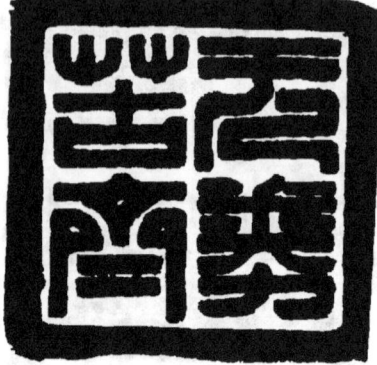
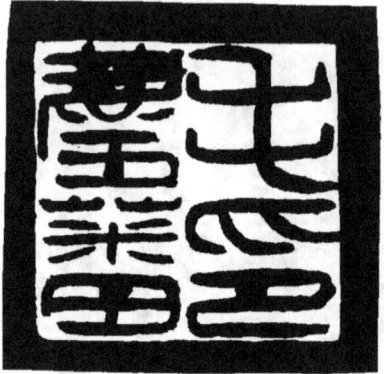
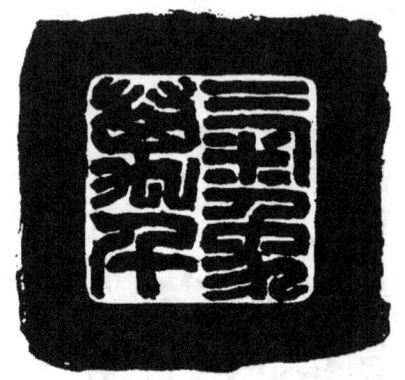

◆ 画得不够满。
◆ "无"字上两横与左下转折相距远了点。
◆ "倦"上面左右四短横嫌短，"力"的四处笔端要有方意。
◆ "苦"字看看紧凑否？
◆ "斋"字几个零件之间要紧凑。

◆ 画得与范印尺寸相差太大，效果没法好。
◆ "毛"、"庆"两字中，有横画太斜。
◆ "印"字下半部首横不平。
◆ 印边、印角都要按范印残破。

◆ 总的说不差。
◆ 上两个字占地多了，底下两字就显得局促。
◆ 一个字的各部件之间，还要紧靠，才显得饱满。
◆ 如"象"字末横，起笔处就太尖。

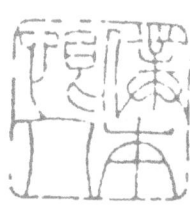
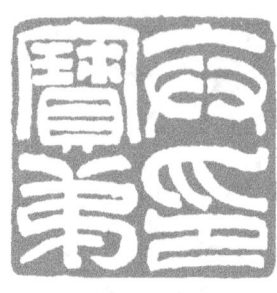

长水司马　　　　　仆本恨人　　　　　卞宝弟印

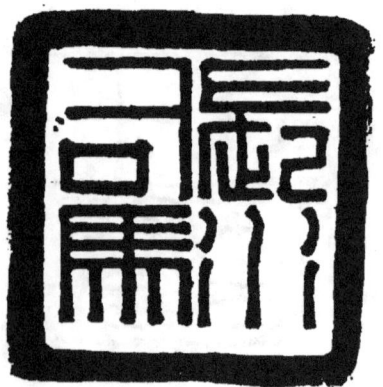
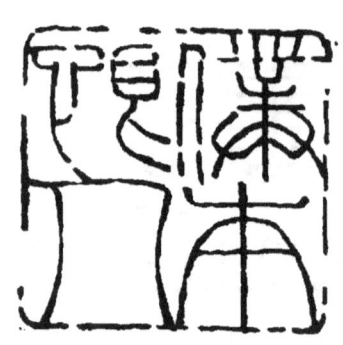
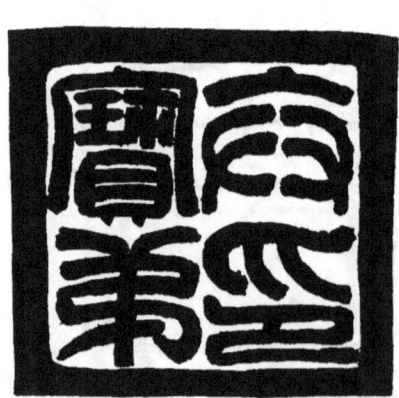

◆ 按比例画得不差。不少学习者，擅画擅刻满白文，对细线条反而掌握不好。

◆ 尽管各字安排均还好，但每根线条都那么僵死，就像钢笔写出的一般。
◆ "恨"右上"目"形不准。

◆ "卞"字下面左右两处要对称，还要粗一点。
◆ "弟"字上面有两点，右点不连横画，右下钩也不应与一撇连。

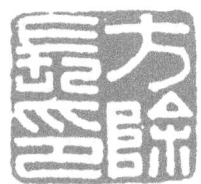
方除长印

左冯翊丞

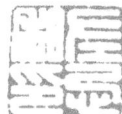
左忌私印

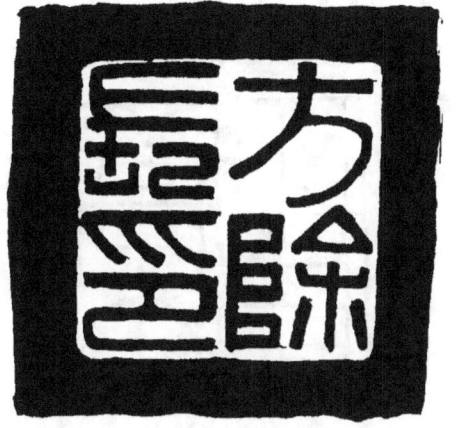

◆ "方"右下钩得太大、太圆。
◆ "除"的"余"下两竖宜直一点。
◆ 其他都不差。

◆ 画得不差，要注意每根线条终端宜方还是宜圆，如"左"中间一线，就显得尖了一点。

◆ 画得真不差。

田临之印

巩歙之印

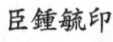
臣锺毓印

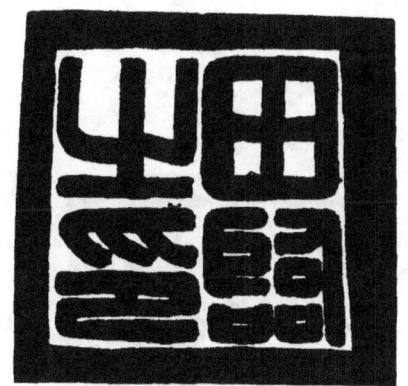

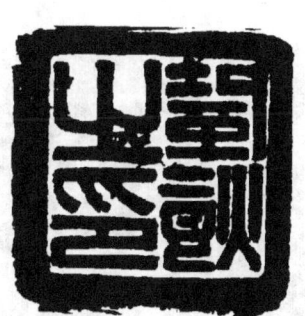

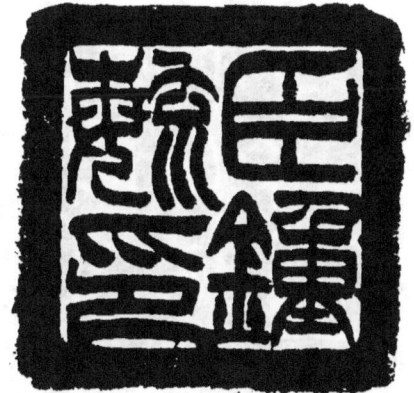

◆ "田"字中横不可上翘。
◆ "临"字"臣"少了两小竖。
◆ "印"上半部三撇要同向等距，下半部三横要一样粗细、挺而等距。
◆ 四条印边均未处理好。
◆ 印角太尖，谈不上残破。

◆ 画得不差。
◆ 残边、残角、残文字的难度较高，可看出也在努力做到。在刻印、写印中，线条光容易，线条毛就难。

◆ 画得不差，有范印的书法笔意。
◆ 印文及印边、印角的残破还可讲究些。

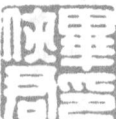
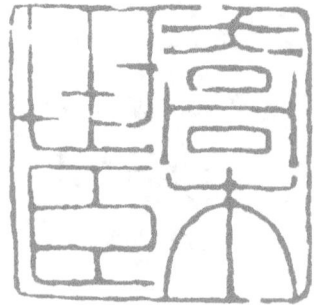

西凤楼客　　　　毕侠君印　　　　乔木世臣

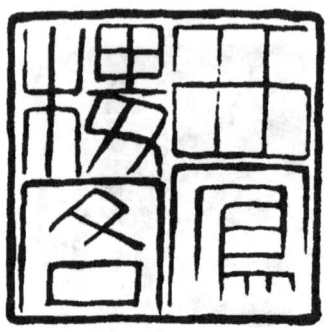
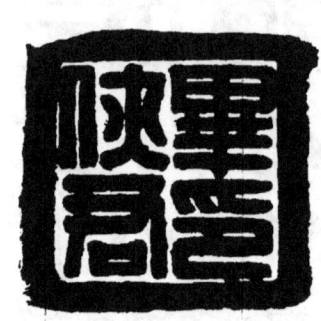
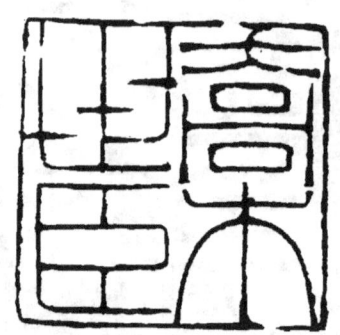

◆ 线条宜瘦劲。
◆ "客"字"口"太大。
◆ 印边内侧要平。

◆ "侠"字右部中段少一短横。
◆ "印"字上半部三撇的处理各不相同。

◆ 画得很好。
◆ "乔"上面"口"的外缘宜圆。

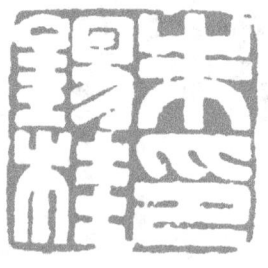

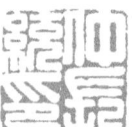

朱锡桂印　　　　朱谭印信　　　　仲长统印

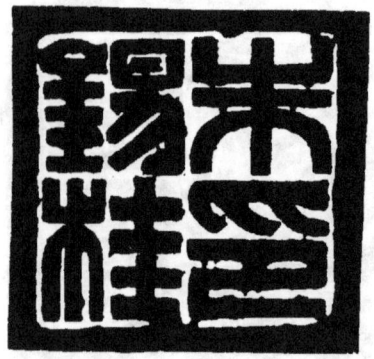

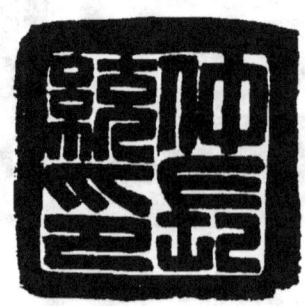

◆ 画得很好，印的残破也基本用笔表达出来了。如有这样的基本功，反画在石上，再刻出来，基本就是一方好印章。

◆ 画得很好，把仿汉印浑厚、残破的特点画出来了。
◆ "信"右半部几横都要挺一点，"口"内留空太长了点。

◆ "仲"字单人旁两竖收尾不对。
◆ "统"字绞丝上端一点要左倾。

○ 第五章 画印法

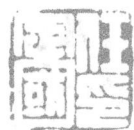
任定国印

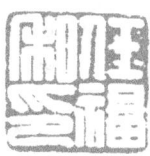
任福私印

华孙过目

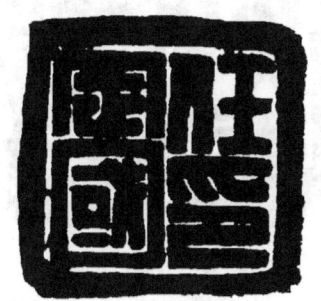

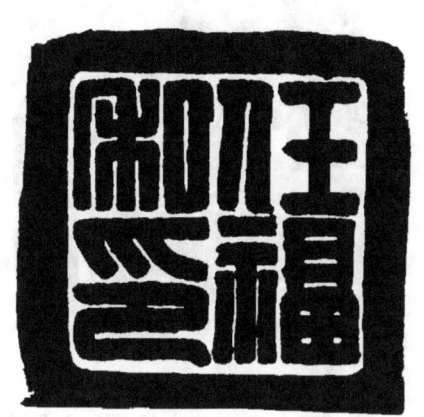

◆ "任"字单人旁竖的终端太方，右上角一横头太尖。
◆ "定"宝盖两竖终端太方。
◆ "印"下半部左侧转折太方。
◆ 残破还可再考究点。

◆ 画得不差，要注意横中线与竖中线。
◆ "私"字"口"右竖要挺。

◆ 边框太粗。
◆ "孙"字右下左右两笔长短不对。
◆ "目"字内间距不对。

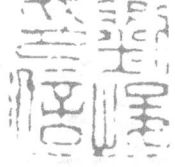
刘峻印信

关内侯印

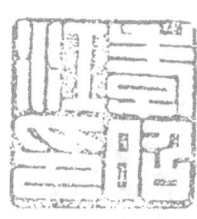
江孝昭印

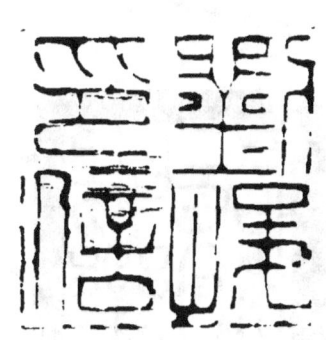

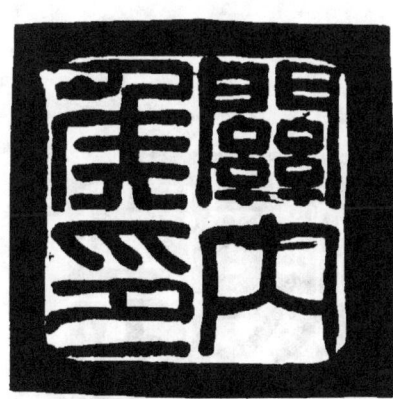

◆ 画得不差，但铅笔稿痕太深，显得很脏。故铅笔稿一定要淡。

◆ "关"字门内四"口"内外角及两个底横未画准。
◆ "内"上边一横不可左粗右细。
◆ "侯"的左上短横肿了，其他几横或不挺，或头方圆不准。
◆ "印"下半部横不挺，间距不匀。

◆ 排列甚好，但嫌大，且用墨淡了一点。
◆ 此印底边的留边部分应平齐，且多留一点。
◆ 左上角也宜圆。

23

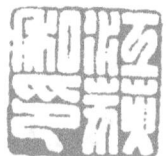
江获私印

池阳家丞

军司马印

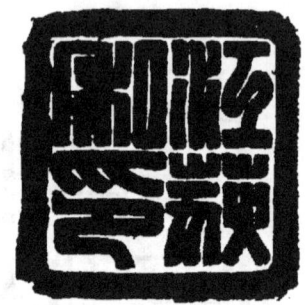

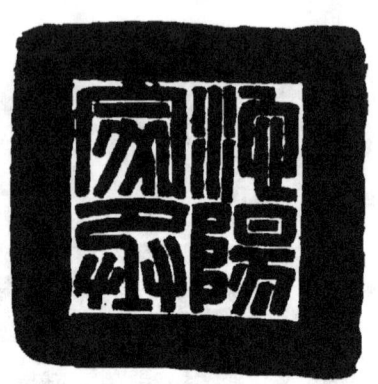

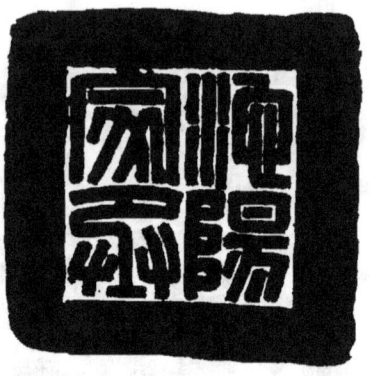

◆ 画得很好。

◆ 三点水要通上边。
◆ "家"字宝盖内长横下几个斜笔间隔应很小。
◆ "家"左边及"阳"右下有残破。
◆ "丞"下边左右两"手"，尤其左"手"底横要下降。
◆ 四个印角都太方，底边要宽点。

◆ "军"宝盖左右两竖宜平头。
◆ "司"的两横也宜平头，右竖嫌太短，且不平头。
◆ "马"底五竖及上边三横头宜平。
◆ 横中线不平。
◆ "印"上部三撇宜等距、平头；下边三横要等距，左下转折太细。

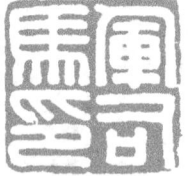
军司马印

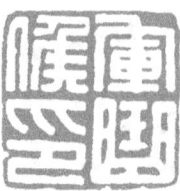
军曲候印

阳乐侯相

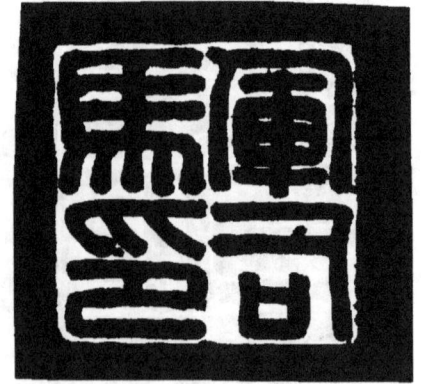

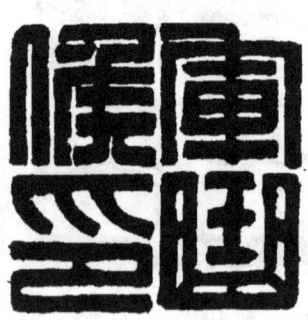

◆ "军"的左右两竖内侧要直，"车"之末横画不挺。
◆ "司"第二横头太尖，"口"要上提。
◆ "马"的中竖太粗，底下五竖头太大。
◆ 印角、印边该圆该方要看清。

◆ "候"字最右一竖宜右移一点。
◆ 印石轮廓之外宜用墨画一圈黑色，便于边角的残破。
◆ 其他均不差。

◆ 笔画太细，印角太尖。
◆ 范印其实无论横竖，每根线条都有其特殊韵味，但在这里都变味了。
◆ 比如"阳"、"乐"、"相"三字的"日"、"目"，框与内中小画均不对。

◎ 第五章　画印法

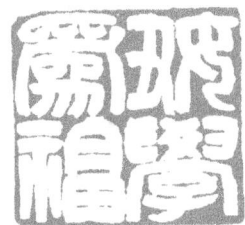

好学为福

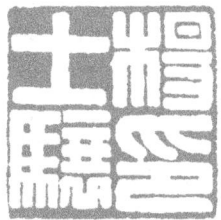

杨士骧印

孝昭秘医

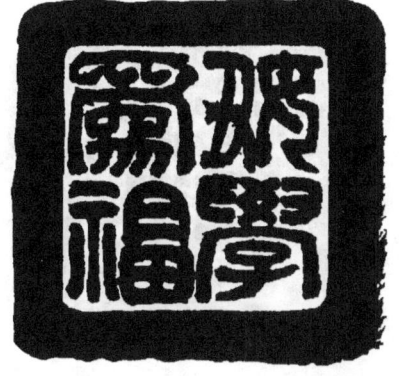

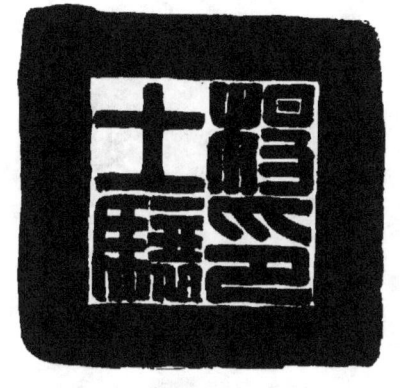

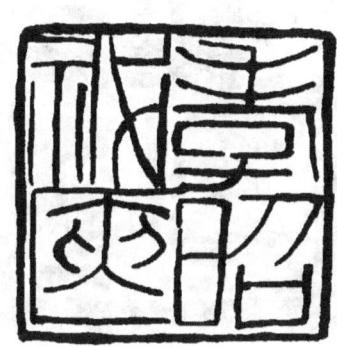

◆ "学"字秃宝盖与"子"要粘连，"子"的"口"要大而饱满。
◆ "为"、"福"要饱满，就看"福"字，"示"的左右两竖要与中竖残破，"田"的笔画粗得只剩一点细"眼"。此字右上还应有一小点。

◆ "骧"字左上转角宜方，笔画宜紧凑，所有竖笔收尾未收好。
◆ "印"上部三撇有点"节节高"的味道，也很紧凑；下半部三横间距不匀，结尾也不好。
◆ 印角太方，底边应稍多留点。

◆ "孝"、"昭"两字中两"口"一"日"转角宜方。
◆ "秘"字右下线条不宜连，也不必这么粗；左侧"示"竖线间距、粗细均不对。
◆ "医"字框内"夹"的上部挤得太紧，左右两边左低右高、左粗右细。

别部司马

别部司马

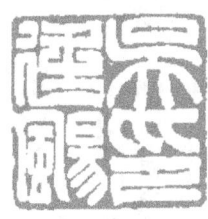

吴廷飏印

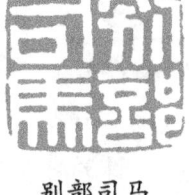

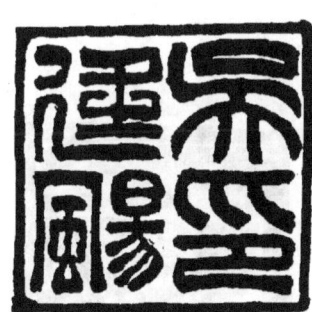

◆ 横中线不清晰。
◆ "别"字"刀"宜直，不可上宽下窄；"力"宜矮宽，上面的部分宜放宽。
◆ "司"的"口"与右竖太近。
◆ "马"的横竖之结尾均宜方一点。
◆ 四个印角太尖，右及底边留白宜有粗细变化。

◆ 基本合格。
◆ "部"字左上部二、三横之间留白并不方整，右上"口"底部并不如此尖。

◆ 笔画还要粗一点，如"廷"要很饱满才对。
◆ "吴"的"口"下一横，并非如此下弯。
◆ "飏"字"风"内太空荡，"易"也要饱满，右下三撇要同向间距很紧才好。
◆ "印"的底横下沿要平直。

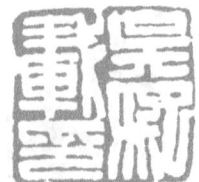
吴熙载印

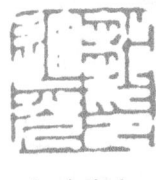
邹迪光印

宋次君印

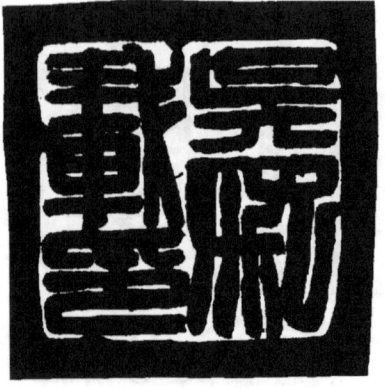

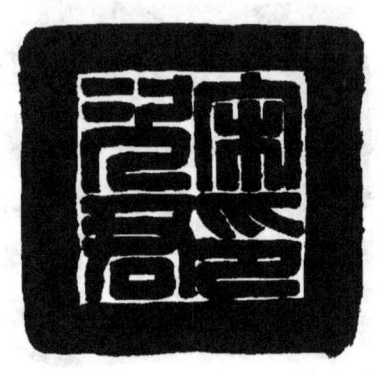

- ◆ "载"字首横右端并无一块残点。
- ◆ 要说缺点，边、角的残破还差一点。

- ◆ 画得较好，残破处要破得留"眼"，不可破得一团糟。
- ◆ 竖中线似分得太开了点。

- ◆ 原石太小，故画印时也可以相应小一点才好。
- ◆ 竖中线（"印"与"君"）不宜粘连。
- ◆ "宋"字"木"宜向上出头，右侧不与竖线连。
- ◆ 注意印角、印边的残破。

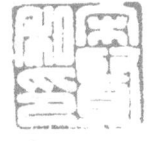
宋贤私印

宋斌印信

张安居印

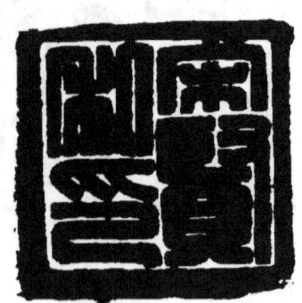

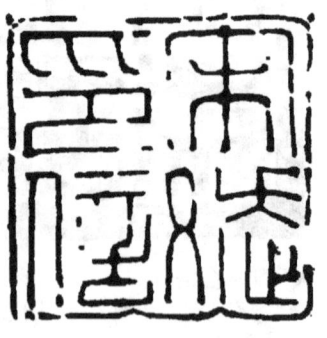

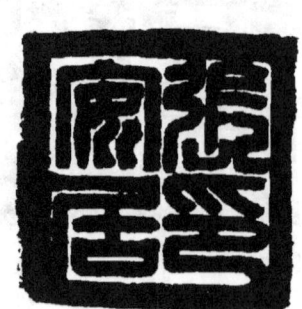

- ◆ 画得很好。
- ◆ 可惜"印"字下半部少一小竖。

- ◆ 画得还可以，就是每根线条都比较僵，应该还有粗细的变化。
- ◆ "宋"的"木"一竖宜居中。

- ◆ 画得不差，范印线条头尾的方圆要仔细观察，在印文及边、角的残破上要下点功夫。

◎ 第五章　画印法

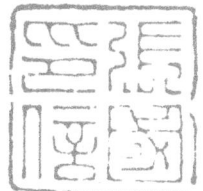
张国印信

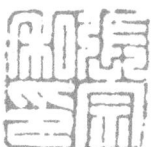
张宗私印

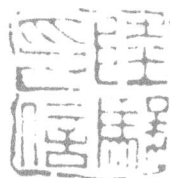
陆骏印信

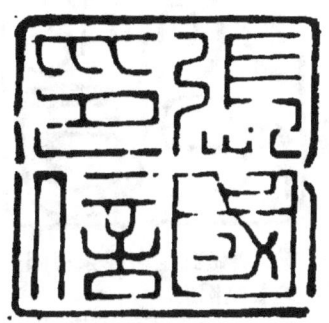

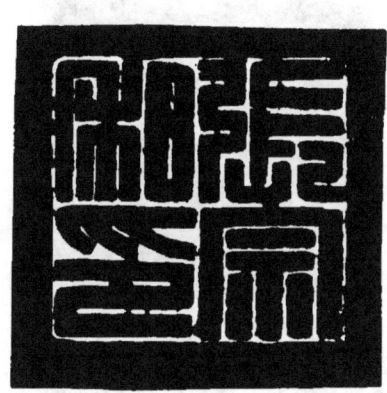

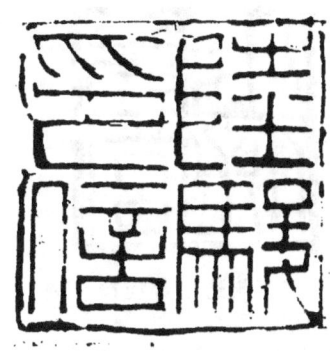

◆ 画得不差，线条间如有更细微的变化还要好。

◆ 基本合格。
◆ 可一一对照范印，看每根线条顶端宜方还是宜圆。
◆ "私"字"口"右上边缘宜平。

◆ 应该说画得不差，有粗细变化，有残破。
◆ 因为先用铅笔打印稿，由于太深，故毛笔描后会有脏痕。

阿阳长印

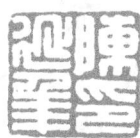
陈延年印

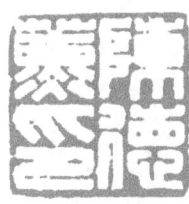
陈德薰印

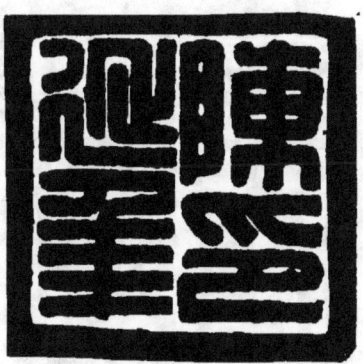

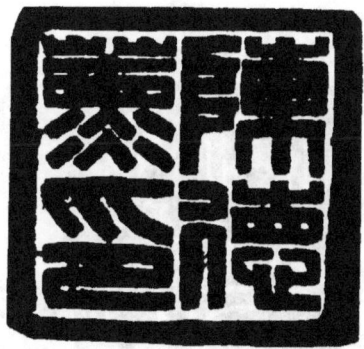

◆ "阿"字"口"要升上去。
◆ "长"的长线条粗细不匀，下半部左右两部太分开，右下转折线与间距不匀。
◆ "印"字首横不可左细右粗，下面三横不挺。
◆ 印角太尖。

◆ 此印就是尺寸大点，其实画得不差。遇此类小印，画印尺寸宜相应小点。
◆ "年"底部几横画有向右上斜的倾向。

◆ 其他都很好，但笔画间的残破还要仔细添加。

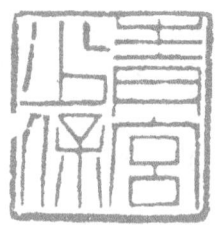

青宫少保

柜长之印

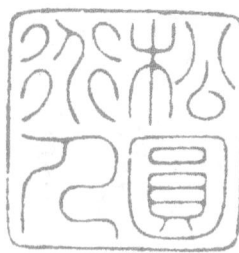

松圆道人

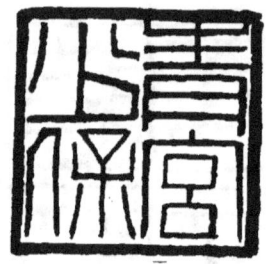

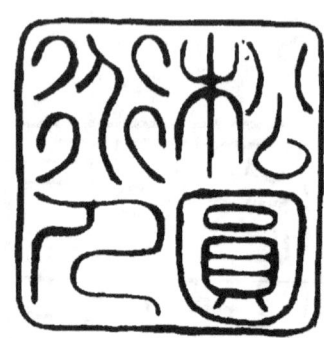

◆ 文字与边框都应按比例再细点。
◆ "宫"字双"口"离宝盖头左边竖线再分开点。

◆ "柜"字"木"还可扩大一点，宜上紧下松，底画左侧宜出头一点。
◆ "长"左上转角宜圆，竖线下部宜向左斜。
◆ "之"右竖有左向转折，上缘不可太斜。
◆ 印角、印边要适当残破。

◆ 至少要做到全印线条粗细一致，并且全要呈圆形。
◆ "木"字上下要分开点，"公"下是一个圆钩。
◆ "圆"字哪来这么粗的线条？
◆ "道人"两字中也有线条不该粗。

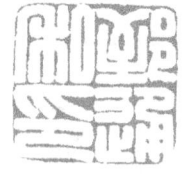

郅通私印

秉德侯相

金庆慈印

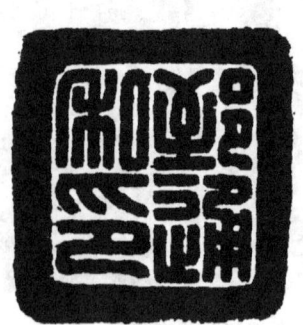

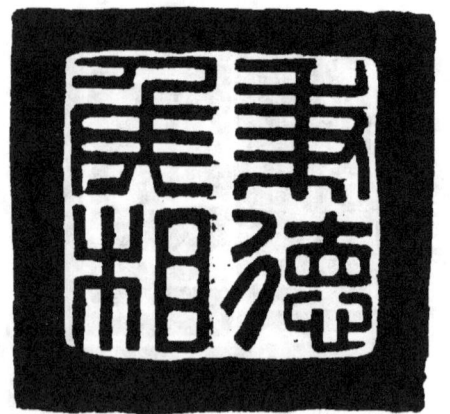

◆ 画得不差。

◆ 基本好。
◆ "德"字右边"四"且看三个留白点，应统一。

◆ 画得很好。
◆ "金"字有些小笔要有残破、粘连。
◆ "慈"字下边"心"各竖间距要均匀。

◎第五章 画印法

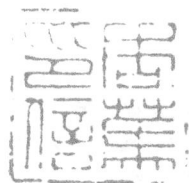
周苄印信

周隐印封

宝熙长寿

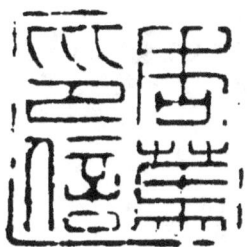

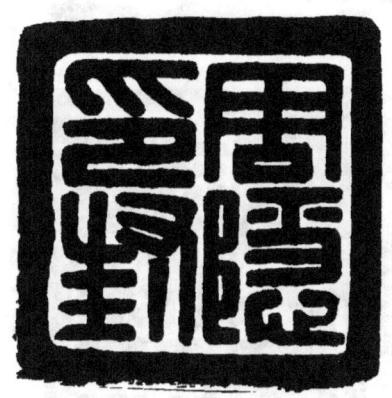

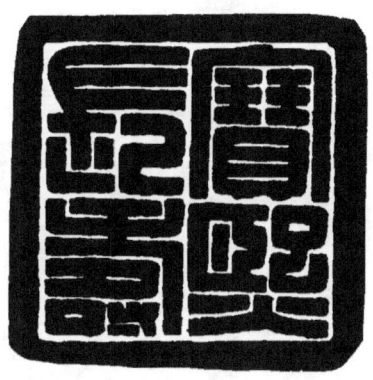

◆ 画得还不差,个别笔画如"印"上半部、"信"的单人旁,线条有些小出入。

◆ 画得不差,"隐"字右上两短横基本等长、水平;下三横要平行、等距,"心"有圆转之意,中间两短竖分得太开。

◆ 画得很好。
◆ "熙"字底下"火"左右开叉基本是一横线。
◆ "寿"字首横应见到中间有一点点出头。

封长乐印

赵之谦印

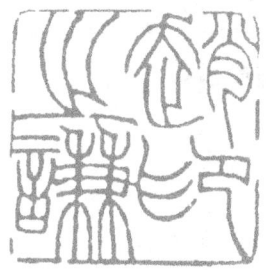
赵之谦印

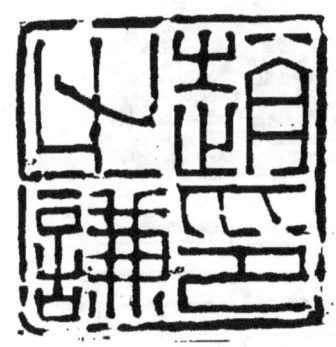

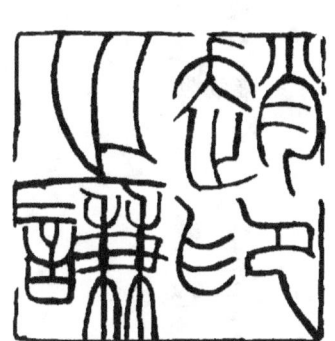

◆ 画得不差,但边、角及印文残破不当。

◆ "赵"左上方两横间距太大,上面一紧凑,"止"就可上升。
◆ "谦"字右半部两竖要等分"ヨ",两竖总体要右移。
◆ 印边有些地方太粗。

◆ "赵"字左上应外包内,"肖"右下倒钩应上去很多。
◆ "之"的三根弧线弯度不佳。
◆ "谦"字上下左右线条粗细未掌握,左下"口"太宽,右中部"ヨ"间距不对。
◆ 残边也不对。

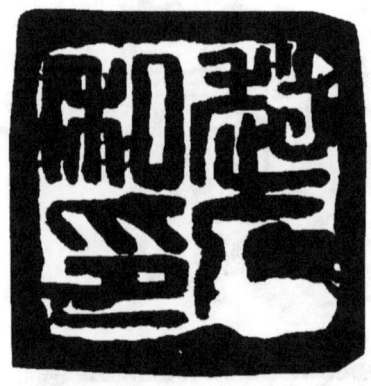

赵石私印

◆ "赵"左上小横线太内缩了,线条的头、尾要"平头",或尖或圆均不对。
◆ "私"字"禾"太短,终端与"口"的转角均要有方意。
◆ "印"下半部头、尾都要见方意,首横起首还嫌短了点。

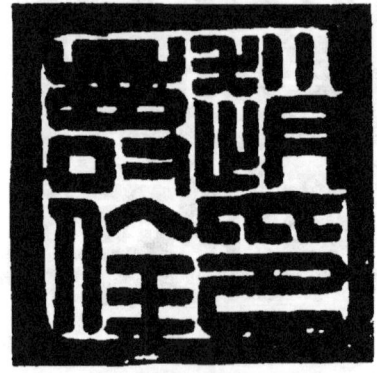

赵寿佺印

◆ 总体说,笔画还嫌细。
◆ "寿"字首横右下应留有一点空,上有残破。
◆ "佺"字"全"头左右不平衡。
◆ "印"下边两横空得嫌多了点。

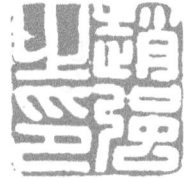
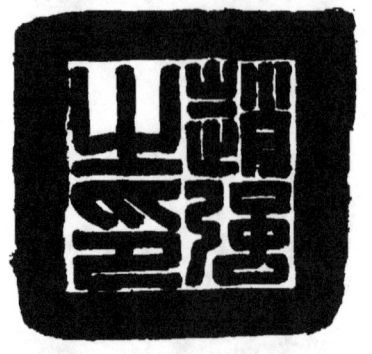

赵强之印

◆ "赵"字"走"上部中竖要下连,"肖"左右两竖太长。
◆ "之"左竖的右向转折宜有上提。
◆ "印"的上部三撇太斜。
◆ 边角不残破,古意顿失。

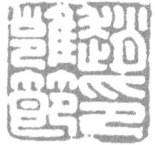
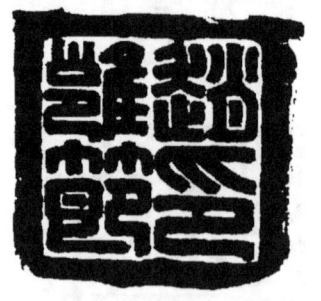

赵雍节印

◆ 基本都不差。
◆ 要注意边、角的残破。

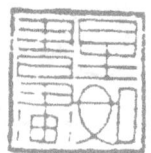
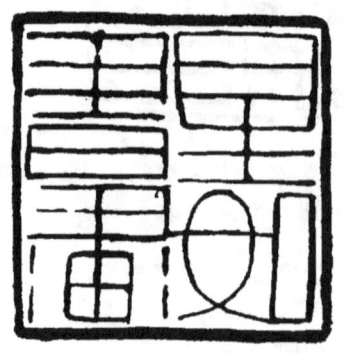

星如书画

◆ 线条都要挺点。
◆ "星"字"生"的左右两短竖及"书"字中竖都要直。

◎ 第五章 画印法

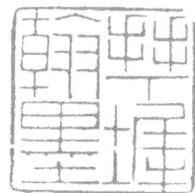
拜墀翰墨

俞允印信

姜彬之印

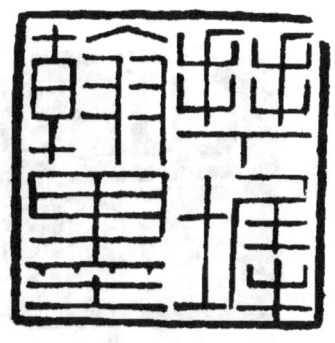

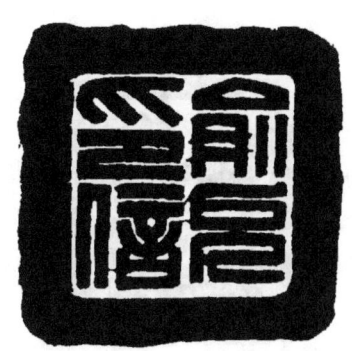

◆ 这位作者画印功力是不差的，因为各字安排都较好，就是对边框及文字的粗细掌握不好，应细而挺劲才好。
◆ "墨"字"田"右侧多了一竖。

◆ 安排妥帖，如果线条再粗一点，就是一方好的满白文印。
◆ "俞"字应有点残破。
◆ "印"左上第一撇太短。

◆ 画得很好。
◆ "彬"字三撇粗细不统一。
◆ 笔画间的残破要细加补充。

娄坚之印

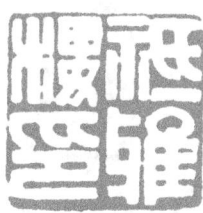
祇雅楼印

钱谦益印

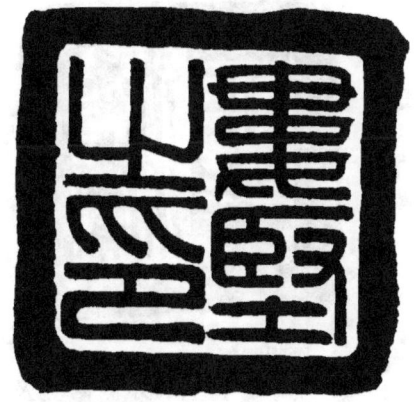

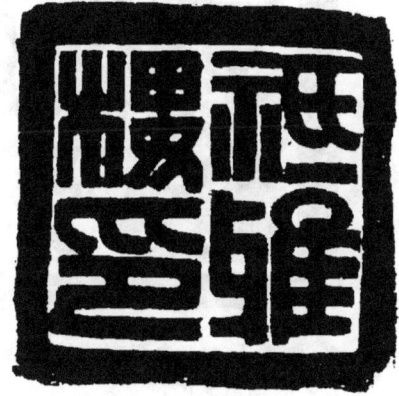

◆ 基本还好，四面边留宽留窄要认真按范印办。

◆ 一根线条的头尾是方、是圆要研究，此印有不少嫌太方。
◆ 左下角要有圆意，并残破得当。
◆ 每个字有些小地方要粘连、残破。

◆ 画得还好。
◆ 线条基本要呈圆意。
◆ 要注意边、角的残破。

31

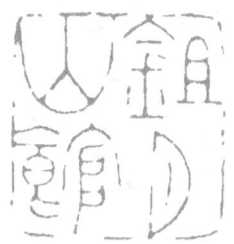

钼(锄)月山馆

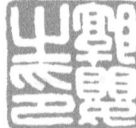

郭婴之印

郭敞之印

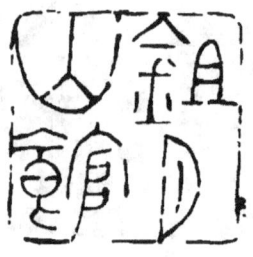

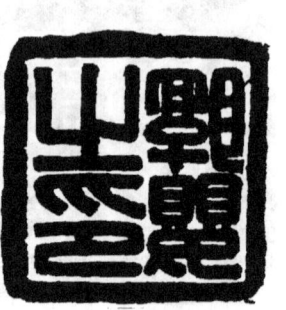

◆ "钼"的"金"中竖要对准上面"尖顶"的正中,"且"头要有圆意。
◆ 文字线条及边的残破,还要用心研究。

◆ "郭"字左上少一点。
◆ "之"字左右两处转折应基本平。

◆ 画得不差。
◆ 边、角及文字的残破尚嫌不够。

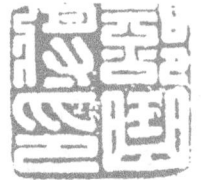

部曲将印

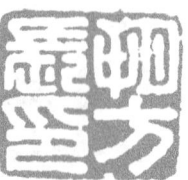

朔方长印

海滨病史

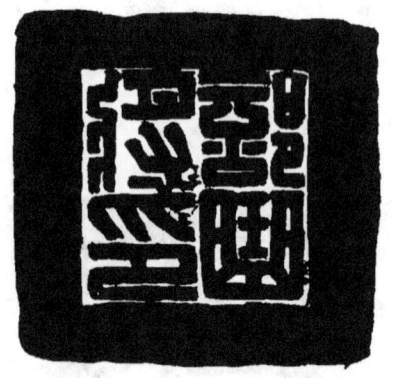

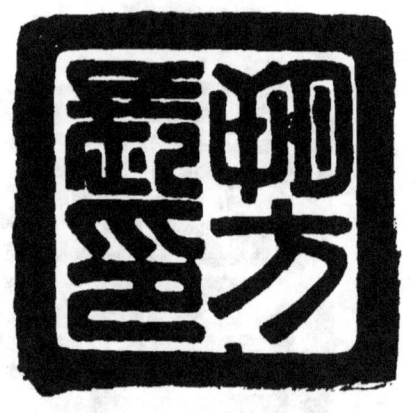

◆ 印框角太方,底边留红宜留得宽一点。
◆ "部"左下"口"上两点几乎等长。
◆ "曲"字三围框宜窄,中间"玉"宜宽。
◆ "将"右上"月"顶横太粗。
◆ "印"字上半部三撇要同向,终止处角度不对;下半部三横要等距。

◆ 画得不差,注意有些笔画头尾的方、圆细微变化。

◆ 画得很好。
◆ "病"字左下外侧两竖及"史"右下垂笔,都是左侧平、右侧有点抛。这是印章线条中阴阳向背之不同。

◎第五章　画印法

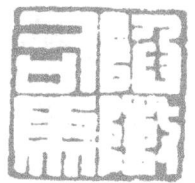
陷阵司马

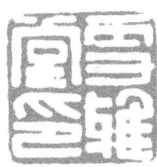
雪雅堂印

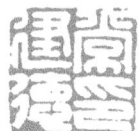
常建德印

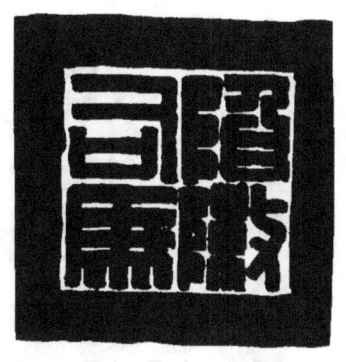

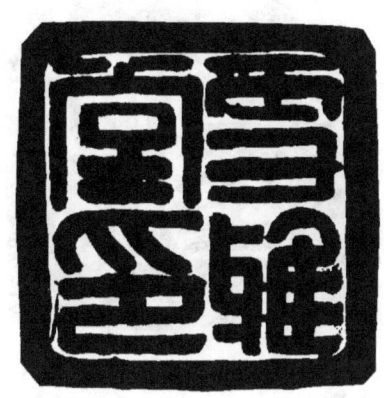

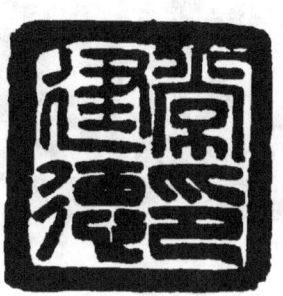

◆ "陷"字顶部左右宜同高，右下两处转折不可太方，四个短横不能相连。
◆ "阵"字耳旁三个方块要仔细收拾，"东"宜稍宽，反文要窄一点。
◆ 四个印角太尖，底边宜适当留黑。

◆ 全印左大右小及线条不挺，是两大缺点。
◆ 看"雪"、"堂"两字横画之间距及线条头尾、方圆，便知差距在哪。
◆ "印"字末画终端太尖。

◆ "建"字左上角应有一转折，整个字要粗一点，才与全印统一。
◆ "印"字上部第三撇及下部末笔终端显得"肿"了。
◆ 其他还可以。

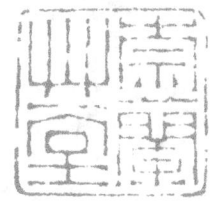
崇兰草堂

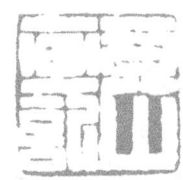
竟山画记

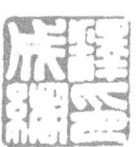
释成绪印

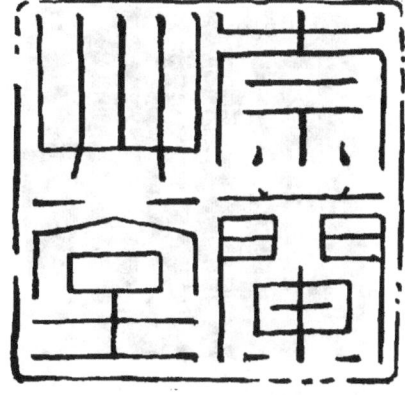

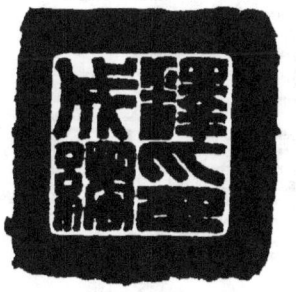

◆ 这种浙派刻法，每根线条都有变化，可看笔画的首尾及笔画交接处，如"口"就要内圆外方。
◆ "兰"字"门"下一竖顶端还少一小弯。
◆ 文字及边框均要毛而残。

◆ 画得很好。
◆ "画"上也有残边。

◆ 基本还可以。
◆ 线条头尾应大都呈圆意。
◆ 印文的残破上还需下功夫。

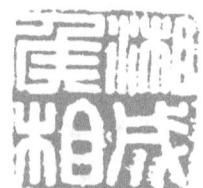

湘成侯相

渭成令印

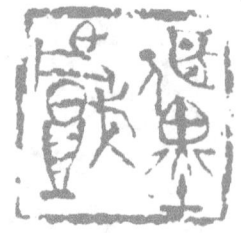

颐人墨戏

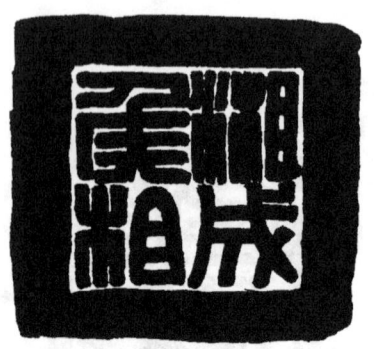

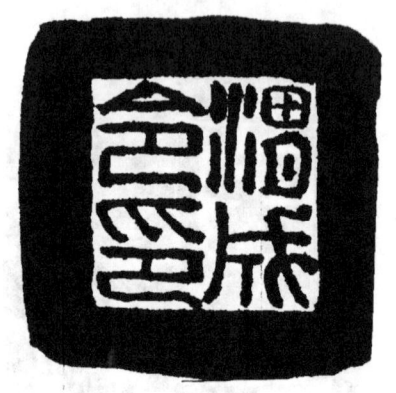

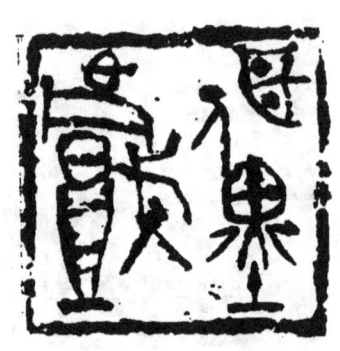

◆ 横中线宜多留空。
◆ "湘"字"木"转角宜圆,"目"底部不平,"木"下转折及"目"底部均应有圆意。
◆ "成"字内横、竖不可连。
◆ 印角宜有圆意,底边要粗一点。
◆ 印边及文字内均要有残破。

◆ 用墨太淡,用笔极不讲究。全印线条宜再粗。
◆ "渭"三点水间距不对,左右应上短下长,"田"字内也未画好。
◆ "成"的"戈"头要出头,右下半圈的一撇太圆。
◆ "令"第二横头太尖。印角太尖。
◆ "印"下半部三横不挺。

◆ "臣"字太上顶,少最细的线。
◆ 其余三字中都有特别细的线条,有粗细变化,才有节奏感。
◆ "戏"字左竖离边要远一点,边角的残破还较差。

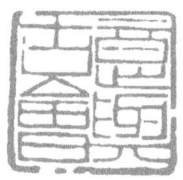

意与古会

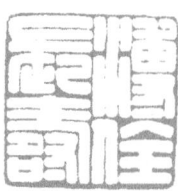 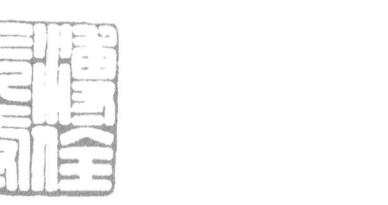

溥佺长寿

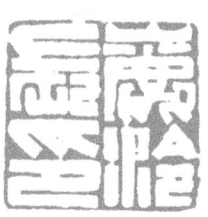

麓泠长印

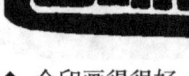

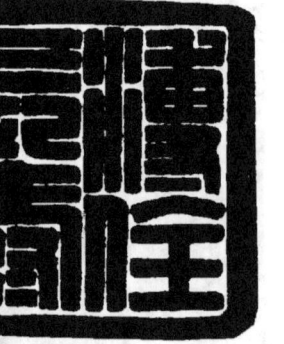

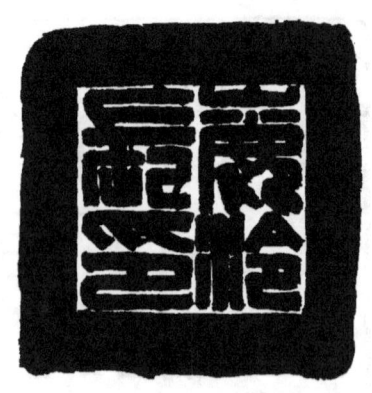

◆ 边框上下都有残破处。
◆ 所有线条要挺劲。
◆ 左上角与右上角横画的连边都各不相同。

◆ 全印画得很好。
◆ "佺"字还要压缩,"王"之三横不应分得这么开。
◆ "寿"字上面一竖太粗了点。

◆ "泠"三点水要有间距,"令"右下末画转折及终端均未画好。
◆ "长"右下转折宜紧凑。
◆ "印"首横及下三横头、尾均宜见方。
◆ 印角太方。

◎ 第五章 画印法

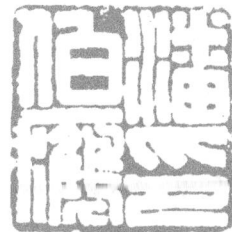

舞阳丞印　　　　　　　樊遂私印　　　　　　　潘伯鹰印

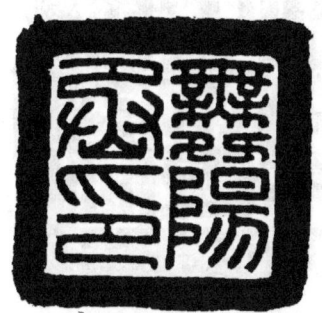
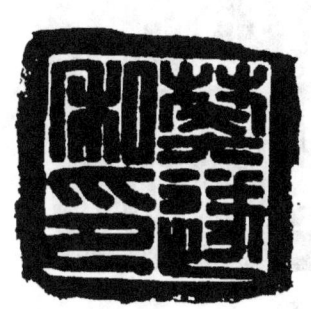
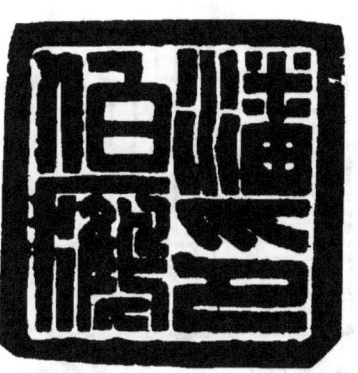

◆ 此印如按比例，虽非满白文，但也要粗一点，尤其"舞阳"两字，线条间距宜紧，空隙不多。其他都比较好。

◆ 画得真不差。

◆ "潘"字三点水左上竖下有小折，三点水还有点倾倒之态；"田"底横太粗，中间"十"太细。
◆ 其他还可以。

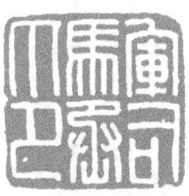

潘衍桐印　　　　　　　人竟庐藏书　　　　　　军司马丞印

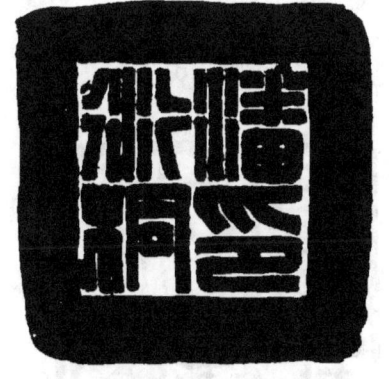
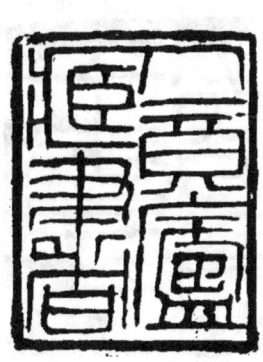
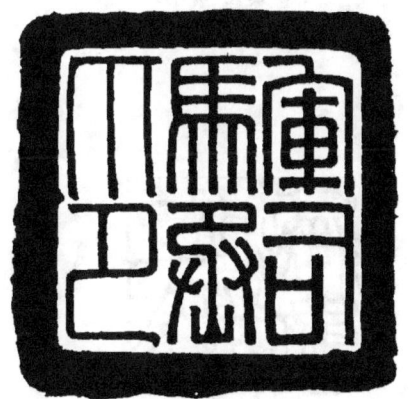

◆ "潘"字右侧印边不平齐，说明"米"太右扩了。
◆ "衍"字中间"水"要留间距。
◆ "桐"字"木"上下相等，不应并笔，"同"的"口"不与四周连。
◆ "印"上部三撇所有笔画头、尾都嫌太平齐。
◆ 印边、印角要有残破。

◆ 边框粗，里面的线条也粗而不挺，尤其"书"字上半，扭扭曲曲，毫无精神。
◆ "庐"内"田"歪了。
◆ 底下两字的底线应一样平。

◆ 线条直，画出的线条符合比例，间距匀称，画得很好。

35

极目青郊外

昭城门候印

校尉之印章

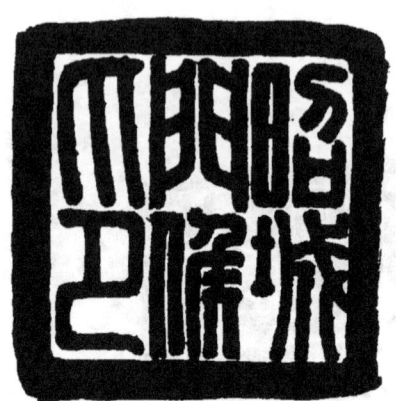

◆ 画得很好，有些刀味都画出来了。

◆ 基本合格。
◆ "城"的"土"下横头宜方。
◆ "门"中间两竖不直，似要倒下。
◆ "印"下部第一横头宜方。
◆ 边框、印角及印文均要残破。

◆ 此印画得较好。
◆ "印"上部左侧第一撇太斜，只要看左下留白三角即可知。

二金蝶堂藏书

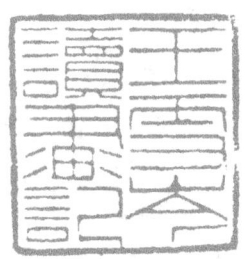
王雪岑读画记

江孝昭读书记

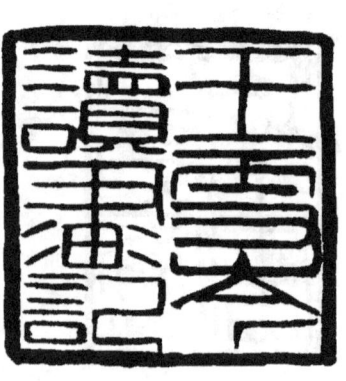

◆ 画得很好。
◆ "蝶"字"虫"下及右上连边的几笔太粗。
◆ 印边、印角要残破。

◆ 印边太粗，也不挺。
◆ 黄士陵的朱文印要画出"瘦劲"的线条，十分不易。
◆ "雪"、"岑"两字右侧不相连。

◆ 边框不可如此粗。
◆ 找一找，这六字中，哪几笔比范印粗了？
◆ 转折宜方。
◆ "记"字上面，左右并不相连。

○第五章 画印法

 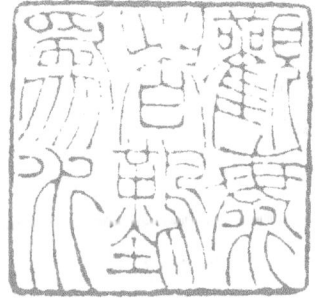 

寻常百姓人家　　　　　　观海者难为水　　　　　　孝弟单右史诩

 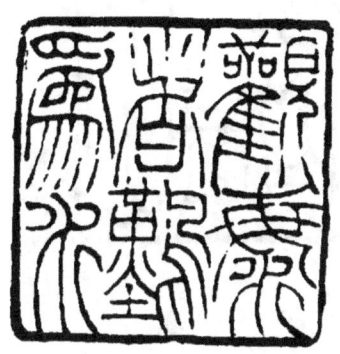 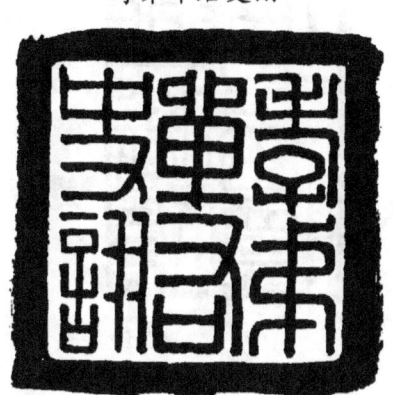

◆ 画得还不差，就是有点脏。
◆ "姓"字"生"第二横右边宜细点。
◆ "姓"、"家"两字集中有五根竖线，要注意线条的粗细与间距。

◆ 安排妥帖，有书法笔意，如能相应再细一点，更符合范印。
◆ 印边、印角的粗细，应参照范印画。

◆ 一切按比例，画得很好。
◆ "孝"字第二横头太方，"子"的菱形只要看留白处，即可知空得太多了。

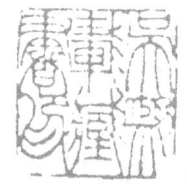 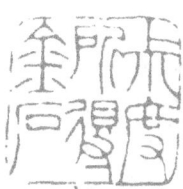 

吴熙载藏书印　　　　　　叔度所得金石　　　　　　牧父游戏之墨

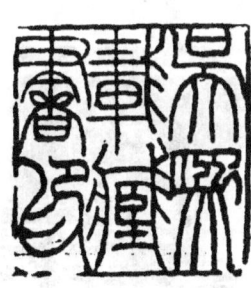 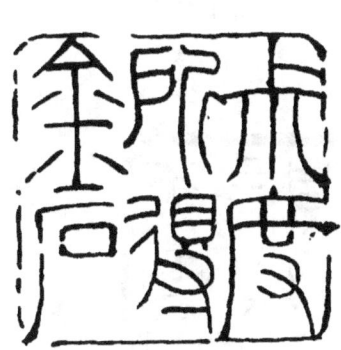 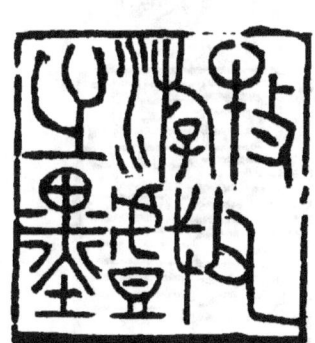

◆ 除"书"字上部、"载"字右半部外，其余线条嫌粗了点。
◆ "书"字中、下段一短横及左右两转折处较局促，转折也欠方。
◆ "印"字左侧上扬三笔曲线及长度均不够。

◆ 线条不挺，太僵，缺少书法意趣。
◆ "所"字"口"太大，左侧一竖不自然。

◆ 整个安排都还不差。
◆ 线条还要注意圆转处、挺劲处不同的处理方法。
◆ 铅笔线要轻，使印面清洁。

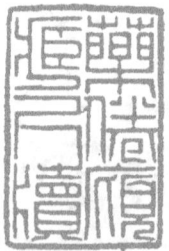
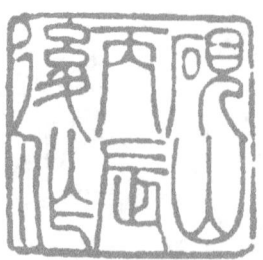

药俭顾藏尺牍　　　　砚山丙辰后作　　　　砚山鉴藏石墨

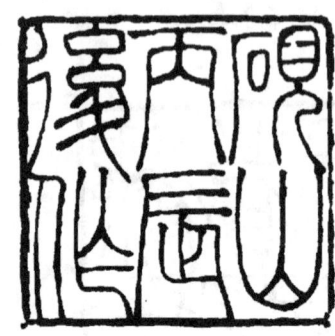
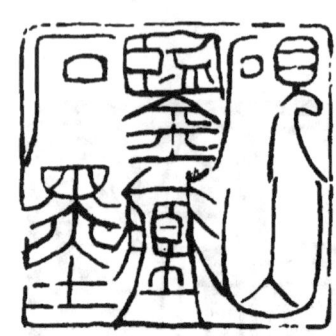

◆ "药"中间三"日"线条要平、挺。
◆ "俭"字右第二横要降下来。
◆ "藏"左侧不可连边，一长竖太粗。
◆ "牍"字那么多横画，一根都不挺。

◆ 用墨太淡。
◆ "丙"字一横不平直。

◆ "山"中间竖下分叉要连边。
◆ "石"字一横不可弯曲。
◆ "墨"字几个部分有粗细，又不对称，"土"的线条也不挺。

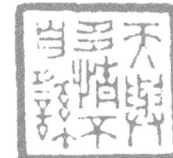
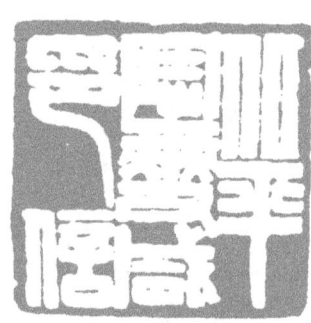

静虚斋藏书印　　　　天与多情不自由　　　　北平陶燮咸印信

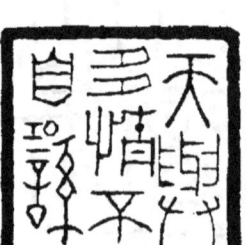
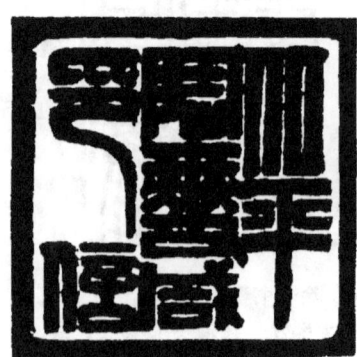

◆ 右边太粗，四条边均不挺。
◆ "静"、"藏"、"书"、"印"都有几笔太粗。
◆ "斋"的两横间距太大。
◆ "书"字"曰"应稍大些才好。

◆ "与"字太宽，所有零件均应压缩，左右两边横线都应缩短，使文字收紧。
◆ "不"字下边两笔也无地位允许这么开张。
◆ "由"字的绞丝显得长了点。

◆ 画得不差。
◆ 再查一下，每个字还有哪些地方残破不够？

◎ 第五章　画印法

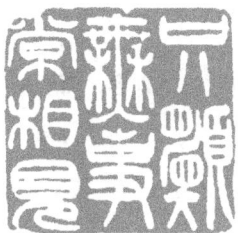
只愿尤事常相见

汉后隋前有此人

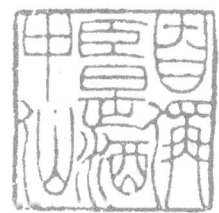
自称臣是酒中仙

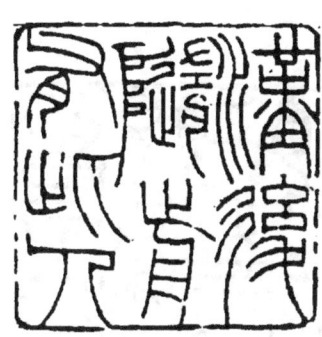

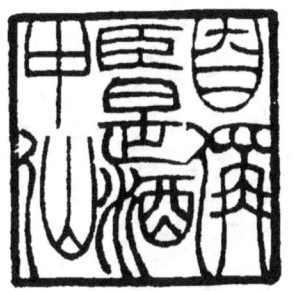

◆ "只"下两竖太短。
◆ "愿"字"页"左上角太圆。
◆ "常"字中竖要对应居中。

◆ 印文粗而失去书法笔意。
◆ 上面一排文字要往印边靠一点。
◆ 三点水太弯，似要倒向左边。
◆ "人"字一横太长。
◆ 印边及文字要残破。

◆ 安排妥帖，有书法笔意，如果相应再细一点，更符合范印。
◆ 左右两印角应细一点。

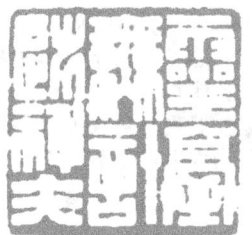
灵台无计逃神矢

绕屋梅花三十树

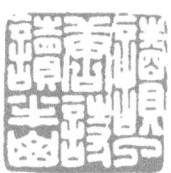
读了唐诗读半山

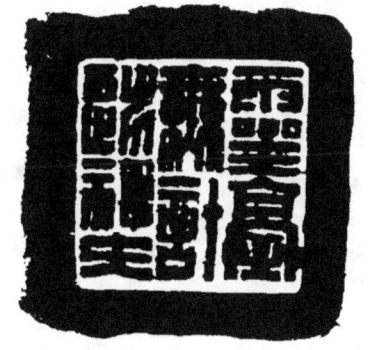

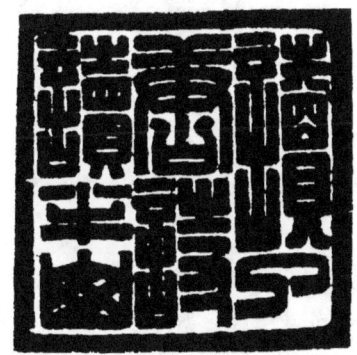

◆ 布局不差，但线条较毛，其头、尾也不能一一收拾好（如"台"末横）。
◆ 残破要有度，一个字破烂不堪，但往往还保留一二小点，这称为"眼"，不可缺少。

◆ 基本合格。
◆ "树"的左下两短竖不可太斜。

◆ 画得真好，把这种线条画在石上，刻出来就会很好。

遇仙桥畔是家乡

- 画得不差。
- "仙"字单人旁占地要压缩；右上"田"应是方形，而非长方形。

儿女心肠英雄肝胆

- 打铅笔印稿要淡，这样才不会显得那么脏。
- "肝胆"两字的两个"月"线条不够流畅，其他横线也不挺直。
- 印角要有圆意。

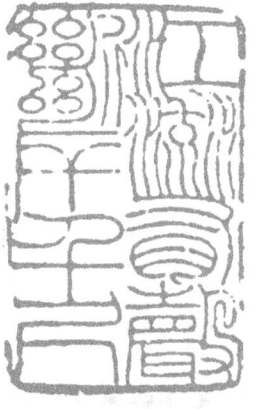

江流有声断岸千尺

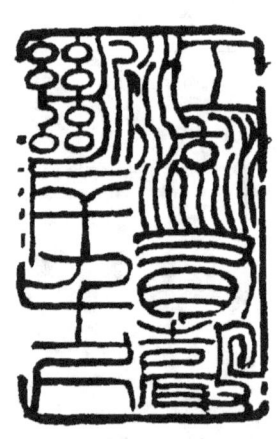

- 有好几处笔画明显粗了，显得不协调。
- "声"字左上少两竖，左下"耳"太局促；右侧上部太大，末拖笔要下弯，致使右下"又"太局促。
- 残边不妥，右下应有残未残，左中残边太平均，不自然。

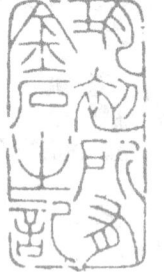

均初所有金石之记

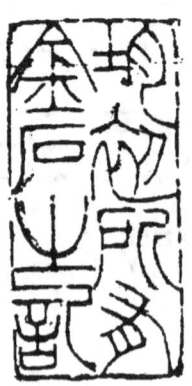

- 基本都可以，但先期打样子的铅笔稿太深，显得太脏。
- "记"字左下"口"太大，太靠左边。

◎ 第五章 画印法

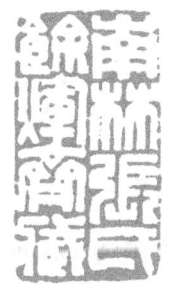
南林张氏馀辉斋藏

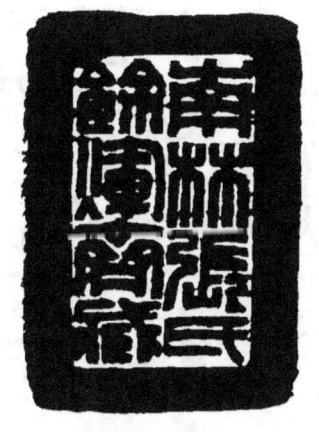

◆ "氏"字太扁,字头不够平。
◆ "辉"字"军"右侧一长竖不直,"车"横画两端均不平。
◆ "斋"字三个"眼"均有尖角。
◆ 所有线条可一一检查,看还有何处未残破。

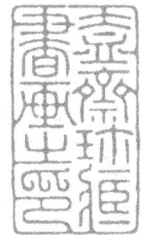
盉斋珍藏书画之印

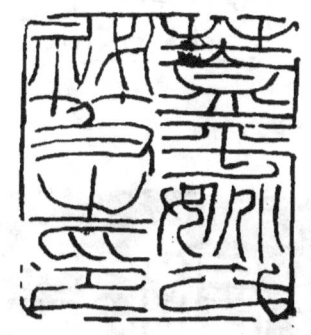

◆ 画这一类印,不论横竖线条都一样粗细,转折一律圆转,很见功力。
◆ 左右两列之间的距离还要紧一点才好。

盖平姚氏秘笈之印

◆ 线条不挺,无变化,像是用钢笔所写。
◆ "平"下转折不好。
◆ "氏"的左上转折不好,中间横画残破太甚。
◆ "笈"字"竹"下一竖太短。
◆ "印"字上半部三撇要连上横,下半部三横不挺。

执叔居京师时所买者

◆ "执"字"为"两个半圆大小不对。
◆ "居"字与右边相距太大。
◆ "京"字太偏左。
◆ "时"的"日"底边不与右横平。这些线条还表现在"所"等字中,粗得太臃肿。

吴湖飒(帆)潘静淑珍藏印

◆ 画得很好。
◆ "吴"字下半部左右垂线转角宜圆。
◆ "飒"右下"虫"转角宜圆。
◆ "印"字右侧并不与"淑"连。
◆ 底边上三字并不出边。

 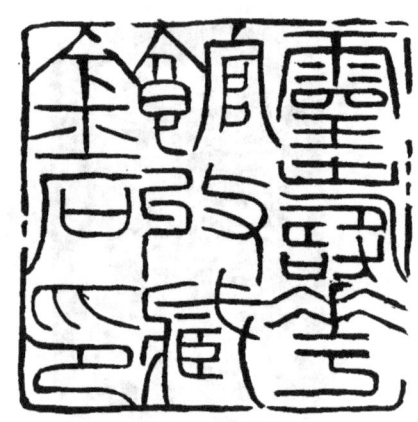

灵寿花馆收藏金石印

◆ 文字及边均与范印不符。
◆ 只要看"灵"、"藏"、"石"、"印"长画，便可知太光，头太尖。看"灵"及"官"的宝盖，可以看到左右双肩太尖，垂线角度也不对，"官"的双竖太弯。
◆ "寿"右侧长竖与左边零件太靠近。
◆ "收"字左小右大，很不舒服。

 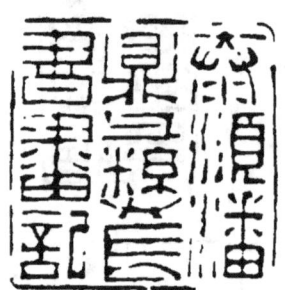

泰顺潘鼎彝长书画记

◆ 这么多的字，安排得那么妥帖，很不容易。
◆ 残破也很好。

采菊东篱下悠然见南山

◆ 铅笔稿太深，显得脏。
◆ 两根竖中线都有左右两列太分开的缺点。
◆ "菊"字草头下有一小点，左竖线也要像右竖线一样有圆意。
◆ "然"字右上及"南"字顶端均有点出头之意。
◆ 角未残破好。

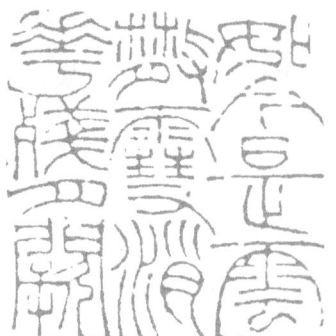 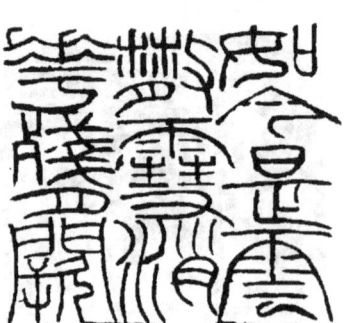

如今是云散雪消花残月阙

◆ "今"中间下弯应改为下折。
◆ "云"下部要宽敞。
◆ "散"字右边反文要有圆意。

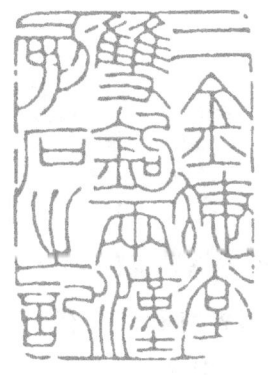 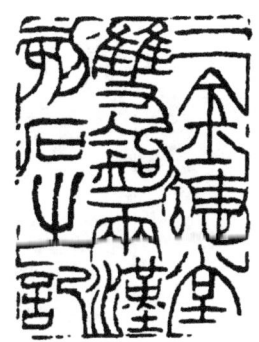

二金蝶堂双钩两汉刻石之记

◆ 线条粗而无变化。
◆ "钩"字右半部转折不佳。
◆ "两"字首横上翘太甚。
◆ "汉"字应长一点,"口"下四点及"土"与范印相差太大。
◆ "石"字首横要平。
◆ "之"左右两线是完全不同的。
◆ "言"字横应平,右边转折宜有方意。

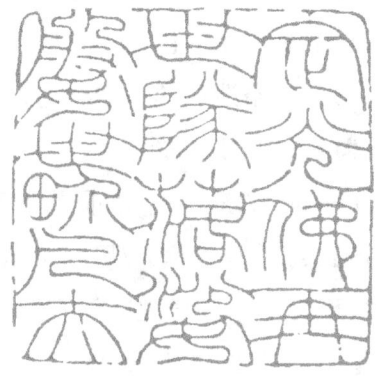 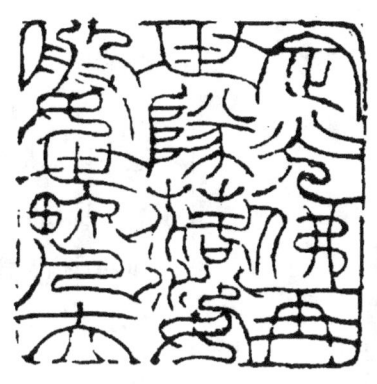

定光佛再世队(坠)
落娑婆世界凡夫

◆ 由于铅笔痕太重,整个印面很脏。
◆ 应该说画得很好,这么多字要"调度"好是不容易的。每个字要形准,还要考虑字距、行距,要有整体感。
◆ 末一个字"夫"太压缩了。

蛟川方氏半间(间)庐
珍藏书画之印

◆ 画朱文印的边可得一丝不苟,此印印角宜圆,文字宜细而不大毛。
◆ "川"字长了点,"方"字中竖之转折宜向中间方向靠一点。
◆ "庐"字"皿"右竖宜长一点。
◆ "藏"及后面四字的转折处均要有方意。

愿得黄金三百万交尽美人名
士更结尽燕邯侠子

◆ 一方多字印能排到如此妥帖实不易。
◆ 这些线条,尤其末列,如能再细一点多好。
◆ 二、三列末字"尽"、"结",由于上面稍松,致使空间不够而太局促。

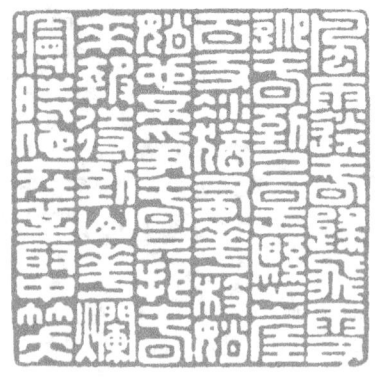

风雨送春归飞雪迎春到
已是悬崖百丈冰犹有花枝俏
俏也不争春只把春来报
待到山花烂漫时
他（她）在丛中笑

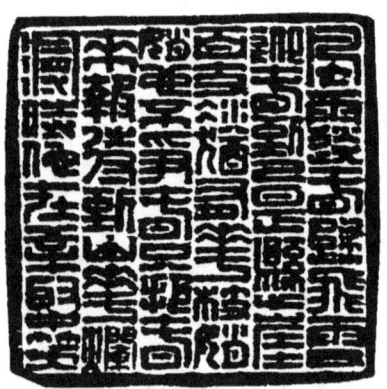

◆ 此印六列数十个字的安排还是很不差的，缺点在于全印总体不饱满，且每根线条不论横竖，都不大讲究，以致有粗有细、有光有毛、有圆有方。
◆ 还有缺点大多是上面一松，底下就觉空间不够，要注意。

第六章 执 刀 法

执刀如执笔，可根据各人的习惯，并无定法。而各种执刀法都各有利弊，有的如握拳，有的如执毛笔，有的如执钢笔，各人可采用适合于自己习惯的执刀法。总之，运刀时能做到手腕动作利索，腕力得以尽情发挥，能有助于刻好一方印就行。篆刻作品的优劣，主要取决于作品本身由章法和线条造成的艺术魅力，其他一切都是为艺术的表现力服务的。

现在向你介绍一种执刀法，执刀如同执钢笔，即以拇指、食指夹住刀把，中指承于刀下，无名指与小指垫于中指之下，刀杆横卧于虎口食指根的掌骨之上。靠拇、食、中三指撮住刀杆，靠上述三指的关节收送发劲。运刀方向为由右下方朝左前方刻去，整个刻制过程中，只动印石，运刀方向不变。这种运刀的好处是同打拳一样，便于向外发劲，比较适宜初学的青少年及腕力稍弱的治印者。熟练后，当然还可变换刀刃角度和方向，随意运刀以加工细节之不足。需要说明的是，要刻制的印石须呈菱形角度置于刻者胸前，而不是与桌面平行。

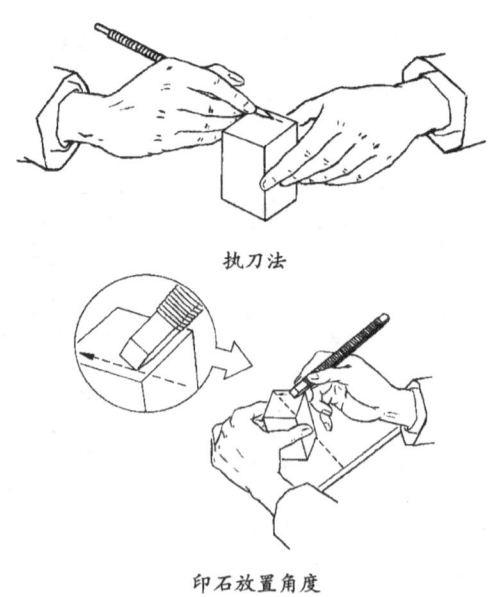

执刀法

印石放置角度

第七章 运刀法

学会了执刀，要刻出一方气韵生动、形神兼备的印章，就必须掌握娴熟的刀法。前人讲刀法有所谓正刀正入法、单入正刀法、双入正刀法、冲刀法、涩刀法、迟刀法、留刀法、复刀法、轻刀法、埋刀法、切刀法、舞刀法、平刀法十三种，近乎玄虚。其实，刀法主要只有切刀法、冲刀法、兼冲带切法三种。因印有朱白、大小，字划有疏密、简繁，线条有挺拔、婉转，印的风格有纤丽、雄强。种种不同，因印而异，故采用何种刀法，当视具体情况而定。前人说"执刀须拔山扛鼎之力，运刀若风云雷电之神"，这是总的精神。

1. 切刀法

执刀角度较直，大约在60°左右。它是依靠刀角的一起一伏，将一根长线条，以若干重复动作分段连续刻制而成。刻时全身之劲，通过肘腕运到指间，而不靠手臂的大动作完成。

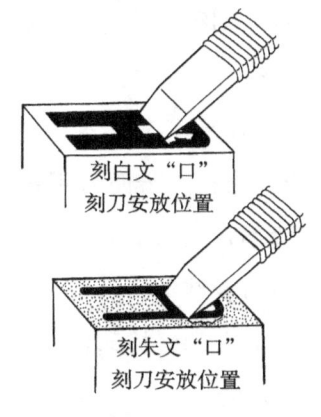

刻朱、白文线条刻刀安放位置

刻制的具体要领，是先将刀角放在要刻的线条边，刻白文线条则紧贴在线条的右侧边线，刀把微向右侧一点，由右下往左上方刻；刻朱文线条，则紧贴在线条的左侧边缘，由右下往左上方刻。运刀时由浅入深，如同脚踏铁铲插入泥地铲土一样，要集中发劲刻入，耳中可听到刀角入石的嘎然之声。然后，轻轻将刀角提升恢复原位，最好靠托刀的中指微微顶至原位，但切不可将刀角离开石面。再切、再提、再切、再提，刻一下，运刀入

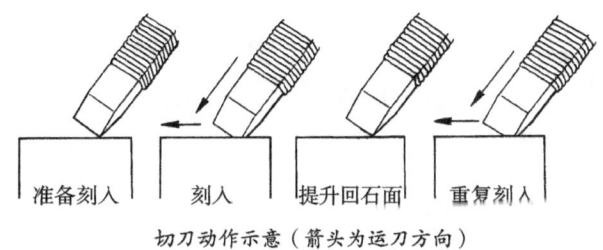

切刀动作示意（箭头为运刀方向）

石便有一声"嘎"的声响。如无老师在边上，只要听有否入石的"嘎嘎"声，便知你刻得对不对。需要注意的是，刀要紧贴线边缘，刀痕一个与一个衔接自然，方向一致，不出现锯齿状。如稍有锯齿，则要注意研究衔接的技巧，同时不妨略加修改。初学者可根据以上要领结合实践细加体会。

浙派各家以及近代来楚生等的作品，是善于运用切刀刻印的典型。我们初学都应练习用切刀法刻印。

2. 冲刀法

执刀角度较之切刀要小，大约呈30°左右，把刀角顺着要刻的线条推刀向前，并用食指第一关节与指甲之间这一段抵住印石，可帮助控制力度，以免用力过猛冲过头。无论用切刀还是冲刀刻印，刀角入石不宜过深，如刀角深陷，阻力大，就不能顺利运刀，当然太浅也不好。另外，为防止一冲而不可收，或使线条产生凝重、浑厚的效果，还宜一节一节冲，即通过连续的短距离的冲刻运刀，完成较长线条的刻制。皖派及黄士陵、齐白石的作品，是善于用冲刀刻印的典型。

3. 兼冲带切法

是冲、切刀并用的刻法。熟练的印家，采用最多的往往就是这种刻法，可视线条长短和印章的风格灵活运用。不论何种刻法，要记住刻刀紧贴线条边缘，不可游离线条。用力要均匀，动作要干脆，争取一刀达到要求，而不靠修修改改。"稳"、"准"、"狠"三字，大体上概括了用刀的基本要求。

第八章　印章摹刻法

"临"和"摹"是学习中国书法、绘画的传统学习方法。临摹印章也是初学篆刻的重要手段。对古今名作的大量临摹，是达到创作目的的必由之路。下面介绍临、摹的具体方法：

在临刻之前，十分重要的是选定临摹对象，"取法乎上，仅得其中"。选择临摹对象，一般以秦汉印和明清以来的著名篆刻家的作品为主。摹分意摹、精摹两种，在选定临摹对象后应先细读一遍。所谓"细读"，指对原印的种种细微的特征详加研究。如果能用毛笔在纸上按大意放大几倍，加以摹仿描画，称作"意摹"。通过意摹，可以对全印有一个粗略的印象。然后，可用透明描图纸覆于原稿之上，用狼毫描笔蘸碳素墨水或绘图墨水精摹一遍，进一步研究该印之种种特点，为正式临刻该印作好准备。精摹时，更要再现原印的细微变化，力求形神酷肖。如能在精摹以后再用放大的方法意摹一遍，收效将更佳。

摹印时如手指上有汗腻油分，宜洗净双手，在不着墨的纸面部位衬一张白纸，以保证描图纸不沾油污。冬天呵出的热气会潮湿纸面，也应在鼻下纸面上衬几层废纸或干毛巾。不论意摹或精摹的作品，可用本子收集起来，作为对照、研究的资料加以积累。

临刻所费功夫稍多。先将原作以水印法翻印上石，印文线条的粗细务必与原印相一致。然后对照镜中的原印反影，用狼毫毛笔蘸墨，小心补填遗漏或模糊的地方，这样就可以奏刀了。奏刀时，也要时时对照镜子中的反写印文，笔笔临刻，直至满意为止。如果能同时认真研究原作的章法、篆法、刀法，反复对比，则进步更大。至少要舍得把全过程的一半时间用以研究、对比，否则，囫囵吞枣，流于形式，不动脑筋地操刀"挖石"，即使千石万印也只是事倍功半。

第九章　初学者的基本训练

1. 回文刻法

初学用刀，必须以较多的时间，先后学刻朱文和白文的回文。

朱文的回文刻法：请将印石按菱形角度放好，用上面介绍过的切刀法，将刀角放在线条左侧，留出线条，从左到右次序依流水作业法，刻去其余部分。具体刻法是先顺次把同一面线条刻出。将印石转动180°，再以上述方法刻制，印的二分之一就刻成了。留下的一半也分成两次刻成。这样，包括开始把印石放成菱形角度，印石一共动四次，把朱文黑线以外的空处全部刻尽。要注意的是：（1）刻刀须紧贴笔画。（2）刻得不宜过深。（3）用刀须掌握轻重，防止裂坏相邻线条。（4）刻到线条终端处，幅度要小，要轻转刀刃，不能出现90°棱角，也不可刻过头，"宁使刀不足，莫使刀有余"。因为一般不足可补，刻过头就难以收拾了。（5）刻四条边缘线时，原来垫于刀下的中指，可以移至刀的右侧轻挨印边，可防止刻边线时刀锋出格。

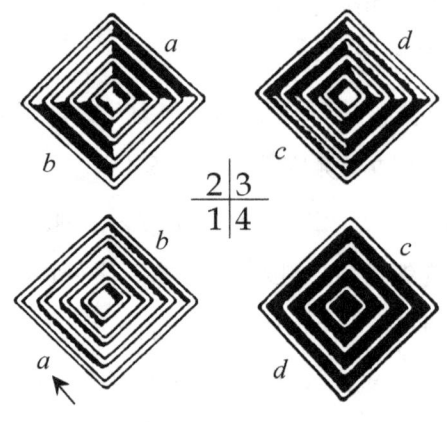

朱文回文练习示意

图中白色表示画的线条，黑色表示刻刀刻去的部分，箭头表示运刀方向，英文字母是印石方向变换示意，数字是刻制顺序。一律自左至右逐条刻。

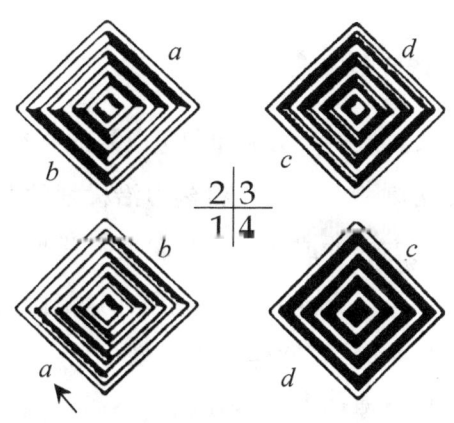

白文回文练习示意
图中白色表示画的线条，黑色表示刻刀刻去的部分，箭头表示运刀方向，英文字母表示印石方向变换的次序，数字表示刻制顺序。一律自左至右逐条刻。

顺便提一点，初学如不使用印床，为防止刀刃伤指，可在执石的左手中指第二关节处，用布条做一指套加以保护。

刻白文回文，是刻去墨线，留下墨线之间的间隙，墨线尽可能粗，线与线之间间隙越细越好，刀角则要放在白文粗线条的右侧边缘，用上面介绍的切刀刻法，依流水作业法，分四次完成。笔画中的残余石屑，最好一次清除，转角处要保持圆转，笔画终端要收拾好。

对初学者来说，只要按要求认真刻，一般朱文、白文回文各刻 10~15 次可基本掌握要领，或可根据各人情况适当增加。可以一次写好几方印的回文稿一起刻制。凡线条刻断（非印石自然断裂），粗细不一，转折过方过圆，当然不能合格。

（1）朱文回文练习

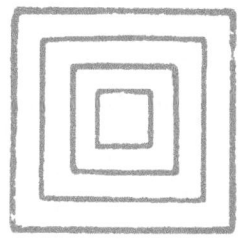

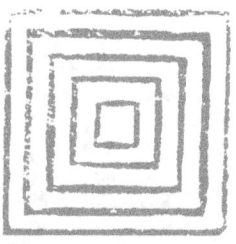

◆ 线条很平正，间距也可以。
◆ 除右二竖线外，上部横一线与下部横三、四线太粗。
◆ 转角未做到似方似圆，应是外方内圆。现在均为方角。

◆ 外框线要内方外圆。
◆ 与原作比，线条粗了很多，也不挺、不光，中间的小口更粗、更光。
◆ 小口下的两条横线既粗又斜。

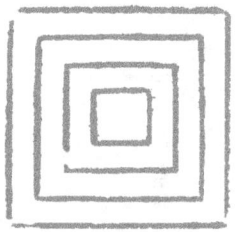

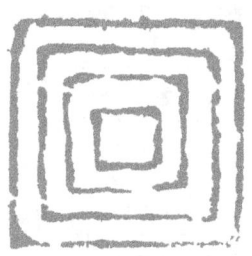

◆ 除了不小心或石章有裂纹造成两处断裂外，线条的粗细、转角的方圆，都较好。
◆ 转角如再圆一点当更好。

◆ 线不挺，转角未挖清，应是内方外圆。
◆ 粗细要统一，不可断。
◆ 把此印与原作比较一下，就会知道存在哪些毛病。

（2）白文回文练习

（与朱文区别的是外框线粗一点）

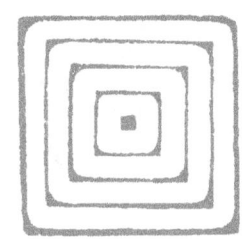

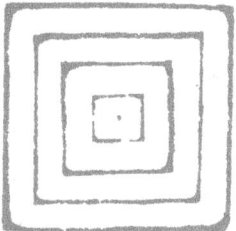

◆ 除转角要挖清外，其他均不差。
◆ 看白文刻的线条怎样，同时可看一下红色间隔线是否挺，是否一样粗细。

◆ 线条比原作细，刻满白文线条要"满"，满到白文线条之间仅有一根很细的红线间隔。
◆ 转角处未处理好，要方中有圆、圆中有方。

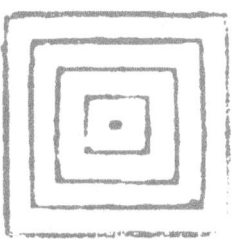

◆ 线条还可以更挺些。
◆ 除了右下末两根线的转角未处理好外（也可能是印泥未钤好），其他各白文线条都能做到粗细统一、间隔均匀，转角还可以。

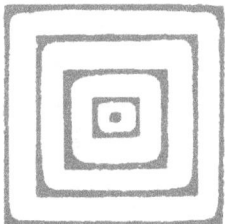

◆ 线条挺，就是有些粗细差异。
◆ 白线条与白线条之间应只留一条很细的间隔红线，现在红线太粗了。
◆ 最突出的毛病是转角，它留下那么大的一个个三角形，多么难看！如能再进一步挖干净就好。

2. 朱文刻法

刻朱文是刻除文字和印边以外的所有部分，用双刀法刻。方法是先将刻刀沿横划的左侧自右向左上方或冲或切，顺次将所有横划的左侧部分刻去，石旋转180°再刻刚才这笔画的另一侧（也是左侧）。这样，印的二分之一完成了。余下竖划也要按上述方法顺次分两次刻完，笔画之两端可切一短刀。凡印面中的残余颗粒、小块，可在全部刻完后一一收拾，也可以在刻印中顺便收拾，但印地不必花功夫铲平。

无论朱文、白文，印石从奏刀起至结束，一共转四次。

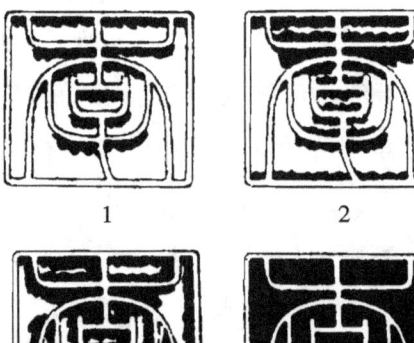

朱文刻法
分四次刻成朱文"李"字（反文）

（1）朱文一字印

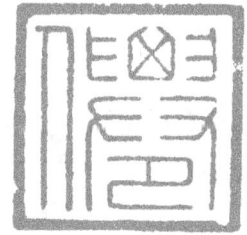

僊（仙）

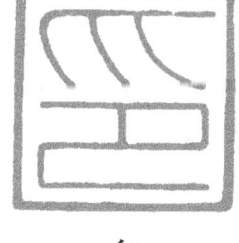

印

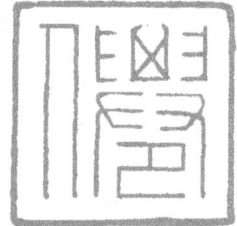 

◆ 边可稍粗。
◆ 整个字要向四面扩展近边。
◆ 右中部开口要小。

◆ 文字与边均要挺，粗细要均匀，右半边右下部出现几根过粗线条很不协调。
◆ 单人旁与右半边上部要平。
◆ 右半边中部要宽一点，中间是叉，下面两侧"手"垂线均应是从中间横线而下来。

 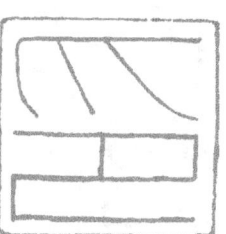

◆ 这么少的笔画，布局还可以，当然也不难。
◆ 线条还不够挺，转角要圆一点才好。
◆ 上半部的三撇应稍靠紧一点，微带圆意。

◆ 边框太细，文字也细如钢笔所写。
◆ 上半部三撇要同向，间距均匀，第一撇要向右。
◆ 转角都嫌太方。

 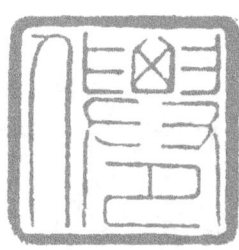 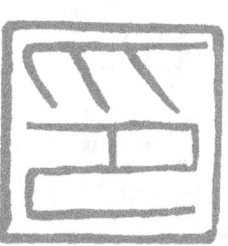 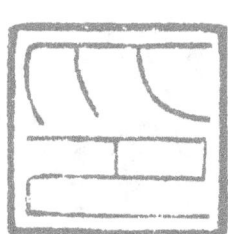

◆ 边框太细。
◆ 单人旁没有这么宽的，这样一来，右半部就显得局促了。
◆ 右半部未掌握好疏密，上边太局促，下边又太空荡荡。

◆ 边框线太粗，规律是内方外圆，内角切忌圆。
◆ 文字与边宜有点距离。
◆ 单人旁左侧一线上部不弯曲，右上角转折且圆中带方。
◆ 右半边中部左右"手"宜与上边笔画有一定距离，转折要圆中见方。

◆ 边框粗细不一，内角不正，说明很不认真。
◆ 文字可以略细于边。
◆ 上半部三撇要有弯意。
◆ 下半部线条无一根挺直，转折也太马虎。

◆ 上半部的三撇要靠紧一点，且有斜意、弯意。
◆ 转角不可太方。

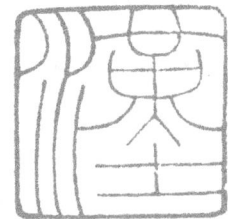

汉

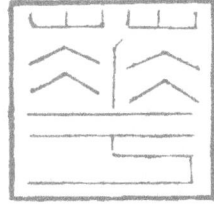

华

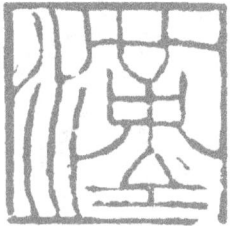 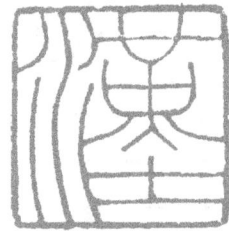

◆ 文字及边都太粗。
◆ 三点水各线条角度、弯度都很不到位。
◆ 右半部"廿"太大，下边的"口"底部欠圆，"口"下开叉不可作内包型，且不可与"土"连。上面占地扩大，使"土"局促，且少了出头之一竖。

◆ 基本安排尚妥帖。
◆ 三点水不够流畅，左右两部、上面的弯度不够，下两根的头部要收得紧一点。

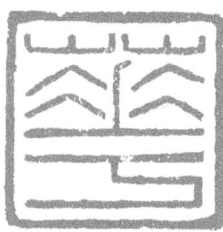 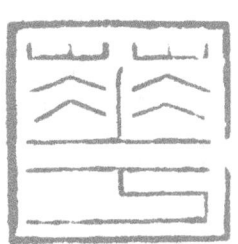

◆ 边框要做到内方外圆。
◆ 线条要挺，转角要爽利，现在都有些含糊。

◆ 基本很好，线条再要挺一点，上部草头再要上去一点会更好。

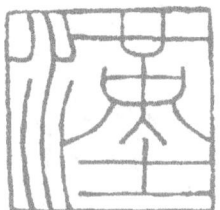 

◆ 三点水上边的问题，是左右两线条欠圆意，下边是流畅和间距问题。
◆ 右边"廿"及"口"都太小，左右分线要有弯意。"土"字两横分得太开。

◆ 太粗，太粗。
◆ 三点水的弯度，尤其上面左右两条弯线角度不对。
◆ 右边"口"及上面的零件上部的两个线头，都要向中间收，"口"下左右两边的线条要柔和。下边的"土"太长。

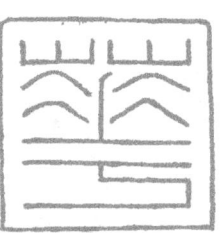 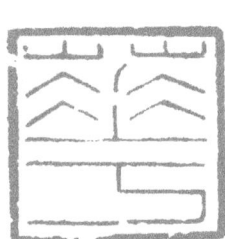

◆ 边框宜稍粗。
◆ 草头要上去一点。草头下左右四个三角要有尖头，左右线一样长，要对称。
◆ 两长横及下面的转折应间距均匀。

◆ 全印基本很好，如线条更挺、转角更爽利就不差了。
◆ 线条不要过分破碎。

◎第九章 初学者的基本训练

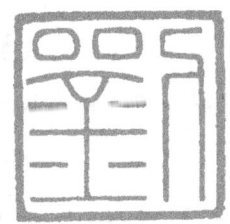
刘

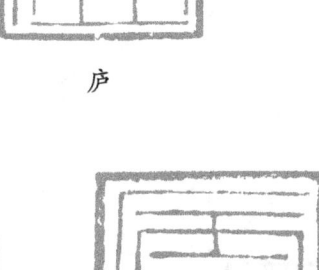
庐

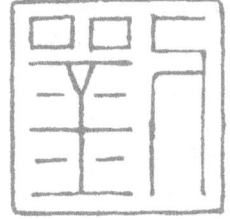 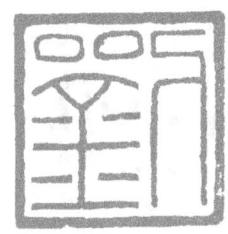 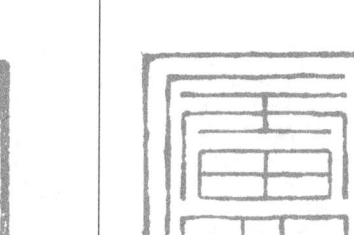

- ◆ 印边太细，宜稍近文字。
- ◆ 右边"刀"太宽。
- ◆ 左侧上部双"口"宜方中见圆，下边长横应有弧度，下边的倒三角宜有圆意。
- ◆ 所有左侧大小横画均应向左右扩开点。

- ◆ 右边"刀"太宽，留空太多。
- ◆ 右"口"不及左"口"好。"口"下带弧线条太弯，底下倒三角大而少圆意。
- ◆ 四根短横离中竖的距离应是一样的。

- ◆ 边框宜粗于文字。
- ◆ 线条要挺。
- ◆ 底下"皿"中间两小竖宜分开一点，基本使空间一分为三。

- ◆ 线条不挺，边框要内方外圆。
- ◆ "田"与"皿"都有点倾斜，"皿"的左角稍粗且太圆。

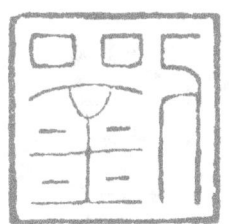 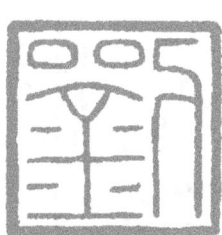 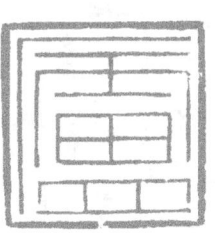 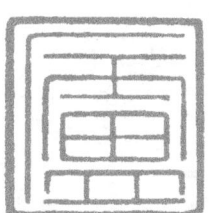

- ◆ 印边不挺。
- ◆ 右侧"刀"的几个转折，有的太弯太圆。
- ◆ 双"口"宜扁点，且互有联系，现在分得太开。"口"下弧线宜上升点，下面的横画不挺。
- ◆ 四根短线宜向左右再扩点。

- ◆ 印边可稍细点。
- ◆ 右侧"刀"的几个转折有的太弯太圆。
- ◆ 双"口"要圆中见方。
- ◆ 四根短线与中竖的距离应是一样的。

- ◆ 基本很好，只是"皿"的线条不挺。

- ◆ 边框要内方外圆。
- ◆ 线条挺一点，稍再细一点更好。
- ◆ 上边三横间距稍松了一点。

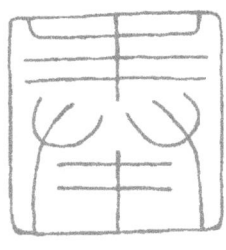
奉

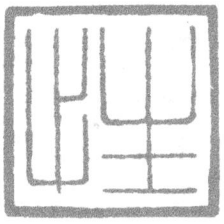
性

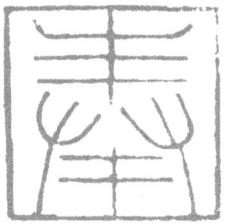 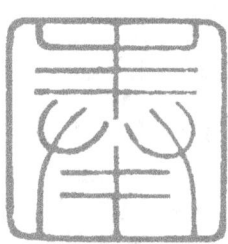

◆ 左中右三线均要连上边。
◆ 左右"手"要均匀且有圆意。
◆ 下边两横要等长。
◆ 印的边角宜有圆意。

◆ 刻得很好，如能将线条向左右两边扩展一点，将会更好。
◆ 除左"手"稍粗外，左右很对称。

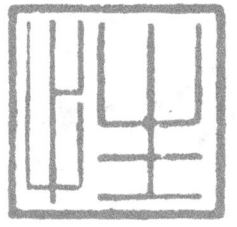 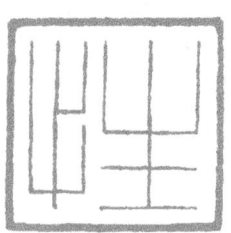

◆ 线条粗细以竖心左侧一条为准，其他线稍粗了一点。

◆ 文字要向四边靠。
◆ 竖心旁太挤了一点。

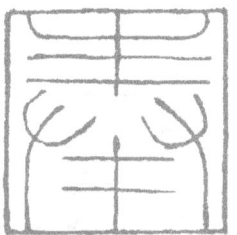 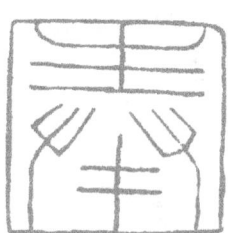

◆ 线条不挺，边角宜有圆意。
◆ 连接上边的左右两头，要掌握好转折的角度。
◆ 左右"手"要有圆意，并注意三根线的间距。
◆ 上边三根横线及下边两根横线，其间距应统一。

◆ 连接上边的左右两头宜弯中有直、圆中有方，下边中竖线要出头。
◆ 下部两横线要再长点。
◆ 左右"手"宜圆意，三根线的间距要均匀，左右垂线要自然流畅。

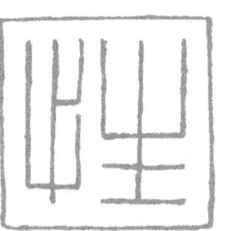 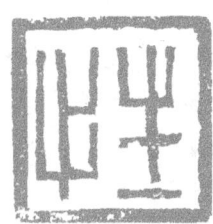

◆ 边要比文字粗一点以资区别。
◆ 文字太缩在中间，要向四周扩开近边。
◆ 左右两半的底线要一样平，现在是左高右低。
◆ "生"字还应扩大一点。

◆ 边与文字实在太粗了。
◆ 整个文字四周都要向边靠。
◆ 竖心旁竖线之间距要均匀，底横要下降，中间只露出一点点。
◆ "生"字要将上边第一横下降，两条竖线要向左右扩展，底下的两根横线要靠紧一点。

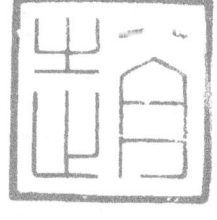

赵

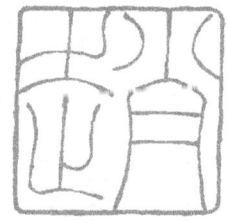

赵

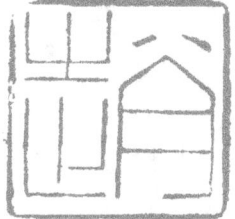

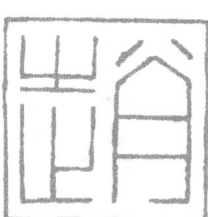

◆ 印边宜稍粗而庄重。
◆ "走"字上部与边的空隙，要和整个字与四边的距离相同。"止"的线条不可中断。
◆ "肖"的左上撇宜稍长一点，"月"字太宽，与范印不符。

◆ 印边宜稍粗而庄重。
◆ "走"字上部两横间距太小，与范印不符。
◆ "肖"之"月"哪有这么高的！以上两处均为比例失调，或短颈，或长腿，作为一个人也会使人看了不顺眼。

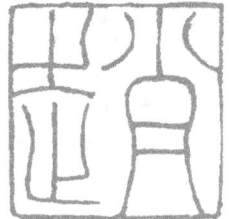

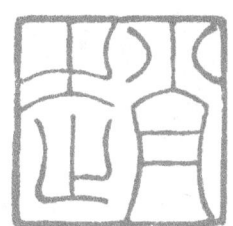

◆ "走"字右上小竖宜有优美的曲线，第二横线又必须作圆弧状。
◆ "止"左右两线弯曲不美。
◆ "肖"之"月"太瘦，间距不对（上格太空）。

◆ 边框线宜更细一点。
◆ "止"应更长一点。
◆ "月"之左右两角应更具圆意。

◆ "赵"字上部两横间要稍靠近一点，右下"止"的一横与中竖连接处宜挺。
◆ "肖"的上顶再高总不能超过左侧第一横吧？其中两横画的位置不匀。

◆ 边线既粗细不一，又有不少断残，均非范印所有。
◆ 文字要与边框有个统一的距离。
◆ 文字不挺，又随意中断。

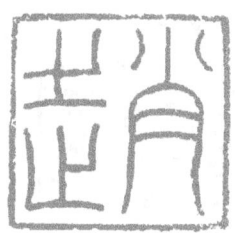

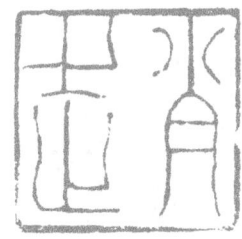

◆ 边框要细，上下都应有线与边相连。
◆ "走"的笔画除两根中竖线外，每一根都应有不同的弯曲。"止"的右竖带转折应下降一点。
◆ 右半"肖"上部左右两笔宜长而有弯度，下半部"月"也应有一定弯曲，并联下边，两横太集中到上边不好。

◆ 边框线中，右上及左下特粗，不统一。
◆ "走"的上部横都要有弯意，右侧竖线的曲线也很优美；下部"止"间距不一，粗细不一。
◆ 左右两半分得太开，"肖"上下都未放开，显得那么窄，空出那么多的空间又不讨好。

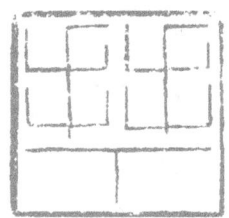

拜

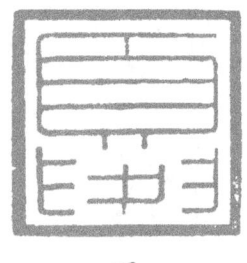

夏

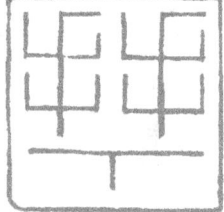 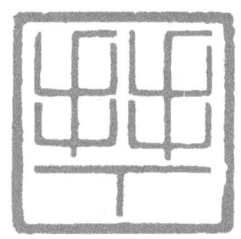

◆ 边框要比文字粗一点。
◆ 上部两"手"要向左右靠边，两"手"也不可太分开。
◆ 下半部一横要向左右靠，中竖还要向下点。

◆ 边框粗于文字这是肯定的，因文字太粗，随着文字的变细，当然边也要相应细一点。
◆ 文字各部安排都很好。

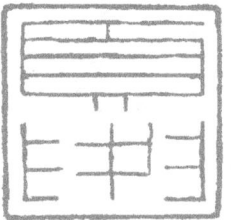 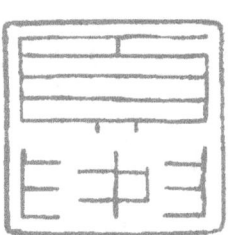

◆ 边框线宜稍粗，要注意内方外圆。
◆ 上半部的比例要超过一半，才不致上面如此紧、下面如此松。
◆ 下边中间部分上下出头宜一点点才对。

◆ 范印边粗，临刻者也要依样画葫芦。
◆ 上半部还可放松一点，超过一半；下半部空地太多，不协调；下边中间的零件底线出头不多才对。

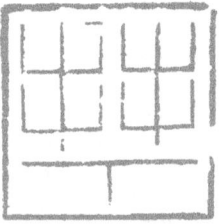 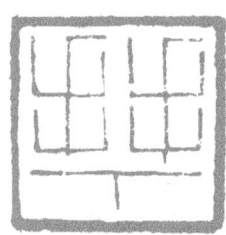

◆ 文字除上部有不小心留了点残缺外，其他均还可以。
◆ 但边框尤其上边框最不好，为什么内侧会这么残缺不齐呢？
◆ 两"手"上方各有一转折向右，是漏刻？还是断裂？

◆ 边框太粗，而且未做到内方外圆。
◆ 无论边与文字，都未能做到一个"挺"字。
◆ 左上"手"靠右两竖太细，中竖也未能居中。

 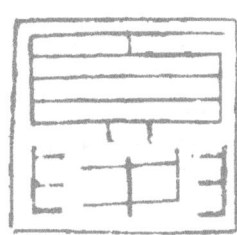

◆ 线条不挺，凡横线怎么都有点倾斜？上下都出现此病。
◆ 下半部由三部分组成，左右对称，小横线要平直，中间的两横要平行，竖线上下出头要短。

◆ 边框宜粗。
◆ 上半部要挺，比例上要超过一半。
◆ 下半部左右短横宜长一点，中间部分的线要水平，两横稍靠紧。

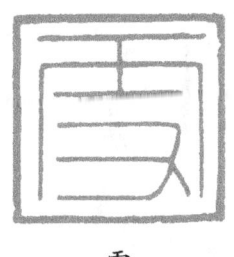

雪

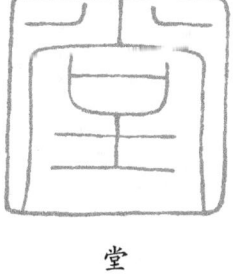

堂

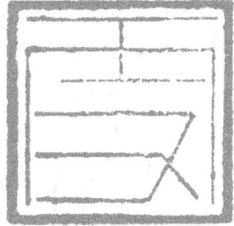 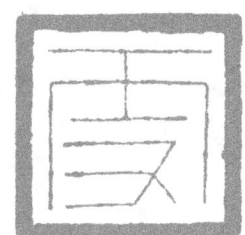

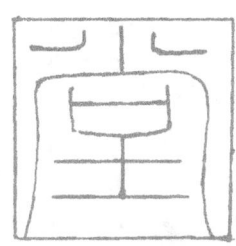

◆ "雨"字壳内下部三横之第三横太短，且转角太方。
◆ "雨"壳中第一横由中竖一分为二，现在左短右长是不好的。

◆ 边框为何要这么粗？
◆ "雨"壳内第一横要上升一点，不可留出这么大空地。
◆ 壳内底部斜线太斜，且无圆意。看看范印，对照一下，即能明白个中道理。

◆ 上面左右分开的笔画，要离中竖线远一点，且要靠上一点。
◆ 左右垂线底部不可太向两边分开。

◆ 上部左右两笔离中竖线左远右近，中竖要连上边。
◆ 宝盖左低右高。"口"的左右两角宜圆。
◆ 左右垂线底部不可太向两边分开。

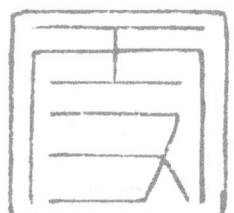 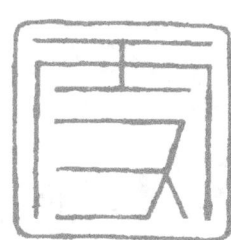

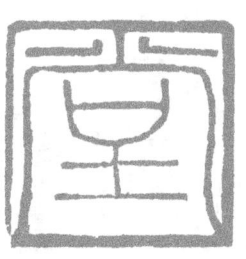 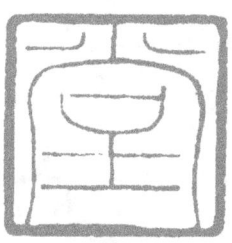

◆ 边框线太细，总要以粗细来区别边与中间的文字才好。
◆ 字上半部太紧，下部一空，就会很难看。

◆ 边框线太细。
◆ 字上半部太紧，下部就会空得太难看。故一切还宜以范印为范本，细加对照才好。

◆ 边框太粗。
◆ 宝盖之上留的地位太少，使左右"八"字十分局促，离中竖也太近。而此"八"字，转折处应有点圆意。
◆ 宝盖左右垂线不挺。"口"字底部宜双圆角。"土"字两横不可一长一短。

◆ 边框太粗。
◆ 最使人难受的是宝盖左右两角会是那么浑圆。
◆ "口"字双角不一致，应都有点圆意。"土"的两横太长了。

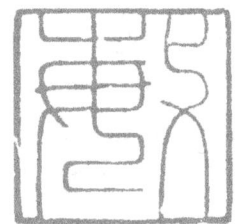

敏

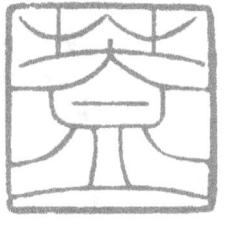

盖

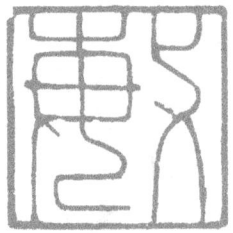 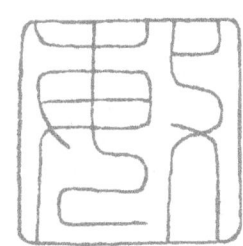 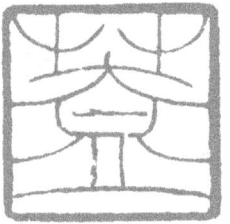 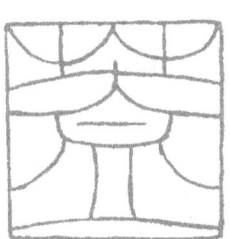

◆ 左边"每"字上两横间距太靠紧，右下转折非斜线，应是横折；左侧"田"出头处要把"焊接点"挖干净。
◆ 右边反文的转折不对。

◆ 边框宜稍粗一点，线条太弱，要更挺而带圆意。
◆ 左上角与边连线宜稍直。
◆ "每"字右下转折的各转折横线间距要统一，上面数起第三横两头要出头一点。

◆ 粗边十分突出。
◆ 草头的四个头该连还是该分未掌握好。"皿"头向上叉的两头应该分得开一点。
◆ 下部左右连线要有带圆意的转折。

◆ 边宜稍粗于文字。
◆ 草头线头的离合要参照范印。"皿"头内太显局促。
◆ 下部左右连线要有带圆意的转折。

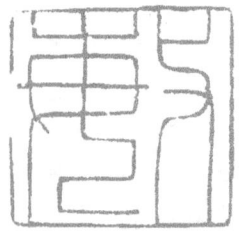 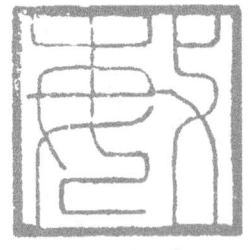 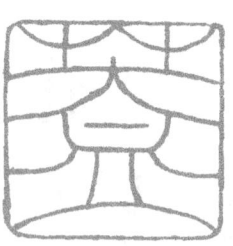 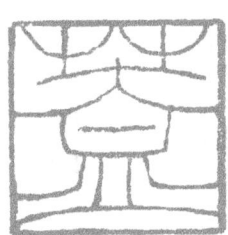

◆ "每"字各转折都太方，欠圆意，右下转折拖脚要上提。
◆ 右边反文从中部起左右都错，左右垂线都要斜向下垂。

◆ 边框太粗，"每"字中部线条特别弯曲，转折过圆，在全印中很突出。
◆ 左右两半间要有空隙。

◆ 草头与边线的离合，要参照范印。"大"的上下横线间距太大。
◆ 底横线有点弯意，并与底边有点距离，但现在太弯，离底边太空了。

◆ 草头与边线的离合要参照范印。"大"的横线要长一点。"皿"向上的两线均应有对称的弯意。
◆ 分向左右的连线离两根中竖线要开一点，并要有带圆意的转折。
◆ 底线的弯度及与底边的间距要掌握分寸。

◎第九章 初学者的基本训练

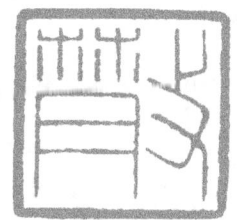

散

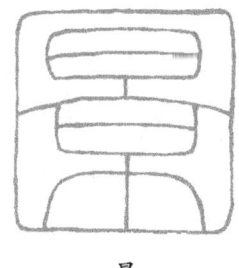

景

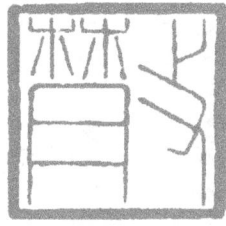 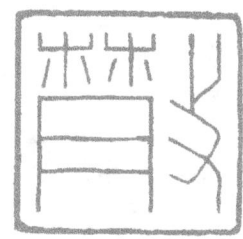

◆ 左侧"月"太大太高，上面的小短竖不应斜。
◆ 右侧反文第三根斜线可能是石裂而断，或许是不小心所致。

◆ 整个字四面应再近边一点，边框宜再粗一点。
◆ 左侧"月"太大，间隔空间不均匀，四根小短竖不应斜，整体要上升近边一点。
◆ 右侧竖线终端不应超过左侧"月"字首横的水平线，右上角短竖的转折应稍平一点。

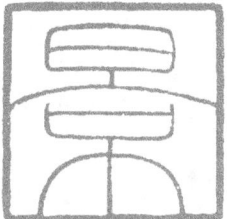 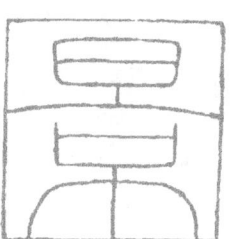

◆ 边粗了点。
◆ 上边"日"还应向左右扩。
◆ 长横线弯曲要适度。
◆ 下边"口"要大一点，并与上面的横线连接。"口"下左右的下垂线要圆中带方。

◆ "日"与"口"太小，还应向左右扩展，要注意"口"的下部两角宜有圆意。
◆ 底下左右垂线分得太开。

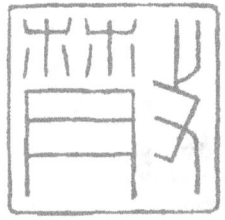 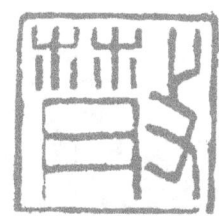

◆ 边框要稍粗于文字。
◆ 左下"月"线条不挺，间距不等，转角太方。
◆ 左上部下面四根竖线要直，横线上叉近边的四小竖要直、要等长。

◆ 文字必须比边框细，线条必须挺，转折宜方中有圆。
◆ 左侧"月"应向左边靠。左上四根短竖长短、间距要差不多。
◆ 右侧反文最低一根斜线太低。

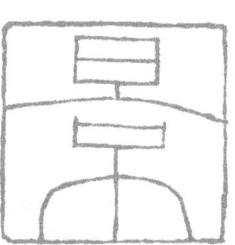 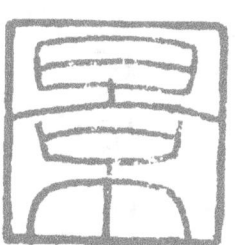

◆ 请看这方印的"日"、"口"，真有点鬼头鬼脑的样子，长线又这么生硬，而底下的左右垂线很不稳定，不对称。这能是方好印吗？

◆ 线条太粗。
◆ "日"与"口"都要有一点圆意。
◆ 中间长横线右边不舒服。
◆ 底下左右垂线分得太开。

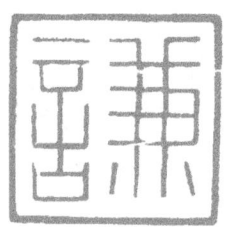

谦

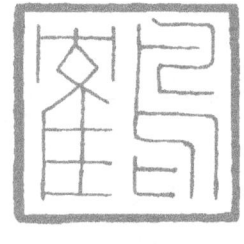

鹤

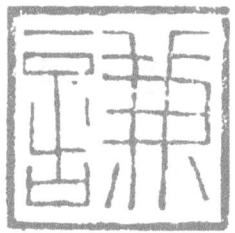 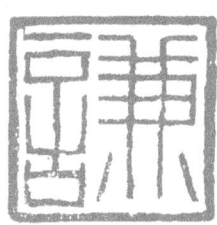

◆ "言"的两个"口"不可能这么扁，不信对照一下。
◆ 右半部各横线要挺而间距均匀；中间一段有六个方块要均匀。
◆ 右下左右两竖长短及与中竖线的距离要一样。

◆ "言"字太逼边，线条太粗，两"口"中的一横要离下"口"上去一点，左右两竖要短，上"口"太扁。
◆ 右半部中段要松，要下降一点，左右两小竖不可太斜。

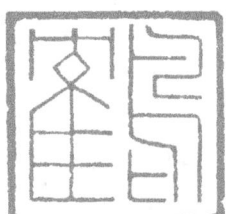 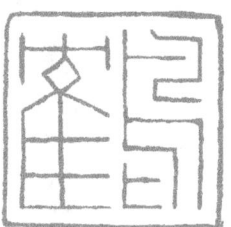

◆ 边框角要内方外圆。
◆ 左上的菱形嫌小一点。左下竖线可以有一点点出头。
◆ "鸟"字左侧竖线在下面的转折宜平一点。

◆ 边框宜粗一点，边角宜内方外圆。
◆ "隹"的左下角可以有一点点出头。
◆ "鸟"字中部向右的一个小转折要向中竖靠近一点，转角要有圆意。

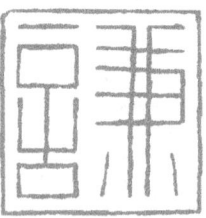 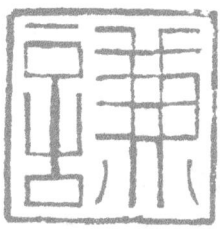

◆ 边框宜再稍粗一点。
◆ "言"字两"口"大小不对，上面的小，下面的扁。
◆ 右半部两竖要分开，横线密集的上部太挤，要适当向下，并使间距放松。

◆ 全印粗细不一，线条又不挺。
◆ "言"的上"口"宜小点，左右要出头，下"口"上端也要出头；中竖太粗，左右嫌太长了一点。
◆ 右半部右下角左右两小竖不可弯曲。

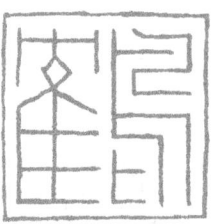 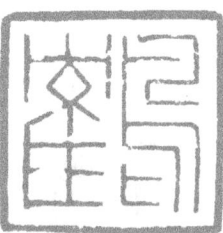

◆ 边框宜粗一点。
◆ 左上菱形宜大一点，菱形向右下的是一根斜线，无曲折。
◆ "隹"的左下角应向下有点出头。
◆ "鸟"的几处转折都太方。

◆ 整个字要向四边扩展一点，其他都很好，破碎想是石章有裂纹或不小心所致。

（2）朱文二字印

山农

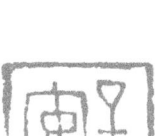

子安

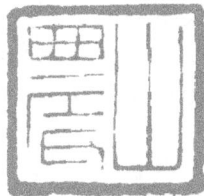 

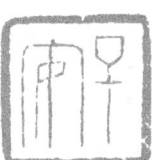

- ◆ 外框上部宜细一点，反正不可一般粗细，边角宜内方外圆，方显精神。
- ◆ "山"的线条不挺。
- ◆ "农"上部的六个格子不可这么扁而无神，左边竖线还应长一点。

- ◆ 外框要稍粗一点，要外圆内方。
- ◆ 两字离边框太逼近了。
- ◆ "农"字上部的六个格子不可这么扁而无神，线条要挺。现在上部一压缩，下部的"辰"十分松散。范印中有几根横线又挺又细，几乎没了，照样有精神。

- ◆ 临刻选石应尽可能与原石一样或接近。
- ◆ 边框应内缘平正，外缘才可以残破。
- ◆ "子"字头非三角形，下边一横太长。
- ◆ "安"字宝盖头要有坡度，"女"字要向上靠，左侧是直线，不可曲折，线条要有残破。

- ◆ 石一大就难传达原貌。
- ◆ "子"的"口"下一笔有点像一"点"。
- ◆ "安"的宝盖顶有坡度，左右垂线要有残破；"女"的上部未刻好，垂线不可有长短，这四根竖线间距要平均一点才好。
- ◆ 边框及线条要残破。

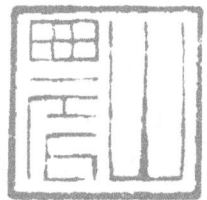 

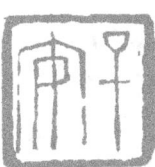 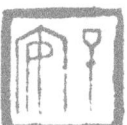

- ◆ "山"字应微小于"农"。
- ◆ "农"上部的六个格子不可这么扁，"辰"的几根横线要扁长一点，而且细得几乎没有了，但照样见精神，这就是功力。

- ◆ 字的左右离边框太近。
- ◆ 线条不挺，"山"字太大了一点点，中竖未居中。
- ◆ "农"字上部的六个格子太扁，下部几根横线太粗，显得臃肿；最麻烦的是竟少刻了左侧一根竖线。
- ◆ 框角宜内方外圆。

- ◆ "子"太高，"口"与下横不可太远，按比例"口"也太小，垂线要似针尖才好。
- ◆ "安"字宝盖顶要升高，"女"的上部两方块要差不多大小才好。左边竖线离边太近，这四根线很犀利，有残破，间距要均匀点。
- ◆ 边框与文字均应有残破。

- ◆ 两字间距太大。
- ◆ "安"字离左边太近，这四竖间距欠均匀。
- ◆ 边框及文字均有残破处，太完整就非范印的风貌。

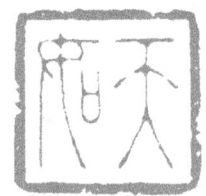

天如

 与

仁举

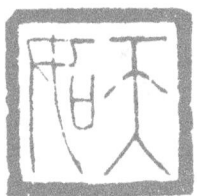 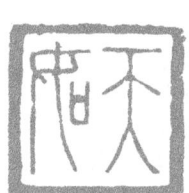

◆ "天"字首横左边嫌短，底下开叉尖角要上提。
◆ "如"字左上细看似有两个圆圈才对，左边转折一小笔宜短而离中长线稍远一点。

◆ 线条还可以细而挺，此印中"天"之右脚、"女"字，各线条都粗而不挺。
◆ "女"头细看应是等大的双圈，"口"字底应呈圆形，上横画太粗。
◆ 印面应是方形，边框与文字均应有残破。

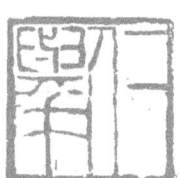

◆ 线条不挺，边框未处理好。
◆ "仁"之两横太往上了且占地已超过全印之一半。
◆ "举"上部太局促，三部分应基本各占三分之一，左右应对称；中间的"与"首竖应不往下，而是作"竖折"；上面一紧缩，下部则显松散。

◆ 此印除右侧外，其余三处均不相连。
◆ 线条粗细不一，不挺（尤其"举"字下两横）。
◆ "仁"的单人旁左侧斜向起首一笔太斜太长。
◆ "举"字上部左右要对称。

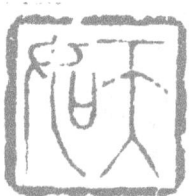 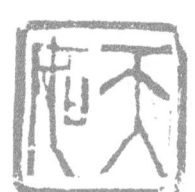 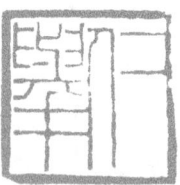 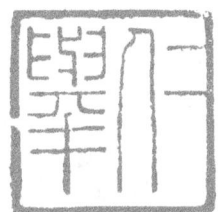

◆ 边框要有残破。
◆ "天"字下部开叉应高点。
◆ "如"字"女"左侧线条应齐全，在一条线上；左上应见到等大双圆，中竖要挺而稍有弯曲力度，而此印太弯又无力度；"口"字上部短横宜升高，不可弯曲。
◆ 残破要得当。

◆ "天"大"如"小，比例失当，是此印第一大错。
◆ 此印线条丑劣，是此印第二大错。
◆ "天"字一横下应左右对称分开，怎么可以一高一低？
◆ "如"字这么局促，线条僵硬，范印圆转流畅的风貌全然不见。

◆ "仁"字单立人右竖还应稍长一点。
◆ "举"字左侧与边太近，第一长横下左右两撇要对称，一竖上端应向右上转折。

◆ "仁"字右边第一横要与单立人之顶一样平，单立人之顶要稍长一点。"仁"的两横左边一端要靠紧左侧一竖。
◆ 印的下半部三竖要近下部边框。

◎第九章　初学者的基本训练

凤荪

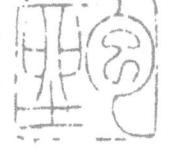

包坐

◆ 所有线条太粗，不挺，基本气息就不对。
◆ "鸟"的两横要左右相连。
◆ 草头之间的距离要均匀。

◆ "凤"字左上一竖太短，"鸟"部两横要左右连边，左侧第二根竖线可一直连到下边；"凡"字中间一横必须居中。
◆ "荪"字应离左侧边有一定距离，草头要均匀，"子"的三角形嫌小，下部绞丝的一竖未居中。

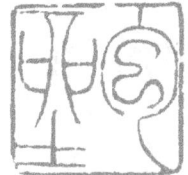 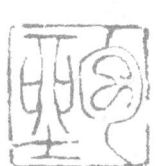

◆ "包"字内右上角少一弯钩，左下垂的转折不是横向发展，而应右直左弯竖向发展。
◆ "坐"字首横宜长，"土"字要提上去，右边横向再长一点。

◆ 文字及边框残破不当。
◆ "包"的大圈无圆意，末端拖线弯度不美，圈内零件转折处宜圆不可尖；下垂部分，中间宜直，左右宜弯。
◆ "坐"字首横长，左右两边只要看留空，便知太趋长；"土"字还要伸高。

 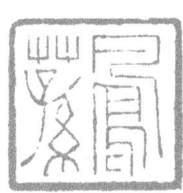

◆ 布局安排较好。
◆ "凡"及草头中有几笔太粗，很不统一。
◆ "子"的左一笔应不超过草头左侧，绞丝底下左右两线应对称。

◆ "鸟"的几个空间要均匀。
◆ "荪"的草头太局促，宜向左靠一点，间距拉开点；"子"的三角太小，引下竖线不在一根线上；绞丝的下三角则太大，底下左右两线不对称。

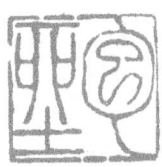 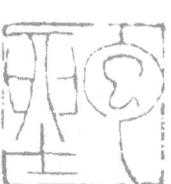

◆ 文字及边框残破不当。
◆ 文字及边框线条宜细一点，要有圆意，还要残破。
◆ "包"字上端一竖要直，圈要有圆意，其他零件也要圆；下端还不可封口。
◆ "坐"的"土"太低。
◆ 线条一粗，又无残破，一点不像范印。

◆ "包"字之圆宜带椭圆形，中间零件也少圆转的盘曲，拖尾也要有弯度。
◆ "坐"中间两竖上下开口差距太大，左右零件要等大对称，且具圆意；"土"要长而上升才好。
◆ 文字、线条要细加残破。

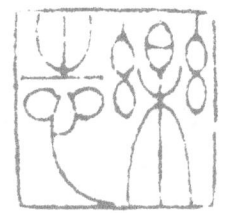

乐志

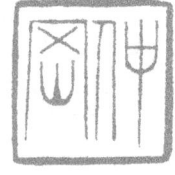

仲冈

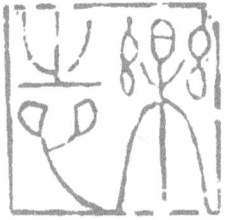 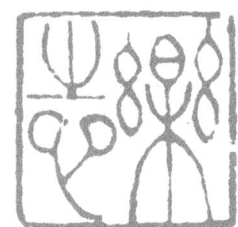 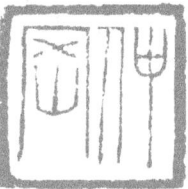 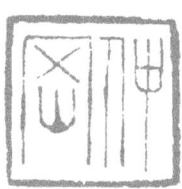

◆ 边框断裂过多。
◆ "乐"字比例不对，上半部缩紧后显得太局促；"木"字上横要左右对称，中线宜连底边。
◆ "志"字横线要长而两头见方意，上半部要左右见圆意；"心"字宜上提，左右呈圆，中间应上小下大，长线呈圆意。

◆ 框与文字线条都宜细点。
◆ "乐"字中上"白"还得高大一点，"木"字上一横太粗。
◆ "志"的一横又细又短，且横的两头要有方意；上半部还要细，"心"的中间应上小下大才好，而且收口要高，拖线才显长。

◆ 边框角宜内方外圆。
◆ 线条要挺，竖线的终端似针尖。
◆ 单人旁左侧一线顶端有一丝斜意以求变化。
◆ "冈"的"×"太扁。

◆ 线条不够挺，竖线的终端要似针尖。
◆ "中"的"口"是上方下圆，现在太局促。

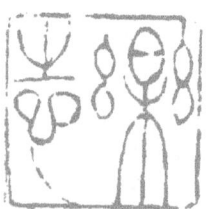 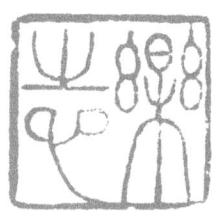  

◆ 两字右大左小，边框不完整。
◆ "乐"字中间"白"太"胖"，左右双环太"瘦"；"白"下"木"字，上横左右弧线太包紧，下边的也宜向左右放开。
◆ "志"字一横要长而两头见方意，上面的要见圆意，接近边框；"心"字左右双圆，中间的长线要抛向"乐"字之"木"左脚。

◆ 边与文字线条均宜细。
◆ "乐"的中间"白"宜大点，两头有点尖意，左右双环应有"腰身"相连，要有粗细变化；"木"上下笔都应呈圆意，收口紧，放得开。
◆ "志"的长横两头宜方，上下分得太开，上面左右两线要有圆意，下面左右圈要靠紧，中间的宜上紧下大才对。

◆ 边框宜内方外圆。
◆ 两个字四面太空。
◆ 直线终端要似针尖。
◆ "仲"字单人旁留空太多，与"中"字间距太紧，"中"字上方下圆，且不可拉得太长。
◆ "冈"字竖线基本是直的，"×"要靠紧左右两直线。

◆ 安排妥帖，但线条粗了点，不挺，竖线终端要似针尖。
◆ 两字的间距宜稍分开一点点。
◆ "冈"的上方转角要方折。

◎第九章 初学者的基本训练

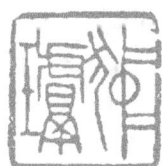
中（仲）瑊

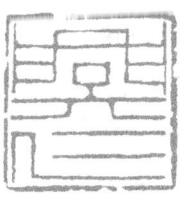
兴仁

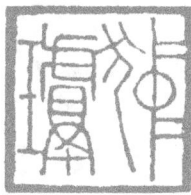 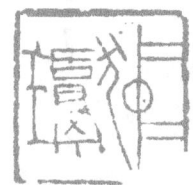

◆ 布局安排较好。
◆ 边框其实有很多的变化，并非如此简单。
◆ "犬"字一撇应撇向左第三横，其余部分要紧凑一点。

◆ "仲"字一竖要再向右一点，圆圈不圆，四横太长。
◆ "王"字中间接近为一点，中间部分未能作明确交代，缩得太高。"犬"的拖笔太长。

◆ 文字与边框的线条太粗，与范印比一下即可知道。线条失真，布局再好也白搭。

◆ 布局尚好，只是线可略粗，注意转角。
◆ 要照范印残破边框。

 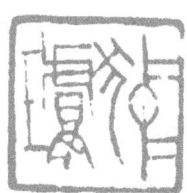

◆ 石章一缩小，要表现细腻的笔意就难一点。
◆ 边与文字宜有粗细之别。
◆ 安排基本尚好，但无粗细变化，很匠气，就似刻字铺里刻制的那样。
◆ "垃圾"未剔除清。

◆ "仲"的圈中也有一竖。
◆ "王"字上下三短横应该各不相同，现在右边似乎太冒出来了。中间部分上半部横画间距要匀，下半部要饱满，现在太瘦，且交代不清。

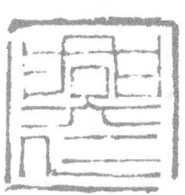 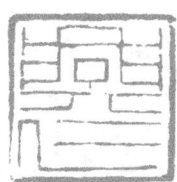

◆ 边框的粗细不对，文字与边要比较靠近点，选石大小也应尽可能接近原石为好。
◆ 注意边框的粗细、残破。
◆ "兴"的"口"太大，左右对称的零件间距大了，与下面一长横也应空一点。
◆ "仁"的第二横与底横的间距要与上面相等。

◆ 基本安排较好，唯"兴"字最上一横要离上边远一点，"口"下一横要挺，且长一点，有一小竖与"口"相连。
◆ 要注意"仁"的两横与底横的间距。

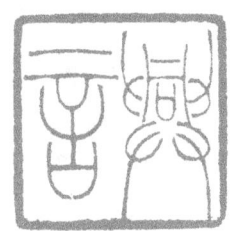

兴言

伯严

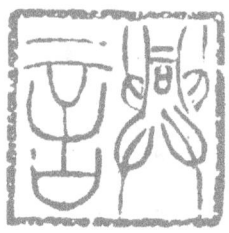 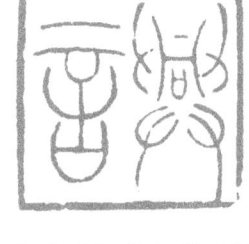

◆ 边框不可太残破。
◆ "兴"的上部"同"太窄太高，上部左右"手"下边有弯度；下边的左右"手"应托在"同"之下，有圆意且与底边相连。
◆ "言"上两横要稍平一点，横下左右两边要向下有弯意，不可鼓出来；"口"要长一点，底下有点空。

◆ "兴"字上部"同"左右线弯曲过甚，两短横太降低了，以致"口"字太小；"同"左右两竖一弯曲就不好看，底下左右"手"长短、粗细都应对称，与底边相连。
◆ "言"的两横太弯，底下左右两竖不可太弯。

◆ 两字之间距太大。
◆ "伯"的单人旁一横宜平，两竖间距太狭窄，上部两横是一样平的。
◆ "严"的双"口"太小，"口"下一横要下降，基本占到三分之一；左侧一竖宜上粗下尖，右下三斜笔要挺而等距离。

◆ "伯"字单人旁宜低一点，两竖宜紧凑点，且要与"白"有一定距离。
◆ "严"字上面一竖连一横，一竖太纤弱，这一竖应似针尖般由粗到细；右半部的一竖一横，宜插在一横的中间而非在左边，一竖的终端要尖。

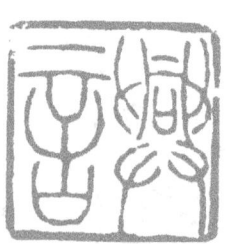 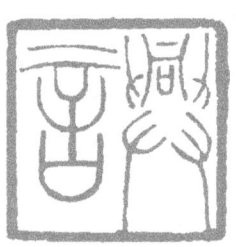

◆ "兴"字"同"两边有两竖，右侧只中间与"同"相连，还有两笔并不连；底下左右"手"要大小对称。
◆ "言"字中部太长，左右对称的两笔要向中线收紧，不可鼓出；底下"口"要离底边有一点空隙。

◆ "兴"字上半部要占一半，近上边框处还要留点空；下半部左右"手"要有圆意。
◆ "言"的上两横要挺一点，要有间距，而且还要与上边框有一定距离。

◆ "伯"字太小，单人旁一横出头太多，左右之间太靠紧，与"严"字也不可太贴近。
◆ "严"字上部一竖及相连的一横一竖都不挺，横下的两个零件离长横太近；右侧上部一竖一横，由于竖短，显得很局促。
◆ 全印底部各线条宜平。

◆ 线条要挺。
◆ "伯"字单人旁短横要下降，"白"也相应降下。
◆ "严"字双"口"要小一点，左侧转角竖笔要方折，由粗到尖。

第九章 初学者的基本训练

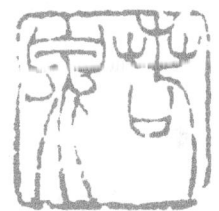

若泉

叔乔

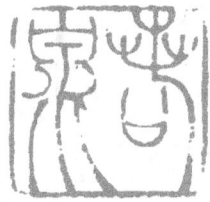 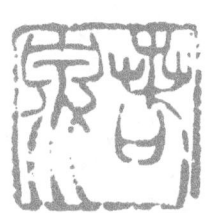

 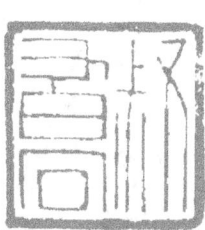

◆ 边框残破手法很丰富。
◆ 排列基本可以，但在每个微小细节上的不考究，失去了范印的光芒。
◆ "若"字上边三个叉叉的转折，一竖下来转折的方圆、粗细以及"口"字底部左右的方圆不同处理，都未学到手。
◆ "泉"字头从当中一笔及左右笔不同的处理，都有很细腻手法。

◆ 边框残破不到位。
◆ "若"字上部三个叉叉粗细应有不同，右边长垂线的转折及线条残破要讲究；"口"字底左圆右方，上部头也不一样，左尖右方。
◆ "泉"字头太局促，离上边要远一点，左右字头一尖一方，内含一横两头也变化不同；下半部"水"线条有粗细变化，上边左右圈要有圆意。

◆ 此印的缺点较多：线条不挺，转角不方折，是方是圆，只要看范印即可知；间距应在某些地方有变化，线条应有粗细。
◆ "叔"右上角第一笔起首太圆，第二笔起首应有弯度。
◆ "乔"字底下"口"太低、太扁。

◆ 线条的质量很好。
◆ 范印有特粗特细的笔画，现在太平均。
◆ "叔"右边的顶端应低一点，第二笔开始应软一点，交接点也不对。左半竖线太挤。
◆ "乔"上中下三部分中，上部只比中部短一点点，现在长短相差太大。

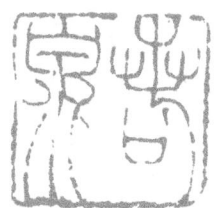 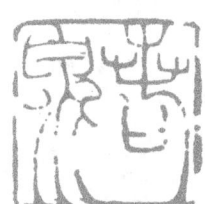

◆ 边框要认真残破。
◆ "若"字上边三个叉叉，左右头应呈开拓型，非收紧型；中竖在向右转折处要向下而不可"耸肩"，下连边处要挺，不可弯。
◆ "泉"字上边有一横，在此中间处起一刀向下引笔，左右弯线要做到笔断意不断。

◆ 边框残破不到位。
◆ "若"字头三个叉要呈圆意，中竖向下的转折处要弯向下，不可"耸肩"；结束连边处太粗；"口"字底左圆右方。
◆ "泉"字上面一小竖不居中，横线下"水"头也要居中再弯下，内含一横两边是方头；下部"水"的线条要有弯曲、粗细的变化，右上的弯曲欠圆意，而左边的太短。

◆ 此印排列基本尚可，但线条未能得到范印的精神，很可惜。
◆ 框角不清，应内方外圆。
◆ "叔"右侧太靠边，不好；五根竖线应挺，有的似针尖；左上短横太短。
◆ "乔"字间距和粗细均有变化，转角要方折见精神。

◆ 边框内侧线、角均不挺。
◆ "叔"竖线终端有的应似针尖般犀利，是有区别的。
◆ "乔"分上、中、下三部分，第一部分右侧转折应方折才见精神；第三部分横线应最粗，转角要见精神，竖线底要似针尖。

峥琴

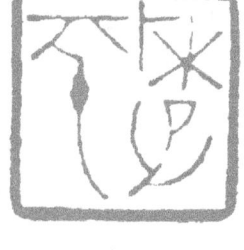

季平

 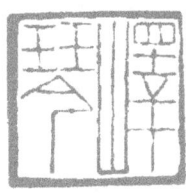

◆ "峥"字"山"间距太紧，右边"四"太扁，太局促；"幸"的下竖线应居中。
◆ "琴"字上部太挤，基本与右边"幸"的第二横同样平。这样，"今"就会降下。

◆ 边框的角要内方外圆。
◆ 线条不平直，不挺。
◆ "峥"字其实要超过一半。
◆ "琴"字上面"王"的横画要短，二"王"之间要有点间距；"琴"字压缩后，下面的"今"上边的角度会更锐。

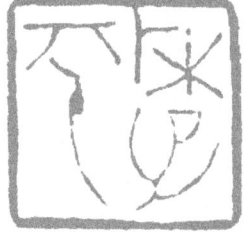 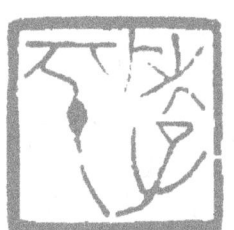

◆ "禾"的右上转折虽细，但要笔断意不断，两根打叉的斜线要挺，中竖向下要长一点。"子"的中间一笔及右侧一笔均要由细到粗。
◆ "平"一横下"八"字要挺，连接向下的笔画要由细笔连接，中间一大点要考虑左右两边分量的等同。

◆ "季"字"禾"左侧有一小竖，往右直接转折向下是直线，再在竖线上加"×"，这部分全错了。"子"的三个笔画都有圆意，而且有粗细变化。
◆ "平"字"八"左侧转下的笔画很细，而终端与"子"终端有距离。

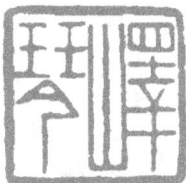 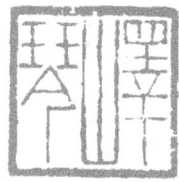

◆ "峥"的"山"间隔大了点，底线太斜，右边部分太窄，应该向左靠，甚至碰到"山"字。
◆ "琴"的双"王"还要向下降一点（即拉长一点），"今"字顶角度要稍尖，一横左边不宜与左斜线头齐平，中竖线要直。

◆ 两字安排基本妥当，如果线条更挺就更好。
◆ "琴"字"今"的顶三角形空间太大。

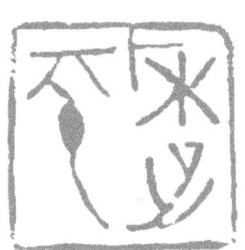 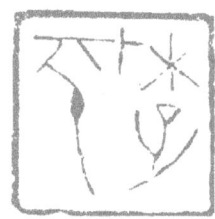

◆ 边框宜粗于文字，框角要内方外圆。
◆ "禾"左侧一竖宜直，左右两撇不挺。"子"的中间一笔太弯，左右两笔弯曲失度，也不能做到由粗入细。
◆ "平"的"八"要分开一点，左撇下连一笔有点细而有弹性，红色大点太大。

◆ 边框要内方外圆。
◆ "禾"字左侧一竖太短，向右转折已断，两根交叉的斜线乏力又不挺。"子"的三角太小，中间一笔不明显，左右两笔未掌握弯度及粗细的变化。
◆ "平"字左侧一撇不挺，连接向下的一笔太直，少弹性。

◎第九章　初学者的基本训练

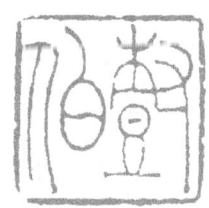

树伯

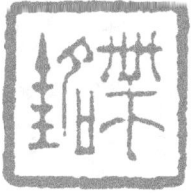

带铭

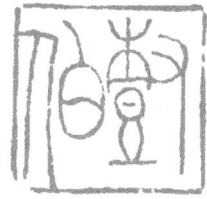 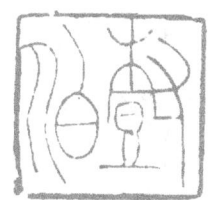

◆ 文字中的笔画粗细要有变化，总体要细一点。
◆ "树"右侧少一小横，左侧中段圆圈要圆且低一点。
◆ "伯"的单人旁及"白"字头的弯曲度均不够，"白"的下部要椭圆形。单人旁下面不连边。

◆ 全印线条太纤弱。
◆ "树"左上"木"上下脱开太多，下面圆圈不圆。
◆ "伯"字单人旁太弯曲，"白"字头太高，无粗细变化，这样的线条无生命力，"白"字下面太低。

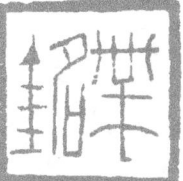 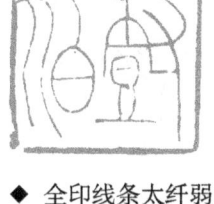

◆ 框不可断。
◆ "带"上部右一竖上头，宜细一点而有点右倾。
◆ "铭"字左边"金"尖头太高（两字头宜平齐），下边四横唯末横应长一点，"名"字头两笔宜靠紧一点，垂笔与"口"宜稍分开一点。

◆ "带"字上头四竖要靠近，下部一横左边嫌短，左右分开的线宜上去一点，且要呈弧形。
◆ "铭"字左边"金"尖头宜长点，四横宜短，字中间竖线太长，"口"的上横宜再低一点。

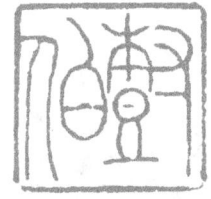 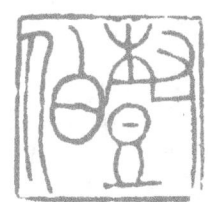 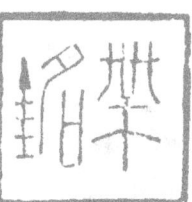 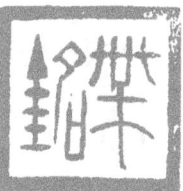

◆ "树"字"木"下一竖不出头，圆下两笔之右笔也应作弧状。
◆ "伯"的单人旁两竖有长短之分，要有弯意；"白"第一笔的姿态应该十分优美。

◆ "树"左边圆圈要靠上一点，底横要整体上升，"寸"一竖离右边太近。
◆ "伯"字单人旁起笔太高，弯度及间距都不舒服；"白"的第一笔要弯在单人旁上边，椭圆形太"胖"。

◆ 边太细了点，文字与边当然要留空，但此印留空太多，也不好看。
◆ "带"的上半部显得太长，中间一横太短，底下左右两笔应呈弧形。
◆ "铭"的"金"字头短了点；右边"夕"又长，又太靠左；"口"太大，上边短横可稍向下一点。

◆ 边太粗，太板。
◆ "带"字上边四竖宜细一点，第二横太短，下边的左右两笔要有粗细笔意。两字的底部要差不多平齐，现在"带"的一竖长了一点点。
◆ "铭"的"金"字尖头太粗大，四短横太粗；"口"字右竖太长。

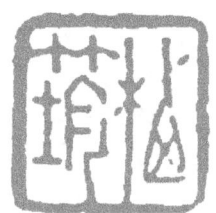

栖筠

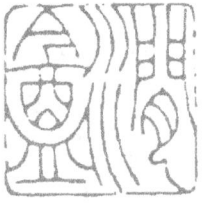

涧盦

◆ 边框内侧要挺一点。
◆ 全印线条偏细，与范印不符。
◆ "木"字少了上面左右各一笔；"栖"字右上一竖太粗，下部三角形底画太宽，两角太尖。
◆ "筠"字"竹"不可连上边；"均"的右部问题最多，左竖太细太短，上部尖角太高，右下拖笔太粗。

◆ 线条很僵，乃接笔处未处理好之故。
◆ "栖"字右边一竖要高一点，向右上的斜笔十分短小；下部三角形的底部太宽。
◆ "筠"字右下边的拖笔宜稍直一点。

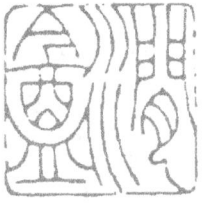 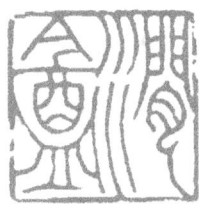

◆ 边框与文字线条均要细点。
◆ 边框残破不够。
◆ "涧"字"月"转弯太粗。
◆ "盦"的"今"太宽大；"酉"的底部太尖；"皿"的左右两笔根部，应离两竖远一点。

◆ 边框及文字均应细点，左右边框连接处太粗。
◆ "今"的右笔应有点弯意，"皿"的底横不挺。
◆ "涧"的右边双"门"及"月"间隔太紧，显得挤，"月"下转折右侧并无尖头。

 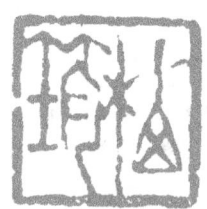

◆ 边框内侧应挺一点。
◆ 线条破碎、错位，粗细不均匀，下部该连边的两笔也不连边，这样的临刻，与范印差距实在太大。

◆ 线条均未刻挺，不爽，其感觉犹似在泥块上刻出的效果，很不好。
◆ 两字不可相连。
◆ "筠"字"竹"头不可与下面的"均"相连；右下拖笔太斜。

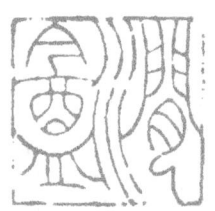 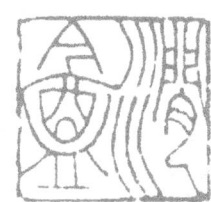

◆ 边框的残破要按范印。
◆ "门"的左右两竖太弯，"月"的尖端与拖笔的转折、角度与范印均不符。
◆ "酉"字太小，"皿"底横要挺而长一点。

◆ 边框要有残破。
◆ 此两字，"涧"应占地多一点才对，现在右挤左松，看起来不舒服。
◆ "涧"的三点水弯曲失度，"月"的弯曲也不好看，加上双"门"太挤，此字很难看。
◆ "盦"的"今"下有一横怎么弯了？"酉"内排列不匀；"皿"底横宜长，左右两笔要有弯意。

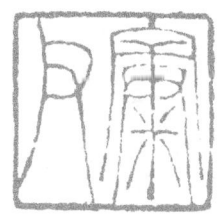

康父

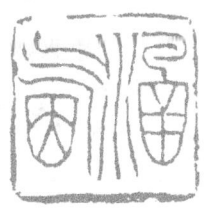

涵氤

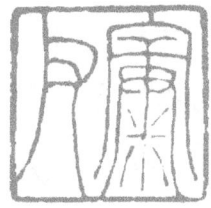 

◆ 全印基本较好，只是有几处小缺点。
◆ "康"下"米"的四点及垂线都应有粗细变化，未见表现出来；"米"上左右"手"要放大一点。
◆ "父"左侧长线之起笔处要表现出来，右侧半圆的下半圈的留空处要大一点。

◆ 全印该圆处均不见圆。
◆ 所有长线条都要有书法提按的笔意，要有粗细的变化。
◆ "康"字宝盖、盖下左右分叉以及首横，应与左右宝盖相连；长横下左右"手"都要有圆意；上短下长的四长点要表现出线条粗细的变化。
◆ "父"左侧长线及右侧圆弧都要有圆意，圆弧中间一笔应同线下行连边。

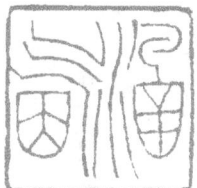 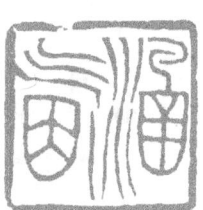

◆ 边框有粗细残破变化。
◆ 注意三点水上端的头应是平头，左一竖要长过左侧一笔；左上角左右环抱，各要注意起笔、转折、收笔的不同用笔。
◆ "氤"的"气"这三笔有一个好的起笔、圆润的抛线、平行的间距，此印均未做到。

◆ 线条粗了，边既粗，还无残破。
◆ "涵"的三点水局促，又粗细不到位；右上互抱的两笔也局促。
◆ "氤"字三笔有与三点水相连的，垂下的一笔破得不成样。

 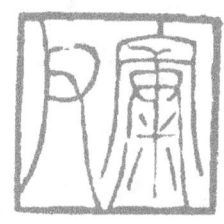

◆ 全印两字右嫌小，左嫌大。
◆ "康"字结构还好，如能把线条的粗细表现出来会更理想。
◆ "父"左长线还要靠边近一点，右圆弧上大下小，宜稍向下扩一点，弧中间一笔，应同线下行，不可有转折；左长线左上起笔处要加刀以表现笔意。

◆ "康"字应显出宽博之态，宝盖垂线太短，盖下左右分叉要对称，左右"手"要大一点，"米"的四点要对称，且一定要表现出粗细变化。
◆ "父"长线要有弹性感，右弧第一笔要向下发展，下行线连边处要向左收一点，否则要影响"康"字的舒展。

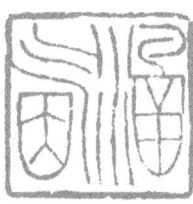 

◆ 边框的残破要花点心思。
◆ "涵"字左右两半离得太近，右下应多留点空；三点水的中间应有收腰的感觉，头尾部有放射性的分散，且要刻出粗细。
◆ "氤"的三笔要有笔意，而第三笔上部宜平；"因"的开叉较高。

◆ 边框的残破要按范印刻。文字的线条不好可能是石质所致，但断裂太多，字就不成为字了。
◆ 三点水太散，影响了"涵"字右半部如此局促。
◆ "氤"字上三笔的起端要集中在左上角，"因"字要大一点。

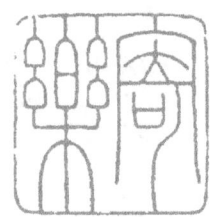

寄乐

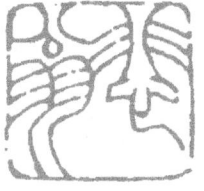

悲翁

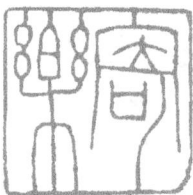 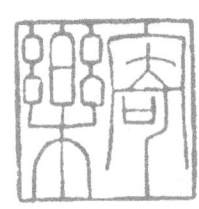

◆ "寄"字太宽,"大"的中竖要与宝盖顶一致,其弧形长横应很长;"口"的左右角宜呈圆形。
◆ "乐"中间的"白"吊得太高,宜与"寄"的"口"上横平,左右对称的四"口"平底圆顶,上下之间有短线相连,下部有左右弧线垂下。
◆ 右下角太圆。

◆ 两字上端离上边框均太近,显得局促。
◆ "寄"字宝盖"双肩"太宽,左直线太弯,内"大"字长横宜又长又弯;下面"口"太扁,带转折的弯线转得太生硬。
◆ "木"的上半宜方,下半宜圆而较夹紧一点。
◆ 边框角太方。

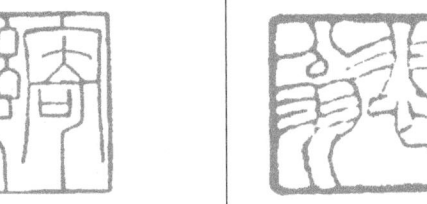

◆ 印边要细而有点断续。
◆ "悲"字"非"的斜线应对称向下。
◆ "翁"字"羽"的斜线也应对称向下;上边"公"的"八"应左右对称,不可左边长,右边短,中间吊的是一个如水滴状的圆圈。

◆ 边框要细而有断续,右下角太圆。
◆ "悲"字"心"应向下角斜去。
◆ "翁"字的"公"左右分开、对称,所悬小圈应如小水滴一样呈长圆形;"羽"的两个拖脚,右边的有问题,应如左边的一样先转折再往右下斜插。

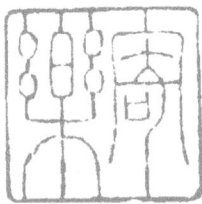 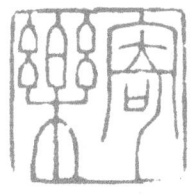

◆ 无论直线、弯线,都不够挺。
◆ "寄"的"大"应从交叉点开叉,"口"的上横线宜低不宜高。
◆ 上面五个"口"形,宜底平而上面有坡度;"木"的下部应是两根较夹紧的直线。

◆ 线条不够流畅,有点粘,边框底线太粗。
◆ "寄"的"大"部弧线不够长,"口"太小,而且竖线有长短,左右两角不够圆。
◆ "乐"的线条,从上到下细看都不够圆润,只要对照范印便可知。
◆ 下边不可不完整。

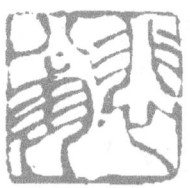 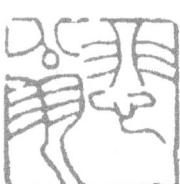

◆ "悲"字"非"两竖要靠紧,并有弯意;"心"字少一短横,拖笔要略上钩再向右下角。
◆ "翁"字笔画太粗;"公"的下端小圈应连上;"羽"的左边斜线不可与拖脚相连。
◆ 上下边太粗,如何粗细、破残,都要以范印为准。

◆ "悲"字"非"的六根线应向下斜,微有弯意;"心"左右对称,底角向下沉,中竖要直,略带弯意,左边一小竖太短,结束拖笔向左下。
◆ "翁"字"公"的左右弯笔要弯而有圆意,"羽"左边多了一笔。

◎ 第九章 初学者的基本训练

遂生

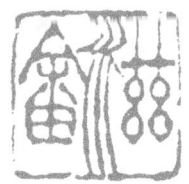
滋畬

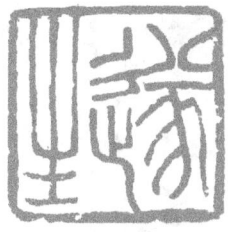 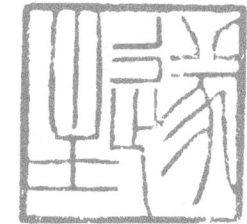　　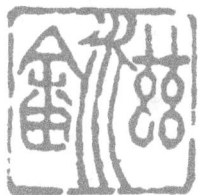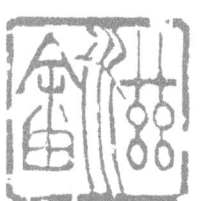

◆ 所有线条不爽，很粘，一切转折处应外方内圆，如"遂"的左下拖笔还应由细到粗变化。
◆ "遂"右上两笔要分开，有粗细变化，中竖太差，与左边三撇都带钩，右侧拖笔也接错头，真不可思议。
◆ "生"的两横难道是这样的吗？

◆ "遂"字左上三横笔均有弯意，等距，向上的竖笔宜斜，左下竖笔也宜有弯意；右上两笔宜有粗细笔意，离上边框不可太近；下面横画也宜有弯意，左右共四笔之终端均宜向下点。
◆ "生"的线条有变化，横画终端并非挺直而无变化。

◆ 这方印其实安排很好，可惜范印中线条丰富的变化，在此一点也没有体现。如三点水开头并列三笔有尖角，曲线与边框有粗细，现在都不见了。
◆ "畬"字头左右坡度要等长。

◆ 边框与范印不符。
◆ 三点水粗细变化未掌握好，下面三条曲线，上端要收紧；圆圈中有变化。
◆ "畬"字无论斜笔、直笔，与范印的粗细变化或斜笔的角度相差都很大。之所以成为名作，全在于这些点点滴滴的细节处理得当。

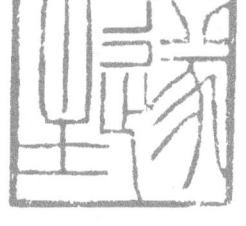 　　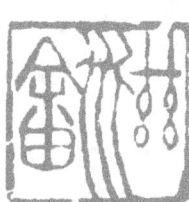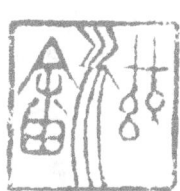

◆ 全印线条太纤弱，而范印的线条得力于书法，如右上左右两笔，粗细多么有变化；向左的三撇并非死板直线一根。
◆ "遂"的走字底中竖宜直，右竖宜挺，转角宜方；左上的线条与"生"字的每一笔都要体现书法用笔的运动及起止。

◆ "遂"字占地太多，而全字的右边又占地过多；其右半部上边两笔太分开，下部中竖太偏左，左下三撇要长而角度向下。走字底太局促，各转角宜内圆外方。
◆ "生"字两横为何这么低？上边四竖间距太紧，竖横线条都要注意书法用笔的意趣。

◆ 边框也要有残破变化。
◆ 三点水粗细未掌握好，角度也未掌握好，似要倒下来的样子。"滋"字右边圆圈太小。
◆ "畬"字笔画无粗细变化，撇捺都要有趣味，现在两根浑圆无变化的线条与范印相差太大了。

◆ 边框要残破。
◆ 三点水不仅要讲究弯折的角度，还要体现书法提按的粗细变化。"滋"字右边的缺损当然是不小心或石劣之故，但两短横宜粗，而且要与圆圈贴近点才好。
◆ 因为三点水太偏左，"畬"字就显得局促。

71

颐山

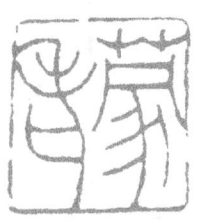
蒙老

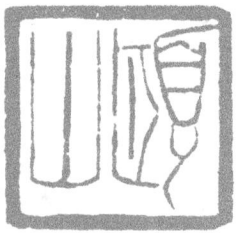 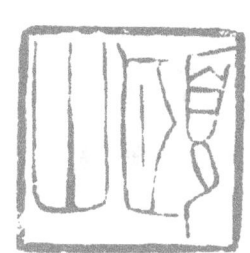   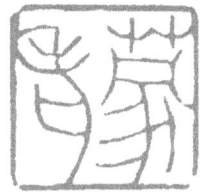 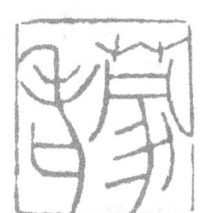

◆ 近上面边框的四根竖线之顶端基本都是方头，不可如针尖。
◆ "颐"字左半部，上边一横要长一点，向右支出的应是尖角；"页"字左竖要直一点，首画呈尖型，下两横间距不等；底下拖笔左右均不对。

◆ 线条不挺，粗细不分。
◆ "颐"字左半部首横宜下降，中含一竖太短。右上部太瘦，几横之间距不对；下边拖笔不对，左笔宜弯，右笔宜直而下行。
◆ "山"字太顶上。

◆ 边框太粗，残破不到位。
◆ "蒙"字草头两竖都太长，上翘两笔宜稍平一点，秃宝盖右边一笔太弯，向左三撇太长。
◆ "老"的上部两个半圆上翘的应呈圆意，下垂的长线太弯，也无粗细变化；左边零件宜左靠，上头要长一点，并向中收一点点。

◆ 边框要残破。
◆ "蒙"字草头太低，上面出头一短竖太短；两横太短，右垂线太弯；下半部左三撇之中撇宜再长一点，右下垂头宜短，下线要细一点。
◆ "老"字中竖线要有粗细来表达书法笔意，连边处要粗一点；左边小零件要上去一点。

    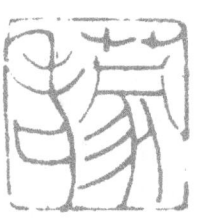 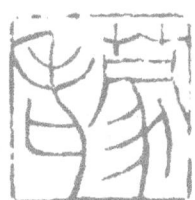

◆ 线条都不够挺，两字的间距太紧。
◆ "颐"字左半部右侧尖角宜下移，此字有两处尖角要尖起来；上端左右两横不可一样平，下面几横间距也不等。"颐"字拖笔左右用笔均不对。

◆ 线条不挺，粗细不分，可一一对照范印。
◆ "页"之左上角宜方角，下部拖笔左笔宜直弯钩，右笔宜直向下拖后又向右边折。

◆ "蒙"字左三撇太长，右垂线上半段宜很短，下半段太长，要离底边空一点。
◆ "老"字左边零件"头"宜长一点，连接右线处"焊接点"太明显，上下两横要靠近一点才好。

◆ "蒙"字结构尚可，草头两竖有长短，但不可太过分；秃宝盖左右两笔线条不顺畅，右头还嫌太高点。
◆ "老"字最上一笔宜有弯意，下垂长弧线未掌握好。

◎第九章 初学者的基本训练

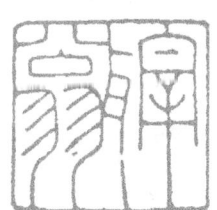

眸翁

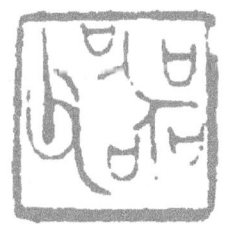

器父

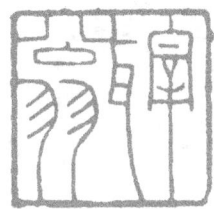 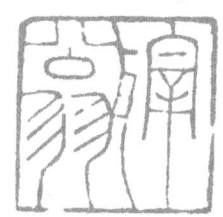

◆ "眸"字"宰"宜宽而长，超过一半才好，且要与"耳"有一点小距离。"耳"要与"翁"的"羽"贴住。
◆ "翁"的上面右一半不可与"耳"一斜横平，下面之"口"太扁，"羽"字转折都有点圆中带方，六撇方向要向左下。

◆ "宰"及"耳"宜再稍宽，并长一点，长竖连边宜粗点。
◆ "翁"字长"口"不可太圆，现在的又小又圆；"羽"字两长竖不可断，右边的有曲折也不好，下端两笔长竖应平行。

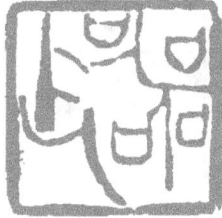 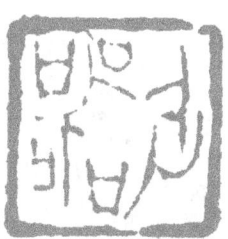

◆ 边框要有粗细区别。
◆ 有些笔画细得几乎要看不见。
◆ "器"字上两"口"之下有一条弯线，而现在转折太生硬。
◆ "甫"字竖线太粗，弯线不圆，捺线太生硬。

◆ 边框角应内方外圆，四条边的粗细是不一样的。
◆ 因为不用水印法写印，写了正字，刻出来便全部是反字。

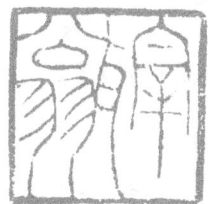 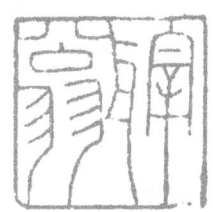

◆ "宰"的宝盖左右角宜圆中带方，左右垂线宜挺，"辛"的底横要连边。"耳"的线要挺，转角要圆中带方。
◆ "翁"字头左右两笔要见转折，下"口"宜长方；下面"羽"的六撇要平行向左下撇去。

◆ 边框的四角宜方中带圆。
◆ "宰"宝盖太局促，内"辛"上下笔画都不到位，"耳"的线条不够流畅。
◆ "羽"的转角宜圆一点，六撇要向左下方撇去。

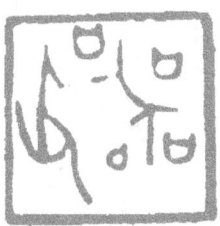 

◆ 四个"口"大小相差甚大，"口"应大点，"口"底有些细得几乎虚去。
◆ "甫"的竖线宜上细下粗，很挺，不与弯笔连，弯笔应起始于竖线近一半处，要见细笔，捺笔要有向右的取势。

◆ 边框角内方外圆，四边的粗细不同。
◆ 四个"口"排列不当，上边的弯线变成了方的转折线，左下"口"右上方应为一撇一竖，现在下部两"口"高低相差太多。
◆ "甫"的弯线要具圆意，拖笔似隶书捺脚。

73

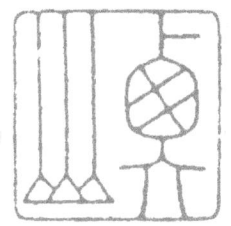

衡山

（3）朱文三字印

司马痊

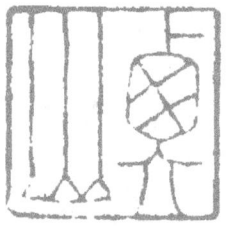 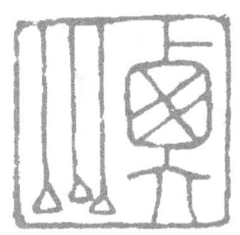

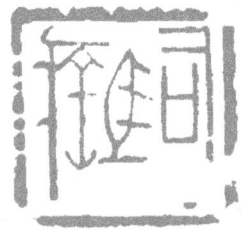 

◆ "衡"字方框上缘要有斜意，底部宜有方意。
◆ 左侧与边一起算，共四条线，间距要相同；中间三角形右角不挺。

◆ "衡"字中间圆框上部应有尖端与上竖连，上缘向左右有斜意，底下两竖可惜向右偏。
◆ "山"字底部全部刻错，对照范印，一看便知。

◆ "司"字上两画宜稍靠紧，有点斜；"口"字宜狭长。
◆ "马"身平底尖头，向右的三横长短不同，间距差不多。
◆ "囗"字病壳子左侧少两个"倒钩"，内部件头有尖顶，下如"山"字，都未能表现出来。

◆ "司"字线条很好，但两横宜稍平；"口"要长。
◆ "马"顶要尖一点，底横要长，右第一横不插入。
◆ "囗"字一竖太长，内"人"字头内菱形宜小，底线如"山"要粗重。

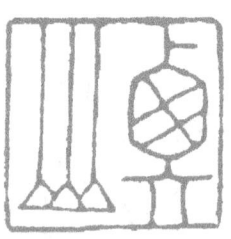 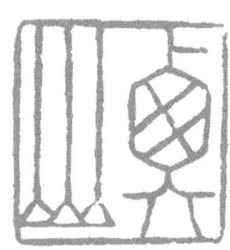

 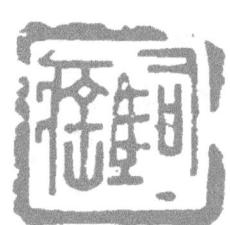

◆ "衡"字方框下部宜有方意，底下向左右两边要有"分"意，底下两竖底部宜开一点。
◆ "山"近左侧边框的距离要与另两处空隙相等。

◆ "衡"字中部应方中有圆，圆中有方，底部应有方意，不可太斜。
◆ "山"与左侧边的距离与右侧几个空隙要相同，底下三个三角形要稍大一点。

◆ 边框并未残破。
◆ "司"字上两横有长短之分，且有一点点斜；"口"宜狭长。
◆ "马"身宜瘦，底画有点斜，最上第一画并未向左插入。
◆ "囗"字病壳子内的部件，拉得太长。

◆ 边框线残破要好好加工；除一角缺损，其余三角均逢角必肿，是不对的。
◆ 位置没错，线条如能刻得瘦劲些多好。
◆ "马"字右第一横不可向左插入。

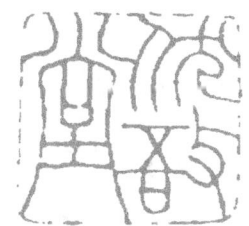

伏敬堂

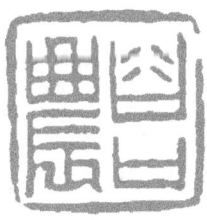

谷口农

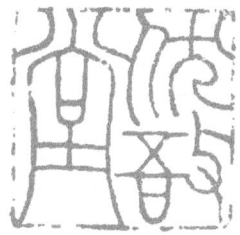 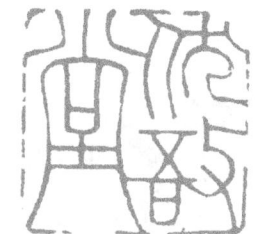

- ◆ 就总体安排来说，还比较妥帖，但由于线条无粗细变化，使全印韵味顿减。
- ◆ "伏"字单人旁左线过长。
- ◆ 文字与边框的残破，仔细看范印，实在很细腻。

- ◆ 结构大体符合，唯线条太光，边破得不自然。
- ◆ "伏"字单人旁垂线还要弯、右倾一点；"犬"右上线要弯，下边部分左垂宜长，右边弯上去的尖角太低。
- ◆ "敬"字右半部竖、横都不对。

 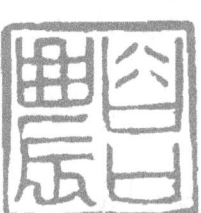

- ◆ 边框过粗又无变化，与文字的距离太近。看看范印，上两字与边的间距，有这么近吗？"谷"字四点是这么大小变化的吗？
- ◆ "口"宜比"谷"占地少才对。
- ◆ "农"字上部"曲"太扁，底部宜与右"谷"字上横平；"曲"的几个空格均为方形；"辰"的下部圆转的结构全变方了。

- ◆ 两字与上边的间距应再空一点，"谷"与边的距离和"口"与边的距离不等；"口"的两角宜稍方点。
- ◆ "谷"字四点的大小方圆不到位，上两点之间宜空一点。
- ◆ 此印左边框下端太细，"辰"字左边宜直一点。
- ◆ 印之四角宜内方外圆。

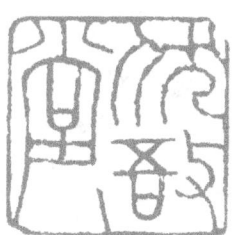 

- ◆ 边框及文字均要注意破残得法，现在的缺点是无粗细变化，尤其"伏"字，"毛"得不自然，右下部尖角还要卷上去一点。
- ◆ "敬"字左半边上部还要拉长一点。
- ◆ "堂"字左右分开要自然，不可如此生硬。

- ◆ 边框不对。
- ◆ "伏"字单人旁要有弯度；"犬"的右上部要弯，下部要有圆意。
- ◆ "敬"字左半两横都较长，"口"太宽；右部反文上边一横、竖均不行，那么长的一竖哪去了？下边部分应有圆意。
- ◆ "堂"字上部，"八"字要有弯意、圆意，宝盖左右两角要呈圆意。

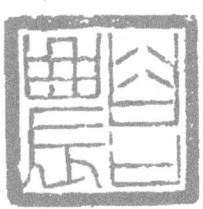 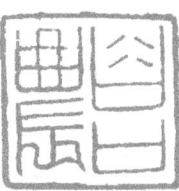

- ◆ 边框太粗，又无变化，无残破。
- ◆ 上两字不该与上边框靠这么近。
- ◆ "农"下部"辰"底下部分，左下转弯宜圆转，右下转弯宜带方，结束时又有变化；"辰"的左竖宜挺一点，结束时笔画还有点粗。

- ◆ 印边宜粗一点，文字太细。
- ◆ 右侧双"口"都嫌细而太大，宜扁扁的才好。
- ◆ "谷"字四点宜离左右两竖近一点。
- ◆ 按比例，文字还要粗一点；"农"字中竖底下一钩结束是上提，而非向下弯去。

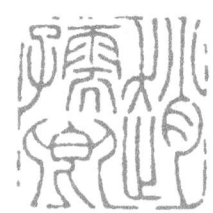

赵孺卿

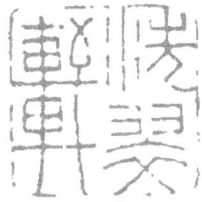

洗翠轩

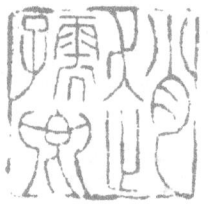 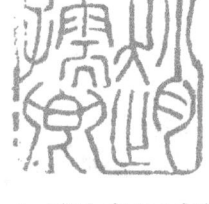 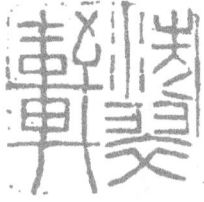 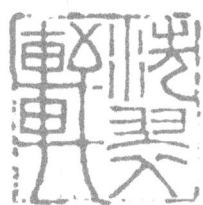

◆ 印边残破不对。
◆ "赵"字左上开叉太开，上面的转折横线要下降，底下"止"要有圆意；"肖"的上部太短，右下拖笔要有弹性。
◆ "孺"字"子"太大，右半边因而小且转折生硬。
◆ "卿"字中间太局促，左右空得没有名堂，整个字缩小了。

◆ "赵"字左上起笔一竖要带点弯意，底下开叉不可太大，左下"止"不可太弯；右上三竖笔太靠紧，"月"要提升点。
◆ "孺"字"子"向左连线一笔不够圆润，右上"雨"壳，非向外撇，而是有点向内包。
◆ "卿"左右下脚缺弹性，中部"白"下转折处要提上去。
◆ 残破不当。

◆ 右边框宜细碎一点。
◆ "洗"三点水中竖太粗，左右四小竖宜短一点；右半部一横要长一点，底下向左的两撇要平行，再弯折连边。
◆ "翠"字交叉线两头与上面宜空开一点。
◆ "轩"字上下应各是一"田"。

◆ 布局还可以，唯线条比范印粗，边未破好。
◆ "洗"右下左向两斜线应平行，右边的角不可太尖。
◆ "翠"的上部显得很紧。
◆ "轩"字左边一长竖下部太弯，右上交叉的下边留空应呈长形，而非三角形。

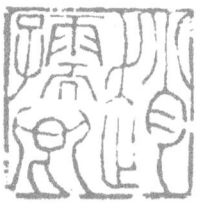 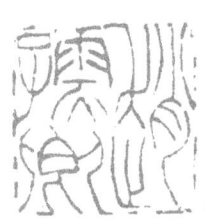 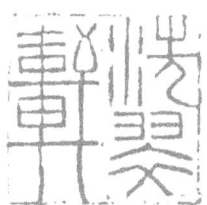 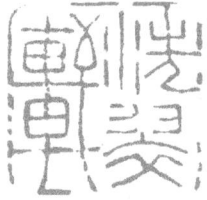

◆ 哪有这么完整的边？
◆ "赵"字左上叉要开高点，并与下面"止"稍靠近一点；"肖"字"月"不圆润，拖笔无弹性。
◆ "孺"字所有转角均太方、太板。
◆ "卿"字中"白"上缺个"头"，下面转折太偏左；左右两边要对称而富弹性。

◆ 残边未按范印处理。
◆ "赵"字刻得比另两字好点。
◆ "孺"字"子"的中竖要自然带有圆意地向左连边；右上"雨"上少一横，底下"而"外壳要方中带圆才好。
◆ "卿"字左右两边，左边差一点，中间"白"未端正，"白"下的转折也不自然。

◆ 左边两字还可以，"轩"字主要是吊得太高，致使下部太空；"轩"字第一长横应与右边"洗"字的三点水一样平才对；左边的"车"繁写为上下各有一"田"。

◆ 边框残破要按范印办。
◆ "洗"字三点水左右长短要与范印同，右半边下部转折处太局促。
◆ "翠"字上部左右两半横线均应长一点，下部交叉的长线不可向上弯。

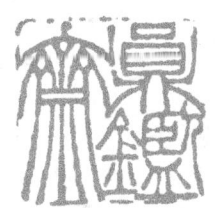

员鉴斋

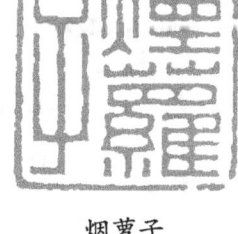

烟萝子

 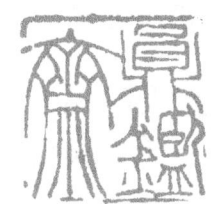

◆ 现在是作为临刻作业来对照审查，无疑边框是又粗又少残破，三个字都那么粗。
◆ "金"字下两点那么长，"皿"字要宽一点，借边的一拖笔转折要好一点。

◆ 边框要残破得当。
◆ "员"的"口"、"目"部太挤，一横要左右连边；下部两竖要靠紧一点。
◆ "鉴"字的"金"中线不直，三点应长一点；"臣"的三部分基本均匀，"皿"首画要有弯度。
◆ "斋"上部三个空间太大，下部五条线间距不匀。

◆ 边框太粗，与范印不符。
◆ "烟"的"火"太细太局促。
◆ "萝"字"艹"宜再扁，"糸"上端少一小竖，双"口"相连的绞丝应有棱有角，下面两小竖要短小。
◆ "子"字"口"要再扁长一点，现在太方，与左右两竖一样，笔画都太细弱。

◆ 边框要按范印残破，现在觉细了一点。
◆ 右两字太宽，应与"子"有一定间距。
◆ "萝"字"艹"太大，绞丝太大，应内圆外方。
◆ "子"字上部"口"太大。

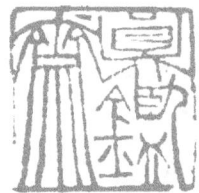 

◆ 如果仔细看看，"口"、"目"大小差别那么大，"目"字那么挤，底下两竖那么分开，绝无弯意；左右的那笔弯线那么直，"臣"字小，"皿"字长，"斋"字上紧下松；边框那么完整，就知此印作者临刻时，根本不曾研究过范印。

◆ 边框还好。
◆ "员"字"口"、"目"分得太开，左侧上去的一端是平头。
◆ "鉴"的"金"下两撇太短，"皿"太矮小。
◆ "斋"字上面三孔太大，线条一束太紧，使这个字的所有线条似乎都束在一起，致使线条间距太紧张。

◆ 布局安排基本妥帖。
◆ 边框要会残破。
◆ 字画太烂，残破过甚，已无法看出全印面目。
◆ "子"字"口"小了一点。

◆ 边框要会残破。
◆ "烟"字"火"与"土"要在同一水平线上，"土"要上靠。
◆ "萝"字草头与"艹"的有些笔画太粗。
◆ "子"字上部"口"应内圆外方。

（4）朱文四字印

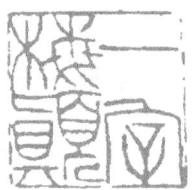

一字梅颠

乙酉解元

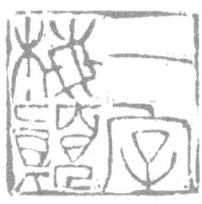 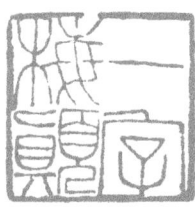

- 边框要残破。
- "一"字宜平。
- "字"的"子"三角形宜尖，左右两笔宜收紧。
- "梅"字"木"上面应更高一点，"每"字下部宜平，向右的两笔有点弯意。
- "颠"字左右等分，"目"部及右侧相似的部分底部不可太尖，横画要间距均匀。

- 边框太粗，"一"字宜平。
- "子"字三角形宜尖，左右两笔宜收紧。
- "梅"字右侧"每"中段的空段基本方形，向左一笔及向右两笔都须有弯意。
- "颠"字左上角一竖不够，"目"下部要收一点，"页"中间有左右两斜线，两横间距要均匀，底部也未处理好。

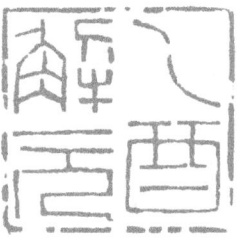 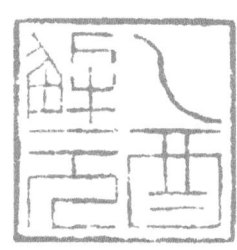

- 边框及文字残破不佳。
- "酉"首横断得不自然，方框也少圆意，笔画交接处有类似"焊接点"的笔意。
- "解"字"角"头是斜笔，"角"体较长而"瘦"；"牛"字中竖较高，左右扩开为佳。
- "元"第一、二横基本平行，转折不可太光。

- 印边要残破，印角宜有圆意。
- "乙"太长，结束转折不佳。
- "酉"首横中断，方框角宜有圆意，中竖宜分开点，两横宜长。
- "解"字"角"头太长，"角"体嫌小，"刀"一撇宜缩进一点。
- "元"字首横宜低于"酉"的首横，转折太光，结束时也少了一点转折。

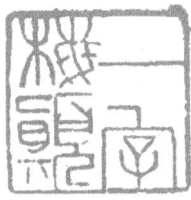 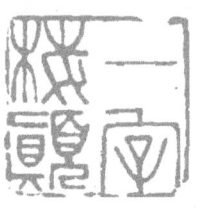

- 边框要有残破。
- 线条太细，太规则，无一点粗细变化，这就是"匠气"。如果在线条中能有书法意趣，有粗细变化，品位就高点。
- "字"的宝盖一点太高，宝盖线条无弹性；"子"的左右两笔要紧点。
- "梅"字"木"要近边，"每"的下部无论向右向均要有弯意。
- "颠"字"目"或"页"上半部分，底部要比上半部小，有圆意，左下两笔要连边，右下部转折要自然。

- 边框要残破得当。
- "一"字还要高一点、长一点。
- "字"字顶点及宝盖要有一点弯意，"子"的三角要尖，左右两笔宜抱紧。
- "梅"字宜向右扩一点，中段左右各少一小横。
- "颠"字"目"及"页"都缩得太小，右下转折太生硬。

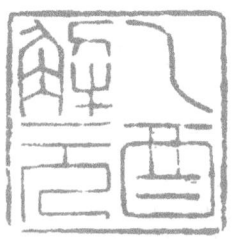 

- "乙"太靠近上边。
- "酉"字首横宜断开一点。
- "解"字内两笔宜有特细笔画，"刀"字转折垂下两笔太短。
- "元"字的转折有粗细变化，不可太光，这是浙派朱文印的典型刻法。
- 文字与边残破欠佳。

- 边框宜细而残破。
- "乙"字头太高太长。
- "酉"字内两横宜低一点。
- "角"字内线条有特别细的，"刀"字脚宜长一点。
- "元"字转折似有"节"，不可太光。

◎ 第九章 初学者的基本训练

八求精舍

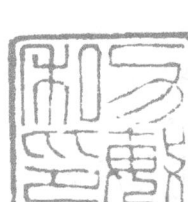

力敏私印

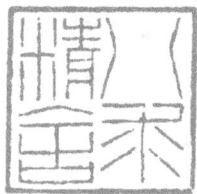

- ◆ 基本好。
- ◆ 边框太粗。
- ◆ "求"的四撇应上粗下细。
- ◆ "精"的"米"太大,"青"太挤。
- ◆ "舍"的横画间距较匀。

- ◆ "八"字的转折处应移高点。
- ◆ "求"的四撇应从粗到细。
- ◆ 因为边框粗,"米"处的间距显得局促。
- ◆ "舍"也是以上缺点,很挤。

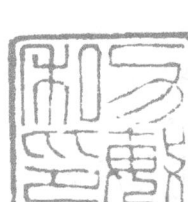

- ◆ 边框再要细一点。
- ◆ "力"字下部三撇,一、三两笔太长。
- ◆ "敏"字最左一笔插进去太短了一点。
- ◆ "私"字"木"上半太短,下半两竖要等距。
- ◆ "印"字首横及下边两横都要挺。

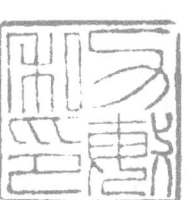

- ◆ 边框再要细一点。
- ◆ "力"字下部三笔结尾太弱。
- ◆ "敏"字左半太大,转角太方,右半上角一笔宜高,并细一点。
- ◆ "私"字左上角及"禾"的下垂两笔转角宜有圆意,右边长"口"头宜带尖圆。
- ◆ "印"字下半三横宜均匀,起笔处有点方。

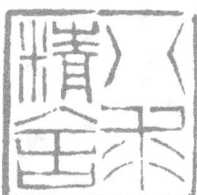

- ◆ 边有点残破。
- ◆ "八"的曲折太明显,且太低。
- ◆ "精"的"米"太挤,"青"的下部宜宽点。
- ◆ "舍"的顶左长右短,底下横头左长右短,"口"则太扁。

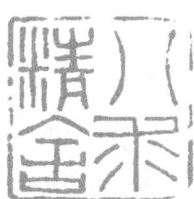

- ◆ 边残破不当。
- ◆ "八"是统圆,在上部还是应该出现转折处。
- ◆ "求"的长横宜平,四撇的结尾要细。
- ◆ "精"的"米"应上紧下松,"青"的上半部宜收紧,下部才可升上去;只是漏刻一小横。
- ◆ "舍"的一横宜长点,"口"要大一点。

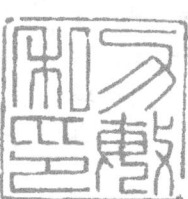

- ◆ "力"的向左三撇太直,中笔太长。
- ◆ "敏"上端两个长短的头都嫌长。
- ◆ "私"字"禾"的间距不等就不美,长"口"的顶端应是上面有点尖意。
- ◆ "印"上部三斜笔有点圆意,下面三横要平均。

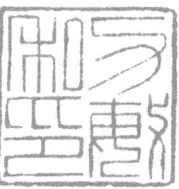

- ◆ 文字与边太靠近。
- ◆ "力"的中间一斜笔太直。
- ◆ "私"字"禾"的下两垂转角是圆的。
- ◆ "印"字稍大了点,宜下降,向右的三撇要有斜意,下半部开端有一点笔意。

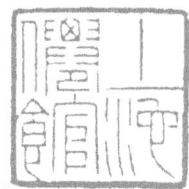

上池仙馆

王昌之印

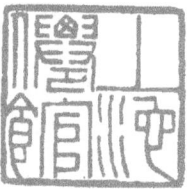 

◆ 文字还应细而挺。
◆ "仙"字有多处要讲究左右对称。
◆ "馆"字左半部太挤，右半部太向下近边框，宝盖似方中有圆，左肩上倾也不好；内五短横之间距应均匀。

◆ "池"字三点水左右两边小竖线间要有空隙，"也"左下拖笔应一拖到底无转折。
◆ "仙"字有多处左右对称处，不可马虎，底下"乙"长短粗细与范印均不符。
◆ "馆"字粗细不统一，"官"宝盖不挺，内双"口"太方，即间距太小。

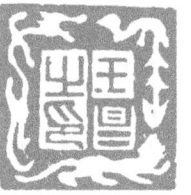 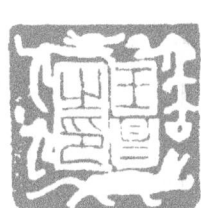

◆ 右上凤头下有足，左下虎要交代下巴，左侧龙左右足交会处有类似"焊接点"，龙足有曲折。
◆ "王"横太长。
◆ "印"上部三撇太长，下部末画太长。
◆ 边框三动物内四字三朱一白，但浑然使人看不出朱白才好。

◆ 龙头已超过二分之一，龙身及龙足的盘曲十分优美，现在十分僵硬；虎身宜平，虎尾宜曲，虎足宜转折；凤的毛肩宜靠紧，尾翎宜双双下斜。
◆ "印"字上下宜分开，下部不可太大。

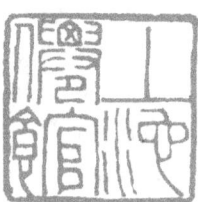 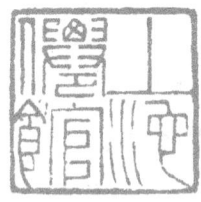

◆ "池"字三点水左右四小竖不挺，长短也未掌握好；"也"字应圆中见方。
◆ "仙"字线条不挺，左右两半间距未安排好，右半部有多处对称，惜未把握好，上边左右两笔顶端宜有点出头才好。
◆ "馆"字线条不挺，"官"太大，内几个方块空间应等距。

◆ "池"字"也"要向左扩一点，三点水右下竖要短一点。
◆ "仙馆"两字线条粗细不统一，应方中见圆意才好。
◆ 印中"垃圾石屑"应去除。

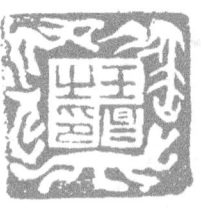 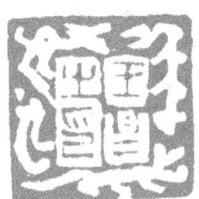

◆ 凤嘴、尾翎太尖长；虎的下巴太长，后腿要有转折；龙身不可中断，龙足转折太生硬。整个图案不饱满。
◆ 四个文字占地太小，"王"字左边少一竖框。
◆ "昌"字上"日"太小。
◆ "之"中竖有偏。
◆ "印"字下部拉得太宽。

◆ 龙头已超过中线，龙身转折太生硬，且中断；右上角凤身下少凤足；虎头看不清，后足宜有弯曲，尾宜有弯曲。
◆ 文字中"王"三横不清，"昌"字上"日"太小，竖中线宜挺。
◆ "之"字左右两竖有高低。
◆ "印"下部转折宜圆，且少一小竖。

◎第九章　初学者的基本训练

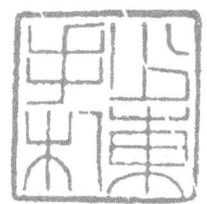

少东手札

长陵旧学

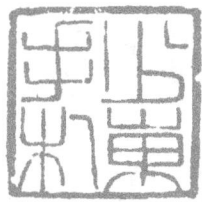 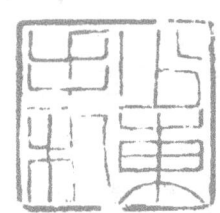

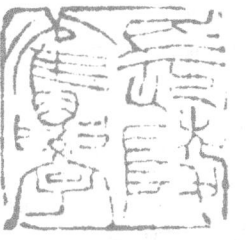 

◆ "东"字重要的中竖不可断。
◆ "手"字线条最不挺，左上角要上去一点，一竖下部要细点。
◆ "札"字"木"上部该短一点点，下部要有圆意，右半部转折要见角，挺一点。

◆ "少"字右上一笔要靠右边，转折向右处要短一点；下边转折一笔要向下，起笔要有点斜意。
◆ "手札"及底边不该断的地方一断，气息也断了。
◆ "札"的"木"下半部是圆笔，临刻不可想当然，这与创作不同。

◆ 边框要残破。
◆ "长"上部四横间距要均匀，右下转折起笔不连上画。
◆ "陵"的右下两横有点下弯的意思。
◆ "旧"的四横画及下面"臼"的安排，总觉不舒服。
◆ 最差是"学"字，上部左中右及中部秃宝盖宜平，"子"上下都难看。

◆ 边框的残破与范印不符。
◆ 全印笔画太粗是最大失误。
◆ "长"字左下一垂线与下面不可连；右下部分线条还要长而盘曲才好看。
◆ "陵"字右上竖线下来应左右两边分，右下两横应带点向下弯意。
◆ "学"字被压得厉害，十分局促。

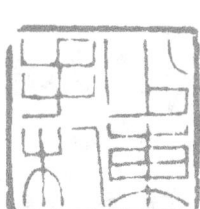 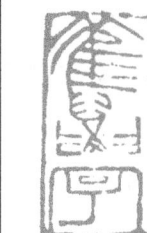

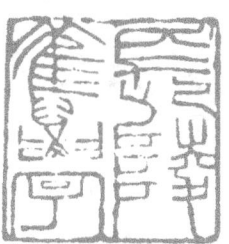 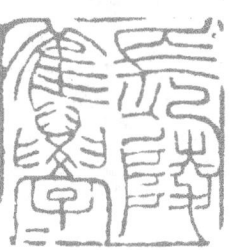

◆ 四字基本妥帖。
◆ "东"的下部左右两笔还宜圆一点。
◆ "札"字"木"占地宜超过一半，右半部转折要见角。

◆ 边框粗了点。
◆ 线条宜细一点，要挺。
◆ "少"字左一笔要挺，并要向左扩一点，右下转折只要看留空处，可见比范印大得多。
◆ "手"的左右上端宜平齐。

◆ 边框要残破。
◆ "长"字四横间距不对，下部左右间距太大。
◆ "陵"左右分开太大。
◆ "旧"的左侧垂线宜长点，"臼"要居中，可再大点。
◆ "学"字上部失真又小，下面"子"哪像范印？

◆ 边框要残破得当，左边线条太粗。
◆ 各字安排基本良好，有些不该破的可能不小心一破，就差了。
◆ "旧"的顶部少了一半多可惜，右部四横终端要一样长；"臼"太小，内中笔画不对称。
◆ "学"字"子"的"口"太小。

81

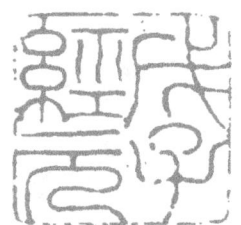

戊子经元

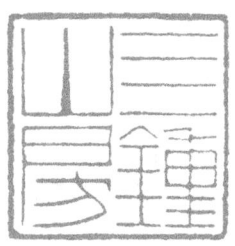

四锺（钟）山房

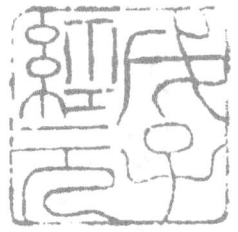 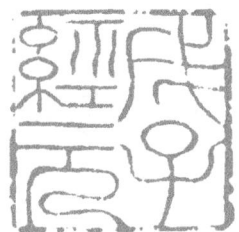

◆ 全印流畅的基调还符合范印。
◆ 边框残破不够。
◆ "戊"字右竖曲线及所有横竖曲线都与范印有出入。
◆ "子"字"口"不封口，下面左右曲线要向中间靠紧点。
◆ "经"字绞丝双"口"宜大一点，右侧"工"要大一点，三竖要短而曲。
◆ "元"底线与边要离开点，上面一线要有弯曲度。

◆ 边框与文字中有不少线条要特细，且加残破。
◆ "戊"字中间下钩宜再长一点。
◆ "子"字上圈宜开口。
◆ "经"字绞丝双圈宜有方意，底下左右垂线要有圆意，右下"工"两横要等长。
◆ "元"字左竖线与右转折线离得太近。

◆ 线条不挺，显得无精神。
◆ 四字安排基本妥帖，唯"四"字占地多了点，"锺"字"田"太扁。
◆ "房"字"方"右撇位置不对。

◆ 线条要挺。
◆ 此印与左边那方印的"四"字首画有一个共同缺点，即离边框太近了。
◆ "锺"字"金"占地还可少一点，让右半部舒展点。
◆ "山"字中画太短了点。
◆ "房"字"方"下部太局促。

 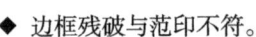

 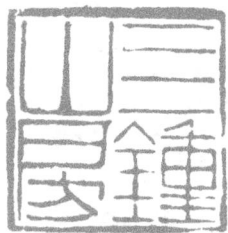

◆ 边框要按范印残破。
◆ "戊"字左线转折要方中带圆，右上角钩宜有圆意。
◆ "子"上面之圈宜圆中带方，"经"的双圈也是此病。
◆ "经"右上三竖宜直中带曲。
◆ "元"上两横宜平，而下三横都是有点弯曲，底线离边框太多了。

◆ 边框残破与范印不符。
◆ 范印中每一根美好的曲线，在此印中全改刻成直线，基调变了。
◆ "戊"左下角留空太多。
◆ "子"的上圈和"经"的双圈均宜有方意。
◆ "经"字"工"下横宜长。
◆ "元"各横之间距不匀。

◆ 文字与边框要有适当的距离。
◆ 线条要挺。
◆ "锺"字左边不可与右边等大。
◆ "房"字的"方"右下角斜笔下的底画，要向右上方翘，而不能与底边平行。

◆ 边框的粗细要符合范印。
◆ 线条有点粘，不挺。
◆ 此印右两字大于左两字。
◆ "金"字塔顶太尖，与下边一横可更靠近一点；"田"下三横间距太紧。
◆ "方"的一横右边转折要小，斜向右的一笔要结束得高一点，底下一笔要向右上翘。

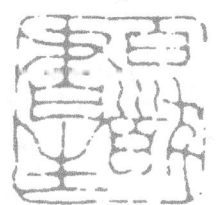

白发书生

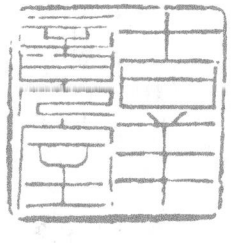

吉羊竟室

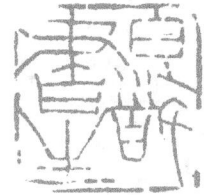 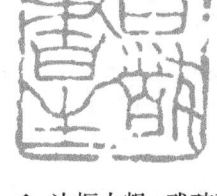

◆ 边框应残破。
◆ "发"字左下应宽一点，右边几笔也应有优美的曲线。
◆ "书"字无论往左往右的横线延长部分，都要注意其曲线；底下的"曰"两头两角都要与范印相符。
◆ "生"字上叉的左右两笔也不可用此生硬的线条表现；底横不可这么长。

◆ 边框太粗，残破不够。
◆ "发"字左下要上提一点，右边两垂线应左高右低。
◆ "书"上半部横画曲度不够，下半部两头冒得太多。
◆ "生"字应一竖到底，底横要短一点（最右一点去掉即可）。

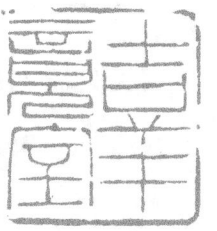

◆ 要按范印残边。
◆ "吉"字首横宜长点。
◆ "竟"字上面少一小中竖，左下一竖宜长点，转角宜方。
◆ "室"字宝盖宜宽大，转角宜方点。

◆ 要按范印残边。
◆ "吉"字"口"上横宜挺而下移一点。
◆ "室"字宝盖有点左倾，"土"字两横太靠近，上面的转折宜有圆意。

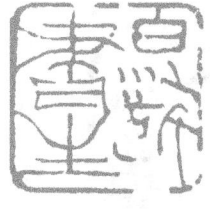 

◆ 边框宜细而有残破。
◆ "白"字太粗。
◆ "发"字左半残破过甚。
◆ "书"的上三横，尤其左右向下的两笔，角度与弯度不对，再下的左右两小笔太弯；底下的"曰"更不对，哪有这么尖的四个角？
◆ "生"字横画过长，上面左侧斜线要有一点弯度。

◆ "白"字太靠上，太局促。
◆ "发"左侧三笔下一横，应该左上连、右上分开；右半部两长垂曲线，左垂线太短了，右上的结构错了。
◆ "书"的一竖要连上边，连下横，现在横画也不曲了，左右两小撇太长了，下边的"曰"角也方，右上线也太长了。
◆ "生"字左右曲线，下面应直挺。

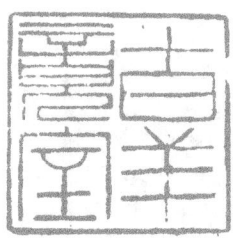 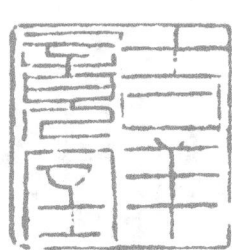

◆ 边框宜粗于文字，线条要挺似绵里藏针。
◆ "吉"顶端太空了一点。
◆ "羊"长画要挺而向左右扩，此两字离右边还可近点。
◆ "室"字宝盖要向中间扩，"土"要长点，上边的长画下边部分要方中见圆。

◆ 边框要比文字粗点。
◆ "吉"字之"口"上横宜下来一点，使左右两竖留出点头。
◆ "羊"上面两点未出来，三横太短，也要更挺点。
◆ "室"上有小顶，"土"的两横要长，上面的长横下部分要圆中见方。

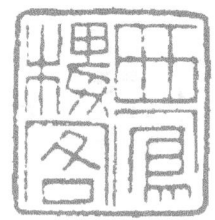

西凤楼客

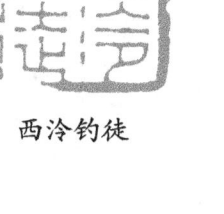

西泠钓徒

- 边框宜再细点。
- 边宜细，与文字靠近点。
- "楼"字的"木"与"女"太局促，注意"木"上下等长。
- "客"字宝盖下两个零件各占一半，都要比现在的大点才好。

- 四字粗细相差太大，断裂过多时，应重刻才好。
- "楼"字右上应是个"田"字，下面的"女"要大点。
- "客"字宝盖两角要见力度，"口"上的零件要显得与"口"相配，不可紧窄。

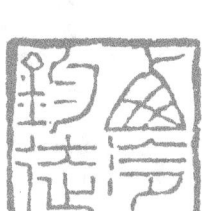

- 石太大，边框应内方外圆。
- "西"上端一横头应方，下面向右的一长撇落点应不在角上。
- "泠"右半部应压缩点，才能与三点水有点距离。
- "钓"右半部两转折都不顺畅，结束也不可在"金"字末画下。
- "徒"的双人旁未处理好。
- 残破不到位。

- 边框要残破。
- "西"头应向左歪，内中向右斜笔落点应在底线上。
- 三点水太近右半部，"令"顶应有点斜度，底下收笔应在短竖左边。
- "钓"字左上菱形太大，右半部首笔应是斜笔，末一钩转角也错了。
- "徒"的双人旁靠太近，"走"下半"止"右两竖太高。

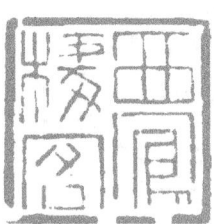

- 破损过甚，应重刻。
- 边框宜稍细点。
- "凤"字竖向看，线条长短及间距均与范印不符。
- "楼"字"木"太窄，"田"太扁，"女"拖笔太长。
- "客"宝盖太低，"口"宜稍扁，上面的几笔斜度不对。

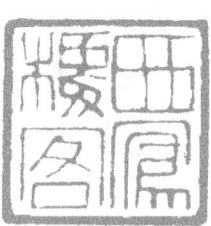

- "西"字竖等分不够。
- "凤"字几个转角不够方，右边一竖太短，左边第二竖线则太长，底下小竖则太粗。
- "楼"字"木"上下要等长，右上角是"田"，下边的"女"要挺而宽敞。
- "客"字"口"太大，上面的几笔角度不对，也不挺。

- "西"太大，底边不可如此宽。
- "令"太宽。
- "钓"字"金"与范印相差太大，右半部结束有一小钩。
- "徒"双人旁离左边不可一长一短；"走"字太宽，首横下应表现出向左右分开；"止"的右横应高一点，左右两半宜分开一点。

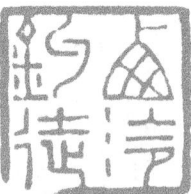

- 边框要残破。
- "西"首笔有点左倾。
- "泠"的右下只看留空，便知太局促。
- "钓"字"金"太长，右半部太斜，还少了一横。
- "徒"笔画太粗。

◎第九章 初学者的基本训练

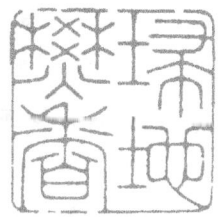

扫地焚香

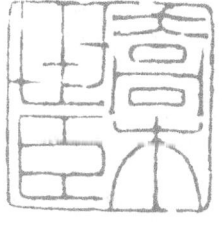

乔木世臣

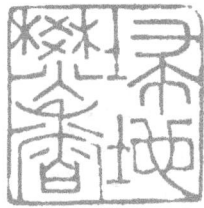 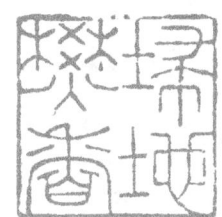

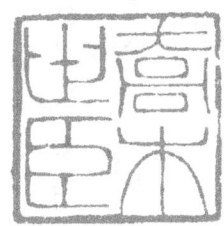

◆ "扫"字"土"横太短，右半部中段左右两笔太斜。
◆ "地"右半部向左分的一笔应先横再竖，中间三处空地要等分，中空的要向下长一点，是尖底非平底。
◆ "焚"字"木"的写法不对，"火"的左右分笔转角宜圆。
◆ "香"字六处斜笔均宜平一点。

◆ 文字与边的线条宜一样粗细。
◆ "扫"字右上要向右边靠，"巾"的上横应有点坡度。
◆ "地"字"土"要与"也"连。
◆ "焚"字双"木"下竖要多留一点。
◆ "香"字压缩得太扁，特别下部十分局促。

◆ 边与文字均有残破才好。
◆ "乔"上面连边的一笔应弯而有落笔笔意；左右两竖尖头平底；双"口"距横线一样远近。
◆ "木"的一竖应居中，一横右端少一小竖。
◆ "世"的三小点两头均有异。
◆ "臣"右边转折应呈圆意。

◆ 边框宜细而有残破。
◆ 这些线条两头应或尖或平，这样无变化的线条与范印相差太大。
◆ "乔"字双"口"应扁一点，不要离中间横线太近，此横画宜在左右两竖偏上面一点才对。
◆ "世"的三小横两端尖平不一，偏左一横最低，双出头。

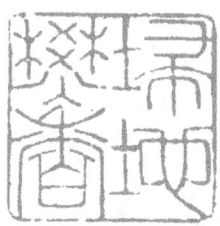 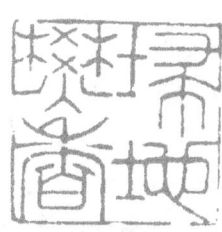

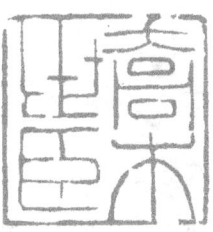 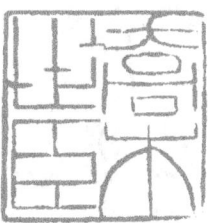

◆ 此印线条粗细尚可，就是毛了一点，无流美之态。
◆ "扫"字"巾"之上面左右两笔、"地"字右一长横与上面左右分开的两笔之间距、"香"的中段等，都显得拥挤、不均匀。
◆ 两处"土"的横、竖有地方太粗了；"扫"的右上角，首横与上边框离太近了。

◆ 此印线条既细又圆，只一半做到，有些笔画如"地"之上边一长横，"焚"的右"木"等，都太粗了。
◆ "地"横向已超过一半，左右两部少了空间。
◆ 印边照例不破，印角宜圆，现在的残破，是一代代收藏者不小心碰破的。

◆ 边框要残破。
◆ "乔"的左右两竖下端宜平头。
◆ "木"一横太粗。
◆ "世"左侧一短横要连边，底横右端宜平头。
◆ "臣"三段空间宜较平均，现在中间一段太窄；下竖要连底边。

◆ 边要残破。
◆ "乔"字两竖宜上尖下平，双"口"差不多大，即使"口"上之"大"，四个头也平尖不一。
◆ "木"字左右弯线要对称，左边的要缩紧一点，留出竖中线。
◆ "世"字上端要连边，三小横两端或尖或平，绝不一样。
◆ "臣"右侧转折不可太方。

问梅消息

江郎山馆

◆ 各字排列都不差，所差的是范印有不少笔画很细，文字边框又有合理的残破。
◆ "肖"字左右两点上细下粗。
◆ "息"字下部"心"底部较平，占地很少。

◆ 文字与边框实际上变化很大，不少线条很细，又有残破，转角又大多很方，而此印大都呈圆形，线条太粗。
◆ "口"宜扁点。
◆ "木"字应上大下小，转角方。
◆ "肖"字底部应开口不可连。

◆ 边框与文字都有粗细、方圆的变化，如"江"的三点水及"工"的线条太木了；"工"的转折处应在中间，下段要细。
◆ "郎"的左上一短横要上去点，左右两半长竖没这么粗。
◆ "山馆"两字右边一竖宜细点，"馆"的左下有转折要虚掉。

◆ 各字大体上像，但这种浙派风格的印，线条有粗细变化，请看三点水，中竖及右下竖就离范印差很多。
◆ "江"的"工"向下转折的一笔宜直一点，下端要细。
◆ "郎"字左长竖宜细，上两竖宜直。
◆ "山"右竖太细。
◆ "馆"字左右分得太开。

◆ 四字排列还不差，差的就是不少线条应更细一点，该残破的就残破，转角处宜方。
◆ "肖"字下部要开口，右边的还要向下有点转折。
◆ "心"的左竖宜细而短。

◆ 边框该断的不断，不该断的断了。
◆ 转角再方一点，不少线条再细一点，会更好。
◆ "肖"字两点应上细下粗，左小右大，"月"字下部右线要有小转折向下。三点水五根线的变化可真丰富。

◆ "江"字有些线条很细，未见表现出来，右上一横有方头。
◆ "郎"、"山"两字中，尤其长的竖线宜细一点，不十分挺，有点弯曲；"工"、"口"右上角无尖角。
◆ "山"中竖要与下边连，竖头要大一点平头，右竖有残破。
◆ "馆"的左半部太小，上中下三部相隔太大；右半一竖中部宜破，中间双"口"要一直到底。

◆ 边框要残破一点。
◆ "江"字几竖均无细笔。
◆ "郎"字左上端一短横宜上去一点，左长竖宜细，底下右折宜短，右下转折一笔不可与左竖连，耳刀旁线条太粗了。
◆ "山"右竖要细点，又有残破。
◆ "馆"字"食"之右下宜细笔，"官"字中的两个"方块"，留空宜方一点。

◎第九章 初学者的基本训练

补罗迦室

青宫少保

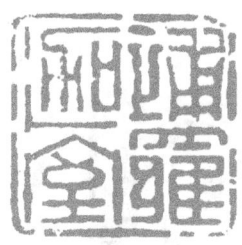 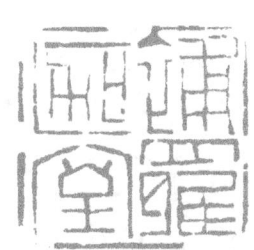

◆ 基本布局都不差,但边框与文字应有粗细、方圆变化,而且浙派的这种刻法,一横中有碎刀切成的一节一节,转角有时较方,字画两端有时用"平头"处理。
◆ 左侧走字底两竖应靠紧,"室"字"口"上左右两角宜方,"衣"字头左右有坡度。

◆ 边框与文字的线条太细太光,无节奏感。
◆ "补"的右下三竖脚宜平;"罗"的上部两小竖应把空间分割成三份;左下部分左侧线应有起伏,"佳"太宽,上面还少一竖。
◆ "室"的宝盖顶部宜稍平,左右有角与中间部分等距;"口"坡度也太大,宜稍平。

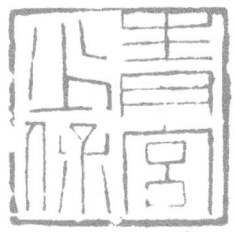 

◆ "青"字要靠近右边,"月"字横线间距是不同的。
◆ "宫"字双"口"要一样大,与四边的距离有一定规定,双"口"之间也应靠近点。

◆ 边框略微细一点。
◆ "青"、"宫"两字的转角要坚挺。
◆ "宫"字双"口"都要大些。
◆ "少"字左撇要挺。

◆ 基本不差,浙派的特点是朱文线条有节奏感,要有粗细、方圆的变化,线条用切刀刻出,一节一节不是很光很平的。
◆ 左上角走字底一小竖应是上细下粗,"力"的上边延长线要罩在"口"之上。
◆ "罗"下左侧边旁竖线并非笔直向下,而应有起伏。

◆ 基本很好,主要缺点是不懂浙派朱文线条的特点,无节奏感,无粗细、方圆的变化,线条太光、平。
◆ 边框的残破不到位。
◆ "罗"字上部两小竖要平分成三段。
◆ "迦"字"力"下面的一横,放得不是地方。

◆ "青"字要靠近上边、右边,"月"的横线要挺,间距有异。
◆ "宫"字的两"口"大小差不多,离左、右竖线有点距离,下"口"太扁,很难看。
◆ "少"字右上"竖折"要向右上角移,右下的第一横跟右侧"月"的第一横平,左侧斜线还要长一点。
◆ "保"字右上三角太大,下部左右两笔太斜,特难看。

◆ 线条及转角不坚挺,右两字还有点向右下倾斜。
◆ "宫"字下"口"应离边远一点。
◆ "少"字左撇要靠近左边,右上角的"竖折"要上提并离中竖远一点,右下两横要靠近一点。
◆ "保"字右下两竖要有点斜度。

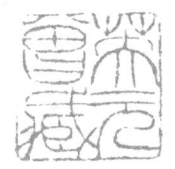

英元曾藏

岭海重游

 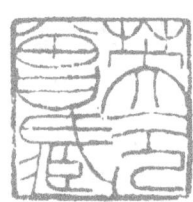  

◆ "英"字草头呈上宽下尖形，下有一细画带圆钩。
◆ "元"字两横下全是圆转之笔，现在成了方笔，大错。
◆ "曾"的"八"占地极少，"田"要大而富圆意，下部"日"底部小而富圆意。
◆ "藏"字左上起，要圆转向下。
◆ 残破不得当。

◆ 边框要细而残破。
◆ "英"字草头还要长一点，下面带钩的横画太粗，转折太硬，底下中间两竖太短、太弯。
◆ "元"字两横宜直，转折要有圆意。本印线条都要有粗细变化。
◆ "曾"字底下"日"首横左侧有开口。
◆ "藏"少粗细变化，左两撇宜向下弯；"臣"要提上去，"戈"少一撇。

◆ 文字粗，边更粗得不像样。
◆ "岭"字"令"顶端就低了，下面的转折不方整。
◆ "海"字右下部盘曲不见了。
◆ "重"字"田"上一横右端应有点上翘。
◆ "游"字少"方"，"子"的菱形未刻出来，下面应左右对称。

◆ 边框还可再细点。
◆ "岭"字"令"要上去一点。
◆ "海"字左右竖线长短差别不大，但粗细有别，右下转折有圆方之别。
◆ "游"字三点水左右上端竖太短，"方"结构不对，"子"上下均显小。

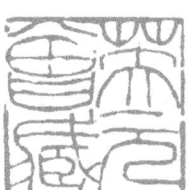  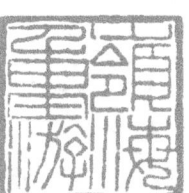 

◆ 边框太粗，残破不当。
◆ "英"草头下一横要细，底下左右分开的两笔要有圆意。
◆ "元"的两横必须挺，下面部分必须有圆转之意。
◆ "曾"字"八"两笔太靠紧，"田"太大，下面的"日"应上大下小，第一笔左侧不可连边。
◆ "藏"字无粗细、方圆的变化，细看真是十分丰富，不可简单刻之。

◆ 边框要残破。
◆ 无论"英"草头及"元"下部，均少圆意，"草"下一横有弯意。
◆ "曾"上头"八"要细而有弯意；"田"要大而有圆意；底下"日"太小，底部太方，第一横左侧不到头。
◆ "藏"字无论左右，结构均有误；左下有两撇，但夹杂了一点垃圾，可以不刻，也可照抄。

◆ 所有线条应再挺一点，转折要方折一点才好。
◆ 文字要与边框有适度距离。
◆ "海"左右四竖有长短粗细之分，中间要空开一点；"每"的顶端要压缩，底部才可以转折自如。
◆ "游"字"方"不挺，右上尖角形左右要对称；"子"的下部中竖宜挺，左右要对称。

◆ 边过粗，有些文字线条也显粗，转角太圆。
◆ 文字与边有点适度间隙，边框还可细点。
◆ "海"三点水各竖有粗细之别，与右半部太靠近；"每"各转折宜方，转折自如。
◆ "重"左下转折宜方点。
◆ "游"字"方"未处理好，"子"的线条不爽。

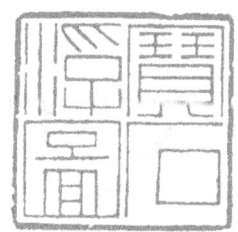

宝石浮图

茗柯图书

 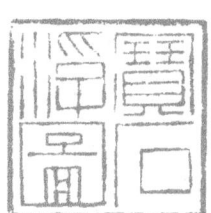   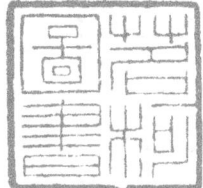 

◆ 边框角应内方外圆，全印线条都不挺。
◆ "图"字内上"口"要长点，下面大"口"也应向左右扩。

◆ 布局还较好，可惜线条不挺。
◆ "宝"字顶还要向上靠。
◆ "浮"字"子"底横不平直，中竖也未居中。
◆ "图"的当中有几个"口"未处理好，大多窄了；线条也不挺。

◆ 全印竖中线可再让左右字靠近一点。
◆ 几个转折都疲软无力。
◆ "木"的上下有大小之别，但只差一点点。
◆ "图"中间的几个"口"要向左右扩一点，缩得太小很不相称。
◆ "书"字八个横画其实有粗细及间距上的变化。

◆ 基本安排得很好，如线条更挺点会更好。
◆ 文字与边的间距，尤其左右两边，太靠近。
◆ "茗"字左一竖转折要挺，不可太偏左。
◆ "木"的转折处显疲软。
◆ "图"要安排好大"口"、小"口"的间距，一横要长一点。

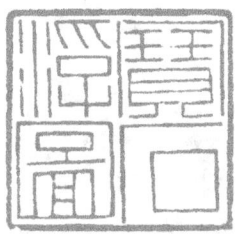 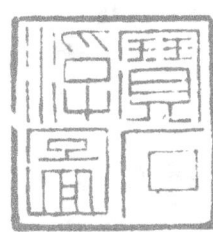   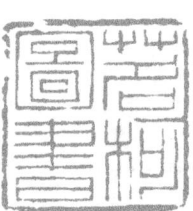 

◆ 应该说刻得很好。
◆ "宝"与"图"的下半部应横线向左倾，整个字不稳定，可惜了。
◆ "石"左竖长了点。

◆ "宝"字宝盖要向左右扩开，"贝"字要沉下去，底下左右两"小脚"离上面线太远。
◆ "石"的"口"应向右下并粗点。
◆ "浮"字右上右撇要等距长一点，"口"则扁一点。
◆ "图"字的线条，无论横竖，都不挺。

◆ 边框要挺，残破要按范印刻。
◆ "茗"的草头要长点、挺点，"口"的上端要长点。
◆ "柯"的"木"要扩至一半。
◆ "书"的几横笔间距是有变化的。

◆ 石一大，线条也要相应粗点。
◆ 转折都显软弱。
◆ "柯"的"木"要大点。
◆ "图"的大"口"太细，第一小"口"要扁，横下无竖笔。
◆ "书"的顶端要有一点出头的意思。
◆ 残破要按范印。

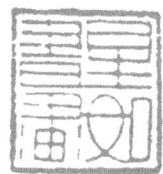
星如书画

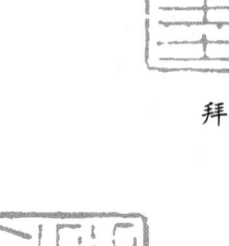
拜墀翰墨

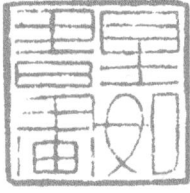 

◆ 总体安排很好，但线条不挺，粗细把握不够好。
◆ "如"字"女"右脚应碰到"口"，"口"的右下角应方。
◆ "书"字应上紧下松。
◆ "画"首横斜了。

◆ 边框角应内方外圆。
◆ 安排尚好，但线条太粗，又不挺。
◆ "画"字底下"田"不正，四小竖要细而挺。

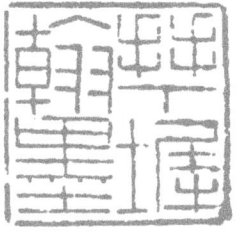 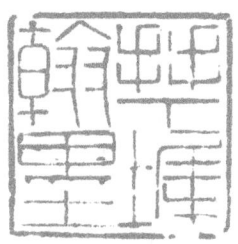

◆ 有些线条过粗，不统一。
◆ "牛"字横、竖线条未摆正位置。
◆ "翰"字无论左上"十"或右下"羽"都太低，还有点大小。

◆ 线条粗细未把握好，断裂过多，多余石屑要剔除。
◆ 左侧两字与边太近。
◆ "翰"的"日"及"羽"要挺，不可自作主张改直为弯；"羽"上笔画坡度太陡。
◆ "墨"字可查一下六根横画的间距是否对？

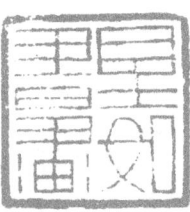 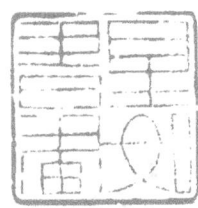

◆ 布局尚可，框太粗。
◆ "书"字上松下紧。
◆ "画"字"田"还可稍上去一点。

◆ 上边框中段太细。
◆ 线条挺，布局基本合理。
◆ "星"字"生"的中横要上去一点，才显得匀称。
◆ "如"字"女"太大，"口"太窄。
◆ "书"上端一竖要有点出头的意思，"曰"下格太空。

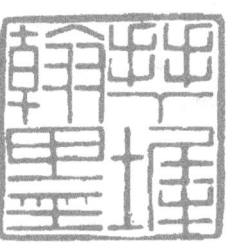 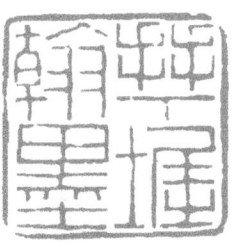

◆ 文字应细于边框。
◆ 文字与边框该有多少距离，对照范印就知道了。
◆ "拜"、"翰"之间应多空一点。
◆ "翰"字左边部分还应大一点。
◆ "墨"字四、五画之间应相连。

◆ 边框要残破得当，边角应内方外圆。
◆ 线条不挺是最大缺点。
◆ "墀"字上松下紧，不好。
◆ "翰"字左半部太窄。
◆ "墨"字六根横画的间距未把握好。

◎第九章 初学者的基本训练

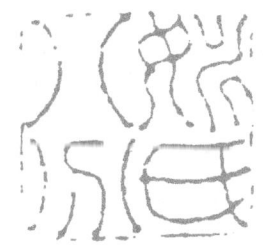
姚氏八分

溧阳陶父

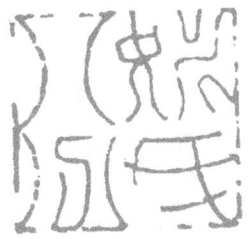

- ◆ 浙派刻朱文,线条交接处有类似"焊接点"。
- ◆ 边框还要细一点。
- ◆ "姚"字"女"左侧转弯安排有误;右边曲线之上的一笔宜左倾,右笔并非那么直,也应有曲线。
- ◆ "八"字太大,"分"字太小。

- ◆ 无论比例上的安排,还是线条上的粗细、曲直,以及边框的残破,哪一点与范印接近?

- ◆ 边框角要内方外圆。
- ◆ "更"字"丙"的两竖无论角与线条均不挺,内"又"要放宽,上面少了一竖一斜线。
- ◆ "阳"的右边"日"太扁,离一横要靠近一点,横下几撇无论长短、角度均不对。
- ◆ "陶"的耳旁三"口"宜大,整个字的线条都不挺。

- ◆ 边框角要内方外圆,线条已较挺,还须更挺。
- ◆ "阳"的耳旁还应更贴近边,底下向左四撇要相应收短。
- ◆ "陶"右上一点要小,一横要上升。
- ◆ "父"第三横有点右倾,右侧错落痕迹太露。

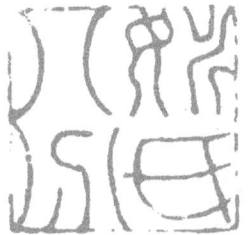
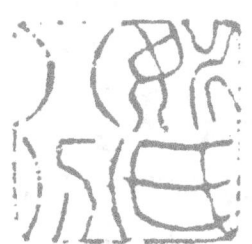

- ◆ 所有字都太光,刻光易,刻毛难,包括边框,也应残破得自然才好。
- ◆ "女"字左侧一笔要出头一点点,左右两半要稍靠近一点才好。

- ◆ 排列尚可,主要是粗细变化上表现不够。
- ◆ "姚"字"女"的左上第一笔,起笔与终笔都不对,中线带曲的拖笔与范印不符;右半部左上两笔均宜向左倾,右下曲线也未表现出来。

- ◆ 边框不挺,不能做到内方外圆,左边框与文字太空。
- ◆ "更"字框内左右分撇不对称,其余要下降;"又"基本到底,"又"上一竖加的是一斜线,非一小横。
- ◆ "阳"的耳旁第一"口"要平而升上去,"日"要大点,横下四撇角度、长短全错。
- ◆ "陶"的耳旁嫌小,要靠近左边框一点才好。

- ◆ 文字与边太靠近,竖中线一斜,整个印失去了重心,而且所有线条全不挺。
- ◆ "阳"字左下"口"不出头,右下四撇的角度、长短请与范印对照一下,看有否留空?

雪涛所藏

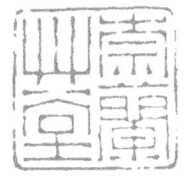

崇兰草堂

◆ 猛一看，就会觉得边框粗而边内角应内方外圆。另一点，文字太细，而把方转角妄改成圆转角，很可惜。
◆ "藏"字左侧无论短竖、长竖，均为直线，底画结束也还有一点小转折。

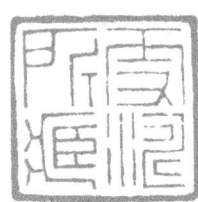

◆ 可以说安排妥帖，线条也很挺，但也存在少数缺点。
◆ 边框角内方外圆，与文字相距要稍近一点。
◆ "所"字左上方块要等大，线条要挺。
◆ "藏"字左边长竖要挺，两个小竖弯曲更无道理。

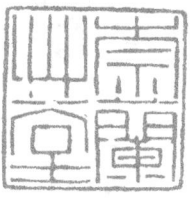

◆ 范印是浙派风格，每根横、竖线条均有起伏节奏，不可能如此平直。
◆ 边框要残破。
◆ 每字接笔及转折处应似"焊接点"。
◆ "崇"、"兰"、"堂"三字中均有"点"，唯"崇"之两点有些似"三角形"，余两字作者均刻成两个小短横；"崇"上面两横要平行。

◆ 浙派印的风格，每根线条均有起伏、节奏，接笔，转折处会出现"焊接点"。
◆ "崇"太长，使"兰"压小了，且"兰"方框中一横宜短，一竖要往上出一点点头。
◆ "草"字左倾不稳定。
◆ "堂"字左右两竖要长一点。

◆ 边框角要内方外圆。
◆ 上两字与下两字比例不当，下两字大了点。
◆ 三点水中竖不可断。

◆ 边框角要内方外圆。
◆ 最可惜的是线条不挺。
◆ "所"字左上两方块应空间等大，"斤"字横线都不平整，左侧长竖也不挺。
◆ "藏"字总的太大，两个小短竖之短横不平，底横结束转折要平直，"臣"太局促。

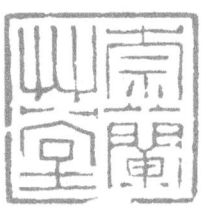

◆ 边要残破。
◆ "崇"字左下点大了一点，两横太短、太平。
◆ "兰"字下边方口太小，显局促，一竖的上端要出头一点，"門"要与草头靠紧一点才好；草头是一长横，略有残破。
◆ "草"的间距要均匀。
◆ "堂"的垂笔左短右长。

◆ 边要残破。
◆ "兰"字草头少一点，底下两点应作一头尖一头大。
◆ "草"字左侧中竖底下不可转弯太甚。
◆ "堂"上面两点长短差距太大，"土"的两横要平行，两端要按浙派传统刻法处理。

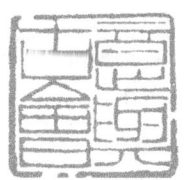

意与古会

遯（遁）园散人

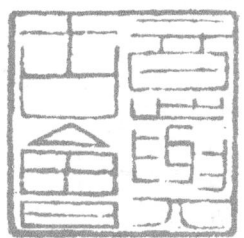  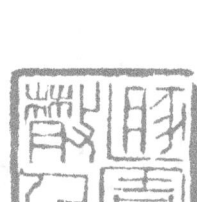 

◆ 边框要有残破。
◆ "意"的首横短了点。
◆ "与"的底部与右边一印同病，长横与下部空太多，与底边太靠近。
◆ "古"之"口"太大。
◆ "会"的头太小，"田"太大，"日"又扁又小。

◆ 框子尤其左边应粗一点，底下要有点残破。
◆ "与"底下压缩一点才好。
◆ "古"字"口"应上去一点。
◆ "会"顶上及"田"收一点，底下"日"才够地位。

◆ "园"字"口"下部分左右两撇宜平一点，右撇惜少了右端；"园"的大方"口"，应趋长方形。
◆ "散"字缺点最大：左上并非双"木"，下面是四小竖，"月"要宽一点，右半边下半部宜大而出头。
◆ "人"起首一笔有小折，且离边框有距离，右侧要再扩一点。

◆ 文字与边框要有适度间距，上下文字也要注意别太靠近。
◆ "遯"字左竖太细，连接右竖的应是一斜线。
◆ "园"字上半部"吉"太扁长。
◆ "散"字左上非"木"，右半边下部三根线太斜。
◆ "人"右竖上端转折带斜意，右角及向左的转折宜带方意，最后向右拖笔宜有圆意；底下两字离边要有间距。

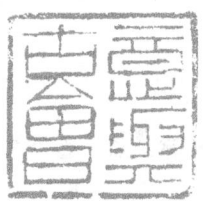 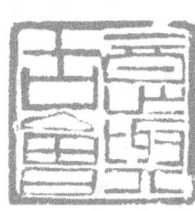  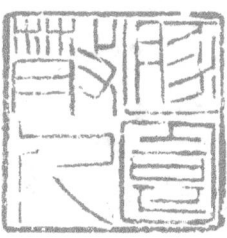

◆ 边框残破不当。
◆ 四个字太各自分开，整体感差，离边框太远。
◆ "与"上半部左右两边太小太短。
◆ "古"太扁；"会"太高，线条不够挺。

◆ 边框太粗，残破不当。
◆ 粗细不一，全印不统一。
◆ "意"字"日"上部分太局促，"心"字左起第二竖空得太大。
◆ "与"字中间太窄太小，左右都共有三短横，上端有出头，现在左边少一横，底下长横与下边的要靠近一点。
◆ "会"字"田"与"日"左侧须一样齐。

◆ "遯"字"月"太窄，靠边右竖太短，走字底末端有一小折。
◆ "园"字内各部分要向左右扩一点。
◆ "散"字左上角四小竖太短，右半部三斜线要长一点，间距不可太近，中斜线右下垂一笔很短。
◆ "人"最后一拖笔要有圆意。

◆ 文字与边框要有适度间距。
◆ "遯"字走字底末了有点小转折。
◆ "园"字"土"要有竖线连"口"，下左右两撇要有点斜意。
◆ "散"字反文下半部三斜线太高、太斜。
◆ "人"字首横与右"园"上横平齐，最后拖笔转折宜有圆意。

（5）朱文多字印

千岩秋阳高

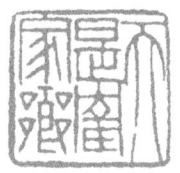

天是雀（鹤）家乡

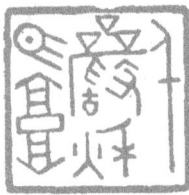 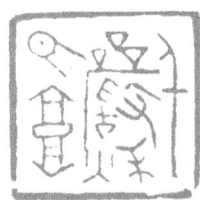

- ◆ 文字与边框要有适度间距。
- ◆ 线条太光，少了范印古拙之气。
- ◆ "岩"字"厂"内右侧部分要下降，"又"的三斜要有长短。
- ◆ "秋"字左右都要"矮"。
- ◆ "高"中间的"口"太大。

- ◆ 线条太细、太光。
- ◆ "岩"字上边三个三角形大小要统一，"厂"下左上部分要向上出头，"古"要小，右半部分上面"∧"太长，下边的部分拖笔太长。
- ◆ "秋"字左右太分开，"禾"头应左长右短。

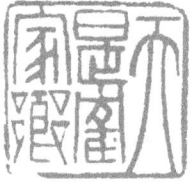 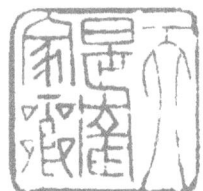

- ◆ 边框角应内方外圆，很多线条太粗，不挺。
- ◆ "天"字左右两边要细而长一点，这些下垂的线要细而有弹性。
- ◆ "是"字"日"太大，下半部太粗。
- ◆ "雀"字横下菱形太粗。
- ◆ "家"字宝盖垂线要挺直，左侧三斜线要平行、均匀，右撇有斜度。
- ◆ "乡"字中上顶端直线要长一点。

- ◆ 边框角应内方外圆，文字也不可细得几乎没了，如"天"字，中间两线分得也太开。
- ◆ "是"字底横应连"天"字，上面一小横不可分得这么开。
- ◆ "雀"字"隹"左下角应方。
- ◆ "家"字宝盖左右宜方，底下一横宜上去一点，左三撇要平行、等距，右撇有斜度。
- ◆ "乡"左右两边上下分得太开，中间的顶端升得太高。

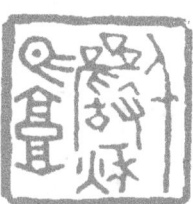 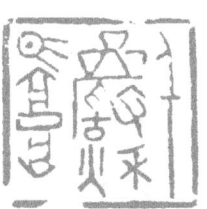

- ◆ 边框粗细、残破要按范印。
- ◆ "千"头太高。
- ◆ "岩"字"厂"下左上三撇长短及方向不对，"厂"左竖太长，右半部分两零件斜度不对。
- ◆ "秋"字"火"中竖太高，底下与边框离得太近。
- ◆ "气"的三撇方向不统一。
- ◆ "高"字太粗、太短。
- ◆ 仔细看，线条应有粗细之分，还有适当残破。

- ◆ 边框破得不是地方。
- ◆ "千"的一竖太长。
- ◆ "岩"的上面三个三角太大，"厂"下"古"横要短、"口"底要尖；右半部三斜线要斜，且有长短。
- ◆ "秋"字"火"要"矮"，左右两点要分开，"禾"的左撇要在"火"上。
- ◆ "气"三撇要统一向右下。
- ◆ "高"要下移。

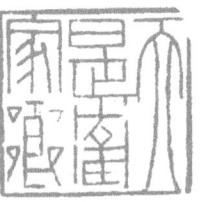 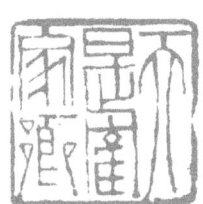

- ◆ 边框角宜内方外圆。
- ◆ "天"字四线间距要把握好。
- ◆ "是"字"日"与下面一横分得太开。
- ◆ "雀"字左右两线稍分开一点，底下要一样平齐。
- ◆ "乡"字左右两部分上下三角形宜靠近一点、大一点。

- ◆ 边框宜细点，边角内方外圆。
- ◆ "天"字左右垂意要长点，与上边一横分得太开，而中竖线则并得太紧。
- ◆ "是"字底线与"天"字左线连。
- ◆ "雀"字上横宜细挺，下面菱形左侧要长点，"隹"的横要长点，上两横与竖线连。
- ◆ "家"的宝盖角方线挺，顶端一点太粗，左第三撇太粗，右撇宜斜置。
- ◆ "乡"字左右两部分三角形太小，下面拖笔太长。

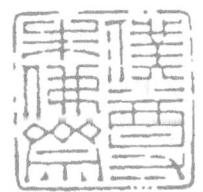

濮尊朱佛斋

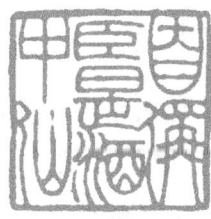

自称臣是酒中仙

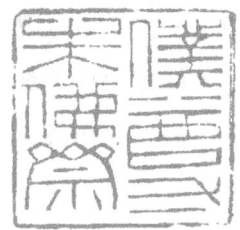 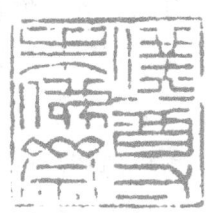 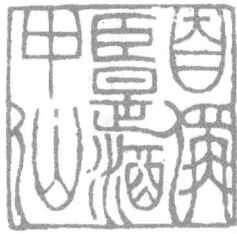 

- ◆ 边框要残破。
- ◆ "濮"实为单立人左侧加三点。
- ◆ "尊"字上面两短横应与左"佛"字第二长横平，第一长横太粗，"酉"内有一短横不可连框，"寸"转折应向下。
- ◆ "朱"字底下为圆线，非斜线。
- ◆ "佛"字笔画不挺，垂脚宜长点。
- ◆ "斋"字上为三菱形，底脚有五处为方头居多，上面短横要长一点。

- ◆ 边框要残破。
- ◆ "濮"实为单人旁下加三点，右上应为先两竖后两斜线。
- ◆ "尊"字线不挺，一开始即间距不对，"酉"内一短横不连框。
- ◆ "朱"字中竖不可断，上边有两笔小转折，不可与中竖连。
- ◆ "佛"字单人旁顶端宜平，右半部无论横竖，要挺而不断。
- ◆ "斋"字上为三个菱形，左右垂线底脚及下有两点均为方头。

- ◆ "自"字内空间要均匀。
- ◆ "称"字上面三个向右的"爪"要有圆意，下面重叠的两个"人"要提上去，单人旁一竖要与"酒"连。
- ◆ "臣"字要向右扩一点。
- ◆ "是"字一横下左侧空间太大，右边部分则要向右扩过去。
- ◆ "中"要近左边框。

- ◆ "自"字右边离边框较近，横画间距匀，底下不可太尖。
- ◆ "称"字篆作单人旁，首撇角度太大，右上向右的三撇要有圆意且等大，下面的框宜上升，且双"肩"要宽一点。
- ◆ "臣"、"酒"两字太小。
- ◆ "中"字"口"宜左。
- ◆ "仙"字单人旁太近边框。

  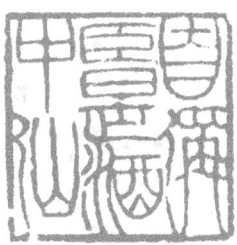 

- ◆ "濮"字左侧实为单人旁下加三点，右半部上端先是两竖后为两斜线。
- ◆ "尊"字上面两横太粗，"酉"的四角宜带方，"寸"的垂线宜方头。线的粗细及间距也未把握好。
- ◆ "朱"下边乃一弧线，左不连边。
- ◆ "佛"单人旁不连边，"弗"竖线不直，横画间距不对。
- ◆ "斋"字中间菱形太小，左右两垂线并不连边，且终端和左右两小点都有小方头。

- ◆ 边框要按范印残破。
- ◆ "濮"字应在单人旁左侧巧加三点，右上两小竖歪了。
- ◆ "尊"字长横多，应注意间距之匀，"寸"右侧垂线底脚宜方。
- ◆ "朱"字上边左右两个转折要对称平置，长横该挺不挺，下圆弧不圆。
- ◆ "佛"字单人旁顶端左侧太粗，第一长横画要提上去一点。
- ◆ "斋"字左右两垂线，终端要有方头。

- ◆ "称"字单人旁首撇有弯角。
- ◆ "是"字左下太粗，底横与上面短横不可太分开。
- ◆ "仙"字单人旁一竖要与首撇中间部位相连；"山"底下左右角不可太方，宜带圆意。

- ◆ "自"字上口收得太紧，且还应向下一点，与"称"靠近。
- ◆ "是"字"日"四角未处理好。
- ◆ "酒"三点水圆转不佳，"酉"无论轮廓及内件均未处理好。
- ◆ "仙"字单人旁，一撇下一竖用曲线表现，但头上弯曲过甚，右侧"山"字要下去一点。

3. 白文刻法

刻白文就是把写在印面上的墨迹刻去，有粗白文、细白文之分。刻印时，无论印文是横笔或是直笔，可一概视作直笔来处理。每一笔分两次刻成，名曰"双刀法"。

刻粗白文的第一步先把一方印中所有横笔的右边刻到尽头为止，切勿过头。"宁使刀不足，莫使刀有余。盖不足更可补，有余不可救也"。然后将石转动180°，笔画中未经刻过的一边又全转到了右边，仍以原法全部刻完。这样，一方印中的横画全部完成，即已完成二分之一。

第二步即按原法转动印石，先把所有直笔的右边刻完，转动180°，将直笔的另一边转到右边，以原法全部刻完。这样，旋转印石以就刀势，等于流水作业法，比每刻一笔转两次印石来得省时见效。

这里要指出，必须重视笔画转折处与每一笔的头、尾（起笔、收笔）的刻法。转折有圆有方，头、尾也有圆、方、尖之不同，必须刻出笔意。那么，笔画两端怎么刻呢？一般在刻到一笔终止时，轻轻旋转一下刀角，其效果比较自然，除非刻满白文巨印，可切刻两端外，一般不要用刀切刻两端。

刻细白文多数指刻急就章一类的印。每一笔画不用双刀，仅用单刀以冲刀法刻成，刻时刀微侧，所以刀痕呈一边平齐一边爆裂的锯齿状。齐白石用的就是这种单刀刻法，不加修饰，自然成趣。但如果对线条的爆裂控制失度，必然单薄纤弱。为充分显示线条的轻重粗细，又不致单薄，每一笔可逆向在该笔的刀痕中心顺势复冲一刀，以便刻去部分锯齿裂痕，可免锋芒毕露、单薄疲软的弊病。当然，刻单刀没有一定的基础是刻不成功的。

顺便提一下，刻出的石屑不能用口吹，以免石粉吸入肺部，可用小指或无名指随刻随拭，使石粉填入刻去的笔道内，既卫生，又能使刻过的印文一目了然，便于修改。

（1）白文一字印

基本功当以多练白文印始，以下白文单字印，宜一一画出或临刻之。注意线条的头尾收笔及转折处，然后再刻多字印必有好处。

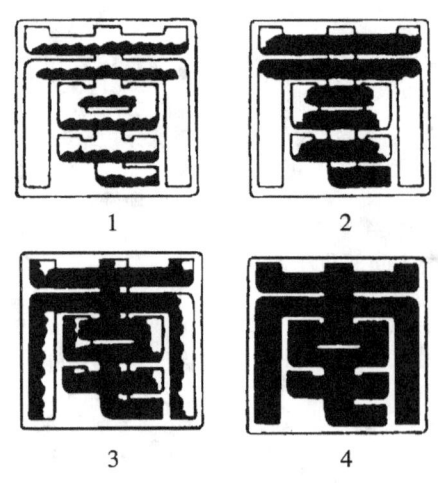

白文刻法
分四次刻成白文"李"字（反文）

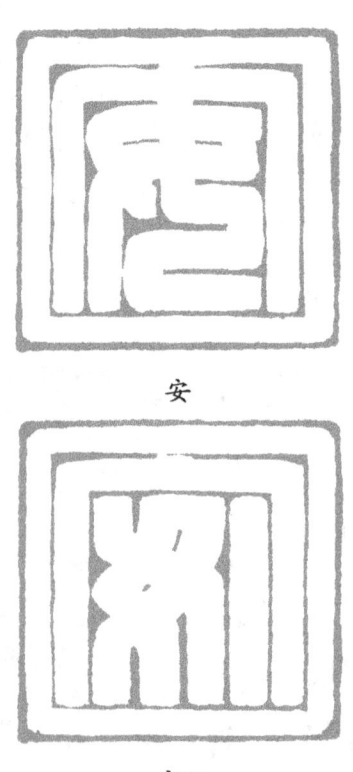

安

安2

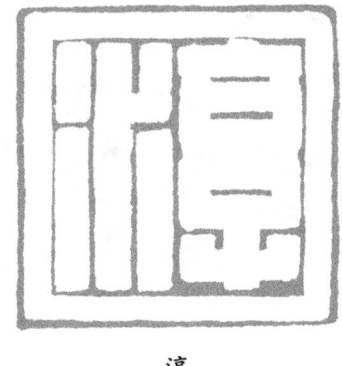
淳

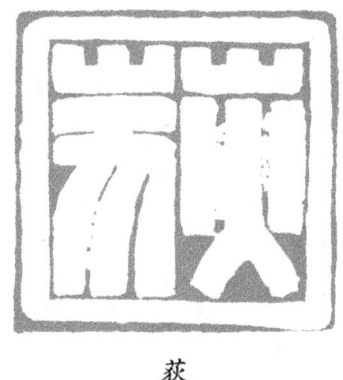
荻

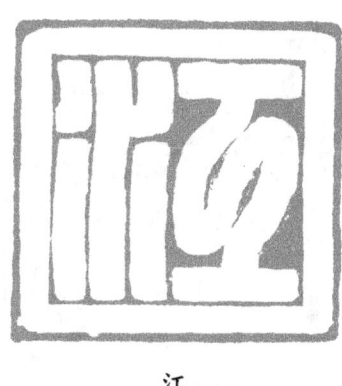
江

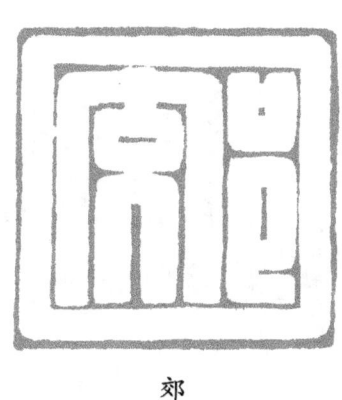
郊

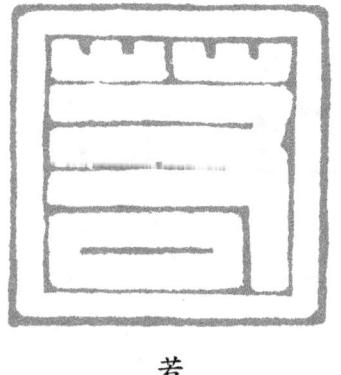
若

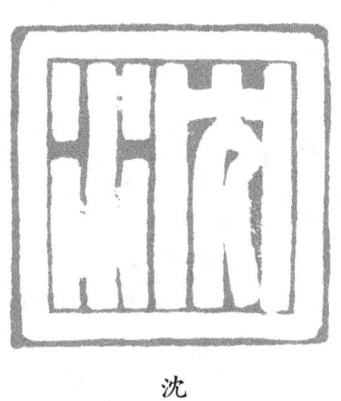
沈

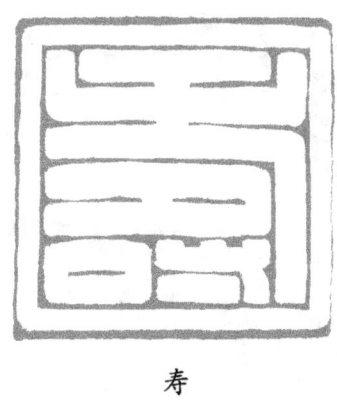
寿

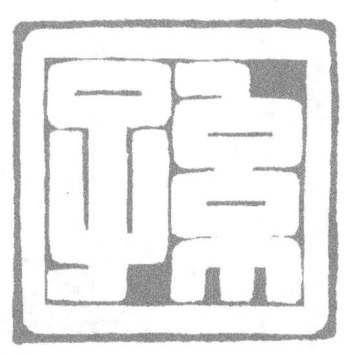
孙

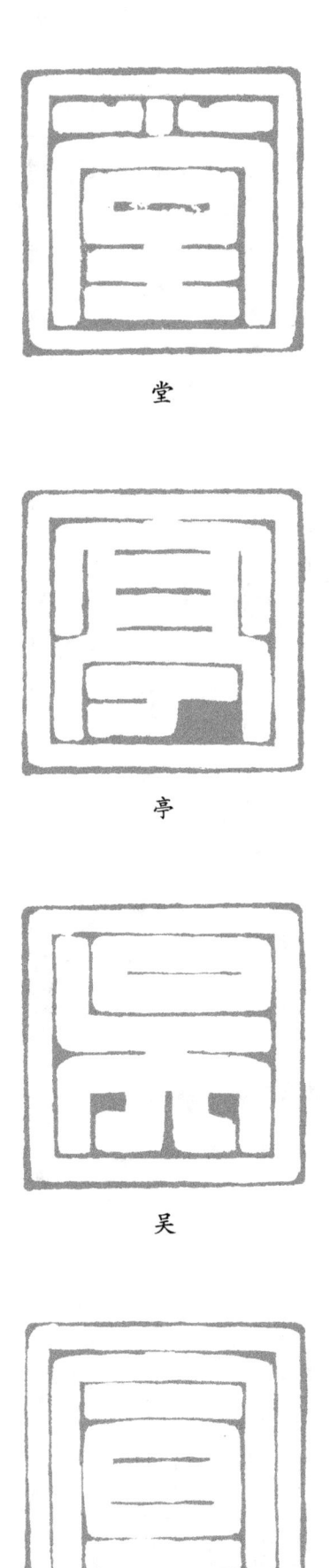
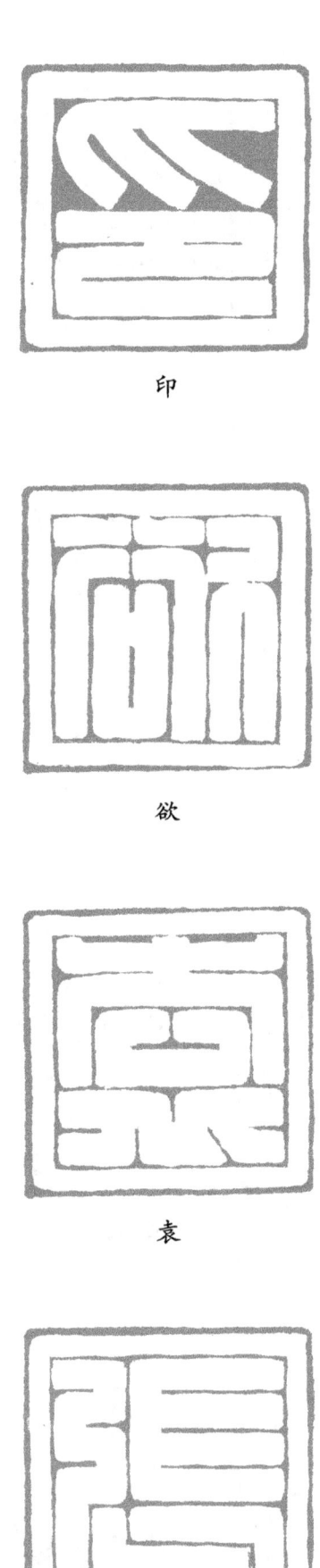

堂　印

亭　欲

吴　袁

宣　张

◎ 第九章 初学者的基本训练

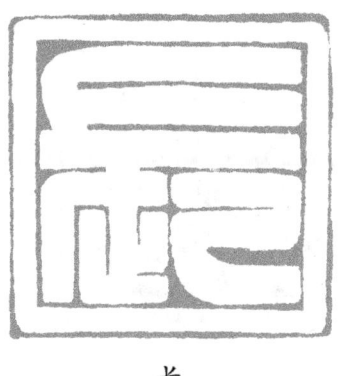

长

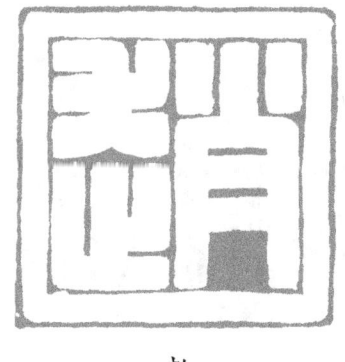

赵

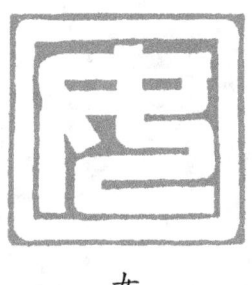

女

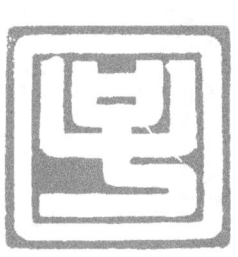

子

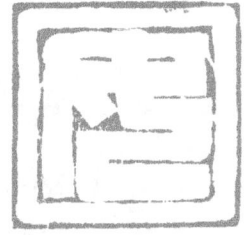   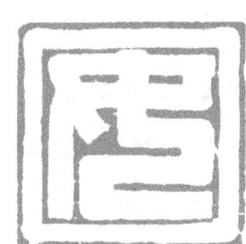   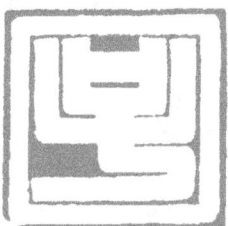   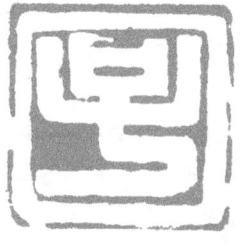

◆ 文字与框之间的红线叫"边缘线"，靠得太近，没看出有一圈红线。
◆ 所有转折均显太方。

◆ 较好。
◆ 中间一竖向下引出的三横兼转折显得粗了。
◆ 框的四角未处理好。

◆ 框宜加粗一点。
◆ 此字上部线条太细，下半部的三个转角太方。
◆ 最下一根横线终端宜缩短一点，不能太靠框。

◆ 框太粗，一般宜细于文字。
◆ 印边可以稍粗一点。
◆ 这方印的文字线条特别好。

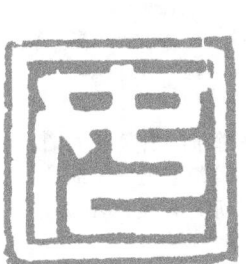   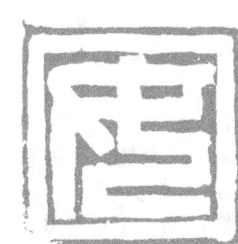   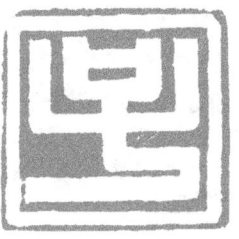   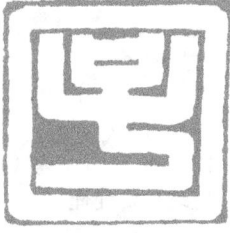

◆ 框与文字线条都太细，只要与范印一对照就可看出。

◆ 线不挺。
◆ 角不圆。
◆ 每根线的终端要收拾平正。

◆ 较好，唯"口"字下的一竖太粗了一点。

◆ 文字线条宜挺，终端要收拾方正。
◆ "口"之右下角太方，字之最右下角转折太圆。
◆ 框线不挺，上框线的右半段细了，几个角都未处理好。

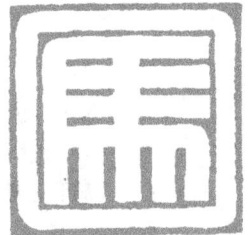

马

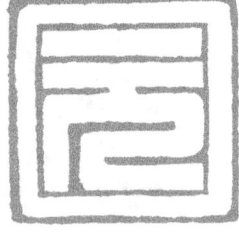

元

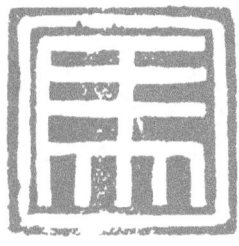 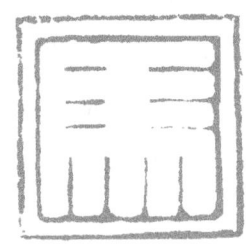 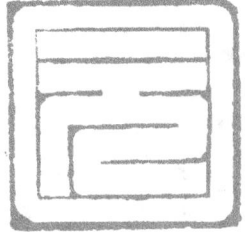 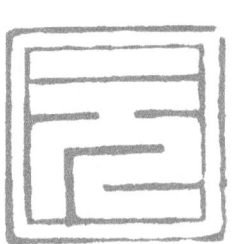

◆ 框子太细，还要向石边外扩，使石章外沿只剩一条红线。
◆ 文字太细，第四横宜再上升一点。

◆ 框太细，角也未处理好。
◆ 由于文字线条过粗了一点，表示间距的红线太细。
◆ 所有线条的终端如火柴头一样太圆。

◆ 排列均匀很好。
◆ 线条宜再挺点，线与线之间距、文字与框之间距宜再大一点点（红线放粗一点）。
◆ 框之左下角太圆。

◆ 此字的下半部横线、直线都嫌稍粗。
◆ 转角要注意圆意。
◆ 笔画终端显得过大一点。

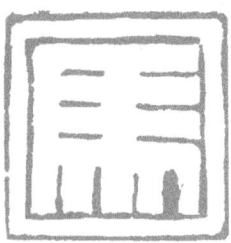 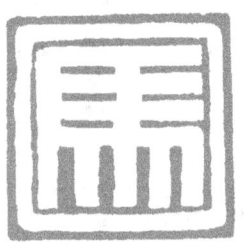 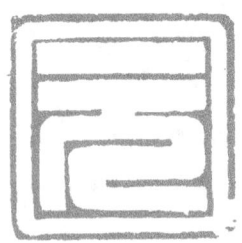 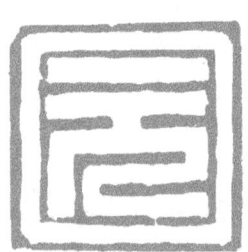

◆ 三横右侧都有下沉倾向，终端也未处理好。
◆ 下边五个短竖要均匀，终端也要处理好。

◆ 框子的左右两竖线宜再粗点、挺点。
◆ 文字线条太细，可参看上列范印。

◆ 较好。
◆ 第三横太细，第四横及左转弯都太粗，与左下垂线再离开一点更好。

◆ 框子的右竖线太细。
◆ 线条不挺、太细。
◆ 所有转角都不讲究方圆相宜。

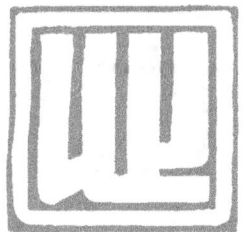

心

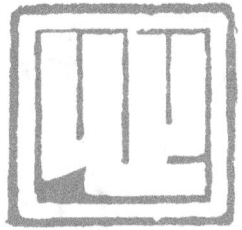 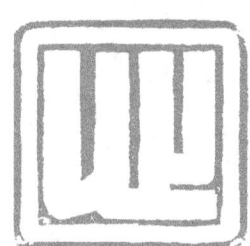

◆ 框的线条宜再挺点、稍粗一点。
◆ 文字的线条稍细一点，线距之红线稍粗一点。
◆ 最左一竖要再下降，角不宜太尖。

◆ 基本很好，如左边直线左下角能处理得考究点，则更好。

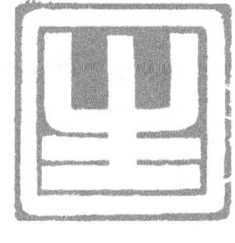

生

◆ 边框要粗细一样，并略细于文字，右边框过细。
◆ 第一横要下降，三横之间要紧靠。

◆ 边框太细，四边粗细不一。
◆ 文字粗细不统一，笔画尽头处不齐整。
◆ 笔画之间要等距。
◆ 线条间的"垃圾"要清除干净。

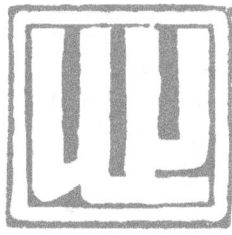 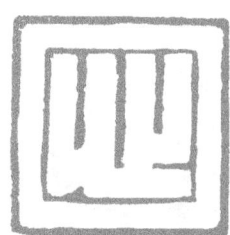

◆ 框及文字的线条均宜稍加粗一点，同时要注意线条的坚挺。

◆ 框粗过文字的线条。
◆ 文字的线条不够坚挺。

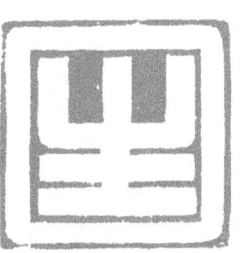 

◆ 基本符合要求，线条挺，距离等。如边框的四角再稍方一点，更好。

◆ 边框四角要处理得考究一点，四边要等长等宽。
◆ 文字线条细而不挺，线条尽头不平整。
◆ 中间一竖不居中，右上一竖上部偏左。

印

有

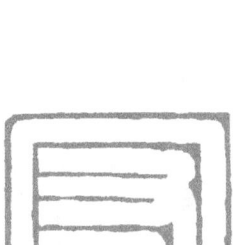 

◆ 很好。
◆ 下半部左边转折靠框的短线，如再直一点则更好。

◆ 框线太粗，与文字靠得太紧。
◆ 上半部三根右撇斜线的终端角度不对。
◆ 下半部所有转角均太方。

◆ 右上第一个转角要自然地转向左下。
◆ 参照范印，"月"的两小竖要右移，使左边留红多一点。

◆ 较好。
◆ 上面三画的间距可以稍多一点（即红线再粗一点点）。

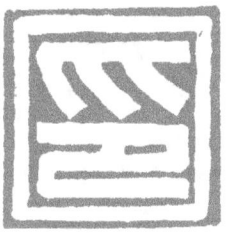 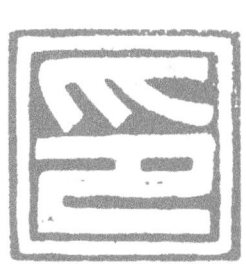 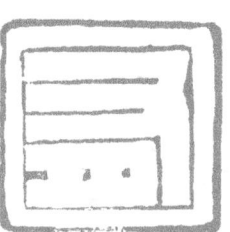 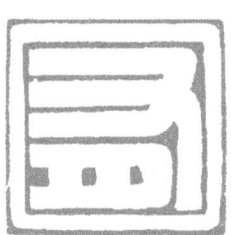

◆ 位置排列都还可以，唯线条要粗点才显得饱满。
◆ 线条的终端要处理好，如上半部最右边斜线的头就处理得较好。

◆ 框太细，左上角未处理好。
◆ 此字比例不对，下半部太大了。
◆ 上半部斜线长短比例不对，最右一根太长，终端太圆。

◆ 框的线不挺，右上角太尖。
◆ 三边三画靠左的三个终端都大了一点。
◆ "月"的右上、右下角太尖。
◆ 第二画右下垂内侧转处交代不清。
◆ 右边下垂直画终端不方正，大了一点。

◆ "月"字两小竖宜右移，现在也粗了一点，使左边留红小了一点。

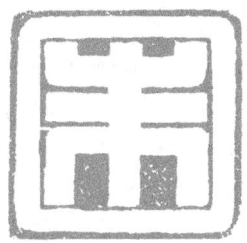

朱

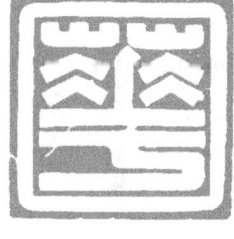

华

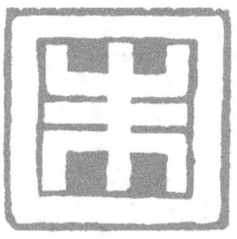 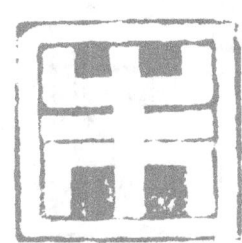

◆ 框粗过文字，不好看。
◆ 线条不挺。
◆ 第一画要提升上去，第三画下垂才能长点。
◆ 第三画左右两角转折宜圆一点。

◆ 所有线端都未处理方正。
◆ 三横间距要均匀。
◆ 第一横宜上升，其左右上升的两端要短。
◆ 框的右上、右下角太方。

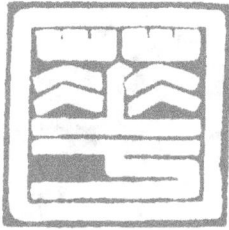 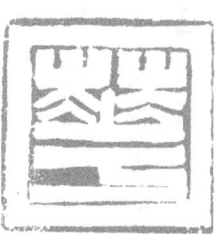

◆ 草字头太粗，与整个字不协调。
◆ 上半部左右四个小零件有八个终端角度宜内收。

◆ 草字头占地太长。
◆ 上部左右四个小零件处理太马虎，占地也不够。
◆ 下半部四根横线不挺，又粗细不一。
◆ 转角太方。

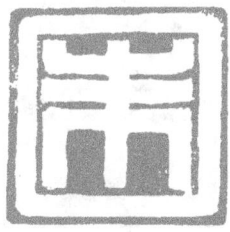 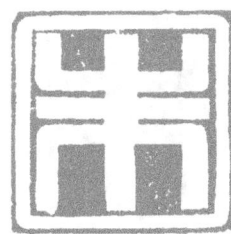

◆ 框宜扩大，使石章外缘的红线再细一点。
◆ 文字线条要挺，宜加粗。
◆ 线条终端要小心收拾得方正点。

◆ 框子宜放粗一点。
◆ 第一横宜上升，上升的两直线要短。
◆ 第三画左下垂直线终端不平正。

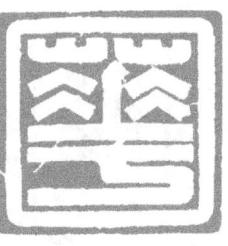 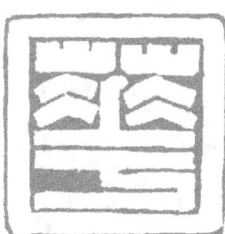

◆ 框角太圆了一点。
◆ 其他均很好。

◆ 线条不挺，转角太方。
◆ 草字头太粗。
◆ 文字右上部与右侧的边缘线留红太多，显得不整齐。
◆ 上半部右边小零件终端角度不对。

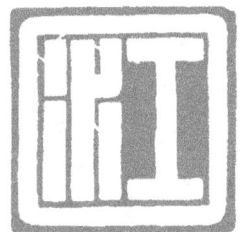

江

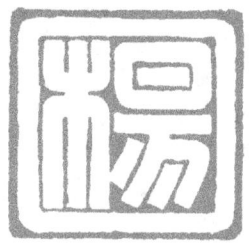

杨

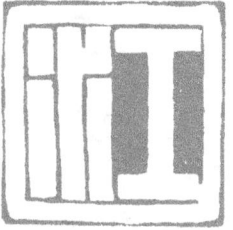   

◆ 框线不直，应与文字的间距、与石章外缘线均保持等距红线。
◆ 框的四个角只左上角较好，其余不够讲究。

◆ 框线太细又不挺。
◆ 三点水的五根直线终端未收拾好。

◆ 框线要逼边，现在外框线留红太多。
◆ "木"字上部线不挺。
◆ 右半字上部占地太多；下部各线粗细不统一，中间一斜线终端未收拾好。

◆ 右上角文字中方框的角太圆。
◆ 右下部一横下的笔画转折处理不好，太下斜了。
◆ 其他都不差。

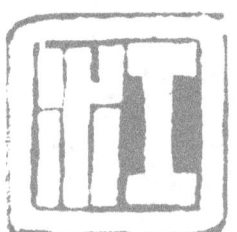 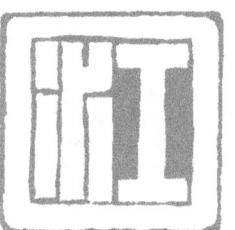 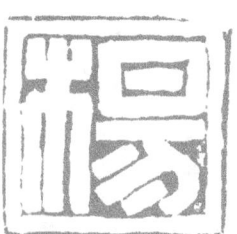 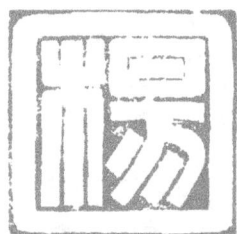

◆ 框子，尤其左上角不好，弧度太大。好的框应内方外圆。
◆ 所有线不挺，只要看一下线间红线，即可知距离不等。
◆ "工"的两横太粗，一竖宜在中间。

◆ 框太粗，一般框宜略细于边。
◆ 三点水所有直线的两端均未收拾方正。
◆ "工"的一竖，下部粗起来了。

◆ 线既不挺，转角也未收拾好。
◆ 右边"日"占地太多；下部斜线角度不对，要向右下降。

◆ 排列较妥帖。
◆ 框太粗，一般框宜比文字略细一点。
◆ 右边"日"下一横不挺，两端也不平正。

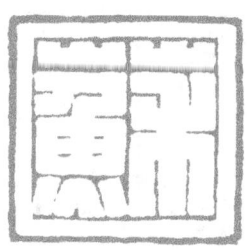

苏

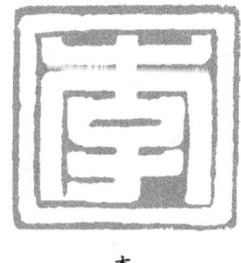

李

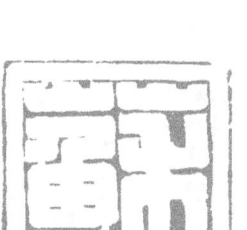 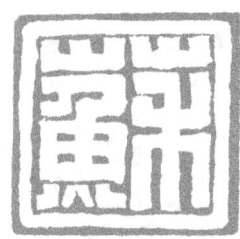 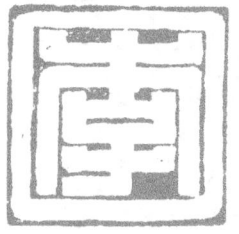 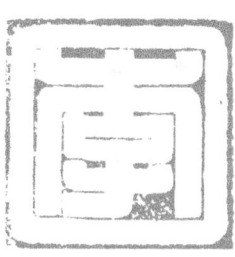

◆ "鱼"字下面四点角度不对，中间要顶上去，左右带斜意。
◆ "禾"字中间一竖偏左。

◆ 所有线条不挺。
◆ 所有转角大多显方，甚至耸"肩架"。
◆ "鱼"下四点太局促，左右两点角度不对。

◆ 线宜更挺，转角宜带点微圆。

◆ 框略显粗一点，转角太圆了一点。
◆ 文字与框、文字之间挤得太紧，表示间距的红线如能稍粗一点点，此印还是很不差的。

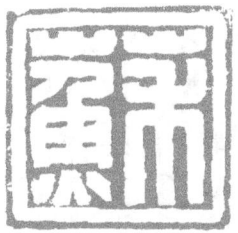 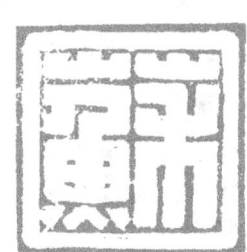 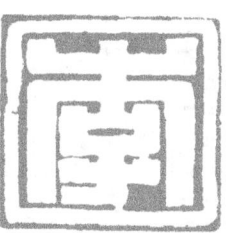 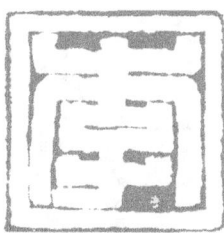

◆ 左右两部分间距太大。
◆ "鱼"字左上第一撇要有点转折，"田"旁中间一竖要居中，下四点右旁一点字头未处理好"切面"。

◆ 草字头下左右两部分宜上提，现在如"鱼"下四点太局促。
◆ "禾"字转角太方。

◆ 框太细。
◆ 文字之"木"部太粗，右上小竖线终端太大。
◆ 因第一根横线下降了，"子"字地位显得局促，转角处理也马虎。

◆ 框与文字之线条均不挺。
◆ "木"字下部两竖不垂直，转角太圆。
◆ "口"下一横左粗右细，各根线条的终端未加收拾，毛毛糙糙。

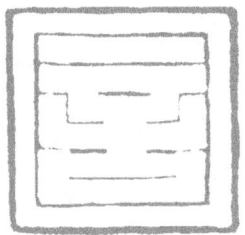

言

初

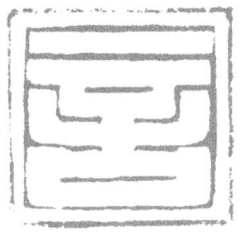 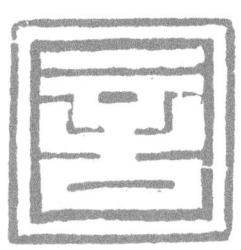

◆ 印边外框可以稍粗一点。

◆ 印框太细。
◆ 文字与框之间的边缘线间距大了一点。
◆ "口"字要有一点点出头，方角是不对的。

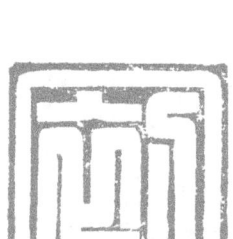 

◆ 框子左边线的上下两角要外扩一点。
◆ 左半边文字上部点画宜带点斜度，此点画下的两根短横线嫌粗一点。

◆ 框子太粗，显得文字小了。
◆ 文字线条欠挺，转折太方，线条终端未收拾好。
◆ 左上的点画终端角度不对。

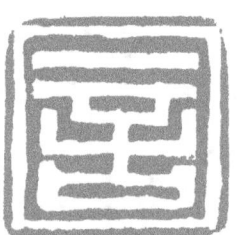 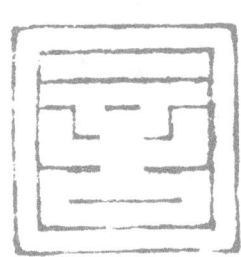

◆ 线条太细，相应的边框也细。
◆ 临刻前先审视一下，范印是粗的还是细的，是方还是圆。

◆ 边框外的印边稍粗一点就更好。
◆ 边缘线太紧迫，如在文字与边框间留一条粗细一样的挺直的红线多好。

◆ 框不够挺。
◆ 文字，尤其右边"刀"部下边两竖太细。
◆ 左上部点画角度太尖斜，左右两线终端角度也不对。

◆ 框线不挺。
◆ 所有线条间距安排不均匀，如右边"刀"部两竖太紧。
◆ 各线终端未收拾平正。

◎ 第九章 初学者的基本训练

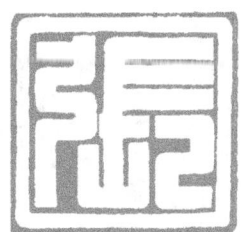

张

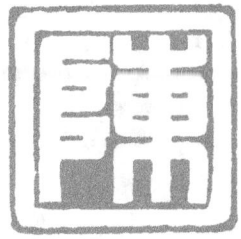

陈

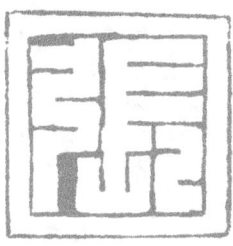 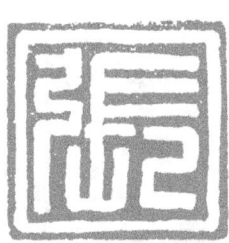

◆ 框与文字中的转角都太尖（可与范印比较）。
◆ 线不挺。
◆ 凡终端可能横切过头，均显大了一点。

◆ 框与文字均细，又不挺，全印不饱满。
◆ 线与线的间距要均匀。
◆ 每根线条的终端必须收拾好。

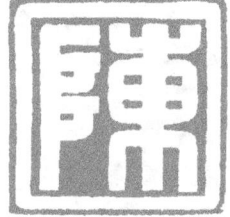 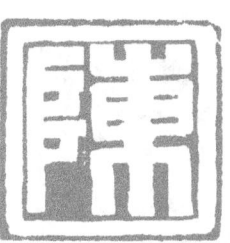

◆ "耳"旁一、二线之间留红太多。
◆ 右边"田"部四角太圆。

◆ 整个字线条粗细不统一。
◆ 下部四根垂线尽头处变粗，高低不统一。

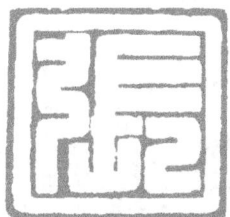 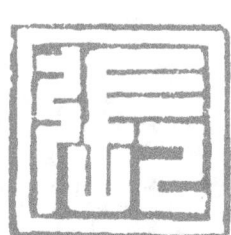

◆ 基本合格。
◆ 如再要考究，那就得线条更挺。每个笔画尽头要收拾平正。

◆ "弓"部太窄，转折不圆。
◆ 右下部件"己"要注意角的转折呈圆状。

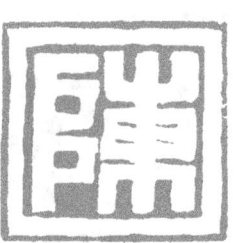 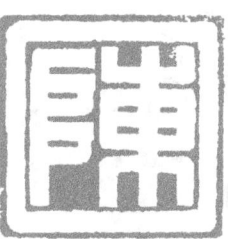

◆ "耳"旁左上角太尖，所留两红地太大。
◆ 右边"东"字上部宜上升，"田"字中四个红点歪斜不统一。
◆ 转角均未处理好。

◆ "耳"旁左上角有点右倾。
◆ "东"字上边第一根线宜上升。文字上紧下松是符合美的规律的。

107

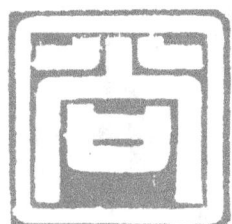

尚

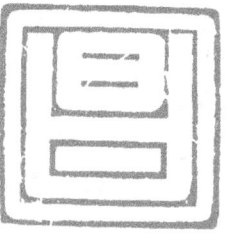

昌

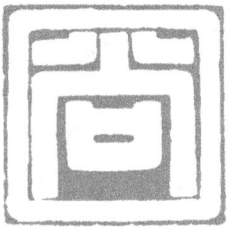 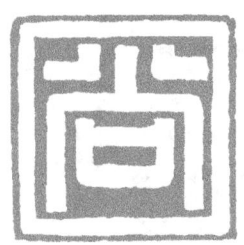 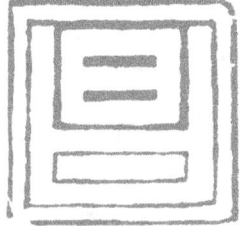 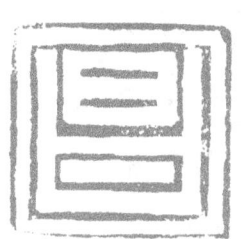

◆ 基本合格。如右上短横的尽头齐整一点、右边一竖下部稍收细一点，就更好。

◆ 文字横、竖线条均要放粗。
◆ 上部左、右两零件的转角要带点圆。

◆ 框线不挺，细了一点。
◆ 全印右上、左上上升直线之终端不够方正。
◆ 整个文字中所有转角都太方，宜有圆意。

◆ 框子与左右两直线太细，也不挺。
◆ 六个转角都太方。

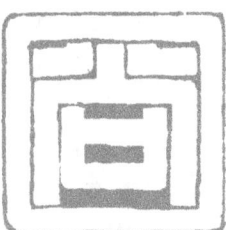 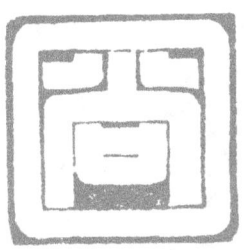 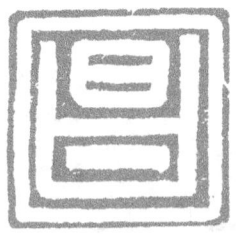 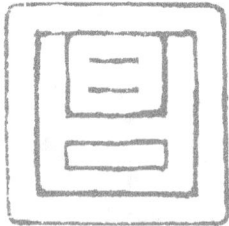

◆ 文字与边框要有距离感，现在太靠紧了。
◆ 上方左右两点看不清上伸的头，下角转折也欠圆。
◆ "口"部下横要上升一点，两横相隔不能太大。

◆ 框的四角太圆。
◆ 右上角的"点"右边尽头处直线不挺，故结束显得大了。

◆ 框与文字均宜相应加粗。
◆ 上边"日"三根横线间距不匀，转角不太讲究。

◆ 框子宜略细于文字的线条。
◆ 所有线条不够挺。
◆ 看文字中的红线，就可知道线距也不严格。

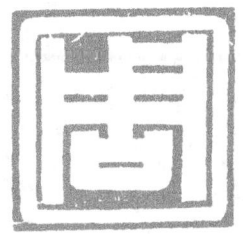

周

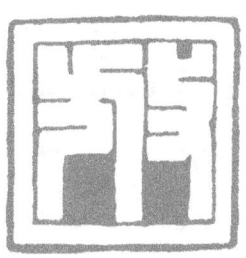

放

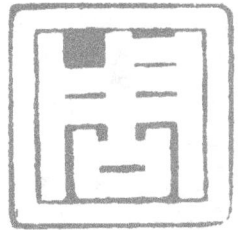 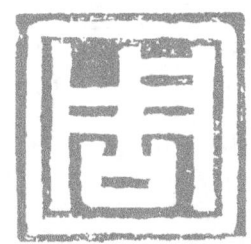

- 很好。
- 从上部三根短红线看，有点粗细不一，说明线条还不够挺。

- 框太细，线不挺。
- 线条太细，不饱满。
- 所有线条终端未收拾平正。

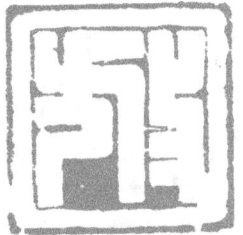 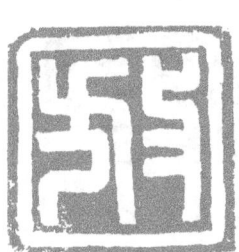

- 基本合格。
- 边框的内沿线不够平直，右下角不该连。

- 字画太松散，线条要粗一点。
- "放"字左下转折向左并下垂的线，要上提。

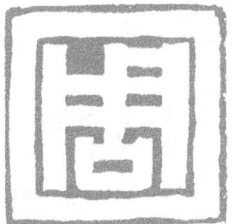 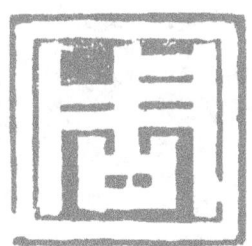

- 框太粗，不挺。
- 所有线条终端未收拾平正。
- "口"太细太小，应略微上提，留一块红与左上角红色对应。

- 线条宜挺而再饱满一点。
- "口"字上部两根直线头部横切一刀时过了头。

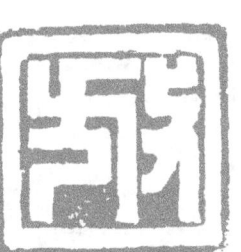 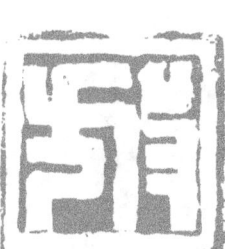

- 框的内角宜平，所谓"内方外圆"。
- 反文旁四根平行小横线完全变了。

- 框子不挺，边缘线未留得均匀。
- 线不挺直，转角不懂怎么有圆意。
- "放"字第二横画向右太长，转角也太方。
- 反文左侧竖线突然变细。

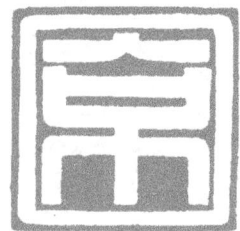
京
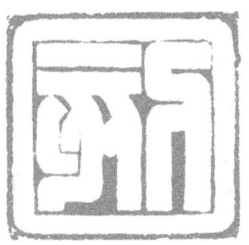
刻

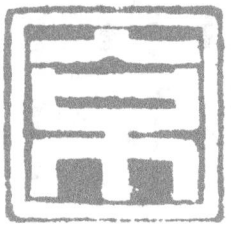 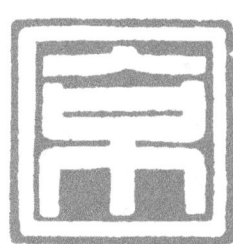 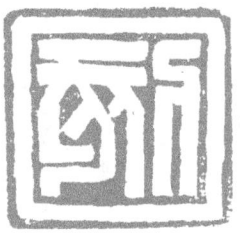 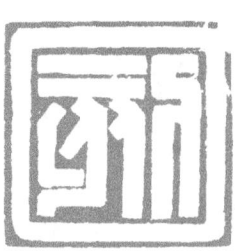

◆ 整个字要往上提升一点。
◆ 整个字线条欠挺，笔画结束处不方正。
◆ "口"字下部一横左角太方。

◆ 框的四边要稍粗一点，还得坚挺。
◆ 每根线条结束处要方正，把每只"角"都交代清。
◆ "口"上部一横左侧的细于右侧。

◆ 框与文字的线条不够挺，粗细也不均匀。
◆ 转折太方，全印不饱满。

◆ 全印很好。
◆ 左边两横下靠框的那根线，上端宜靠近第二横。

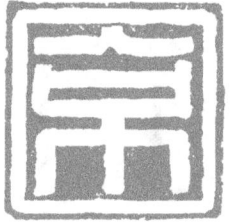 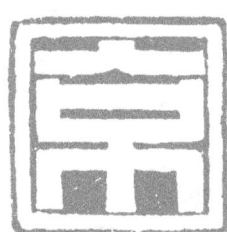  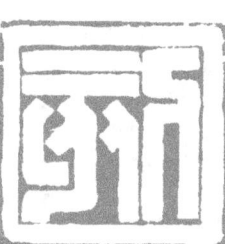

◆ 所有线条过细，全印显得不饱满。
◆ 线条要坚挺，笔画尽头两只角要小心收拾方正。
◆ "口"字右下角太方。

◆ 框子的线条不如文字线条挺。
◆ "口"字左下角、"口"字下横左上角的转折都太方。
◆ 线条间的"垃圾"要清除净。

◆ 所有线条不挺。
◆ 文字下部与框线离得太远。
◆ 第一根横线左端未处理好。
◆ 所有转角太方。

◆ 框的左上方太尖。
◆ 文字与框要留一圈红线作为"边缘线"。
◆ "刀"部上边短竖线太粗，与左边两根横线太靠近。

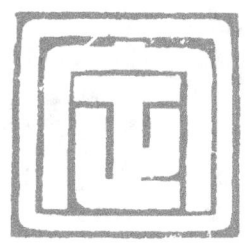

定

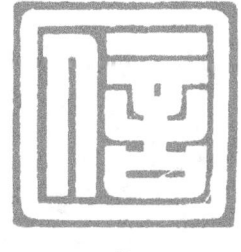

信

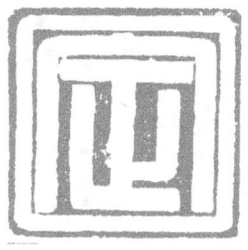 

◆ 框太细，文字也得加粗。
◆ 宝盖内第一横太长，参看范印，应与下边竖画齐头。

◆ 框与宝盖太细。
◆ 内"正"字第一横两头不平正，右边一短竖线太粗，转折也生硬。

◆ 线条不够挺。
◆ 右边两横下中间两短竖太细，使留红面积过大。
◆ 转角，尤其"口"部之转角未处理好。

◆ 框太细，不够挺。
◆ 线不挺，不饱满。
◆ 最上部一长一短两根横线，上缘不在一水平线上。
◆ "口"部左竖线上边的竖线太内缩。

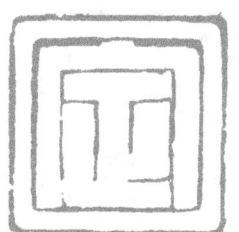 

◆ 线条不挺，使表示间距的红线有粗细、断裂现象。

◆ 框子与宝盖宜再粗一点。
◆ 宝盖内的"正"字，除一竖较细外，其余均好。

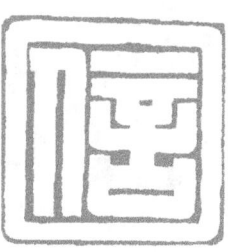 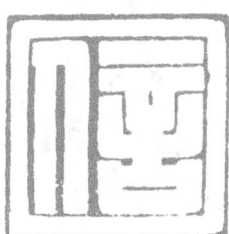

◆ 安排较妥帖。
◆ 框宜稍细一点。
◆ 单人旁右边一竖线下部趋细了。

◆ 框的左下角太尖。框与文字靠得太紧。
◆ 文字左右部件之间空隙太大。

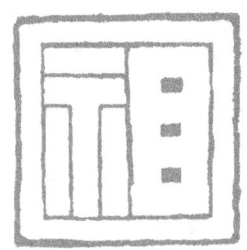

祖

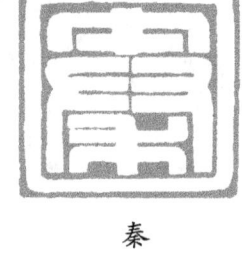

秦

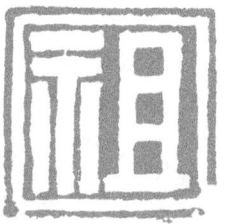 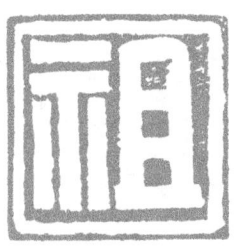  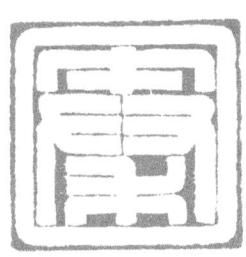

◆ 框细了一点。
◆ "且"由于笔画细，留的三个红点显得过大，左右留红也较多。

◆ 文字与框的边缘线，不论上下左右应是同等间距。
◆ "且"字右边留红太多，而且是上大下小。

◆ 四条框线不等粗。
◆ 框与文字间距太紧。
◆ 文字上部、下部中间竖线太细。

◆ 很好，框的四角不能太圆。

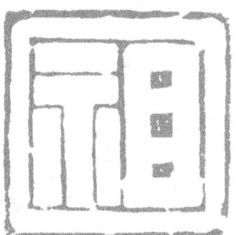 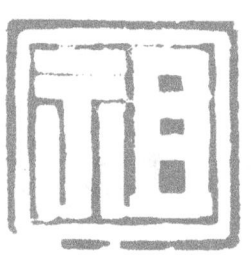 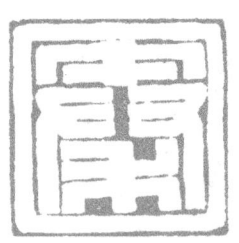 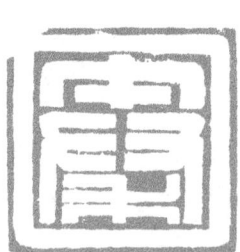

◆ 基本很好。
◆ "且"字三个红点有大小。

◆ 文字下部出现两处笔画粘连，左上两横画间也有，范印并无此状。
◆ 注意边缘线要统一。

◆ 秦字上中下分别由"午"、左右"手"、"禾"三部分合成。中间的左右"手"分得太开，留红太突然。
◆ "禾"下三竖太近框，左边横画的尽头太粗了一点。

◆ 上、中两部分因为太占地，以致最下部的"禾"占地不够，突然变细，显得很不协调。

◎第九章 初学者的基本训练

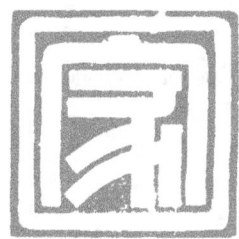

家

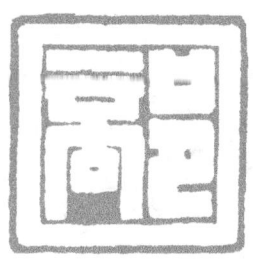

部

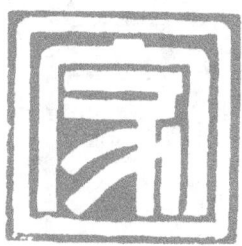

- ◆ 框线宜挺而稍粗。
- ◆ 文字下部左撇的两根斜线间距要统一。
- ◆ 每根线的终端要收拾平正。

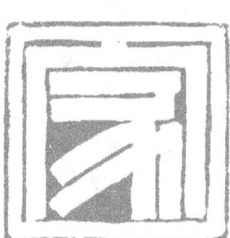

- ◆ 框线宜挺而再粗一点，角要处理好。
- ◆ 宝盖头左右两角太方。
- ◆ 文字下部之中间直线要左移一点，现在右边挤了一点。

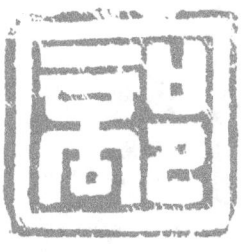

- ◆ 刻得不差。左边三、四横之间和下边"口"四周，都显得太空。
- ◆ 下边框线左细右粗。

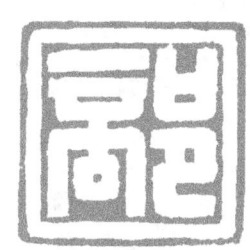

- ◆ 刻得很好。

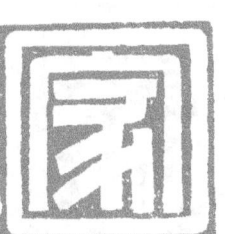

- ◆ 安排妥帖。
- ◆ 线条宜再挺点。
- ◆ 文字下部左撇的上边一根斜线，结束的角度要与下边的那根线角度一致。

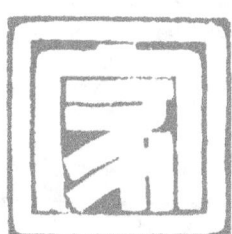

- ◆ 很饱满，如果宝盖头的线条略细一点则更好。

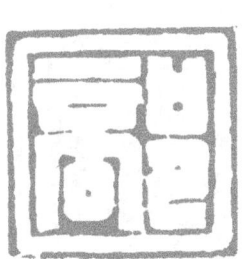

- ◆ 刻得也不差，大缺点是一个笔画开头或结束，都未收拾好，如左上第一横，如左半部左右下垂的两竖。
- ◆ 左半部的几个转角未见圆意。

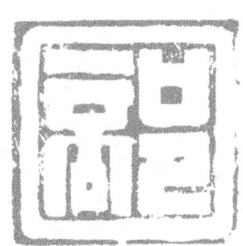

- ◆ 刻得不差。
- ◆ 左半部第三横，尤其第四横画不知为什么突然细了。
- ◆ 下边"口"太小，角太尖，实际上应上提，下面留点红。
- ◆ 钤盖印很重要，此印盖得颇马虎。

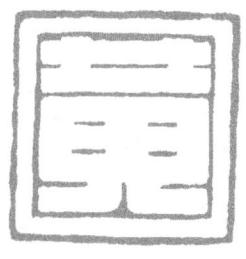

黄

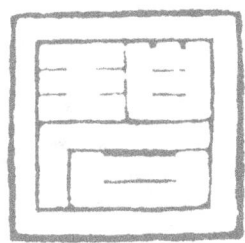

碧

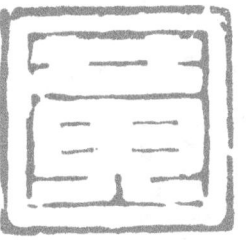 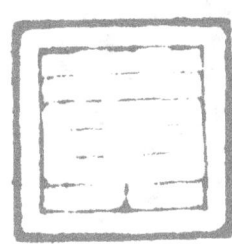 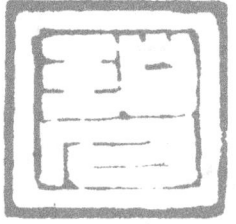 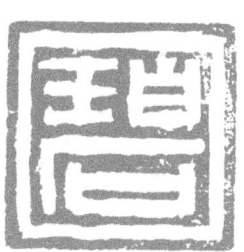

◆ 线不挺（尤其框线）。
◆ 文字与框线间的边缘线不明显。

◆ 文字极粗后会出现线与线间距不清，如"田"字四短横应是对称的。

◆ 边框外印边太粗。
◆ 线头未收拾平正。
◆ 右半边上下都出现严重的残破，不符合范印面目。

◆ 边框外印边太粗。
◆ 所有线条都不挺，也不讲究粗细的统一。
◆ 未转好角，未处理好线头。

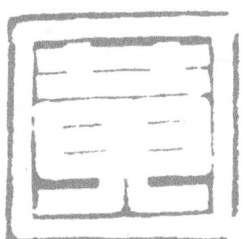 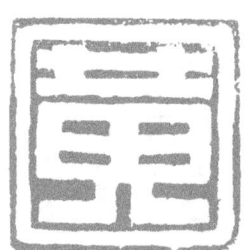 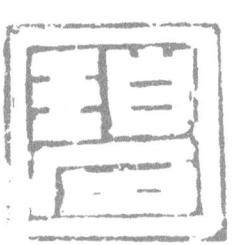 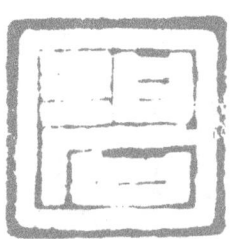

◆ 边缘线不挺。
◆ "田"下两块留红太过分。

◆ 文字要排列均匀，笔画多不显繁，笔画少不显疏，这才是真本领。此印由于未排列妥，笔画有粗细，留红也很突然。

◆ 刻得还可以。
◆ "王"与"白"间距太多。
◆ "石"之"口"左下角太尖。

◆ 框外印边太粗，好像未看过范印似的。
◆ 文字与框间有一圈间距，叫"边缘线"，现在左上角粘连过甚，"石"字甚至右边还出了边线。

（2）白文二字印

田莞

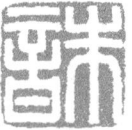

朱音

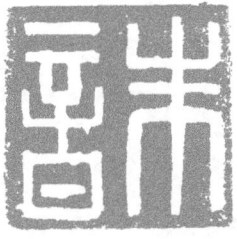 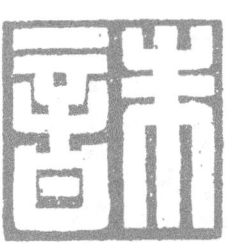

◆ 线条不挺，"头"未收拾好。
◆ 两字之间距离，与"田"字中的距离是一样的。
◆ "完"字横线间距也是一样的，转折必须圆，如何圆？看范印。

◆ 两字之间距太近。
◆ 草头太细，线条上端的"头"也未收拾好；"完"内第一横太靠上，下边转折太靠近左边直线。

◆ 临刻石章尽可能按范印大小，或略大一点也可。
◆ 此印太大，左右两字太分开。
◆ 全印线条有粗有细，不统一。线条的终端不方正。

◆ 两字间距太大。
◆ 范印的笔画有多粗细，临刻时也要同粗细，现在太粗了。

 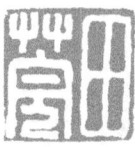  

◆ 石比范印小，笔画反比范印粗。这样，均匀的间距也看不到了。
◆ 线条不挺，终端未加收拾，应绝对平正不能有圆有尖。
◆ 转角不方不圆，作者均未掌握。

◆ 两字等分不对。"田"字宜小一点，笔画宜再挺而粗一点。
◆ 草头中间一竖一拉长，下边的"完"字地位不够，十分局促，也谈不上什么间距了。

◆ 比例尚好。
◆ "朱"字中间一竖及"音"字的几个笔画太粗，使全印不统一。

◆ 全印笔画粗细不统一。
◆ 不论横竖，每根线条的开始与结束，都要收拾平正，不能有尖、有圆、有方。

朱聚

任骏

◆ 排列基本可以。
◆ "聚"的笔画可再粗一点，三"人"竖线要粗，结束更要粗而有圆意。

◆ 此印比较成功。
◆ "耳"下左转弯距离稍大（看红线），转折太方；"耳"下三"人"下部要粗而有圆意。

◆ 有的印边并非笔直，应有点弧形。
◆ 两字均须逼边。
◆ 所有线终端（俗称"头尾"）要有圆味。
◆ "任"单人旁要分开。
◆ "骏"字右旁要夹紧。
◆ 少数地方要破边。

◆ "任"字右旁中间一横太低，单人旁下部要略分开，右下角横太粗。
◆ "骏"字右上"口"太小，下边菱形也须大点。
◆ 有点破边才好。

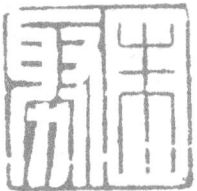 

◆ 基本合格。
◆ "耳"下两"人"之"头"，不可相连。

◆ 基本合格。
◆ "耳"部右侧第一竖不挺，向左转折太粗，左侧角太方。

◆ 排列还可以，所有线条宜加粗，转角圆一点。
◆ "马"旁要紧靠左边，该留多少边缘线，要以上列范印为准。

◆ 所有文字靠底线的终端均未处理到位。
◆ "马"字上边三横短了一点，要紧靠左边。右旁宜上紧下松，现在看两根到底部的垂线，明显短了一点。

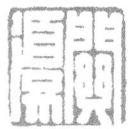

关复

异猲

◆ "门"字各竖线头尾均未收拾好，"门"下各件看来写得太马虎了。印稿未写好，怎么可能刻出好印？
◆ "复"字双人旁少两小点转折，只要有点意思即可。"口"中留红太多。

◆ 排列、线条、转折等各方面均与范印相违。
◆ "门"下两绞丝一高一低，右边的中间还断线，横下两点也未接上。
◆ 双人旁的转折太过分，留红太多。

◆ 右边字"田"的内侧呈圆形是不对的，中间部分出头的两个笔画变大了，下边部分笔画也不能与中间粘接。
◆ "猲"字"日"不方正，中间短画太细，下边三斜笔间距不对。"犭"部分线不挺，间距不对。

◆ "异"字"田"太扁，中间部分四个红点分布不匀。
◆ "猲"字整体较细，"匃"部分转折太下斜，不够柔和自然。

◆ 粗细不统一，间距忽大忽小，四边留红太多；而范印是逼边的，所有下垂线是整齐地靠边的。
◆ "门"中各件完全自说自话。
◆ "复"下部零件方向正好刻反了，这些都是不能原谅的。

◆ 整体安排尚好，但四周印边留红太多。修改这类印，可以在细砂纸上磨去一圈。当然，最好办法是写印上石时，要尽可能如范印一样饱满。
◆ "门"下留红太多。

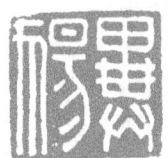 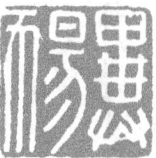

◆ "异"字下部姿态不对，两根中间垂下的线，出头应很短。
◆ "犭"三根垂线既均匀又要有点弧度。"日"部及中间一点太扁，下部有弧度的转笔及三根斜线请对照一下，短而未平行。

◆ 两字下部与边的距离不统一，"猲"字太低了一点。
◆ "犭"靠左一竖笔一开始就错。"日"部与其他笔画要相应下去一点。

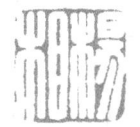

杨相

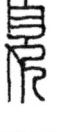

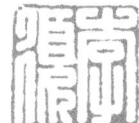

李复

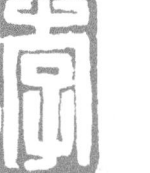

◆ 全印线太细，显得不饱满。
◆ "木"字上下部件之间要靠近一点。
◆ 所有转角太方。
◆ 边要残破。

◆ 饱满了，但线条不挺。线头部也不见圆意。
◆ "杨"字右边下半部几根斜线未处理好，留红很难看。
◆ 边要残破。

◆ 字画不挺，转角处不见圆意。一根线应头尾一致，现在离范印面目甚远。
◆ "李"字上下横间距太大。
◆ "复"字第一横下少一竖，右下方又少了一个转折。在临刻时，要认真对照才好。

◆ 很饱满，又有圆意。
◆ "李"下"子"字左右两竖应向上而非向下。
◆ "复"字双人旁下边部分的右上角出头了。右半部的头，上边一横太短。

◆ "杨"大"相"小。
◆ "木"字上下之间要紧凑，转角要圆。
◆ 右上角"日"大而留红太大，下部斜线太生硬，所留红地多么难看，这些都是一方印中须下功夫的地方。
◆ 边要残破。

◆ 四边留红太多，当然也无从残边。
◆ 笔画细了，就谈不上饱满。
◆ "杨"字右下角几根斜线是全印最难看的败笔。

◆ 全印松散、不饱满，也不能逼边。
◆ "李"字无论最上方横线，还是下方"子"字左右两竖，都马虎收场。
◆ "复"字上下两部间应有一小竖连接。双人旁上下两部件均应见斜线组合，现在是作者想当然胡刻的。

◆ 全印线条细了，不饱满，又不逼边，整个感觉就变了。
◆ "李"字"子"上不该留那么多红色。
◆ "复"字"目"中间距不一，"目"下结构少了右边转折，反正是没弄清就刻了。

李尊

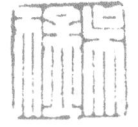
吴猛

◆ 整个印中缺点太多：线不挺、粗细不一、转角太方，而此印恰恰全部是圆意。
◆ "子"字下部垂线竟左转弯，与"口"又不连接。
◆ "尊"字超大，不协调。

◆ 整个印圆转这点达到了，但"李"字大了。
◆ "李"字头左右两转角太尖，与下部分得太开。"子"字"口"中间红点未表现出来，下垂中线结束宜稍直且破边。
◆ "尊"字头及中间部分要饱满。

◆ 石比范印大，按比例布排还合理。
◆ "猛"字右部底下一横不应与上边垂线连接。

◆ 所有垂笔要到底，以使下边留红不多。
◆ "吴"字上部较松，与"猛"字间留红较多。
◆ "猛"字左上两横线分得太开，最左两垂线不可并笔。

◆ 全印粗细不一，转折缺少圆意。
◆ 有些笔画尽头处未收拾好。
◆ "口"中红点太大，下垂直线不宜转弯。

◆ 所有笔画宜加粗，全印要体现圆意。
◆ "尊"字上部及"李"字上下部之间要紧凑一点，"子"下破边。

◆ 所有线要加粗、逼边，现在留边太红。
◆ 看一下两字的"口"内留红，就可看出全印欠饱满。
◆ "吴"字"口"与下边少了一小竖。

◆ 饱满做到了，但不该残破的地方残破了。
◆ 两字之间距留红太多。
◆ "吴"字转角不圆。
◆ "孟"字结构错了。"皿"字一横不该与左右两垂线连接。

宋殷

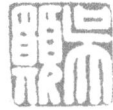

吴愿

  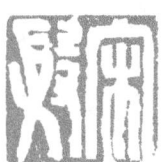 

◆ "吴"字上半部要收向上部,"口"部红块没有这么大。两旁下垂弧线不见带圆。
◆ "愿"字左上角未处理好,"页"部之上少一小短竖,转角太尖。下垂的左右两笔篆法不合范印。

◆ 尤其"吴"字,笔画粗细太不统一。"口"与下边横线太靠紧。
◆ "愿"字左下角留红太多,右上角少了一竖,所有转角也太方。下垂左右两笔篆法不合范印。

◆ 线条粗处够了,细处就显得不够。
◆ "宋"宝盖头要上提,一横也稍嫌粗了一点。"木"字粗细不匀,也不挺,上下之间太空。
◆ 要学一下如何残破。

◆ 按石章比例,所有线条还要加粗。
◆ 四边留红太多,也不会残破。

  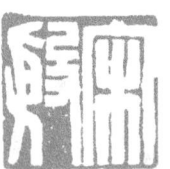 

◆ 这方印的缺点可多了,不讲线条的挺直与均匀,不注意左右两字的间距。
◆ "愿"字右部"目"居然超过一半,变成上松下紧。最不应该的是左角的结构全变成自己捏造的东西。

◆ 两字离底线稍远,只要看红色多少即可知。
◆ "吴"字上部左侧有一根特粗的小竖线。"愿"字中有不少极细的线条,使全印无统一感。

◆ "木"字还要上紧下松一点。宝盖要上提,见弯曲意。
◆ "殷"的几处转角都太方。
◆ 要学会残破。

◆ 线条要挺、浑圆。
◆ "殷"字右部少了一小点,垂线结束处也太方,有的还要通边。
◆ 要学一下如何残破。

桓启

张兴

◆ 线条不挺，太粗，表示间距的红色少了。
◆ "启"字上边第一横要向下一点，"口"字要窄一点。
◆ "桓"字"木"部角未处理好，上下之间有点空隙。右边"日"转角宜圆，与上下两横要有空间。

◆ 全印上部留红太多。
◆ 所有线的终端未收拾平正。
◆ "启"字左上角拉得太窄长，影响了下面笔画。"口"部太矮胖。
◆ "桓"字"木"部应上紧下松，间距均匀。

◆ 选石章最好不要与范印相差太大。从比例上讲，此印笔画还嫌太细，印角太方。
◆ "兴"字"同"中"口"上边一横不平。"同"字左右两部件要下降一点。
◆ 这里四方印都不注意印角带圆，还有点残破。

◆ 两字之间只要看留的红线，就知道出现倾斜。
◆ "张"字右边空一红线粗得不协调。底下横线向上伸展，但不能碰到上边线。"弓"要舒展、流畅。
◆ 这方印"兴"字两边的部件则要向上方升一点。最底下部位中间留红太多。

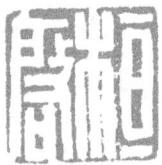 

◆ 印文与边框四周要留出一圈"边缘线"。
◆ 两字又粗又不挺，线条特别见弯曲，见留红但很不舒服。
◆ 线条终端基本不收拾。

◆ 最左第一根竖线要上顶出头。所有线条太粗。
◆ 请看范印下部几根竖线，距离多么均匀。
◆ 左下一个苗条的"口"显得矮胖。

◆ 两个字左大右小，只差一点。
◆ "张"字"长"上部三横不平正。"弓"字转折太僵，没有圆转的韵味。
◆ "兴"底下左右分开的中心留红太直太粗。
◆ 印四角要处理过。

◆ 线条宜更饱满。
◆ 两字均有右倾现象。
◆ "兴"字"同"左右两部件，中间少了一短横。
◆ 印的四角要有圆意。

张奉

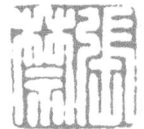

张禁

◆ 字很圆转，但不注意留红。两字如能逼边，效果会更好。
◆ "手"上叉的两处都应下降才好。
◆ 注意边角的残破处理。

◆ 此印最大缺点是笔画任意加粗，如"张"字的"弓"以及右侧下垂线、"奉"的"手"部。
◆ "张"的三横下一画应在左边也出一点点头。

◆ "张"字下部如"山"的结构，与"禁"字双"木"都太长，转角又无圆意。"弓"部如粗一点、转折圆一点就活泼了。
◆ 该破处不破，不该破处破了。

◆ 还算饱满，但转角不圆，笔画终端未收拾好。
◆ "禁"字上部有并边，两个"木"字的转角这么尖，可看出临刻时不动脑子。"示"左右两短竖上下均未到位。

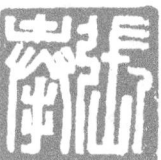   

◆ "张"字左右两部在上部的间距分得太开，三横之下一短横的位置放得太高。
◆ "手"字中线太曲，上下两零件叉向上的角度不对，转角也太方太尖。
◆ 文字要逼边，边角要残破。

◆ 线条粗细不一致，也不挺，每个笔画的头尾也未收拾平正。
◆ "奉"的上部要占一半，"手"也占一半，现在离得太远，转角也无圆意。
◆ 边角要学会残破。

◆ 笔画要粗而圆润。范印是方是圆两种风格，应一看便知。
◆ "张"下"山"部与"示"部都太长，与范印不符。
◆ 有些地方破边。

◆ 这是一方极马虎的印。
◆ 线条不挺，粗细不一，转折不圆。
◆ "禁"字上部两个"木"为什么上大下小？

第九章 初学者的基本训练

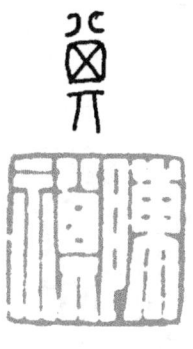

陈祺

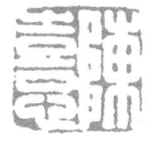

陈惠

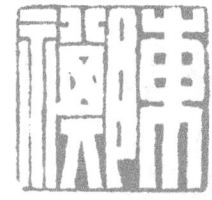 

◆ 最大缺点是未表现出此印所有线条的圆意。不少地方要残破,可用刀的另一头敲击或研磨。
◆ 安排上"陈"字大了一点,其他还好。
◆ "其"的下部开叉太锐,你看这些带尖的红色多难看。

◆ 整个印要体现"饱满"、"圆意"四个字,四边留红也太多。
◆ "陈"字左右部分以及与祺字的间距太大。

◆ 全印要见圆意,要学会残破。
◆ 线条圆浑、饱满,整个印不大见大块红地。
◆ 四角均应残破有圆意。

◆ "耳"部三个红点要见残破。"惠"字横画都太方,上部一个"口"下有残破。"心"部左右都有圆意,中间两短竖线既要靠紧,又不能与上线连接,转角太方。
◆ 四角均应残破有圆意。

◆ 请看"陈"字"耳"旁及"东"字中的"田",其留红与范印一比,就显得欠饱满。
◆ "祺"的左右结构分得太开,"其"的上部要残破。
◆ 所有转角无圆意。

◆ "陈"字右上角上叉的第一横很差。
◆ "祺"字左上角两横未安排好,左边三根垂线虽有点上细下粗,但一过头,就难看了。

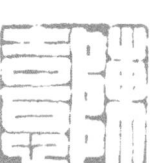 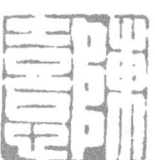

◆ 全印饱满,有圆意,但漏画较多。
◆ 左上角"土"左右两头有向上的小小钩角。第一个"口"下有两小竖。"心"部左右都有圆意,现在右圆左方不统一。中间两短竖线要微微上凸,左下角要见圆意。

◆ "耳"旁太大,三个红点要有不同残破。
◆ 左上角第一横两头要见两小钩。第一个"口"下两点太小,左侧的还要见残破。
◆ 四角均应残破而有圆意。

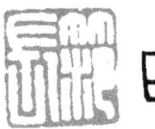

范长

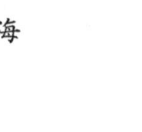

范海

◆ 线条粗细尚好。
◆ "竹"字头上边一短横未处理对称。三点水上方左右两小竖都不合范印，下部也不应并笔。
◆ "长"的左上角不该出现这么大的红三角。向下的中间长线也不应碰到底线。下部右转折垂线头宜小，要有一点点小曲线。

◆ "范"字右部大块并笔处还要长一点，现留红太多。三点水中线上方的两小竖高低安排极不舒服。
◆ "长"字的缺点与左边作者的一模一样。在印章中出现大三角会使人感到不舒服。与底线不该碰到的就要空出一点才好。

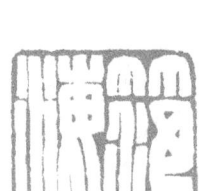 

◆ 全印饱满，但右下角部件已有点过分粗肿。
◆ 两个"竹"头一大一小。
◆ 左三点水上面左右两小竖还应长一点，与下两竖要有点间隔。
◆ 长垂线并不要并笔。

◆ 作为一个学习者，能临刻到如此地步，已极为难得了。
◆ 全印下垂十根线条只左侧三根合格。
◆ 小处如"海"字右旁第一横要正，上叉两竖才能对称，下面框中四点（"范"字右侧三点也同样）要严格与范印相同。

◆ 全印饱满，很好。
◆ 三点水左右两边四竖，上边应该短一点。右下角转折较生硬。
◆ "长"字第四横是妄加上去的。"长"字下部的竖线欠挺，无力。右下一转折后垂线，应有点曲的意思。

◆ 全印线条不挺，线头未收拾平正，转角太方。
◆ 三点水左右两边的竖线全错了，上边两根连线过了头。
◆ "长"字下部右侧无曲意的长粗线，太突然，极不协调。

◆ "范"字"竹"要圆顶，不必太长，三点水太弯曲。
◆ "海"字左侧三点水上方左右两小竖要短一点。从左数起，第四根线中部转折线要圆一点下垂。

◆ 整方印粗细如与右下部分那样就好了。
◆ 整方印，中部三点水下方要向右边挪一点。左边三点水较直，中部三点水略有弯曲。
◆ "海"字被挤小了。中间有四个点的方块形要放大拉长一点点。

第九章 初学者的基本训练

茅台

砀膴

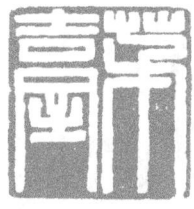 

◆ 四方印中，此印线条粗细较接近。
◆ 要有点残破。

◆ 线条太粗，与范印不符。
◆ "茅"字第四横还少一半，未向右刻出去。

 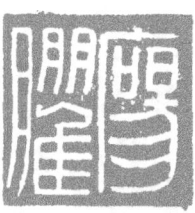

◆ 右边字"口"宜拉长。右侧"日"及下边一横太局促。"广"字头横线要下降。
◆ 左边字两个"月"要拉长，"隹"字竖笔要居中。

◆ 印边四面有留红，但不能过度。
◆ "易"下四根横线不能太靠左直线，之间的距离有讲究，四个"头"也方圆有别。
◆ 左边的三个"月"不能太倾斜，使重心不稳。

◆ 整体笔画宜稍粗一点。
◆ "茅"字太大，应右收一点。
◆ "口"留红太多，宝盖与下横间也不宜留红太多，下含笔画缩得太小。

◆ 位置排列可以，就是嫌线条粗了点。临刻第一要紧的是粗细要接近，不能与范印相差太大。
◆ "口"字右下竖太粗。

◆ 右边一字，"口"要瘦长，最底下一根线条要略显平直，不可太弯。
◆ 左边一字，"隹"的一竖要居中。

◆ 笔画太细。下半方印的细笔画，如果用新买印泥打，可能连笔画也没了。
◆ 上部两"月"要下降一点，下边零件要显出各转折的美感。

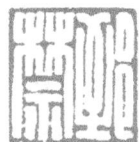

郅禁

周吴

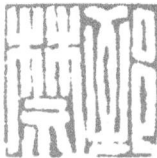 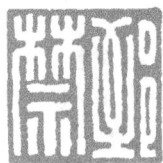  

◆ 排列还可以。
◆ "郅"头太粗,底下一横上下要留点间距(见红色),右"耳"部两"口"之间线太斜。
◆ "禁"字"林"转角太方。"示"下不可通边。

◆ 排列还可以。
◆ 线要加粗,使全印饱满,粗细如"示"的一竖。
◆ 转角要有圆意,两字要逼边。

◆ 全印要饱满,带圆意,线的间距几乎不留大红块。
◆ "周"字"口"上边横线要下沉,这是规律。
◆ 全印要破边。

◆ "吴"字"口"角要圆,横线下面左右两角留红太多,下垂两"肩"宜圆。
◆ 印边要破。

 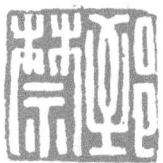  

◆ "至"部问题最大,上方左右开口未开好,下边上升直线升得太高。下边两只转角及全印所有的转角,都错误地刻成方角。
◆ "禁"字"示"下左右两竖不可太弯。

◆ "禁"字"林"部上下间距太大,"示"左右两竖太短,都造成了不必要的留红。
◆ 这样的留红还表现在"郅"下部两处笔画间。

◆ 从比例上看,线条宜加粗。
◆ 排列尚妥当。
◆ 下垂终端要逼边。
◆ 要破边。

◆ 线不直,粗细不统一,转角无圆意,这方印所有笔画要体现圆意。
◆ 篆书有上紧下松的规律,"吴"字就未做到这一点。

◎ 第九章 初学者的基本训练

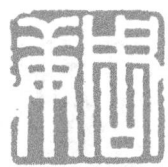

周庚

周诱

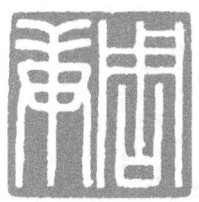 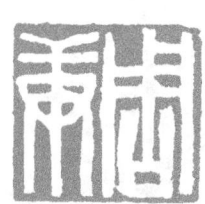

◆ 石比范印大，从比例上讲，线条应再粗一点。
◆ 线条宜再挺一点。

◆ "周"字左侧竖线、"口"字向上伸的两根直线极不认真，离"挺直"很远。
◆ "庚"字左上角线太细，中间"田"字下部太尖。

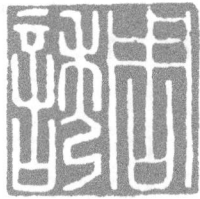 

◆ 所有线条宜粗一点。
◆ "周"字"口"部上边一横宜下降一点。
◆ "言"字上部太小。"秀"下部转折太生硬。"禾"部线条起止处欠平正。

◆ "周"字中间一竖上端太细。三横粗细不统一，第一横要上升。
◆ "言"字两横离得太开，下面中线要居中。"禾"下转折不能太方而尖，第一笔撇下左要略平。

 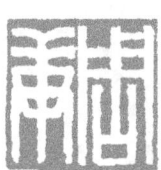

◆ 两字太逼边，下部留红太少。
◆ "周"字"口"部上边一横太细。
◆ "庚"字上部太松，留红太多。

◆ 比例对，但线条质量差。不够挺。
◆ 每根线的起止（即两头）都要收拾平正。

 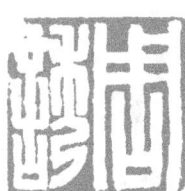

◆ 基本排列很好，线条要挺，终端要收拾平正。
◆ 左上角两横下的小横线要向左右各扩展一点。

◆ 临刻一方印，与范印的粗细相差这么大，是最大的失败。
◆ 线条太粗，又不挺。
◆ 线条粗了，表示间距的红线没有了。
◆ "禾"下部分零件转折较差。

127

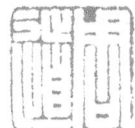

周道

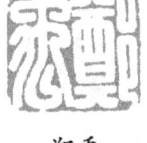

郑禹

  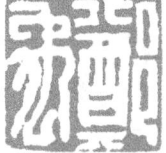 

◆ 此印应该说临刻得真不差。
◆ 此印中上部可看出离边应该更近一点。
◆ "周"字第三横下缘不够挺。
◆ "止"下三竖线的头高低不一。"走"字底第一横右侧太尖。底下长横右侧也变细。

◆ 全印残破过甚。虽有古意，但不合临刻要求。
◆ 全印直线有向左倒的倾向。
◆ "道"字左上角第二横转折在右边，现在错在左边了。

◆ "郑"字右耳只要看两根红线太粗，就知线条饱满度不够。左旁的缺点是上面太松、下面太局促、转角太尖。
◆ "禹"字中线不居中，下部回旋上去也少圆转意。最左下的一根垂线要有转折之意。

◆ 安排不紧凑，试看"郑"左下角，范印有这么多留红吗？
◆ 左上角"禹"字有一横两头下抱的弯势，现在成方的了。再下面一横是左右下垂的，现在右边向上，离范印太远了。
◆ 所有转角都变成方角、尖角。

  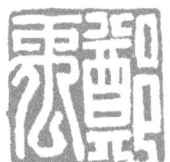 

◆ 两字宜更逼边。
◆ "口"的上伸两线头要几乎碰到横线，下边两短横线要靠近一点才好。
◆ "道"字的所有横竖线终端都不到位。最右侧长直线太粗。

◆ 全印还应逼边，追求满白文的"满"。
◆ "周"字上缘应再上升到边，第一横平头。"口"字红点太大。
◆ "道"的上方两个小零件与下部空出红地太多。左上角转弯处留红也太多。

◆ 如果各线条挺一点、各转角圆浑一点，"禹"字中、下部回旋得周到一点，这方印还可以。
◆ 为什么会出现这几点致命错误？只有一个答案——不对照范印，知道一点大概印象就胡刻，这样刻成千上万方也断不可能进步。

◆ 两字间距太大。
◆ "郑"字右耳上面之"口"太细，左边各部件之间间距太大。
◆ "禹"字左下垂是什么结构，要看范印，不能自己瞎造。
◆ 这四方印的印角均太方，范印四角微圆并有少量残破。

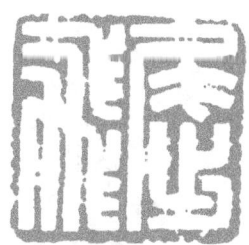

屈飞

赵安

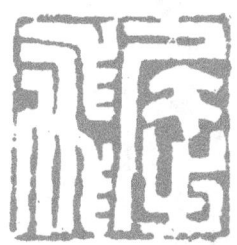 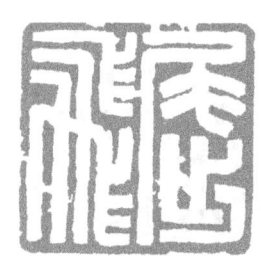    

◆ 印框下边留红要多一点。
◆ "屈"字上小下大，线条不挺，转角也不对，该连处不连，不该连处连了。"止"字三线头宜平，为何二高一低？
◆ "飞"字第一横要平，此印所有线条都不挺。

◆ "屈"字中间部分下垂右转的头，转得太多了。
◆ 两字中"飞"字线条不挺。残破不够。

◆ "赵"字左右间距太大。"月"上三竖、左右两竖下边各有小钩。"月"字上下底线要平，中间一竖要连边。"走"下三竖长短不一。
◆ "女"字头还要靠左点。宝盖宜稍带方。所有垂线还要向底线靠近，现在留红太多。

◆ 所有线条不挺，转角无圆意。
◆ "赵"字右上角左右两小竖分开太生硬。左上小零件上部有一斜线，现在太平了点。"走"下三直线要有高低。
◆ "女"字头有两红点，垂线中左侧的结构不对。

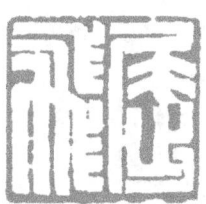 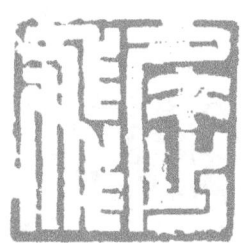    

◆ 整体刻得还好。
◆ 这方印的线条与众不同，有向背之分，可以试着从范印中找。
◆ 如"屈"字最底下一横，上抛下平，而非平行之两线。此线左上之角太方，当中一根线宜左移一点。再上小部件转弯后的小头，终端切面不对。

◆ 刻得不差。
◆ "屈"字"尸"下直线应与上面连接，下边小竖线要有右侧小转弯。下部左竖之转角太尖。
◆ "飞"字第一横角上短了一小段。

◆ 那么多长垂线都不挺，线头也未收拾好，"走"的左下转折也太尖。
◆ "赵"字"月"的上横线太尖，中间一竖要上下连边。
◆ "安"字宝盖上横太粗，"女"头太小，左侧要靠边，中间一竖要向上出头。

◆ 线条不饱满，与范印相距十万八千里。
◆ 线又细，不挺，间距混乱。
◆ "女"字中间要向上出头，下垂之线全不按范印刻，弯曲过头。

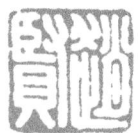

赵贤

赵宣

 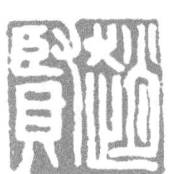 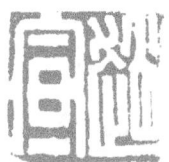 

◆ 字画要加粗，字头要有圆意，全印才有饱满感。
◆ "赵"字右上角左右两点要夹紧，"月"不能上小下大。左上方部件都要下降一点。
◆ "贤"字上部又细又紧，十分压抑。

◆ 线不挺，线头不圆。
◆ "走"上部、"肖"左下部、"贝"右上角及左下角，都莫名其妙地任意加上笔画，使之不对称。
◆ "贤"字大块留红与范印不符。
◆ 印角要有圆意。

◆ "赵"字左上角零件中间一竖下来要左右较平地分开，无尖角，也不与下边三根竖线连接。"肖"字右上角三竖线下"月"字的上下两横未处理好。
◆ "宣"字笔画太粗。

◆ "赵"字左上角要占三分之一，中间小横线要下降。"肖"字"月"的上下横线均未按范印刻。
◆ "宣"字宝盖两角不对，内含横线与宝盖间距不对，粗细方圆也不对。"曰"应竖长，内两个红点基本属方形。

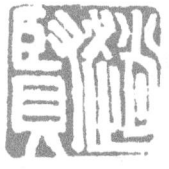   

◆ 临刻前要弄清范印的各部件，在石上不要丑化。比如"赵"字左上部分就不对，"肖"下"月"的上边一横应中间高、左右低。又比如"贤"的"又"部三个头有长短，垂线不能越下越粗，与"贝"要靠近，"贝"下两点角度也不对。
◆ "臣"中间留红太大。

◆ 两字的上半部都显得太紧，与范印不符。
◆ "肖"下一横左侧太长。
◆ "贝"及"肖"下一竖太粗，与全印不协调。
◆ 所有转角太方是全印最触目处。
◆ 转角要圆，线头要圆，印角要有圆意。

◆ 且看"赵"字，没有一根线条的"头"处理得方方正正，"月"下部左侧也无留红。
◆ "宣"字宝盖两角太尖，中间也太空。"曰"字宜长，中间红色方块变扁长了。底下一横要下降铺底。

◆ 基本位置排列尚可。
◆ "赵"字右上角三线基本应平直，不可呈放射状。"月"下一横要左出头。左上角小短横要下降。下面三根竖线，靠右短竖线要下降不留空。
◆ "宣"字"曰"太圆。印边，尤其左上角留得太多。

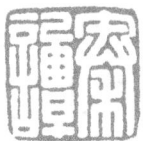

秦谭

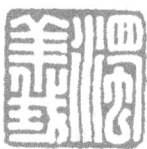

浊义

- ◆ 所有线条要饱满，转角要圆。
- ◆ "秦"字中部左右"手"未安排好，也不对称。"禾"字占地过多，要低一点。
- ◆ "谭"字"口"上边一横、"早"字下边一横要低一点。

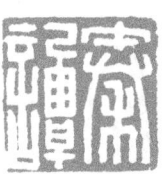

- ◆ 线条太细，不饱满。两字间距太大。
- ◆ 所有线条宜挺而饱满，转角要圆。
- ◆ "秦"字中间上叉双"手"未画好，下边"禾"上小下大不对。
- ◆ "言"字上部太小。

- ◆ 右大左小，两字相差太大，整体欠圆意。
- ◆ 三点水曲线方向错了。右上角"四"太大太方，下边部分也跟着大而僵，"虫"字角方，下部太大。
- ◆ "义"字左上角角太锐，凡横线的头均未收拾好。"戈"字上部小竖线下应有左转弯。

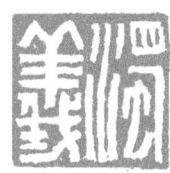

- ◆ 所有线条不挺，头尾根本未加收拾，有方有尖，就少圆意。
- ◆ "浊"字显松散，各部件之间无联系，"虫"字也无曲线弯钩。
- ◆ "义"字上部太尖，应左右坦开。

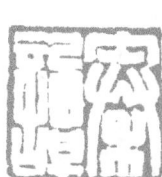

- ◆ 整体排列尚好，线条也很饱满。
- ◆ 最大缺点是线条不挺，有些转角不圆。
- ◆ 最不该有的是并笔，残破太多。
- ◆ "禾"字应上紧下松。

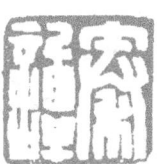

- ◆ "午"下左右结构不对。
- ◆ "谭"字"言"上部结构不对，右旁上角转折不对，"早"字"日"要圆角。
- ◆ 不该残破处就不要残破。

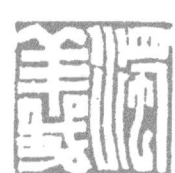

- ◆ 笔画粗细不统一，无圆意，如右上角"四"下一横细得没有道理，"虫"字右下垂线很好，左垂线突然变尖。
- ◆ "义"的头部两角太圆，三根长线未到位，下边的各部都十分马虎，可以看出根本不对照范印。

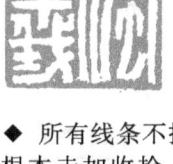

- ◆ "虫"字上一半为左右垂线，下一半为圆转的弯钩，显然未做到。三点水弯线太甚，下边也不应碰到并笔。
- ◆ "义"字横画头都刀切一般太方。"戈"部上下两处结构全错了，与范印不符。

郭常

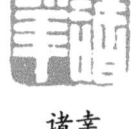

诸幸

◆ 基本还可以。
◆ "郭"字右"耳"直线太细，左旁顶头一点画要浑圆点才合范印圆意。
◆ "常"字头上两边两点宜下降一点，"口"字上方留红太多。"巾"旁五根垂线终端处头宜圆。

◆ 位置较妥帖。
◆ 笔画要加粗才显饱满，有些地方近乎并笔（如"郭"字"子"上部分）。

◆ "诸"字安排不能算差，但笔画间还要紧凑，笔画的头尾都要有圆意才符合范印。
◆ "幸"字最不好的是上边第二横与第三横留红太多，下边四横还要再紧凑一点（即加粗一点）。

◆ 基本合格。
◆ "诸"字"言"下"口"中一画太高。右上角部件同左边第二根短横并列，下面上升的左竖线要与横线残破相接。
◆ "幸"字上部横画要与下边连接。
◆ 右下角要破出圆意。

  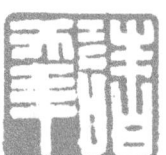 

◆ 排列尚妥帖。
◆ 所有线的头宜圆不宜方。
◆ 两字均有"口"，都较扁，即当中红点不宜大。
◆ 所有转角不够圆。

◆ "郭"字右"耳"部太宽（看中间红条）。"子"上两竖线太窄。"子"字右边两竖有粗细，不统一，底下两横太粗。
◆ "常"字上边左右两点都须紧靠中线。

◆ 基本合格。
◆ "诸"字右部各笔画间还要紧凑点。
◆ "幸"字上部第一、二画之间残破处要左移。
◆ 左下角留红处要有圆意。

◆ 安排合理。
◆ 线条要饱满、挺直，其头尾要有圆意。

◎ 第九章 初学者的基本训练

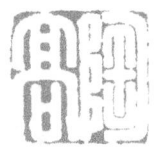

陶高

菹遂

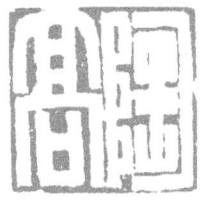 

◆ "陶"字右上、右下两角都要带圆意。中间"十"字大有问题，横画太粗，竖画下垂不应接地。"耳"部三个长方形要见残破。
◆ 这方印的残破处多，要注意。

◆ "陶"字所有缺点，同左边这习作。
◆ "高"字上部第一笔就不好，留红太多。下边凡转角均太方。
◆ 要学会残破。

◆ 一放大，笔画细，失去范印饱满的面目。
◆ 右字草头要下降，与左边那一横一样平。右侧靠边"目"要有一小竖与下横相连。
◆ 两字间隔太开。要学会残破。

◆ 除右"且"写法有误（应为"目"连一横）、红块太大以外，全印笔画粗细还算合适。
◆ 两字上部有一斜线贯穿全印，那是由于"遂"字上部上缩造成的。左上角横下之弯折角度有误。
◆ 三点水长短及字头有误。
◆ 要学会残破。

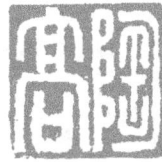   

◆ 线条软弱无力，不挺。"耳"部三个长方形要见残破。
◆ "高"字第一笔就错，应贴紧上边，下垂近下横线。中间两竖要分开点。"口"部要上升近横线。
◆ 要残破。

◆ "耳"部三个长方形要见残破。与右部分不可相接。右部分中间"十"字下边结束处不可相接。所有转角要有圆意。
◆ "高"字上边一横要上升，左右两垂要近下边横线。中间两竖之间横画要均匀。要学会残破。

◆ 右字找的是另一方印中的字。糊涂的人有时会出此一绝，立此存照。
◆ 左边的笔画也与范印格格不入，粗看似，实则异。
◆ 一艺之成，要求学习者有一丝不苟、精益求精的学习态度。

◆ 范印粗而圆浑，此印细而尖细，找不到有什么相似之处。
◆ 两字上部零件之底恰似一条水平横线。
◆ 右下"目"要与下横连接。
◆ 线条还学不像，当然也无法学残破。

133

曹奋

◆ 全印由外及里，都呈圆意。
◆ 两字之间、每个字的部件之间都那么松散，范印饱满、紧凑、圆浑的优点统统不见了。
◆ "隹"字三横有长有短，"田"与左侧一竖间距变大，等等，都说明不认真。

◆ "曹"字为什么上边两部件那么长，且高低不一？两个"田"为何都见方角，又一高一低？下边的对称线条耸肩、尖底太没有道理。
◆ "奋"字太窄，横线不统一，看了如见不齐整的病牙，十分不舒服。

常谊

◆ 全印上、下边留红太多。
◆ "常"字上方左右两点要转折紧凑，"口"字尚须上升，几处转角都显生硬。
◆ "谊"字"言"旁中线太细，"口"字上横要向下，"且"字末画斜了。

◆ 位置安排好了。如果不重视范印线条的浑圆、挺拔和线条的间距均匀，以及每根线头的方还是圆，这方印还是临刻失败的。
◆ 两字要逼边。

◆ 线条要粗一点、饱满一点，转角要圆一点，间距要均匀一点。
◆ 与范印像不像，可以看白色线条，也必须看红色的间距。
◆ 像"奋"字头线条是应该更圆浑一点才好。

◆ 位置排列尚好，可惜线条太细、转角太方太尖。
◆ "奋"字头占地太大，不含蓄。
◆ 要学会残破。

◆ "常"字"口"四周留红太多。
◆ "言"字无论横、竖画均未安排好，"口"下一横细得没有道理。"宜"字上下两横太粗，下横还与垂线连接，均不与范印符合。

◆ 全印线条要挺而圆浑，要逼边。
◆ "常"字要向左边扩展，便于中间的"口"、"巾"有足够的地位。
◆ "谊"字太大，还要逼近印边一点，"言"字第二画及下边上叉的一横显得太细、太紧缩。

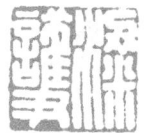

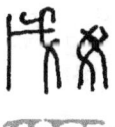

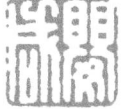

梁护

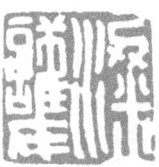

◆ 三点水恣意左扩，与右半部相距太大，留红太多。"米"字上下四点未处理好。
◆ 左上角第二横太长，接着下边部分红点太大，不见扁意。下边"口"太方。"隹"部上边结构有错。左下角中间斜线太甚。

◆ 右上角两横线间留红太多。"米"字四点太松散。三点水左右四点应上短下长。
◆ 左上角红点太大。左下角底线不挺，且零件刻反了。

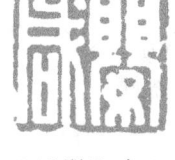

◆ 一看就见两字离得太远。
◆ "婴"字双"目"角太方，间距也太大。下边"女"未写好，三垂线太肿。
◆ "咸"下"口"少一根底线。此字右上两只弯钩未到位。左垂线要残边。右上角要破一点。

◆ "婴"字双"目"太肿。右上角要残。
◆ "咸"字右上角两弯钩不到位。左垂线要残边。
◆ 两字排列位置尚好。

婴咸

◆ 两字排列位置尚好。
◆ 尤其"咸"字线条粗细不统一。左侧垂线要残边，右上角"目"也要破一点。
◆ 全印转角偏方，应该都带圆意。

◆ "婴"字双"目"一高一低，不统一。
◆ "咸"字右上角两弯钩不到位，靠得也太紧。留下一块红地很不自然。左侧垂线及右上角要残破。

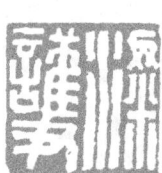

◆ 三点水太粗，上下长短线之间隙太大，曲线不生动。"米"字要上紧下松。线条要饱满见圆意。右上角部分显得太局促。
◆ 左上角两横下部分显得太小气。左下角三横不挺，间距也不对。

◆ 两字间距太大。
◆ 三点水太弯曲，线条也太细，不浑圆。"米"部应上紧下松。右上角因为太细，显得锋芒毕露。
◆ "隹"部上边右侧短竖要与下边相连。左下三横线要同长、等距、同样的圆头。左上角红点太大。

梁嘉

梁朔

- ◆ "梁"字右上角与"嘉"字最上面"土"字右角都残破过头,变了形。残破要适度,否则"工"出头是"土","田"出头是"由",面目全非了。
- ◆ 左下角"力"未转折好,"口"留红太多。

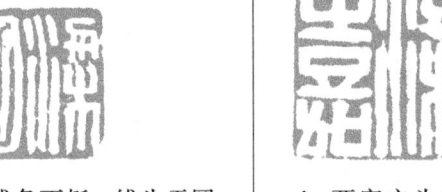

- ◆ 两字之头都显松散,也未加残破。
- ◆ 三点水中线不直,四根左右竖线也未对接好,"木"及"嘉"字所有转折处都没有圆意。
- ◆ "口"下两点应平直,不带尖角;"力"未转折好,"口"字留红太多。

- ◆ 三点水上边左右两短线姿态不对,与下边线头无间距。"梁"字右上角左侧一竖要与上横连边。"木"字上边线头要与左边线头齐。
- ◆ "朔"字左上角及"月"字上横开叉太锐,下边两根线头要向上。

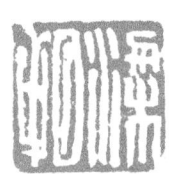

- ◆ 线条不挺,线头无圆意,间距不清。
- ◆ 三点水上下线头要靠近,现在左倾过头。"梁"右上角部件多了一竖,"木"上下部分要靠紧。
- ◆ "朔"左上角分叉不自然。
- ◆ 印角要有圆意。

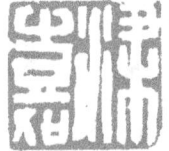

- ◆ "梁"字右上角错了。
- ◆ "嘉"字上方"土"转折要紧凑,"口"下两点太小,要整体上升,"加"部才有足够空间。
- ◆ "木"、"水"线条不挺,间距不均匀。而且,上下部件之间要紧凑,留那么多红干吗?

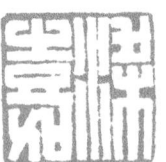

- ◆ 应该会是一方好印,可惜还是这么几点:两字上方部件未按范印的样子残破。"木"字上边一横要下降,去掉两块红地;"力"字未转折好。三点水上边两竖要短一点。

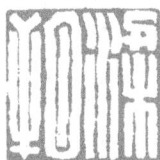

- ◆ 刻得很好,只几个小缺点。
- ◆ 三点水上面左右分开的两点要一样平,右侧的下边要与中线连接。印角太方。
- ◆ "朔"字左侧有三根长线,中间应有一短横连接。"月"下一横左侧应有一点出头的意思。

- ◆ 唯有"木"与"屮"两部较均匀,但都不够粗,线头也无圆意。
- ◆ 三点水上部弯曲过头。
- ◆ "月"字上下部要求稳定,中间竖线正好嵌入,十分得体。
- ◆ 上下边缘留红太多。
- ◆ 印角无圆意。

扈偃

楼治

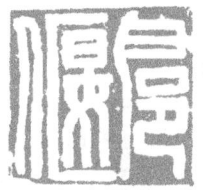 

◆ "扈"与单人旁的曲线都弯曲过头。右边"口"与"巴"离得太近，转折的角太马虎，无圆意。
◆ "匽"之"日"中间短横不碰边。"女"的两个红点要接近方。有些线条也太粗，不统一。

◆ 临刻时既要刻出白，也要顾到留多少红才好。
◆ "扈"上长竖笔太偏右，与"偃"分开太多。"口"部中间留红太多。
◆ 单人旁与边留红太多，"女"旁转折也别扭。

◆ 右下角部分太挤，所有线条都那么尖头，锋芒毕露。
◆ 三点水不对，中线左右应各有两竖。
◆ 这种殳书，屈曲盘绕，富装饰性，可聊备一格。

◆ 线条纤细，如有粗细，则显得转折生动。
◆ 这类印也只是偶尔为之，在成套组印创作中，可以有点变化。

◆ 两字相隔留红过多。
◆ "女"中两点要统一成小方点。中间"日"部口中一短横要点得舒服。

◆ 右上角留红很突然。
◆ 长垂线太弯。
◆ "日"、"女"安排最为失败，与范印相差太大。所以临刻要多对比范印，才能缩短差距。
◆ 所有转角太方。

◆ 全印线条要有粗细，转折自然。
◆ 三点水上面两竖太短了。

◆ 难得一试殳书印，除右下角太粗、转折不自然外，其他各处基本还可以。

韩晏

韩宽

◆ "韩"字左上三根上升的竖线太短，间距也不对。上面一紧，底下"十"占地太多。
◆ 右上角线条转折未处理好，右下角有残破、无红点。
◆ 无论宝盖还是"女"字上部，都太方。五根垂线未收拾好，也未破边。

◆ 全印整体感尚好。
◆ "韩"下部左边"十"字横线太尖锐，不圆浑。右下部因残破而不该有此红点。
◆ 注意左侧印边要残破。

◆ 两字间距还要紧点。
◆ "韩"字右边第二个"口"小了。
◆ "宽"字下部转折的笔画显得肿了。上下两部分连接处不平正，留红太多。"目"的右侧线又粗又不挺。

◆ "韩"字右半部除中间"口"是对的，其余全部错误，顶部也不出头，下部再下降。
◆ "宽"字还好，但转折太生硬。
◆ 临刻文字少一笔之类时有发生，如此印这样"改造"少见。

 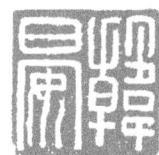 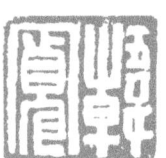 

◆ 线条不饱满，太细。
◆ 左右两字间距太大。
◆ "韩"字右侧"口"上零件，右边缺一小竖。
◆ "女"字结构错了，这是自己造出来的。
◆ 左侧未破边。

◆ 排列比例都还可以，就是太细了，也未破边，未能表现范印浑厚饱满的风貌。
◆ 临刻一方印，如果连线条的粗还是细、方还是圆都不注意，刻了也白刻。

◆ "韩"字左半三个零件之间离得太多。右半两个类似"口"或是"口"的中间红点，或大或小，与范印不符。
◆ "宽"下部右侧转折处结构错了，与左侧垂线间距太大。"目"部上方右边小竖出头太多。

◆ 两字底部宜再下降一点，要留红边，但不能太多。凡临刻，留边多少，一律以范印为准。
◆ "韩"字左半部线不够挺，"日"不方正。
◆ "宽"宝盖与内部间距太大。

董猜

湿受

◆ "董"字上面一松，下面的地位就不够了。草头下第三横应有下面竖线连接。两字之间距忽大忽小，应是一根细线。
◆ "猜"字左三垂线间距不对，左右部件间隔太紧，上下也空得太多。

◆ 整个字四周边框太粗。
◆ "董"字不饱满，线头也太方，转角无圆意。
◆ "猜"字"犭"第一横太高，最左侧一下垂线条落笔就错，"青"字上部太大。

◆ 刻得很认真，大致像。
◆ 右上角"曰"，中线两头通。三点水第一竖之头要上升。
◆ "受"左侧要破边。宝盖下线条都太粗，"又"的盘曲太生硬，没有一处转角是圆的。

◆ 刻得很认真。
◆ 三点水之间要有间隙。
◆ "受"的上部最右撇还应延长。"又"的盘曲无论转角或线条的头尾都要有圆意，下边也不能留红太多。左侧要破边。

◆ "董"字粗细不一，当然也不饱满。线条嫌细。
◆ "猜"字框子内角要方，"青"字不仅粗细不统一，而且中部还少了一竖。

◆ "董"字离中间线距离太大（红线太粗），这字还要左右放开点。
◆ "猜"字左"犭"还可，"青"字上边第一横不平，三、四横之间太近，下部也该收紧，离底线不可太远。

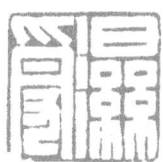 

◆ 刻得很认真。
◆ 右上角"曰"要上提，与"受"字第二横上沿线平。四个"口"下边的四个转角都不圆浑。
◆ "受"左上角不圆浑，当中一短横两头太方，下边"又"太粗，盘曲得较生硬，底线要与其他竖画下边平齐。
◆ 左侧要破边。

◆ 四方印中，此方最差。
◆ 线条粗细随意，转角不仅方，而且尖，间距也不统一，范印浑圆、饱满的面目在这里找不到一点影子。
◆ 这样不动脑子的临刻最省力，也毫无意义。

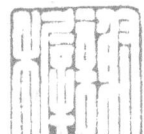

谢穉(稚)

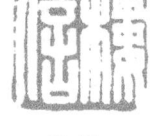

楼信

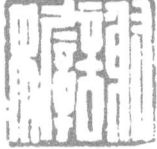   

◆ "言"字下部"口"太长、太大。
◆ 整方印"禾"部太挤太细，是因为其余笔画显得太粗了。
◆ "辛"字占地太少，中间三条线现在只看到两条。

◆ 结构对，线条直。
◆ "穉"字内"辛"两横之下转折处两块红地太大。

◆ "楼"右侧三个部分之间间距太大。
◆ "信"字上部两横分得太开，下部两小竖还要向上一点，线头要收拾得有圆意。

◆ 基本位置安排还合理，可惜小地方不能一一处理好。
◆ "楼"字"女"部上边一横要平，左边红三角也不应有。"木"字上部转折不可有斜线。
◆ "信"字"人"头不对，"言"字下边"口"留红太多。

 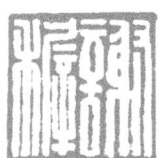  

◆ 全印有点倾斜。
◆ 线要更挺一点。
◆ 其余较好。

◆ 全印排列较好。
◆ "谢"字由三部分组成，三部分的上段都有问题。
◆ 此印底线没有平正，看看所留红线即可知道。上边也有类似缺点。

◆ 全印要逼边，线条要加粗，显得饱满。
◆ "楼"字"木"头再要向上，间距要均匀。"田"下各零件都未写好就刻。
◆ "信"字单人旁两线分得太开，"言"字下边"口"留红太多，而上边两横处太局促，不统一。

◆ 排列还可以，可惜线条太细，全印不饱满。
◆ "楼"字"木"部上下部分得太开。右侧"田"四角太圆，下边"口"太小。

◎ 第九章 初学者的基本训练

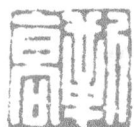

靳高

虞赏

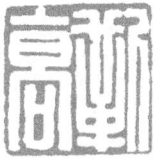 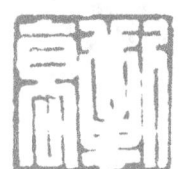

◆ 文字很饱满，"革"字上下两横都太长。
◆ "高"字"曰"右边竖线要笔挺，才显出两字中间的间隔线。"高"字开头一点横中，"点"要含糊。

◆ 刻得很好，很饱满，也会并笔，如是创作就好；如是临刻，对照范印，就显得太粗了。
◆ "革"字上下两长横宜短一点。

◆ 位置都安排得较好。但玉印要求粗细统一，转折自然有圆意。此印缺点就在于粗细不统一。
◆ "吴"字横下连接的短竖要放在正中。

◆ 作为玉印的要求，笔画要求粗细统一，不能忽粗忽细。
◆ "吴"字一长横画下面四竖应上提，现在留空太多。
◆ "赏"字上方左右两个转弯留红太多。

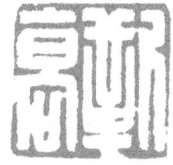 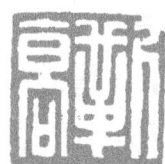

◆ 此印刻得很好，只是有些笔画刻得太粗，不少不该并笔处也并笔了，虽然并得也不差，但这不符合范印的面目。作为临刻作业，第一要先把范印学像。

◆ 安排妥帖，只是有些笔画粗细不统一，如"革"字上下两部分、"高"字含"口"的下半部都有此缺点。
◆ "革"字最上边左右分开的头转角太死。

◆ 右边印第一点的缺点，此印都有。
◆ "吴"字中画太粗，与上下两部分间距太大。"贝"下两点左右开叉太大。

◆ 位置都安排得还好，但玉印要求粗细统一，线条挺拔，转折自然有圆意。此印线条忽粗忽细，下端底线不在水平线上。
◆ "赏"字上方左右两点不对称。

漫郎

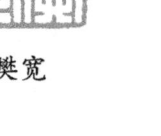

樊宽

 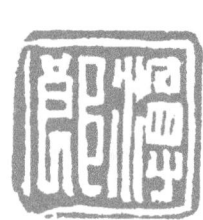

◆ 总的很好。"郎"字的右"耳"太大，宜收紧，这样"漫"字可以多占一点地方。
◆ 要破角。

◆ 左下框线要平。
◆ 三点水及左上宝盖部分线头太方，又不该残破。三点水的结束太过头。
◆ "郎"字左下转折显得很肿。

◆ "樊"字双木，下部有下垂部分的应比上边的长，现在上下分隔太多。"林"下两部件不饱满，转折生硬，底部为什么留那么多红？
◆ "宽"字明显占地太窄。宝盖也应向上面顶去。

◆ "樊"字双木转折太方，右垂线末段不好。
◆ "宽"字下部比上面部件宽，横线带斜，直线变粗，很不协调。宝盖上部与右边字间距太大。左垂线末段不好。

 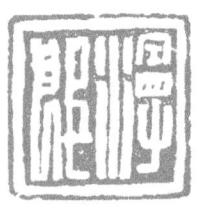

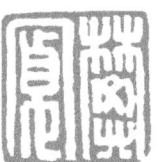 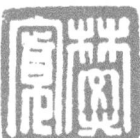

◆ 三点水还宜下垂，要与左右部件齐。
◆ "郎"字左上角太小。
◆ 要破角。

◆ 边框的线条不挺，也未破角。从范印看，边框不必这么粗。
◆ 三点水上下四点要分开一点，右侧"罒"太挤了，下边"手"太长。
◆ "郎"部左上角应有小大之分，下部的转折也很自然。

◆ 此石选得不正方。
◆ 排列还匀称，但线条不挺，线头不考究。
◆ 右半边"林"下两部件粗细不统一，字头排列不平正，斜了。

◆ 两字右大左小，好的印会做到笔画多不显紧，笔画少不显松。
◆ 四边留红太多，可在细砂纸上磨去一圈。
◆ "樊"字双木，左小右大，笔画粗细不一致。"林"下部件要上升一点。
◆ "宽"下部件要顶向宝盖。

第九章 初学者的基本训练

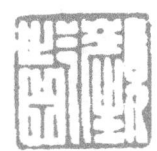

颜龀

潘成

◆ 排列基本很好，线条粗细合适。
◆ 检视底部红边，再看全印，发现整个印有倾斜。
◆ "颜"字右旁要窄一点，上下占地要对齐。左上红点要小点。
◆ "龀"右上方留红太多。
◆ 有些笔画必须残破。

◆ 右边字左上部交代不清，"生"下两横不平。"页"上部已超过一半，右下部转折少圆意。
◆ 左边字的左右之间距离太大，长垂线也未刻挺。
◆ 印文要试学残破。

◆ "米"要排列整齐饱满。"田"要占一半地方。
◆ "成"线条太细，不饱满，左边第二根垂线要上升，底边留红太多。

◆ 大致较接近，细看是线条稍细，无圆意，转角也太方。
◆ "成"字左侧一根短竖线，要顶上去靠近小横线。

◆ "颜"字左上部交代不清，也太细弱。下边"生"长竖线有弯曲。
◆ "龀"字左下部分四个红色太大，这是各线条不饱满造成的。右上角短横间距太大，致红色太多。
◆ 字间要有残破。

◆ "颜"右边"页"上部超过了一半，又与下部距离较大。左边"生"字下两横也是间隙太大。此字左上有一红点太大。
◆ "龀"右上角第一横稍有起伏，不必留那么多红。"止"与下部分留红太多。

◆ 位置安排还合理，全印线条不够饱满，留红太多。
◆ "成"字要向右靠紧，左侧第二根短线要上升。
◆ 有些印其实将要成功，就差这几口气。

◆ 整体效果较好，"成"字左上角竖线太细，少精神。
◆ 看得出临刻者在下笔画印上石时对范印有较详细的观察，所以八九不离十。

（3）白文三字印

魏赏

公孙瞻

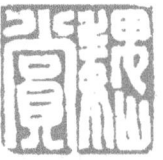 

◆ "魏"字左边太窄，上半部件占地太多，"女"字上小下大。右半部"田"字底线应与"女"字上部齐。"田"下部位显得过大。"山"字上升三竖斜度过大。
◆ "赏"字中线偏右，左右两点不对称。
◆ 注意边角的残破。

◆ "魏"字左半边上部宜紧凑，"女"字不见圆浑。右半部中段部件，中线转折不妥，致留红太多。"山"部三根线略见斜度。
◆ "赏"字"员"字要靠近宝盖，底部开叉错了。
◆ 要学学边角的残破。

◆ 最大缺点是线条不挺，重点看"目"、"子"就可知道。
◆ "公孙"两字与左边字间距太大。
◆ "子"字"口"太小。

◆ 排列尚好，笔画宜再加粗。
◆ "孙"字"子"上下要相连，"丝"部要紧缩，"口"要显扁，而不是方。
◆ "瞻"字"目"太宽，右旁上部要有一个转折连接下横。

   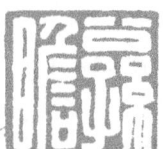

◆ "魏"字左半边大了点，右半边小了点。"田"字小了点，"山"字紧了点，竖笔头排列有点斜意，"女"字要靠紧。
◆ "赏"字上部左右两点要紧凑。"贝"字"目"部要上升一点，下边两点才有稍大余地。
◆ 要学会残破。

◆ "魏"字"田"下中间一竖转折要圆转自然。下边"山"要长一点，字头排列有点斜意。
◆ "赏"字"头"太大，"脚"因改成尖角，显得别扭。
◆ 底线留红太多，要学会残破。

◆ 转折太方，线条头尾又少圆意。
◆ 请看印中三个"口"，多么方，而范印应呈扁意。
◆ 这些小缺点一集中，一方美好的印，顿时丑陋得很。学艺术就要能区别美丑。

◆ 排列好，笔画也较饱满。
◆ 少数线条不挺，如"子"，左右两竖宜挺而向上升。
◆ "瞻"字右上部转折要方圆得体，现在太圆。

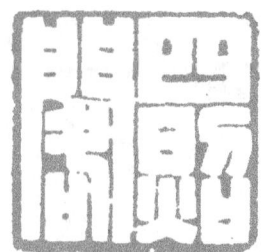

四照阁

杜安居

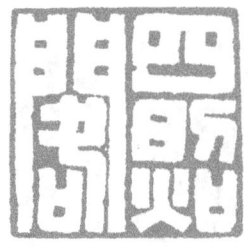 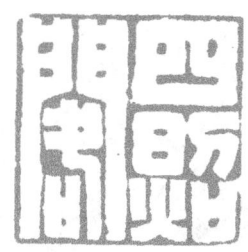

◆ "四"字横线、"阁"字"门"中部位包括"口",留红都太多,说明不够紧凑。
◆ "火"字开叉既高,线头切口又太锐利。

◆ "照"字"刀"、"口"线头未处理好,"火"字也锋芒毕露。
◆ "阁"字"门"两竖不挺。两扇门的底横不平。"阁"字下边"口"要松开一点。

◆ "杜"字占地太多,还要右移。"土"字上横画对准"木"字之"腰","木"下垂时要带圆意。
◆ "安"字宝盖下内容未做到舒展,太挤。与下一字"居"要有间距。
◆ "居"字呈扁形,当然"古"部先要呈扁形。

◆ 笔画太细、太尖。
◆ "安"字"女"首横宜平,右旁小竖宜短一点。
◆ 像这类刻者动刀前,连一方印的粗细都分不清,刻一千方、一万方也不可能有半点进步。

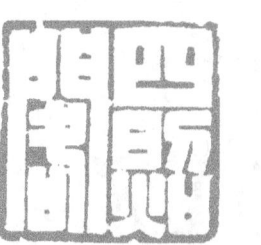 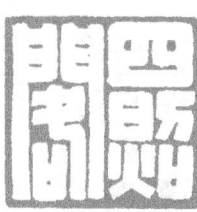

◆ 刻得真好。
◆ 一根线条结束时的横切面,如果不注意,就会出现"照"字右下"口"字上端那种毛病。

◆ 刻得很好。
◆ 笔画的头尾刀口太锋利,要含蓄带点圆意。
◆ "火"字开叉太高,线头切口太锋利。
◆ "阁"字"门"下两横不够平,下面右转弯"肩"耸得太高。

◆ "木"部最细,这方印的粗细不统一是大缺点。
◆ "安"字宝盖粗,里面的太细,两者空得也多了一点。

◆ 线条不挺,其中"土"的一竖最差。
◆ "居"字太粗,"古"字一横上面要出头,"口"的转角要转折自然。

杨少卿

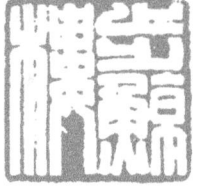

步鲸楼

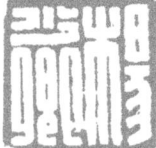 

◆ 刻得相当好，当然还能找出些微缺点。
◆ "杨"字"日"太长了一点，右侧一长竖太粗了一点。
◆ "少"字左点转折要圆一点，右点稍细了一点。

◆ 位置排列还妥当，可惜太细、不饱满。
◆ "杨"字"日"转角太圆。其他印老是嫌转角太方，该圆一点，因此方范印中"日"带方意，应按范印的要求临刻才好。

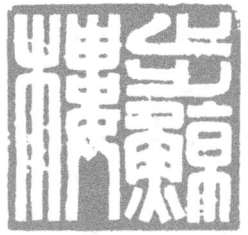 

◆ 排得妥帖，刻得挺拔，作为一方创作印是很不差的，但作为一方临刻印，就有两大缺点：①够满；②残破不够。
◆ "步"字左上转折还可处理得好点。

◆ "鲸"字左右两部分的下半字宜加长，整个字要做到上紧下松。
◆ "楼"字还好，其余两个字的毛病属"罕见病"，是残破过甚，或者说是"肥胖病"。医治之法就是"减肥"。

◆ 基本符合范印。
◆ "杨"字"木"应再宽一点，现在"木"一窄，右边部分显得空，留红也多了起来。

◆ 基本符合要求。
◆ "杨"字左右两部上部均未处理到位，如"木"头太细、"日"太圆。"日"下几个短横分布不均匀。
◆ "少"的左点转折要紧凑。

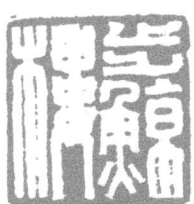 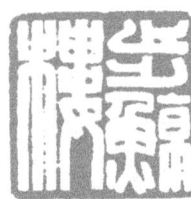

◆ 整方印排列尚好，右半边两字留红过多，说明间距过大，或线条不够粗。
◆ "鱼"字下部四点、中间开叉及左右两点角度与范印不符。

◆ 刻得很好。
◆ "步"字下半个部分的上边短横画要再粗一点。
◆ "鲸"左半部分下边四点开叉要高一点，"京"的点横及"日"不挺。
◆ "女"的两红点太大。

◎ 第九章 初学者的基本训练

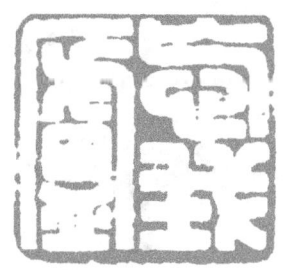

忘我庐

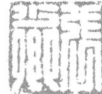

张少卿

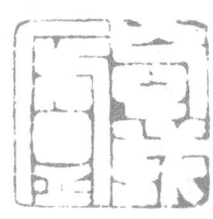 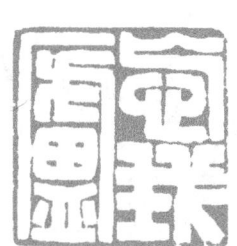

◆ 这样的印有点"走火入魔"。应该说安排合理、线条圆转，但因为间距太紧，尤其底线要留大红，因此显得"虚无"，而不能以"红"衬托"白"。
◆ 左下角"皿"要与"我"字一横平。

◆ 安排不如左边这方印好，全印左小右大。
◆ 最大缺点是转折有些地方太方，如"忘"字"亡"的转折。"心"字升得太高。
◆ 右边、底边该如何留红，看看范印。
◆ 边有残破。

◆ 线条细，不饱满。
◆ "张"字底下升上的两线还要加长一点。
◆ "少"与下一字间距太大。
◆ "卿"字中间部分上下脱节。
◆ 全印底线留红太多。

◆ "张"字"弓"部太大，影响右侧四横画只能局促了。下边部分转角生硬。
◆ "少"字留红太多。
◆ "卿"字下部太松散，不能留这么多红。

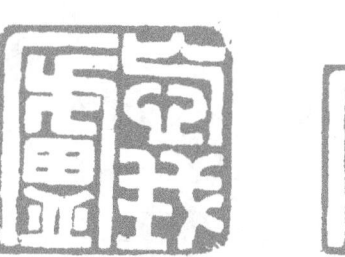 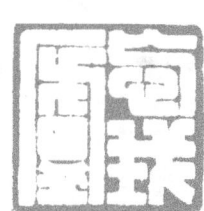

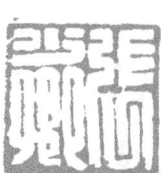 

◆ 全印松散、不紧凑，笔画太细。
◆ 如"心"等转角严重不符范印。
◆ 下边的底边可多留红。
◆ 角宜圆，边宜破。

◆ 哪条边该留红，哪条边不该留红？
◆ 转折有几处要圆一点，如"亡"的下折处、"虍"头五处转折都太方。
◆ 印角宜圆一点。
◆ 边有残破。

◆ 线条粗细正好，全印饱满。
◆ "张"字右四横画不太平正，与下部之间留红太多。
◆ 印章底边留红过多。

◆ 线条太细，不饱满。
◆ 有些线条，如"张"字右下角，收笔太尖。

147

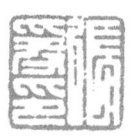

张爱印

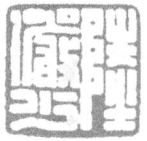

陆俨少

 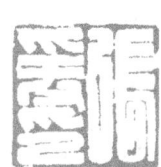  

◆ 留红过多的地方，说明还不够满。
◆ 左半边两个字的"头"转折都不对，应有些转弯，而不单是一根斜线。

◆ 刻得很好，但要注意一点，残破如果过头，效果也是不好的。请对照范印，看哪些地方残破过头了。
◆ 左半边两字上半部斜笔均不大对头。

◆ 线条还不饱满（对照五个"口"可看出）。
◆ 转角方，线头未处理好。
◆ "俨"单人旁留红太多。
◆ 未见残破。

◆ 线条还不够饱满。
◆ "陆"字三个方块要靠紧一点。右边上下两部分，应各占二分之一。
◆ "俨"字横线下两个部件，应各占一半。
◆ "少"下部不仅太空，而且曲线曲错了。

 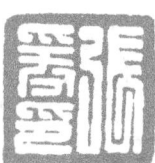 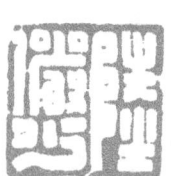 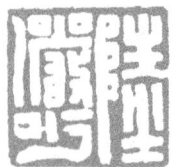

◆ "张"字"弓"部下边转折漏了一短横。
◆ "爱"字右下角第三横右侧的处理不到位。
◆ "印"字上边"爪"字头，应与"爱"字上边以相同手法呼应。

◆ 一看就是四边留红太多太多。或磨去一大圈，或重刻时逼边。
◆ "张"字左右线条粗细相差太大。

◆ 刻得较好。
◆ "耳"旁左上角要挺，不可圆。
◆ 右下角与右上角靠边，都要在一根垂线上，现在太缩进了一点。
◆ "少"占地还可少一点。
◆ 要有点残破。

◆ 线条不挺。"耳"旁长线，尤其要注意左上角方一点，显出有精神。
◆ "俨"字单人旁上方应还有一点微小的钩。
◆ "少"字左右两个转折都未成功。
◆ 要有点残破。

◎第九章 初学者的基本训练

药始光

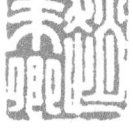
赵末卿

◆ 全印大致不差。
◆ "药"下"木"字上边一横升向上面的短竖是直线。
◆ "始"字"女"部要饱满，不可留红如此多。
◆ "光"的左右两点要对称，下转折不可太方。

◆ 右上角草头下方太圆。三个绞丝宜方而饱满，"木"要逼边。
◆ "始"要上提一点，"女"要逼边而显饱满。
◆ "光"字两点要压缩，此字下边太局促。

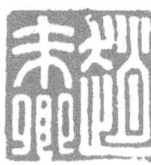

◆ "赵"右上角两点下留红太多。
◆ 整方印，尤其"卿"字，要粗一点。

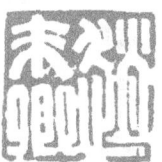

◆ "赵"字右上角左右两点要有点微弯，左上角应是中心一竖向下分左右，中间横一线，左折向下，右折向上。
◆ "末"字上两横头尾太方，下垂的左右两垂太粗。

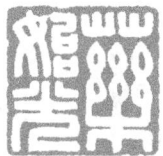

◆ 线条不够饱满。满白文却有那么多留红，就不正常。
◆ "药"字三个绞丝原是方形，现在成了尖形，十分难看。
◆ "始"字左侧留红太多。
◆ "光"字左下垂线与右旁转折笔画分得太开。

◆ 全印线条太细，不能做到满白文的"满"，应该是全印白多红少。
◆ "药"字三个绞丝应呈方形；"木"字下一横不能这么弯，应平中有点弯意。
◆ "女"上方两红点太长，右旁"台"没那么多留红。

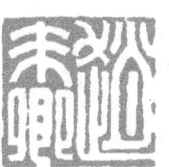

◆ "赵"字"肖"下"月"部太粗、太松垮，使左侧"走"字底太局促。
◆ "末"左下一弯太生硬。

◆ 全印不讲粗细统一，不追求匀称的美，如"赵"字，"肖"部这么膨胀，随意留红，"走"字底还有舒展的立足之地吗？
◆ 其他字都太细，而粗细不能随心所欲，要对照范印。

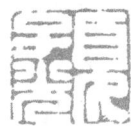

夏子光

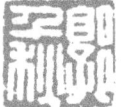

郭千秋

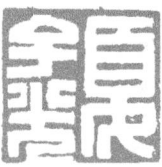 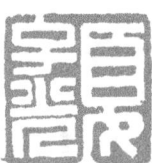 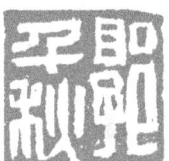 

◆ "夏"字上窄下宽，转角太方。
◆ "子"字长方形变成了三角形。
◆ "光"上松下紧，上面两点左小右大，所有转角太方。

◆ 文字四面要逼边，这是本来面目，要力求做到。
◆ "夏"字右下部未到位。
◆ "光"当中一竖要下插。
◆ 角太方，由于线条细，因此留红过多。

◆ 线不挺，头不圆，留红多。
◆ "郭"左上头有坡顶转角太方；"子"字"口"呈三角形，下边两垂线要拉向底；"右耳"上下一般大才好。

◆ 粗细、布局都还可以。
◆ "郭"字左上应有微坡，"子"字三角形要大些。右部两者间距太大。
◆ "秋"字"禾"左上并不翘起，"火"下开叉度不能太锐利。

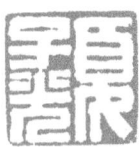 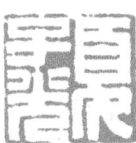  

◆ 很饱满。
◆ "夏"字右下角转笔未处理好，现在又粗又无转弯。
◆ "光"字上面两点粗细不对，转角又太方。

◆ 基本合格。
◆ "夏"字下部左侧两垂笔，头有高低。
◆ "光"字上面右一点转折处一小竖太细。

◆ "郭"左上要有坡度。"右耳"占地太宽，方块中红地太多，必然挤扁了"子"字。
◆ "千"一横下要出头。
◆ "秋"字"火"左右两点要下伸不留红。"禾"部转折太方。

◆ 再稍粗一点更好。
◆ "郭"字左上头要有点坡度，角不要太方。"右耳"部线不挺，中留红线太粗，上下间距太大。
◆ "秋"字"火"下分叉太尖。

曹千秋

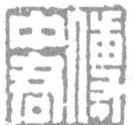

傅中君

 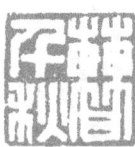

◆ 笔画还要粗点。
◆ 部件之间距离不可过大，要有饱满的感觉。
◆ 要有点残破。

◆ 基本合格。
◆ "曹"字两个"田"与上下部分间距还要紧一点。
◆ 学点残破。

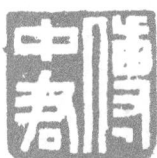

◆ "傅"字右部上下还可紧凑一点。
◆ "君"字左侧斜线还要先靠左再下垂，"口"字还要粗一点（看红点大小便知）。

◆ 无论"傅"字上下之间，还是"中"、"君"之间都太松散。
◆ "君"字左斜笔，应先靠左侧再下垂，"口"上部要出头。此字与"傅"间距太大。

◆ 排列基本合格。
◆ "曹"字两"田"与上下部分之间、"秋"字"禾"上下之间，如能靠紧点会更好。
◆ 右下侧边线间留红太多，说明排得还不匀称。
◆ 有的转角太方。
◆ 要有点残破。

◆ 基本成功，就是全印重心有点不稳，向左倾。
◆ "秋"字"禾"部右竖升得太高，"火"下部开叉过高。
◆ 要有点残破。

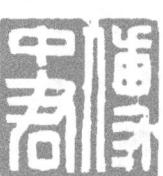 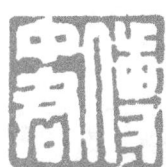

◆ 排列位置很好。如笔画加粗一点、间距紧凑一点、线条的头尾圆一点，就会更好。
◆ "君"字之"口"上部有一点点出头。

◆ 线条饱满但不够挺。如单人旁，有点左倾，上方的两角也未处理好。
◆ 少数转角太方，可以对照范印找出来。

（4）白文四字印

颜长公

二灯精舍

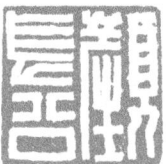   

◆ 线条还可粗一点，线条头尾太方。
◆ 写篆有问题，如"颜"字中"生"的左右两竖要下降。"长"要拉长，这样，"公"就会压缩，不会出现那么多留红。

◆ "页"的右下角结束得十分差。
◆ "长"字下部左下角不会这么圆。
◆ "公"的"口"中不会有这么多留红。

◆ 这是一方典型的不肯用水印法写印，而直接在石上写正文印稿，以致刻出来全部是反字的失败例子。但这方印刻得还是很好的。

◆ 布局不差，但文字太细。
◆ 右两字大于左两字。
◆ 这种浙派风格的线条，有小小的变化，比如"米"的左右四竖，注意靠中间的一头应是稍尖的。
◆ "舍"字中竖要连起来。

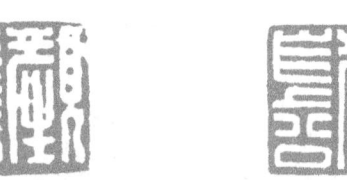   

◆ 全印排列还好，可惜线条不够粗，使留红太多。
◆ "生"的左右两竖还要下降，下两横要靠紧。
◆ "长"字首横上并无一点一钩。整个字要逼边。
◆ 左、下留红太多。

◆ 全印排列还好，可惜线条不粗，使留红太多。
◆ "长"字首横上并无一点一钩。

◆ 四字排列得体，唯竖中线要分明一点。
◆ 看每根线条，不论横竖都是中有瘦腰，两头切平得过头，失去了范印浑厚之气。
◆ "米"的左右四竖，注意靠中间的一头，应稍尖。

◆ 刻得很好。
◆ "米"的左右四竖，要注意靠中间的一头应稍有尖意。
◆ "舍"字坡顶的左右两头结束时角度不对（切口应内倾）。

丁临私印

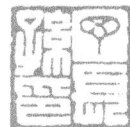

丁长孙印

◆ 底线留红与范印有点距离，其他均不差。
◆ "孙"字右边双"口"应上提，并要做到上紧下松。
◆ "印"字上部第二个转弯要直竖再拐弯；下部三横不挺，转弯不宜太圆。当然，圆中带方、方中带圆要做到真不易。

◆ "长"三横画间无此大间隔红线。
◆ "孙"字左右两部分要紧靠，还要靠近中线，双"口"要偏方，下垂三线要差不多粗细。
◆ "印"字首横要长到竖中线，下部三横不够挺，转折小竖线太粗。

◆ 四边留红太宽，下边两字间距太大。
◆ "临"字有好几画太细，右上转折不好，三个"口"大小不一，转角太尖。
◆ "私"字"口"不够长。
◆ "印"上下都不对，上部三撇宜紧靠，末撇宜长，下部末画太短。全字粗细不统一。

◆ 四字要逼边。
◆ "临"字"臣"有两块红色显得太大；三个"口"大小应基本一样。
◆ "印"字下部太局促，宜松开一点，间距均匀。

◆ 整个印，四字都有倾斜，显示不稳定感。
◆ "丁"字太顶上。
◆ "长"字左下部分太短。
◆ "孙"字留红太多，右边双"口"应偏方，更饱满点。
◆ "印"字下部三横要挺，间距均匀，现在有点左低右高。

◆ "孙"与"长"的左上角都未处理好，"长"字左下部应有竖线相连，线条间要有粗白文的感觉。
◆ "孙"、"印"两字要饱满，并向竖中线靠；"印"字的各转折应有点方意。

◆ 右两字大于左两字。
◆ "临"字左上角不挺。
◆ "私"字"口"太粗。
◆ "印"字下部右竖太粗。

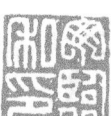

◆ "临"字三"口"大小、粗细宜差不多。
◆ "私"字底线不平。
◆ "印"字下部三横粗细不一致，间距要均匀。
◆ 印角宜带点圆。

九原丞印

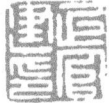

上官建印

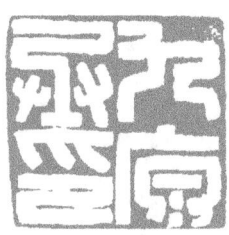 

- ◆ "九"字一横应向右上倾,末笔转折太大,左侧一垂笔转折太大。
- ◆ "原"字上松下紧,下部太局促。
- ◆ "丞"字上部少一短竖。
- ◆ "印"字上部左侧转弯宜圆,三撇要斜度一致,靠紧一点。

- ◆ 上两字占地大了一点。
- ◆ "九"字横笔斜上去后,转折下来就是两笔平行的横笔,均非斜笔。
- ◆ "原"字右下角宜压缩。
- ◆ "丞"字左右两"手"太长,又无并笔。
- ◆ "印"字下半部不挺,上半部转折宜圆,三撇宜靠紧,方向一致。宜粗一点。

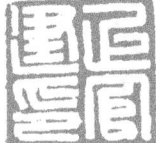 

- ◆ 安排妥帖。
- ◆ 仔细研究,线条不能用刻满白文的办法,如"上"字、"印"字末画以尖头结束,"建"字的左侧两竖两头都有尖意。
- ◆ "官"字中竖、"印"字上部的几个短竖都不够正。
- ◆ 边角要有残破,不能这样完整。

- ◆ 注意线条的粗细及起止的方、圆、尖,要对照范印刻,不能凭想象刻。
- ◆ 上两字间距大了点。
- ◆ "印"字上部第一竖要直,下部线条应瘦劲,末画宜稍短,中竖要偏左。
- ◆ 该残处残,不可随便破。

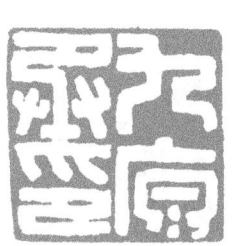 (left)

- ◆ 不见竖中线。
- ◆ "九"字左下垂笔收笔处宜收小而非扩大。
- ◆ 此印最引人注意的缺点是"原"字占地上了点,下边两点宜稍正。
- ◆ "丞"字左右两"手"太细、太斜。
- ◆ 其他还不差。

- ◆ 上两字占地多了一点。"原"字框下应与"泉"靠紧,下两点宜见方意。
- ◆ "丞"字左右"手"宜长一点,且有并笔。
- ◆ "印"字上部转折宜圆,三撇宜靠紧,方头;三横要挺。

- ◆ "上"字有两处翻向上面的横画未处理好。
- ◆ "官"字宝盖下第一横左侧转折就错,一竖要靠左竖,下边"口"的右下不太圆。
- ◆ "建"字左侧两竖长短、距离有讲究,底横上留红太多。
- ◆ "印"字上部第二竖要靠左一点,不可留红太多。

- ◆ "上"字右侧两个转折及底横末端都与范印不符。
- ◆ "官"字宝盖右垂线要出格,中间两环线要挺。
- ◆ 其余两字大毛病也是线不挺。
- ◆ 要会残破。

◎第九章 初学者的基本训练

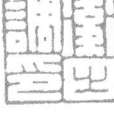
卫之调印

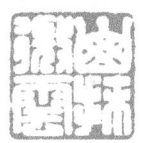
山抹微云

◆ 横中线、竖中线不严格，笔画粗细随心所欲。
◆ 根本不懂什么叫残破。

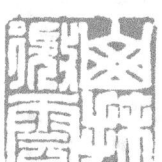

◆ "山"字中间留红的红点不对，说明笔画有误。
◆ "微"字中间笔画里，下半部太粗，转折太硬。
◆ "云"字上两横有点弯。"抹"字提手首横太粗，上缘线要平。
◆ 所有字的粗细要同"抹"字，要大大残破。

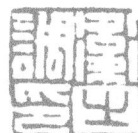

◆ "卫"中部各零件都不应与左右四竖相连。
◆ "之"左右两竖基本对称，现在左竖横画太长。
◆ "调"字各线条不挺，"言"的四画未刻好，两"口"也不大到位。
◆ "印"的上部第三撇要有转弯，下部三横不挺，粗细不统一。

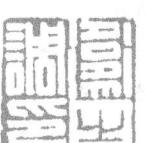

◆ 整个调子很好，还有没有不够的地方呢？有。
◆ "卫"字中间"口"要与上下相连，而底下通去是"巾"字的中竖，现多了一竖。
◆ "调"字"言"下之"口"应是正方形，右"口"也不见得是长"口"，中间只留一点红。
◆ "印"字上部左竖应残破，左下一竖要直。

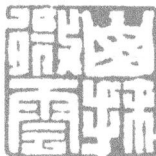

◆ 下两字稍稍大于上两字。
◆ "山"字底左低右高，右上要逼边保持平衡。
◆ "抹"字左大右小，转角硬。
◆ "微"字中间有线相连。
◆ "云"字上松下紧，底下左右转折都未交代清。
◆ 缺少太多的残破。

◆ 笔画太细，少残破。
◆ 横中线太粗了点。
◆ "山"字左右边线太弯，上面留红太多。
◆ "末"字顶上要出头。
◆ "云"字首横中间有连线。

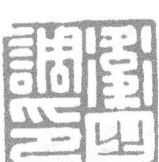

◆ 再满一点更好。
◆ "调"字"口"要偏方。
◆ "印"下部左右两竖宜偏方点。

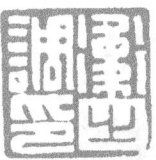

◆ 首先看范印，并无此印那么多留红，说明范印的最大特点是"满"，那篆刻章法"密不容针，疏可走马"的"密"已做到。
◆ "调"字"周"左竖上下要到位，顶部一横要平。
◆ "印"字上部首撇太小，中撇太大，三撇太短；下部三横太细，左下竖太粗。

马于调印

马充私印

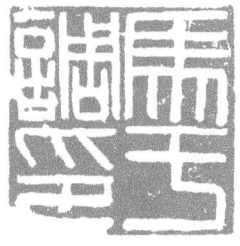 

◆ 临印的石章过大，效果不好。
◆ "马"字上部几横有点微弯，左上角连接处太粗大，底下五竖终端不可高低相差太大。
◆ "于"字首横右端太细，末横太粗。
◆ "调"字"言"及"周"下的"口"一共三"口"，留红大小不一，与范印不符；"言"字中横上叉不能太长。
◆ "印"字四横既不挺，粗细相差又太大。全印留边及残破均不周到。

◆ 各字排列还稳妥，可惜太细，也无残破。
◆ "调"字与"马"距离嫌大，"周"下"口"留红太多。
◆ "印"字三撇应有长短之别，底下一横终端有点小折。

◆ 还可饱满点，特别是"充"、"印"两字留红过多即可看出。
◆ "马"字右下一小竖应有一小曲折。
◆ "私"字各竖线粗细不匀。

◆ 字间距离要靠紧一点，要有残破。
◆ 线条还应饱满。
◆ "马"字右下一竖应有小转折。

 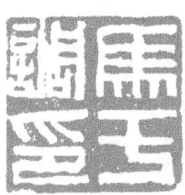  

◆ "马"字五条马足有一条太长。
◆ "于"字各横不挺，转折不圆转。
◆ "调"字"言"部太见局促。
◆ "印"字上部三撇及下面三横距离均不对，整个字还应向中间扩展一点。
◆ 边线留得多了点。

◆ 横中线、竖中线留得太多，使一方印中四字各不关联。
◆ 如果连每根线条都刻不挺直、每个转角都不能符合范印刻出方折或圆转，那还刻什么印？
◆ 线条间距有大小、有均匀，边、角有残破、完整，都应细细审视后方可奏刀。

◆ 要有竖中线。
◆ 太粗，"充"字残破过头。
◆ "马"字左上角太圆，底下五竖脚应基本平齐，右下一竖要有小曲折。
◆ "私"字残破过头。
◆ "印"字上下不该连，下部右转角宜方，左侧则应残破。

◆ 四字应逼边。
◆ "马"字下脚应平齐，右小竖要有小曲折。
◆ "充"字中间少一竖。
◆ "印"字要放宽，右下转折宜方。

第九章 初学者的基本训练

丰长之印　　　　　　　　　　　　　　　　王义之印

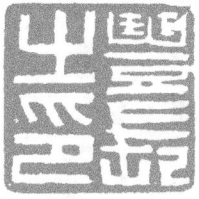  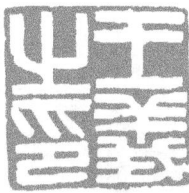 

◆ 右两字应略大于左两字，各横画应略有弯度，转折也要有圆意。
◆ "之"字要有狭长之感，竖中线太空了。
◆ "印"字上半部各撇与范印不符，下半部三横太粗，又少圆转之意。
◆ 要有残破。

◆ "丰"字上部中竖与左右各件应有间距，接下来的各横画纠缠在一起已分不清了。
◆ "长"字左下一竖与下边应有间距，下边也太粗，上面几横均左细右粗。
◆ "之"字应见狭长。
◆ "印"上部要收紧，第三撇要有转折，下半部太粗，无稍大间距。

◆ 左两字占地较多。
◆ 全印笔画粗细不统一。
◆ "之"字左竖转折宜稍平。
◆ "印"上半部向右三撇粗细要一致，间距宜平均，第三撇宜长点。下半部转折宜圆，结束时有一点小转折。

◆ 排列还可以。
◆ 全印笔画粗细不统一。
◆ 一根线条的起止，宜方宜圆，要按范印刻。
◆ "印"字线条间太松散，结束时的小转折只要有一点意思即可。

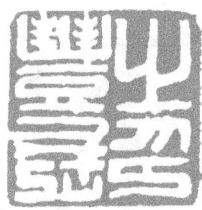  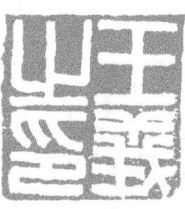 

◆ 不按方法水印上石，又没有本事在石面上直接反写印文，结果刻出来一看，印文全反了。这点也做不到，别的就别谈了。

◆ 右边两字有没有这么大？线条是否一样粗细？
◆ "丰"字上部几根小横线，其实都没这么长。
◆ "长"字右下角线条其实都较粗。
◆ "之"字两边两竖与左右的字、边应有点间距。
◆ "印"字下部字没这么粗。

◆ 全印线条粗细要统一。
◆ "义"字上部为"羊"，少刻了一横，故下边松散了。
◆ "之"字有两竖太细了点。
◆ "印"字上半部撇出的方向不统一，下半部转折处都要见圆意。

◆ "义"字太大。
◆ "印"字最差，上部三撇角度、间距都不对；下半部间距不对，也不平行，结束时少了一个小转折。
◆ 四字外圈太逼边，即"边缘线"太细。

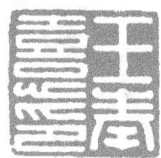

王奉憙印

天慵自纵

◆ "奉"字上部左右两头不对,下部两横长短差异不可太大。
◆ "憙"字上部一松,"心"就局促,并致使"印"字地位不够("心"字也未写好);按范印,"憙"字底应与"奉"第一画平。

◆ 应该说此印作者很认真,整体效果不差。
◆ "奉"字左右两头及"憙"字下部"心"左侧第二笔都是直的。

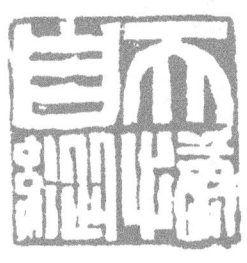 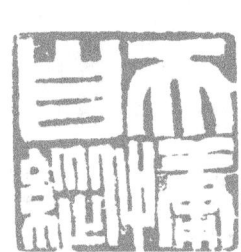

◆ 线条刻挺,这是学刻回文时就该具备的,你看"自"字,哪根线直?
◆ "慵"字右半中间少一竖。
◆ "纟"头不对,双"口"不紧凑,下面三竖也未交代清。

◆ 看看横中线左低右高,全印顿失平衡。
◆ "慵"字竖心下边处理不对,右半方块要与上横一样宽,现在上松下紧。
◆ "纟"旁顶头太大,双"口"不方,内红点太大。

◆ 用好印泥、钤好印,这一步很重要。
◆ 右两字比例过大。
◆ 线条还应挺些。
◆ "心"左侧第一笔应钩一点,第二笔要直一点。
◆ "印"字上部第二撇太粗。

◆ 线条还应更挺,左右两字间距太大。
◆ "憙"字上面一松,"心"就显得局促。所以在写字上石时一定要作通盘考虑,安排妥帖。

 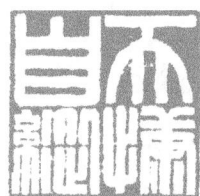

◆ 笔画太细,少圆意。
◆ "天"字垂画分布不匀,线条不挺。
◆ "慵"字右上角线头未收拾好。
◆ "纵"字"纟"旁少了上下两根竖线。

◆ "天"、"自"两字太大,"天"字下垂的第二横相距太大。
◆ "慵"字下边还有三根短线,只是残破得看不清了。
◆ "纟"双"口"太扁,下部三根线太长。
◆ 角稍圆。

第九章　初学者的基本训练

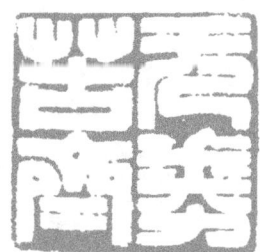

无倦苦斋

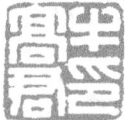

牛高君印

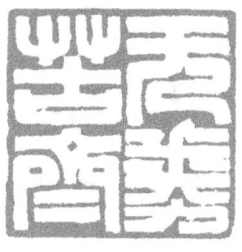 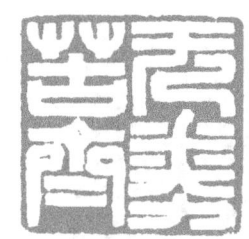

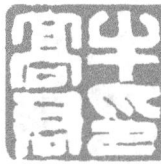 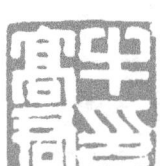

◆ "无"字底横不够挺。
◆ "倦"字"力"的一撇上下粗细不一致。
◆ "苦"字草头太长，且无残破。
◆ "斋"字左右对称之上端，现在左大右小。
◆ 残破不够。

◆ 刻得不差，但粗得还不够，右两字大于左两字。"倦"字太大，且中竖不挺。
◆ 全印残破不够。

◆ 线条不挺，粗细不匀。
◆ "牛"上部左右转折不好，下垂中线底下出头太多。
◆ "高"字"口"上部并未出头。
◆ "君"字笔画烂成一片，没有了精神，"口"部也与范印不符。
◆ "印"字横画太粗显肿。

◆ 右边两字明显过半。
◆ "牛"字下部竖线出头不多。
◆ "高"字首横下垂线要长一点。
◆ "君"字左竖要靠左，"口"要扁。
◆ "印"占地要升高，上下两部不可连，下部末画要留红。

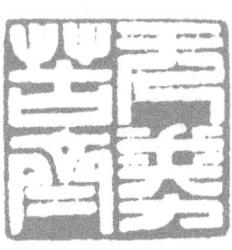 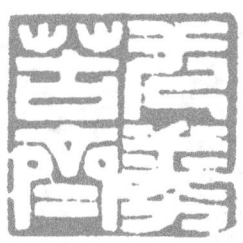

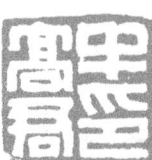 

◆ "无"字两横起止要平头，转折要有圆意。
◆ "倦"字四个短横要靠近中竖，"力"的左撇中段太肿。
◆ "斋"字两横两头宜稍平，与左右两竖要有点间距。

◆ 可能印泥蘸得太多，如草字头等处变形了。
◆ "倦"字中竖太偏左，"力"字上面"八"字，应有间距。
◆ "斋"字左右两个对称的部件，在中间的一头应有点尖意。
◆ 要有残破。

◆ "牛"线条不挺，上部不应与中竖线连。
◆ "高"字中间两竖宜分开，首画下垂线宜下伸。
◆ "印"底线下有留红，转折太方。

◆ 线条要挺，这一基本功未能做到。
◆ "牛"字竖线下出头太多，首画向上转折太圆。
◆ "高"下"口"拉得太扁。
◆ "君"字左侧垂线角度太斜。
◆ "印"字要超高，末画下要留红，结束有一小转折。

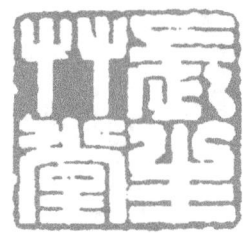

长生草堂

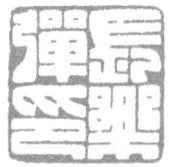

长乐弹印

 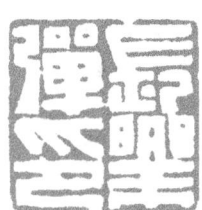

◆ 一方印中，"生"那么粗，"草"字那么细，协调吗？
◆ "长"右下一个转折太生硬。
◆ "草"上边部分宜长一点、粗一点，要靠近"长"字。
◆ "堂"左右两边及宝盖均应粗一点，要有残破。

◆ "生"字上部左右转折是不对的。
◆ "草"的两竖，都失败在终端。
◆ "堂"字宝盖下"口"及"土"太扁太长。
◆ 下面印边还应多留一条红色。

◆ "长"字右下、左下各线条的粗细还不到位。
◆ "乐"字中间"日"留红太多。
◆ "弹"字双"口"太大。
◆ "印"字底横之下留红太多，终端转折太大。

◆ 横中线、竖中线不分明。
◆ "长"字右下转折不大好。
◆ "乐"字下部多了一横。
◆ "弹"字"弓"的几个角都未转折好，太尖；双"口"不妥帖，底横两头不平，还应提上一点。
◆ "印"首横不挺。

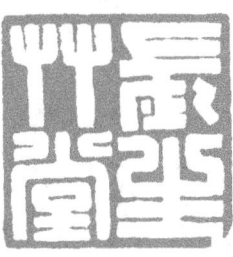 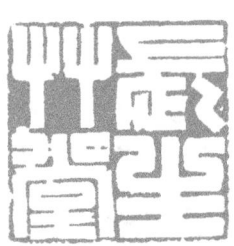

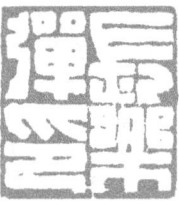 

◆ 四周空得太多。
◆ "长"字左下转折太方，当中应是竖折而非一点；右下转折未处理好。
◆ "草"字左上角竖线要长一点。
◆ "堂"上面一竖要与左右各一边的弯折靠近。

◆ 刻得不差，如果线条再处理得浑厚些会更好。
◆ 比如"长"下半部，每根线条结束时别太方，加一刀，刻成圆头，右下的一个转折不要出现圭角，就好。

◆ 因为印面呈长方形，所有文字全变形了。
◆ 线条不挺。
◆ 如石章不过长，此印在排列、刻制上都还可以。

◆ 如刻得粗点，使全印饱满才好。
◆ 左右之间的竖中线分得太开。
◆ "长"字右下转折不当。
◆ "印"上半部三撇应等长，且要向左逼边。

长寿单印

公孙闵印

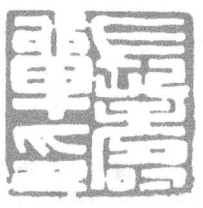 

- 全印基本尚好。
- 每字的竖线都粗于范印，这些不应出现的"粗"竖，导致全印臃肿。
- 残破过甚。

- 此印左右字原有大小，但大过分了，也不好。
- 上一字太松，下边就紧张，"寿"字下部应留红边。
- "印"字三撇角度不舒服。
- 要学会残破。

- 无论看白还是看红，都可以发现，此印最大的缺点是太方。
- 要学会残破。

- 不讲比例，不讲方圆，也不看看字与字之间该空还是该连。当然，更不会注意字或边角的残破，丝毫看不出这是在临刻。

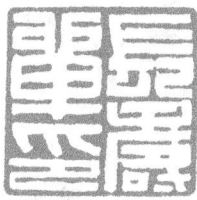 

- 左右字应有大小之分。
- "寿"下部应留红边。
- "印"字上部要靠紧，且有长短之分；下部太扁，应稍加残破。

- 右两字太大，才出现"长"字左下留红过多。
- "寿"字上松下紧，以致下边留红也困难。
- "单"上部两横有上下之别，但要掌握"度"。
- "印"上部要注意间距及撇出的角度。
- 要学会残破。

- "公"字左上不可与"闵"字连，下部的留红看看是否是三角形。
- "孙"字三个"口"实际并非方形。
- "闵"字"门"下"文"的头太平。
- "印"上部三撇方向不一致，下部线宜挺。
- 要学会残破。

- 注意"公"字下部留红该是扁长的。
- "孙"字三个"口"不理想，"子"的左右两竖太细。
- "闵"字"门"下太空，"文"的残破过头，内中应留些许"眼"。
- "印"的下部转折宜圆。

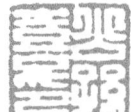

公孙喜印

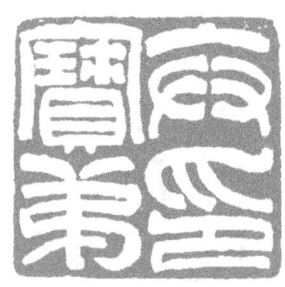

卞宝弟印

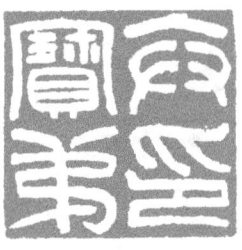 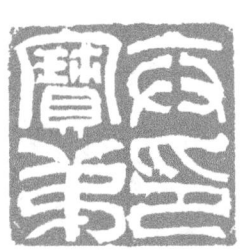

◆ "公"字左右两边底画应平而实,不尖,底下留红大三角也不对。
◆ "孙"字三"口"都不标准,"子"中间一横要向下转折,要有圆意;右部头重脚轻,底下"巾"太斜。
◆ "印"字上部三撇粗细未掌握。

◆ 线条粗细不匀,整体尤其左两字更显细。
◆ "公"字长了点。
◆ "喜"字上松下局促,首横两头应微向上。
◆ "印"字上部三撇全与范印不符,下部首横头太细。

◆ 全印左右两半的字宜紧靠,线条宜加粗。
◆ 要体现书法笔意,你看"卞"字每个起笔都以平头出现;"印"字上部似弓着腰的猫,三撇都有弹性。
◆ "宝"字左右两竖内圆外平,"贝"字左下缺只角。

◆ "卞"字左右对称的两零件,右边第一笔宜先平再转弯,现在太斜了。
◆ "宝"字宝盖两竖外缘应平,内"贝"字太小了一点。
◆ "弟"字二、三两横宜粗点。
◆ "印"字第一笔要圆而有弹性,下半部三横要紧凑。

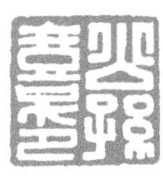 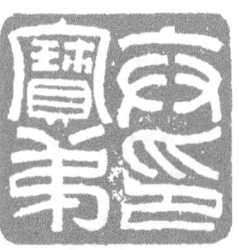 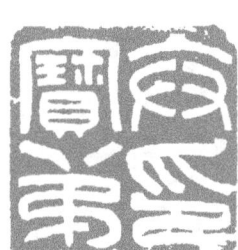

◆ 全印的调子还可以,比如饱满、残破、逼边等。
◆ "公"字左下角太尖。
◆ "孙"与"公"再可靠紧一点,三个"口"太大了点,右两"口"更大。此字残破过头。
◆ "喜"字底下"口"线不挺,还要与下面"印"残连。
◆ "印"字上部第一、二撇要正且残,第三撇太粗,不紧凑,下部三横未刻挺。

◆ 四字要逼边。
◆ 中间竖线分开太多,右两字显得太大。
◆ "孙"字左右太分开,"子"的"口"下横画要下降,右两"口"太大,三个"口"应有方意。
◆ "喜"字"口"太大,上边应是"土"。
◆ "印"字上部线条不挺,三撇方向全部错。

◆ 四周要逼边,笔画要加粗,要体现书法笔意,要有弹性。
◆ "宝"字宝盖左右两竖外缘宜直,中间的三个零件宜饱满,不能太细。
◆ "弟"字右边一撇下端宜尖,左下一撇宜弯而向下。
◆ "印"字下半部三线的下缘宜平。

◆ "卞"字笔画要有粗细之分,才能体现书法的笔意。
◆ "宝"字宝盖要顶边,中间的三个零件要饱满,左右两竖外缘要直,内缘不平。
◆ "弟"的上面两点要与第一横相接。
◆ "印"字上部要有弹性,下半部两小竖要直。

◎ 第九章 初学者的基本训练

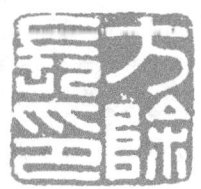

方除长印

尹充私印

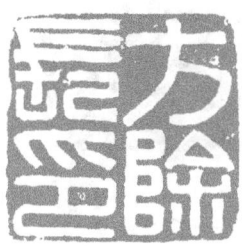 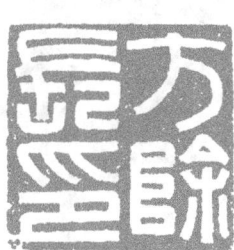

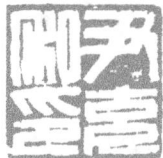 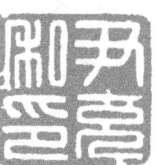

- ◆ "方"字右折钩太过。
- ◆ "除"字应左低右高，右下横画叉上宜短。
- ◆ "长"字左下底横上叉太多，右下部分转折不自然，结束时大头更为难看。

- ◆ 左边两字宜逼边，左右字间距太大，不紧凑。
- ◆ "方"字右转弯不像。
- ◆ "除"字左耳宜向下，右下部横画不平，竖不直。
- ◆ "长"左下部竖太长，横画不平，上叉太长，上半部的三横也宜稍平一点。

- ◆ 横中线不挺。
- ◆ "尹"字第二画及下垂线转折处不对，左垂线角度太斜。
- ◆ "禾"部各线条及转折处交代不清，"口"底线转角太锐。
- ◆ "印"下半部首画头太细，转折太方。

- ◆ 尽管四字排列尚妥，但明显笔画太细，字的间距也太大。

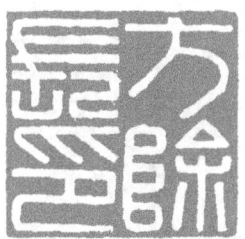 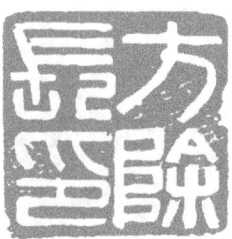

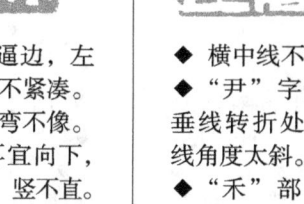

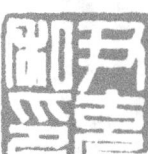

- ◆ 全印布局尚可，笔画如能再粗一点就更好了。
- ◆ "方"字第一撇宜有点弯度。

- ◆ 要逼边、残破。
- ◆ "方"字弯钩不成功。
- ◆ "除"字左耳太大，此字右下两小竖要直，上面一短画上叉不可过长。
- ◆ "长"字左下少一个出头，底画上叉太高，与右下部件分开太多。
- ◆ "印"上部三撇斜度不够。

- ◆ 整个印要饱满一点。
- ◆ 字与字之间距几乎靠近，不可太分开。
- ◆ "充"字"口"下少一竖。
- ◆ "印"字要向左右扩一点。

- ◆ 此印横中线向右下倾斜。
- ◆ "尹"字太长，三横画间太分开。
- ◆ "充"转折太方。
- ◆ "私"字"禾"下部三竖不可粘连，"口"太长、太方。
- ◆ "印"字三撇宜靠近，第三撇要长一点，下半部转折要圆一点。

163

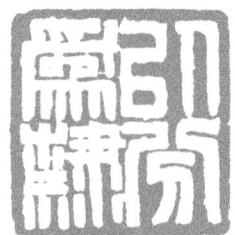
以分为隶

以豫白（自）牋

  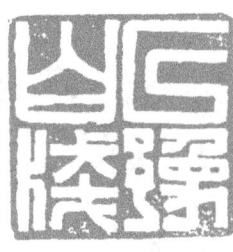 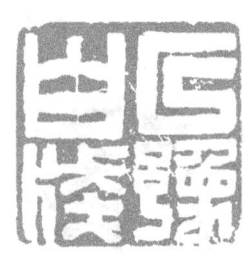

◆ 下面少红边及字内少留红，就衬托不出白字。
◆ "以"字与左字不可连，中间一竖一粗，留红就少。
◆ "分"字上面两笔间、下面"刀"之左右，均应留红。
◆ "为"字上部三撇太局促，底部几竖要有间距，中段有残破。
◆ "隶"字竖笔间应留红。

◆ 四字距离太大，上边、右边留红不足（右边是不齐整）。
◆ "分"字上部对称的两竖要直线，"刀"的左侧一小竖也嫌太圆。
◆ "为"的上端要左延，中间两环要连上连下。
◆ "隶"字左半太松散，右上转折宜方，中横要向右出头。全印线条嫌太光洁。

◆ 笔画太细，刻得也太光，与范印风格不符。
◆ "豫"左边太小，右边的左下三横要稍平。
◆ "牋"右边两个"戈"上边一个结构不对。
◆ 要破点角。

◆ 上面印边太宽。
◆ 左右太分开，也无残连，下面两字小了一点。
◆ 四角要有点残破处理。
◆ 印石要经细砂纸磨过，印面才无划痕。

 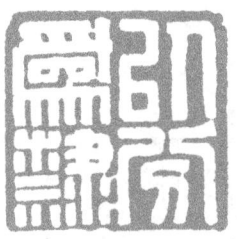 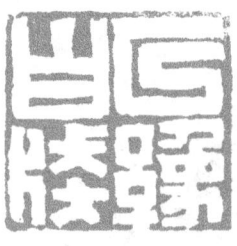 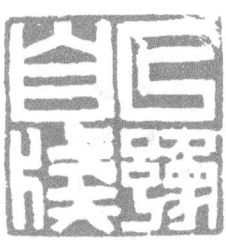

◆ 全印排列还得当，所有缺点无非嫌线条太光，转折方圆不当，一竖或一横的起止嫌太方或太圆。
◆ "为"字中间双环要连上还连下。

◆ 上两字应有相连处，印的底线要留红边，以红衬白。
◆ "为"字上边三撇与下横要连，但要连得艺术性一点；中间双环要与上横相连。
◆ "隶"字中应有残破处。

◆ 线条学得有点像。
◆ 右半印的字比左半边的占地大，左右两半间要有残破。
◆ "豫"字几个方块中的红点太大了。
◆ "牋"字要上升一点，"戈"字因不懂结构而右半边失真。
◆ 要破点角。

◆ 布局尚好，线条还不够粗，该残破处应小心作残破处理。
◆ 左半与右半部有残连处。
◆ 比范印多了一横。
◆ 要破点角。

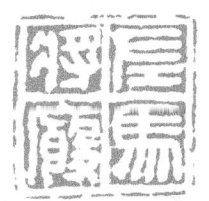
左马将厩

左忌私印

 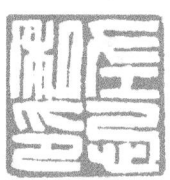

◆ 实际上，上面两字占地要少一点。
◆ "左"字左上角要向左出点。
◆ "马"字左竖应有点弯，这字线条太光、太直、太方，而此印非满白文。
◆ "将"字一竖太直、太光，右下部分，中间一笔要长一点。
◆ "厩"字框占地太多，里面显局促。

◆ 石太大，难以刻好，残破不够。
◆ "左"字左侧一竖太直，下边"工"两头不可太连边。
◆ "厩"字框太粗、太直，里边左半部下部应是左一竖加右一转钩，右半部上下间要有一竖相连。

◆ 四字要逼边，更饱满，其他一切均不差。
◆ 要学会残破。

◆ 横中线、竖中线均不明显。
◆ 线条要挺，起止处要有圆意，不可太方。
◆ "私"字要有残破，转角太方。
◆ "印"字上部三笔平行有斜意，下部三画要均匀，起笔太尖。

◆ "左"字横画两头太方、太光。
◆ "马"字左侧一竖要有点弯意。
◆ "将"字一竖宜有弯意，两端也非平头；左侧上下两个尖端形的笔画也未表现出来；右下"手"要上升。
◆ "厩"字框太粗，里边左部分横下少一竖，左边无论上下，结构全系自己编造。
◆ 残边要残，光断几根线不够。

◆ "左"字与全印其余三字一样，笔画嫌太细，唯左上一个转折粗得突然。
◆ "马"布局不匀，下边的四个终端太尖，左边一个大红三角形很突然。
◆ "将"字太细，下还少一横。
◆ "厩"字转角太尖，框内左下不可断，右半部转折不到位。
◆ 残破不按范印。

◆ 右侧两字大于左侧两字。
◆ "左"字上部太大，转折下垂处十分臃肿。
◆ "忌"字上部两个转折也嫌太粗，下部"心"字各细节未处理好。这种毛病，在"印"字下部同样存在，末画也嫌太长。

◆ 四字要逼边，横中线、竖中线不可太分开。
◆ 线条的"头"都处理得太方，与范印不符。
◆ "私"字"禾"旁的一长竖，应在左侧，怎么移到了右侧？
◆ "印"字下部转折太方。

石易之印

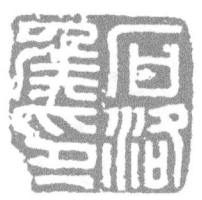

石洛侯印

 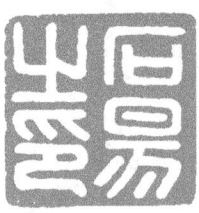 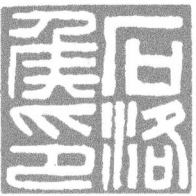 

◆ "石"字垂线与"口"太紧凑。
◆ "易"字下边两段是不与上线连接的。
◆ "印"字上部斜线带点浅弯钩，明显不够。下部三横画不均匀，有粗有细，有紧有松，结束的小转折也不对。

◆ 四字无联络，有点各不相关，左右字间隔太大了。
◆ 所有线条的头尾，都要处理得平一点。
◆ "印"字下部线条特别不挺。

◆ 与右印相比，此印未经残破，线条太光。
◆ "石"字太粗，外框转折太方，未加残破。
◆ "洛"的三点水下部太细，上部应有点弯曲。右半部垂线上段太斜。
◆ "侯"的左侧转折太方。
◆ "印"字上部转折宜圆，下半部三横要均匀留红。

◆ "石"字"口"与框还应分开点。
◆ "洛"字右上角还应向右，要有点轮廓。
◆ "侯"的左边转折宜圆。
◆ "印"上部的左转折宜左靠。
◆ 此印残破尽管还有一点距离，但看出已十分努力。

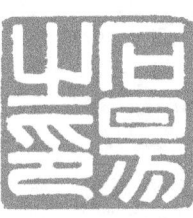  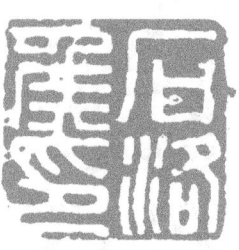 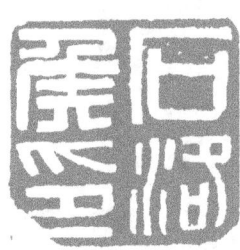

◆ 石章大了，如按比例对照，这方印刻得是比较好的。
◆ "易"字右下只要看一下白线条，再看一看红色间隔线，就可知道，这里还是有一点差距的。

◆ 线条不挺，转角马虎。
◆ "石"字竖线与"口"要稍有距离，"口"上横要下降。
◆ "印"上半部转折要带点弯，也不可占地太多，否则下半部就会显得局促了。

◆ 基本布局都可以，再可以粗一点、残破多一点。
◆ 每根线条的起止该方该圆，要认真看看范印。
◆ "石"字左垂笔太弯。
◆ 上下字之间的横中线不清，"侯"还应稍上升一点。

◆ 印石一大，增加临刻的难度。线条太光，要学会残破。
◆ "石"字左上角有圆意，与"口"应有一点距离，还有残破。
◆ "洛"字三点水要占一半，太细。右半部上部应左倾，垂线不该弯。
◆ "侯"线条太粗，头太方。
◆ "印"字上部三撇要均匀，末笔结束处有小转折。

◎ 第九章 初学者的基本训练

平复堂印

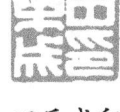

田乐成印

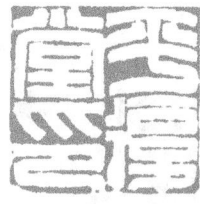 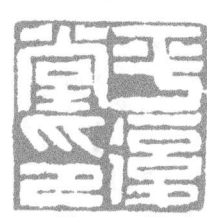

◆ 排列不差，线条也很饱满，但"平"、"复"两字，尤其"平"字横画都带弯意，很不自然。
◆ "印"字不应破边而出。此字与"堂"字的笔画头尾不呈圆意，上部左右两点处留红太多。

◆ 线条不挺，"平"、"堂"两字均有左右两点，下边转角均应有圆意。
◆ "平"、"印"末横画结束时应有一个小转弯。
◆ "堂"字左右垂线太粗，"口"字太方，下边"土"未刻好。
◆ "印"字上下间距太大。

◆ 与范印截然不同的是：笔画变细；横中线、竖中线相距太大；"印"字上部三撇要紧靠，间距相等，下部三画也要注意间距，紧靠；"乐"字要有残破。

◆ 别的都还不差，就"成"字小了一点。
◆ 注意"田"字的四个红块有否大小？"印"字下部三画是否有粗细？间距等不等？
◆ "成"字左侧一竖的粗细、角度有误，内中的"丁"横平竖直切不可倾斜。

 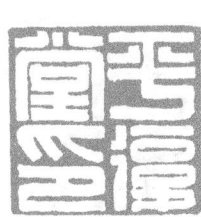

◆ 排列很好，线条宜再粗一点更显饱满，此印为满白文中最满者。
◆ "复"字第二"口"下通竖线。
◆ "堂"字"土"不可通左右线，宝盖上方小竖未居中。
◆ "印"字上下不可间距太大。
◆ 印边四周留红太多。

◆ 刻得很好。
◆ "平"、"印"两字末横画在结束时有点小转折。
◆ "平"左右两点及转折处要圆。
◆ 印角宜圆一点。

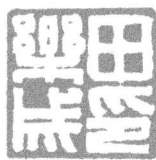 

◆ "乐"字要再加残破。
◆ "成"字左竖笔不是笔直的。
◆ "印"字似小了一点。

◆ 左侧两字大于右侧两字。
◆ 线条细，显得不饱满。
◆ "田"字分格不匀，与下面"印"字一样，转角根本不讲什么圆意。
◆ "乐"字上部要并连残破，下脚要平稳。
◆ "成"字粗细不匀。

田合众印

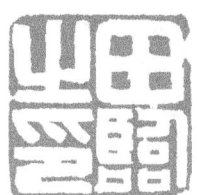

田临之印

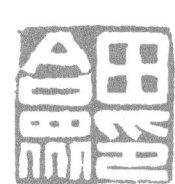

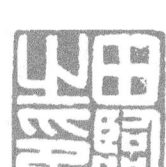

◆ 线条粗细不对，转角方圆不对，线间距离不对。
◆ "田"字太大了。
◆ "众"字上面"四"是浑圆的，现在刻成尖角了。
◆ "印"字下半部转折多好，现在呢？

◆ 基本合格。
◆ "合"字上面的"顶"太斜、太长，实际上与那横画差不多高低。

◆ "田"字太大。
◆ "临"字右垂笔要与"口"靠近，转角不可太方。
◆ "之"左笔要与另两笔一样高，转折带圆意。
◆ "印"字下半部太大，上半部第三笔斜线要偏长一点。

◆ "田"字太大，"临"字太小，此字左上部显得太局促。
◆ "印"字上半部三斜线太细，而此字下半部太粗，不协调。

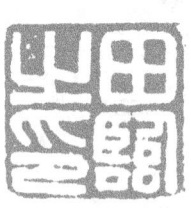

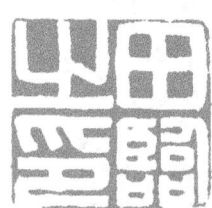

◆ 笔画太细，字的间距太松散。
◆ 特别是"印"字，上半部斜线角度不一，不靠紧；下半部线条不均匀，细了一点，转角也不符范印要求。

◆ 基本合格。
◆ "印"字上半部斜线方向要一致，要紧凑；下半部三横要挺，现在转折很不舒服。

◆ 四字间距稍大。
◆ 线条不挺。
◆ "印"上半部三根平行斜线角度不对，下半部不挺，转角未处理好。

◆ 四字太逼边，特别上下边，少了红边很难看。
◆ "之"字横画长而不挺。
◆ "印"字缺点最大，上半部横画下三斜线要平行，末笔最长；下半部线不挺，转角也较差。

田通之印

司马纶印

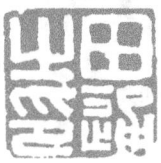

- 全印右半大，左半小。
- 线不挺，转角马虎。
- "田"字只要看四块红色不一般大，就说明分割有问题。
- "甬"字左转弯是直角，怎么一根斜线就下来了？

- 排列位置还好。
- 线不挺，不满。
- "通"字"止"左边线、"甬"部最右竖线，都短了一点点。
- "之"字上部三个线头及左竖线转弯，看了都不舒服。

- 基本到位。
- "纶"字右上一横中间要有点尖角的意思。
- "印"字上半部不满一半地位，线条要坦斜一点；下三横要注意线条挺、间距合适。

- 基本到位。
- "马"字五根竖线要长一点，必须先将上面几横靠紧一点。

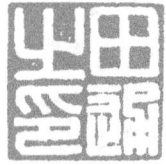

- 字与字之间距离再紧凑些会更好。

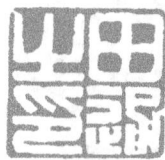

- 这方印石本身带点扁，这种小差别要善于识别。
- "通"字左上部多了，下部"止"就显局促；右半部也是上松下紧，留一块红干嘛？
- "印"三撇稍细，末笔头太大。下半部线不挺，转角欠圆意。

- "纶"字第一横要有点尖顶的意思，第二横要绝对平。
- "印"字下半部线条要挺，间距要均匀。

- 排列位置还好。
- 线条太细，但也不能刻成满白文。
- "印"字下半部间距不均匀。

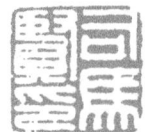

司马贤印

司马督印

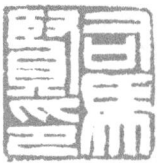  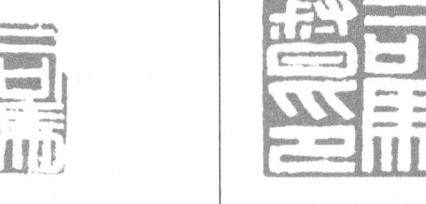

◆ "司马"两字要分开一点,"马"字首横应与"贤"字的末横并列,"马"字的下部五竖不应那么长。
◆ "司"字上面两横也要分开一点,首横起笔处太低。
◆ 特别是"印"转折处宜圆转一点,首横右侧高了一点。

◆ 全印边、角破得太多。
◆ 每个字要掌握笔画分配比例,如"马"字不应上小下大,"贤"字上部应左大右小。
◆ "印"字上部三撇不可与下半部连,第三撇无转折。

◆ 横中线不清晰。
◆ "马"字三横并不到边。
◆ "督"上部"叔"右侧的横线应下来点。
◆ "印"字上部左侧要有圆意,下半部的转折处短竖要细,末笔结束处要有小转折。

◆ 石太大了,临刻有难度。
◆ 横中线、竖中线不清。
◆ "司"字"口"宜方一点。
◆ "马"字五条腿不齐整。
◆ "督"、"印"两字因为粗,就不好看。"督"右上三条线应上叉,"印"字末画应有点小转折。

  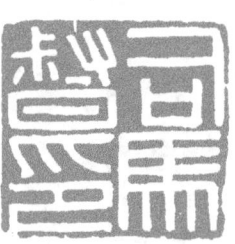 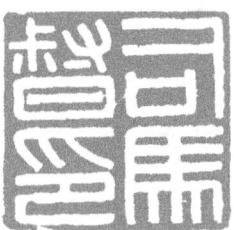

◆ "司马"两字间宜分开一点。
◆ "马"字第四横宜向上有点弯度。
◆ "贤"字下边"贝"线条粗细不匀,转角宜圆。
◆ "印"字问题太多,上半部第一、二横宜靠紧点,第三撇要长一点;至于下半部,太局促了。

◆ 全印右两字大于左两字。
◆ "贤"字上部左边少一竖。
◆ 该残破处未残破,不该残破的残破了。

◆ 横中线、竖中线不清。
◆ "司"字"口"应靠近中线。
◆ "督"字右上三根斜线应有长短。
◆ "印"字上半部转折宜圆,三撇宜略带弯;下半部转折短竖宜短而细,带圆意。

◆ 石太大,印角太方,但排列很妥帖。
◆ "督"右上方三个斜笔应有长短。
◆ "印"字上半部三撇应等距离,中撇要略有弯;下半部短竖要细,末笔结束要有点小转折。

第九章 初学者的基本训练

巩伋之印

臣书刷字

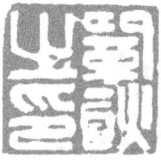 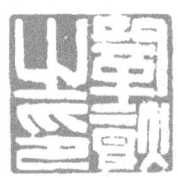

◆ 左右两组字间距太大。
◆ "巩"字下"口"中竖太粗，左右转折太细。
◆ "伋"字左边首横及"火"字右竖太粗，"食"下部分太局促。
◆ "印"字上部三撇不对，下部横画太粗。

◆ 上面两字占地大，使下面两字特别是"伋"字下半部显得局促。
◆ "印"字上半部太粗，下部第二横画太粗，第三画太细。
◆ 有些地方要残破。

◆ 看看范印，哪有这么粗的线条？
◆ 从四字排列看，除"刷"字应该再长一点，其余三字还排得妥帖。如果每根线条刻出瘦劲的意趣，就基本成功了。

◆ 仔细看一下，每根线条都是有粗有细地变化着。现在刻得这样光洁划一，其实较省事，与范印不符。
◆ "书"、"刷"两字要超过二分之一，形成疏密的对角呼应。

 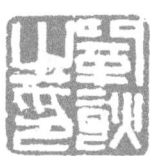

◆ 给人最深的印象是转折都比较硬，一根线条的起、止没有收拾好，该方、该圆、该尖全应照范印刻。
◆ "巩"下部一竖要穿透"口"，但不可过下边一横太多。
◆ "印"字上面三撇方向、长短都不对，下部三横画粗细、间距不对。

◆ 明显觉得左边两字太大。
◆ "伋"字左下"匕"太偏左，"火"下开叉太大。
◆ "印"上部三撇方向、长短都不对，也不要与下边相接；下部首画起笔与末画收笔处均错。

◆ 右两字大于左两字。线条如此纤弱，真不像用刀"刻"出的，而可以说只是用刀尖"划"了一道痕而已，这不行。
◆ "刷"字也要超过二分之一，"书"也一样，形成疏密对角呼应。

◆ "书"、"刷"两字要超过二分之一，形成疏密对角呼应。
◆ "书"字上三画落刀时太尖，"口"中一横左右不连边。
◆ "刷"字六竖，间距宜匀。
◆ 要残破。

成皋丞印

吕常私印

 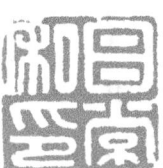

◆ 按比例,字画还应粗。
◆ "皋"字下部垂笔宜圆。
◆ "丞"字少一竖。
◆ "印"字上部第三撇宜稍长,下部末画要有一小钩,三横之间距要均匀。
◆ 印角宜圆。

◆ 石面应用细砂纸磨平。
◆ 笔画太细,印角宜圆。
◆ "成"字一长钩宜在横画中段开始。
◆ "皋"字中竖要出头,左右垂线垂直度不够。
◆ "丞"字少一竖,右边"手"太小。
◆ "印"字上部太大,下部少一小钩。

◆ 朱文"吕"的内框角要挖得干净利落,右侧要破边。
◆ "常"字"巾"局促的原因是上面的笔画占地太多。
◆ "私"字"口"上横太粗。
◆ "印"字下半部右小竖要靠中,并宜带方意。

◆ "吕"字有些线条粗了一点,框子内角宜方点。
◆ "常"字两点及第一横画太粗,转角太圆,使下面"巾"字压抑。
◆ "私"字"禾"转折宜有方意,还要粗点,"口"宜夹紧,上横太粗。
◆ "印"上部太大,宜紧靠带斜;下部太挤、太细;转折太圆,中竖要居中。

 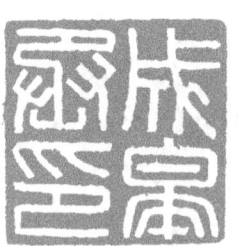

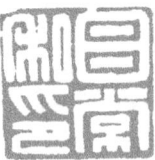 

◆ 如"皋"、"印"字的下部,笔画结束处都处理马虎,线条也欠挺。
◆ "皋"字下部垂笔宜圆。
◆ "印"字末画结束有小钩。
◆ 要逼边,圆角。

◆ 按印石大小比例,线条还应更粗些才协调。
◆ 字间空隙太大,印角要残破带圆意。

◆ "吕"的边框内角太圆。
◆ "常"字太大太宽,上面一大,把"巾"字压小了。
◆ 对照看看,为什么"印"字有那么多留红?

◆ 全印安排妥帖,只是未逼边,不饱满。
◆ "吕"的有些笔画太粗,边框内角太圆。
◆ "印"字下部三横要均匀。

第九章 初学者的基本训练

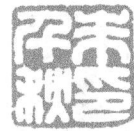

朱千秋印

朱锡桂印

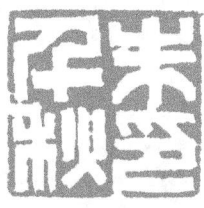  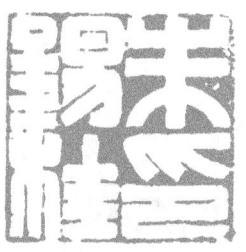 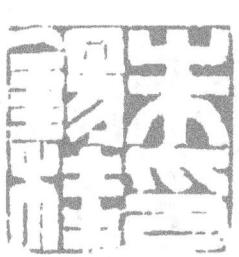

◆ 用石过大，较难再现范印的风采。
◆ "朱"字头一横太低，左右下垂不舒服。
◆ "千"字笔画过粗，转折太尖，毫无圆意。
◆ "秋"字"禾"转折不对，"火"字下边双脚不平正。
◆ "印"下半部过大、过粗。

◆ 上半方印及"印"上半部太粗。
◆ "秋"字粗细也未掌握好，占地太小了一点；"禾"字并笔太多，影响了笔画；"火"字左右两竖太长了一点。

◆ "朱"从一横开始都要向上提。
◆ "金"旁顶上应有尖顶。
◆ "桂"字"木"下边左右两处下垂要出现圆转之意；"圭"首横太低。
◆ "印"上部三撇结束没这么方，底横结束不好。
◆ 要有残破。

◆ 上两字大于下两字。
◆ "朱"字一横要上靠。
◆ "锡"字的"金"尖顶应与首横连，右下未钩平。
◆ "桂"字"木"左右下垂之笔要有圆意。
◆ "印"字三撇斜度方向应一致。

 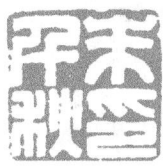 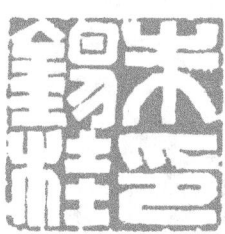 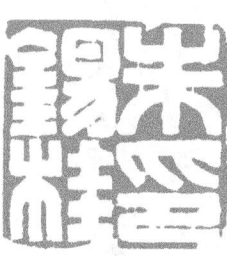

◆ 文字如再加粗，还可以补得过来。
◆ "印"字上半部要粗，末撇要长一点。
◆ "印"字的下半部写反了，说明既不会用水印法将字翻上石章，又不会对照镜子直接在石上写反字。

◆ 基本可以。
◆ 上半方印有些线条太粗。
◆ "朱"字下半部宜先横开后再下垂，现在下垂得太斜了。

◆ 左右间的竖中线太分开。
◆ "锡"字左上之顶要查留红，太尖了；右上"曰"要与下部有连线。
◆ "木"的左右两竖下垂处要有圆意。
◆ "印"字第三撇见斜不见转折。
◆ 要有残破。

◆ 刻得不差。
◆ "印"字上部首横结束处太大，第一撇太细。

朱谭印信

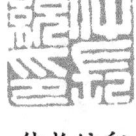
仲长统印

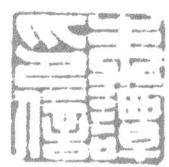

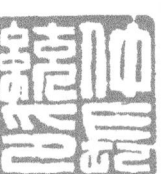

◆ 右两字大于左两字，竖中线上半部有点弯。
◆ 粗线条接近范印，但过多的残破中要留点"眼"，如"谭"字右半，其"口"嫌长。
◆ "印"上三撇宜等长。
◆ "信"的单人旁太粗，右边"口"上横画上翘得太长了一点。

◆ 太满，少见红也不好。
◆ 竖中线不直，中间应看到一根红线。
◆ 满白文如果只看到一片白，钤盖在纸上没有跳出来的醒目感觉，请看范印朱白相映的效果。

◆ 总的线条太细，"仲"字"口"要长，中竖在两头只出来一点点。
◆ "统"字"口"下少一竖，转折太方。
◆ "印"字最差，上部三撇方向、长度不对，下部占地、粗细、转折都与范印差得太大。

◆ "长"上部三横太粗，下部因右边占地多了，左边就显局促。
◆ "印"字上部三撇方向不对，下部明显线条不挺。
◆ 四面要逼边，且有残破。

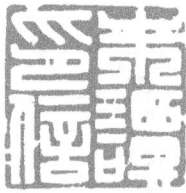

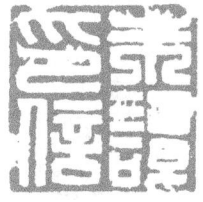

◆ 刻得很好，残破也佳。
◆ "谭"字右边上下间有残破。
◆ "信"字右边"口"上一横左右向上翘两笔，但宜短一点。

◆ 竖中线稍粗，右两字小了一点。
◆ "谭"字应左小右大。
◆ "信"字"口"中线有点歪斜。

◆ 线条不挺，线条起止处未收拾好。
◆ "仲"之"口"要拉长。
◆ "长"字三横下少一短横，下部太局促。
◆ "统"字"口"下少一短竖。
◆ 该残破处未残破，如"印"字下部，不该残破处破得不好。

◆ 范印不是这样细线条。
◆ 范印四字饱满又紧靠在一起，不像这印四字歪歪斜斜。
◆ "仲"字只要看"中"字，连中竖都不肯居中，下端留得太长，就知什么叫"马虎"。
◆ "印"字上部细而占地少，下部占地多而转折生硬。
◆ 要有残破。

任充汉印

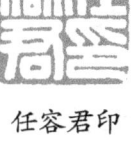

任容君印

 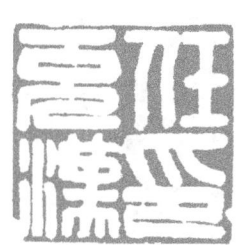

◆ 几乎笔画的起止都未按范印处理，转角太方。
◆ 单人旁左竖开始太斜。
◆ "充"字"口"上下两小竖要对齐，末画收笔过长。
◆ "印"三撇太斜，出现三角留红不佳。下部三画要均匀，转折要细一点。

◆ 选石过大，笔画过粗。
◆ "任"字单人旁一横太长，左边一竖太右缩，与左边"充"字间距太大。
◆ "充"字第一笔下弯，现刻成上翘。下部横画不挺，出现不稳定感。
◆ 三点水字头不对，长短不对。要有残破。

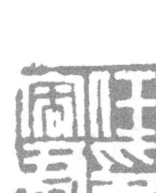 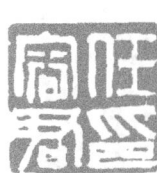

◆ 除一些转角太方外，总体还可以。
◆ "君"字右侧一竖开始的那部分烂在一处很不好。
◆ "印"上半部最右的一撇宜长一点。

◆ 线条细，字的间距太大，印的四边该留多少都未计划。
◆ "容"字无论宝盖及里面的左右部分，一概都未做到对称。
◆ "君"字左侧一竖线要靠边。
◆ "印"的下半部左侧一残破，看不出转折了。

◆ "任"字单人旁有微曲，右旁三画太长，头太方。
◆ "充"字有的笔画太粗，比如下部三横，中横特粗，看起来显然不协调。
◆ "汉"字三点水，左右两边竖画长短不对，右边底部四竖太长。三点水应有残破。
◆ "印"字太粗，下边转折欠圆。

◆ 右边两字太小，全印笔画太粗。
◆ 字有大小，再加上笔画一粗，整个印全变形。所以在刻印前，要重视写印，即"七分写，三分刻"。

◆ 线太细，间距不对。
◆ 像这类布局基本还可以，只是细一点的印，还可补救，即用手指蘸一点点墨拍在印面上，对照镜中反字逐笔改粗。
◆ "印"字特别大，不好。动笔画印，动刀刻印，连印的字画该粗该细都一点不在乎，还刻什么？

◆ 上两字好，下两字差。
◆ "君"笔画要加粗，靠左竖笔要直一点。
◆ "印"字上半部右侧末撇要长一点，下半部转折不好。

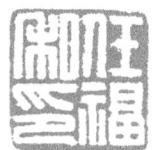

任福私印

刘义之印

◆ 印石比范印大得多，往往表现不出范印风貌。
◆ 粗白文刻成了细白文。
◆ "任"字"人"旁太斜。"福"右半部第一横太短。"禾"上下部离得太开。
◆ "印"字三撇要靠近，下半部要圆转，线要加粗。

◆ 全印线条有一半不挺。
◆ "福"右上第一横画太短。
◆ "印"上半部三撇宜近，第三撇要长。下半部三横要带点上抛，末画结束有小转折。

◆ 基本安排尚好。
◆ "义"字上部线条太弯。
◆ "之"字左竖还应下去一点，右竖转折宜平。
◆ "印"字末画要有小转折。

◆ "刘"字左边中竖不完整，右"刀"上部留红太多，看上去不舒服。
◆ "义"字右下角未处理好。
◆ "之"字左右两竖转折有错落。
◆ "印"字上部三撇要斜，下部三横宜挺，结束有转折，右小竖要细一点。

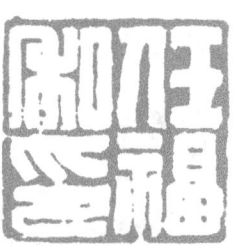 

◆ 印石过大。
◆ 线条不挺。
◆ "任"字右旁中画太长，一竖太粗。
◆ "印"字下半部转角太尖。

◆ 全印不够饱满。
◆ 转折太方，单人旁的终端叉开是不对的。
◆ "印"上半部三撇非一样长短，第一撇下留红太多，末画结束有转折。

◆ 右两字比左两字大得多了一点，"义"字上部线不可太弯。
◆ "刘"字"刀"部处理不好，应转折后左边加撇。
◆ "之"字右竖转折宜平。
◆ "印"字末画结束时应有一小转折。

◆ "刘"字占地太多。
◆ "义"字上部太粗，下部地位不够，故交代不清。
◆ "之"字右竖转折宜平。
◆ "印"字上部第一撇就应有斜度；下部末画宜平，结束带小转折。

◎ 第九章 初学者的基本训练

庄正阳印

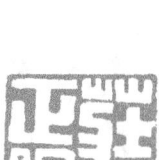

◆ "寿"字上部太粗，下半部有多处残破。
◆ "私"字太长。
◆ "印"字上部有并笔，下半部转折处疲软乏力。

◆ 所有转折都生硬不自然。
◆ "寿"字头一大，底下显局促，而此字应超过横中线。
◆ "私"字"禾"应上紧下松。
◆ "印"字三撇有并笔，有转折，下半部也太粗，转折不自然。

◆ 太粗，由于"庄"字太大，竖中线偏了。
◆ "庄"字的"土"没这么大。
◆ "正"字太粗。
◆ "阳"字耳旁多残破，"日"的线条要挺。
◆ "印"末画结束有小转折。

◆ "庄"字太长，草头又扁又残破。
◆ "正"左右小竖稍弯。
◆ "阳"字耳旁要有残破，右下部少了一个转折。
◆ "印"上部偏小，下部太粗，终笔无小转折，这两字的横画起止太方。

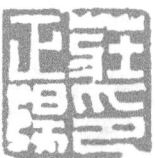

◆ 全印线条太细，不饱满。
◆ 线条不挺，好几处甚至出现弯曲，与范印不符。
◆ 字与字的间距太宽。
◆ "刘"字双"口"由方变圆了。

◆ 印的左边留得太多。
◆ 所有转折都太方、太生硬。
◆ "寿"字头大，一竖太粗，上面松，底下就显局促。
◆ "私"字应左右展开一点，现在夹得太紧。
◆ "印"字上部未处理好。

◆ 此印特多不稳定线条，该正的不正，或过分斜势，如"庄"左部一竖、"正"右边的转折、"阳"右下的几根微斜的线条等。
◆ "阳"字耳旁要残破。
◆ "印"字上部斜撇方向不统一，下部横线不挺。

◆ 右两字明显太大。
◆ "庄"字草头不碰头。
◆ "正"字右中横转折向上，还应下降。
◆ "印"上部三撇应有斜势。

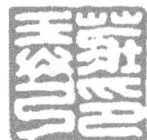

庄弄弓印

庄顺之印

 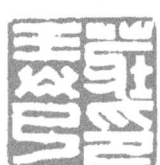  

◆ 右两字太大。
◆ "庄"字草头下一横画太粗，结束太大，左下两笔应有曲折。
◆ "弄"字下部交代不清。
◆ "弓"字只要看看留红处，便知间距有问题。
◆ "印"字第三撇要长而靠紧，下部转折宜有圆意。

◆ "庄"字左下两笔应有曲折。
◆ "弄"字下部要向左右拉开点，上部三画要分开。
◆ "弓"字头部不可粘连，末笔应有曲折。
◆ "印"字下转折应有圆意。

◆ 无论线条、结构、横中线、竖中线、残角等，都与范印不符。这样刻，学不到什么东西。
◆ "顺"字左竖既高，右上部字又少一小竖。
◆ "之"字右竖钩、"印"字上半部明显与范印不符。
◆ 所有转折都方，字画起止都马虎。

◆ 线条要挺一点，如"顺"字之"页"及"之"字粗细要讲究一点。
◆ "印"字上半部三撇要有长短之分。
◆ 要残角。

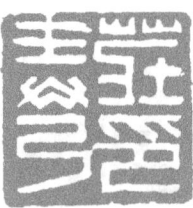  

◆ 用石太大，对能力差的人，临刻增加难度，因其难以同比例放大。
◆ 对照范印看每一个字，他直你曲，他紧你松，他方你圆，他松你紧……完全按自己意思办，这叫什么"临刻"？

◆ "弄"字下部应向左右分开。
◆ "印"字三撇宜靠紧并分长短，方向朝右才对，下半部转折应有圆意。

◆ 上面两字为什么要占地那么多，压得下面两字喘不过气？
◆ 线条太细，且不懂范印破角、逼边之法。

◆ 右两字大于左两字。
◆ "庄"字左半部应大于右半部。
◆ "顺"字之"页"没有必要刻得如此粗。
◆ "之"字线条不挺，一横要向左伸展。
◆ "印"字上半部三撇要注意角度，要有长短之分；下半部的三横间距不对。

关内侯印

关外侯印

- "关"字下有一长画。
- "内"字左右分开不碰边。
- "印"字转角要圆，下半部要压缩，转折要自然。

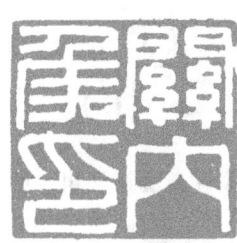

- 石太大，不易临刻。
- "关"字"口"上并无一点。
- "内"字框内一竖宜长，左右分开并不碰边，分开的角度也太斜。
- "印"字上下不相连，下部三横宜均匀，转折要自然。

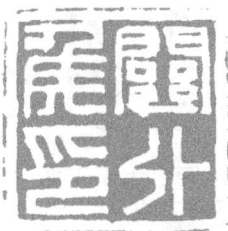

- 临刻印石不宜过大。
- "关"字两扇门不大方正。
- "外"字左侧下面一撇转折不应明显。
- "侯"字上部留红太多，整个字太长，底脚左右两头长短相差太大。
- "印"字上部转折要圆，撇要等距等长，不可弯折。

- "关"内"口"要一样高低。
- "侯"左侧转角宜方。
- "印"字上部角宜圆，三撇宜有圆意。
- 该残破处要残破。

左图：
- 上两字太大，尤其"关"字，在全印中很不协调。
- "内"字中竖宜长一点。
- "侯"字的上部竟会这样处理，真令人佩服。
- "印"字上部太弯，也不应与下部连，下半部的转折太尖且生硬。

右图：
- "关"字四个"口"下有一长画。
- "侯"字中竖要插到底。
- "印"字上部转折要圆一点。

- "关"字门内四"口"不可无间距。
- "侯"字左竖要到底，此字上部两横不可超过框角。
- "印"字上部三撇宜疏朗有间距，与下半部要分开一点。
- 边要残破。

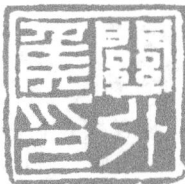

- "关"字右竖太短。
- "侯"字右上转折不自然。
- "印"字上部转折要圆，三撇间距要匀，笔画结束时刻得过大，很不好看；下半部末画太长。
- 边要残破。

江孝昭印

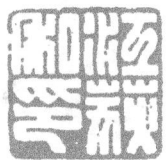

江获私印

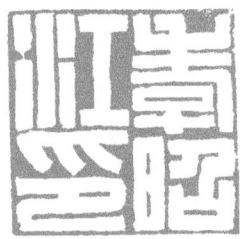   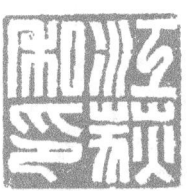

◆ 石头一大，增加临刻难度。
◆ 上两字大，横中线不清，底边应留一红边。
◆ 全印线条不挺，"孝"的第二条横线显得太粗。
◆ "江"三点水底线应一样平，左右上两竖，下部应有点尖。
◆ "昭"字右下"口"应左高右低。
◆ "印"字首横不挺，所有转角均不到位。

◆ 上两字大于下两字，故下两字均显局促。按范印，底边还要留一红边，现在也没有了。
◆ "孝"的第一、二横间要粘连，"子"下出头极少。
◆ "昭"的右边线条不挺，"口"上转折有点斜，"口"也要高一点，而且左长右短。
◆ "印"的转折太方，三撇要斜。

◆ 全印笔画要加粗，加残破。
◆ "江"字三点水姿态不对，"工"首横画细，下边盘曲欠流转，留红太多。
◆ "获"字反犬左面一笔抛得太开，"火"字下边开叉太开。
◆ "印"字上部钩得不舒服，下边末笔转折得不好。

◆ 线条还要再满一点。
◆ 三点水弯曲过甚，右上一竖少一转弯。
◆ 要残破。

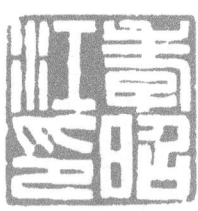   

◆ 如果所有线条挺一点，转角的方圆掌握好，这方印还是不错的。
◆ "江"的三点水，左右并不对称，应有长短，而且，上下两头也并非一般方或一般圆。
◆ "孝"字"子"左边不相连。
◆ "印"字首横右侧太粗，转折要有圆意，三撇要向右均匀地斜去；下半部，第一横右侧低了。
◆ 底边要留出一条较宽的红边。

◆ 线条太细，上下、左右间距太大，底边留红不够。
◆ "昭"左右间太分开。
◆ "印"上部转折要有圆意，三撇终端太方；下半部不饱满，转折未处理好。

◆ 所有线头处理得太方、太锋利。
◆ "江"字三点水弯曲过甚，右上一竖要带弯；"工"字盘曲不到位。
◆ "获"字"火"下部开叉太开。
◆ "印"字转折太方，下半部的右边转折太粗。
◆ 要残破。

◆ 临一方印要看清范印，你看"江"字三点水分得那么开，右上一竖又漏了转折，"工"字盘曲也不对头。
◆ "获"字反犬一横下要出头。
◆ "印"字下部末横全错了。
◆ 该残破处未破。

沱（池）阳家丞

安持长幸

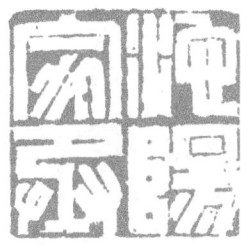 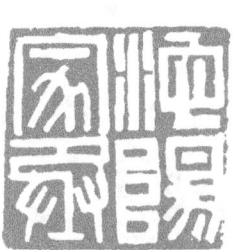

 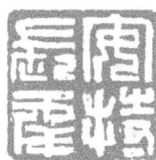

◆ "池"字右半左右两笔要圈得低一点。
◆ "阳"字左耳及右部均残破不当，很不舒服。
◆ "家"字宝盖下一横太长，左侧三撇长短、角度不对。
◆ "丞"字几个转折都太尖，左右"手"应长而向上伸。
◆ 边宜有残破。

◆ "池"的三点水左右四线，长短差别不大，且要占一半地位；此字右部所有转折均太尖。
◆ "阳"左耳太大，右半边下部交代不清，线条也太细。
◆ "家"字一横与下面脱节，左三撇细而方向不对。
◆ "丞"太细，左右"手"要长而满。
◆ 边宜残破。

◆ 四字排列妥当，笔画终端用刀太方，欠圆意。
◆ 有两处因少笔画而感到不足："长"字第三横下有一下连竖线；"幸"字第一横画不可断为二。
◆ 全印上部残破过甚。

◆ 各字间距过大。
◆ 全印笔画扭曲不挺。
◆ 各笔画头尾均不符要求，显得太草率。
◆ 文字要逼边，略有残破。
◆ "幸"字第二横画左侧有一竖线通两横。

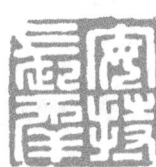 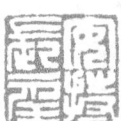

◆ "池"字线条欠挺，三点水左右四竖中，上两竖宜稍短，并留间距。
◆ "阳"字角不可太尖，与下边一横画不可太分开，两头宜方；右下各笔画宜饱满，左边的小点方向不对。
◆ "家"字横画下左右两头不对，最左一撇宜方。
◆ "丞"字左右"手"底画宜平。

◆ "池"字三点水为何特细？"池"、"阳"两字转角太尖。
◆ "家"字宝盖下太细。
◆ "丞"字左右"手"宜饱满而上伸。

◆ 线条稍再粗一点才显得饱满；各字之间，尤其左右两半文字间距不可过大。
◆ "幸"字左侧一竖结束太大。

◆ 全印布局合理，线条饱满，但不够挺，线头也未处理到位。
◆ "幸"字第二横画要有两根短竖线通上去。
◆ 有些地方必须残破。

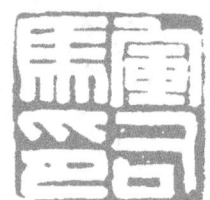

军司马印

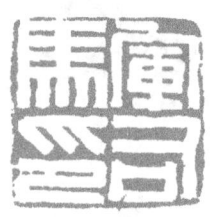

军司马印

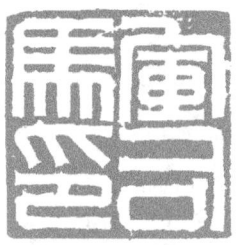 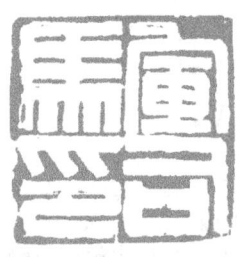

◆ 不够满，横中线不平，上两字靠中间部分线条均显长。
◆ "司"字"口"太靠右，右竖线向内弯是不对的，"口"缺的应是右上角。
◆ "印"字上部宜扁，三撇要紧靠且同方向。

◆ 此印上两字都大了，也未留竖中线。
◆ "司"字"口"与左右均有距离；其右上缺一点是范印的毛病，作为实临，应如实照刻。
◆ "印"字上下有较大间距，上边三撇的角度不对。

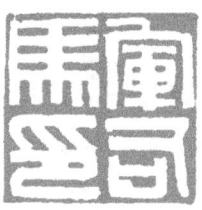 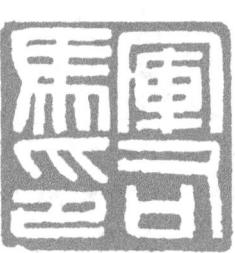

◆ "司"字右竖结束处不能这样尖。
◆ "印"字上下两部分怎么可能相连？

◆ 四字要逼边。
◆ "军"字左上少了一个转弯。
◆ "马"字左侧应是一根直线。
◆ "印"上半部转折要圆，三撇要均匀。

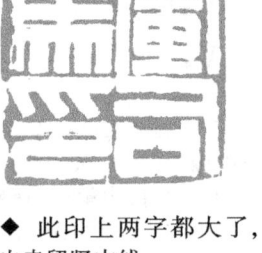 

◆ "军"字尤其不满，"田"字不方、塌角。
◆ "司"字"口"宜与右竖有点间距，上面两横要分开点。
◆ "马"字左下缺角，是什么原因？全印都不够满，左下就是大缺点。
◆ "印"上部三撇要紧靠，下三横要均匀，破得不是地方。

◆ "司"字两横间、"口"与右竖间均要留空隙。
◆ "马"字左下三竖过长，使竖中线不平而左倾。
◆ "印"字上下要有间隙，上部三撇要靠紧、同方向，下部首横太长。

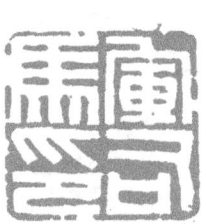 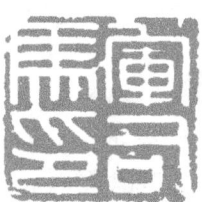

◆ 刻得还不差。
◆ "司"字"口"及"印"下半部的转折宜圆。

◆ 全印还应饱满。
◆ 线条太细了一点。
◆ "军"内"车"的横画太细。
◆ "印"字上半部三撇要靠紧，方向要一致；下半部三横要挺。

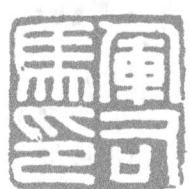
军司马印

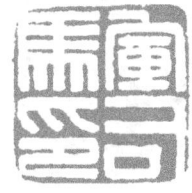
军司马印

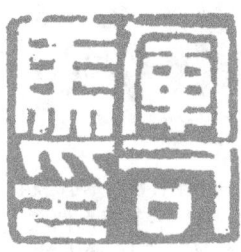

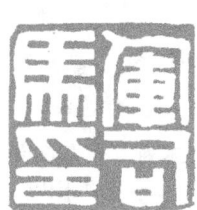

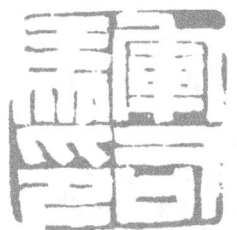

◆ 比例不对，上两字太大，"印"字太小。
◆ "军"字右上角宜圆。
◆ "司"字右竖线非直线。
◆ 注意"马"字下脚左右都应有圆转的处理。
◆ "印"字所有转折均未处理好。

◆ 基本接近范印。
◆ 所有线条的"头"都太方。
◆ "军"、"马"已超过一半。
◆ "军"字首横太低。
◆ "司"字"口"应向左靠一点。
◆ "印"字上半三撇方向向右，等距离；下半部占地太少，显得局促。

◆ 右边两字太大，全印线条太粗，显得太满。比如"司"两横之间应留红较多，像现在这么挤，都是线条太粗造成的。

◆ 全印线条太细，右两字太大，"印"字太小。
◆ "马"字脚五根竖线不均匀。

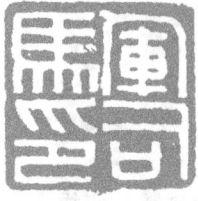

◆ 四字要逼边，"军"字"车"也要逼边，要饱满。
◆ "司"的右竖并非直线。
◆ "马"的右下角、马脚转折太方。
◆ "印"的下部还应向右扩一点，上半部左上角转弯太方。

◆ 线条太细，横中线、竖中线留得太多。
◆ 字都应逼边。
◆ 转角都嫌太方。
◆ "军"字首横要向上，"车"字要写得饱满。
◆ "司"的右竖要逼边，"口"的转角要有点圆意。
◆ "马"的左竖太长。
◆ "印"的上半部转得要圆而撇得均匀。

◆ 竖中线不清。
◆ "军"字"车"应饱满一点。
◆ "司"字右竖太斜。
◆ "印"字上半部转折宜圆，三撇要靠近，撇的方向要一致。

◆ 比例尚好，线条还要挺一点。
◆ 横中线左低右高，不妥。
◆ "司"字第二横太低，右竖下部太尖，"口"字离右竖要有距离，"口"字宜扁一点。
◆ "印"字上半部转折宜圆，要同方向、等距离。

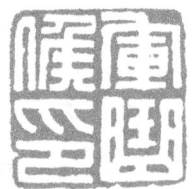

军曲候印

阳乐侯相

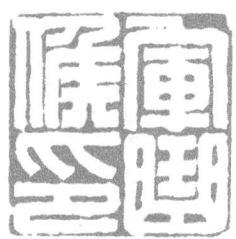 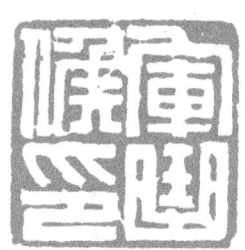

◆ 排列妥帖，但线条太满，竖中线、横中线看不清，均与范印不符。
◆ 所有转折处偏圆。
◆ "候"字左右不可相连，单人旁上部太出头。
◆ "印"字上部要均匀，下部三横要等距舒服。

◆ 横中线、竖中线不清。
◆ 线条偏粗，要逼边。
◆ "候"字左右不可相连。
◆ "印"字下部要看出间隔，各处转折也太方。方圆的程度只有仔细审察范印才好。

◆ 粗细不对，与范印相差这么大，难道看不出？
◆ "阳"字右下部及"乐"字的几个"口"转折这么方，是否也看不出？
◆ "乐"字"白"中间为一点，底下末画要长而几乎无转折。
◆ "相"字转折要圆，"目"中两横要有点斜。边角要残。

◆ 按比例，线条可略粗。
◆ "阳"字下部太偏左。
◆ "乐"字所有方块偏圆拉长，底线下无转折。
◆ 边角要仿照范印残破。

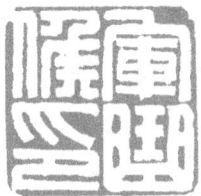 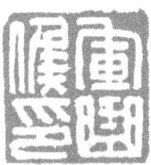

◆ 要说一方印的安排，实在也找不出大缺点，能做到这样，也的确不容易。
◆ 缺点是竖中线、横中线要再分开一点点。"军"、"曲"两字各包含的"车"、"玉"也要离框远一点，才有空灵感觉。
◆ "候"字左右底脚要并紧一点。
◆ "印"字上部三撇要等距。

◆ "军"字框宜方。
◆ "曲"字框还好，中间的"玉"三横一竖均未处理好。
◆ "候"字为什么这么长，原来妄自加了一笔；左上部向左第一撇宜平，底部宜看出左右分开的两折。
◆ "印"字上部宜有弯意，下部线宜挺，间隔宜均匀。

◆ "阳"字右下宜在二分之一下，有右向的平转折。
◆ "乐"字四"口"要圆中带方，中间"白"要长一些，底横要降低并带小垂折。
◆ 全印右大左小，故"相"字特别小，"木"字中竖要出头一点。
◆ 边角必须残破、逼边。

◆ "阳"字右下又挤、又生硬，整个印线条宜粗点。
◆ "乐"字四个"口"一大，把中间"白"挤小了。所以写印稿时要反复对照范印才好。
◆ "相"字"目"明显太窄。
◆ 要学会边角的残破。

◎ 第九章　初学者的基本训练

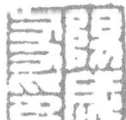

阳成友印

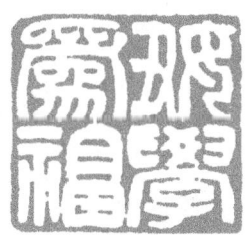

好学为福

◆ 印面太大，一般临刻大多失败。
◆ 不饱满，不够圆。
◆ "阳"的右下部结构错。
◆ "友"的上半部、"印"的上半部结构与范印不符。"印"的末画止处有小转折。

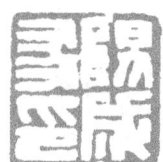

◆ "阳"字左右间分开太多。
◆ "友"字右下一竖及"印"字首横、左下部一小竖竟这么粗，很不协调。
◆ "印"的上半部转折不好。
◆ 印边右侧留红太多。

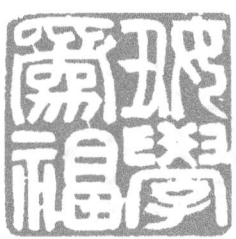

◆ 基本都很好，有缺点也是一些细节上的，比如："好"左侧第二横笔是方笔起头，"女"字右下转折宜方；"学"的"子"字应长方形"口"，下面一笔平而中间有分；"为"上方三个钩下是并笔，非两竖，右上一竖宜直一点，点横下有四足，起笔也宜方笔。

◆ "好"字太细，起笔、转折无书法笔意；"女"字缺头，左侧一弯太短。
◆ "学"字中有两叉重叠，下边秃宝盖左右角宜方。
◆ "为"的上方三撇宜卷起来，右侧两笔太细，中间两环起笔要连上横，下面四足太直、太斜。
◆ "福"的"示"左右两笔有弯意，右下"田"也有弯意。

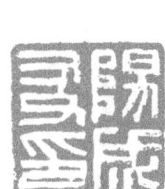

◆ "成"左侧竖笔不直，长画下还漏一小横。
◆ "友"右上角缩得太进。
◆ "印"上部要有并笔，下半部横线不应向上翘。

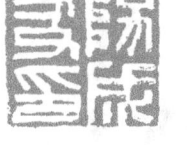

◆ 所有线条一细，面目全非。
◆ "印"的上部三个转折都不对，应该第一撇直、第二撇斜、第三撇转折；下半部转折宜圆，末画结束时要有点小转折。

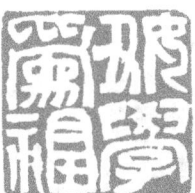

◆ "好"字左侧"丑"中间一横折不连贯，"女"字上端缩得太小。
◆ "学"字左上及右下角的笔画都少了一点，不协调。
◆ "为"的上端三个钩要有圆意，下面一横要拉上去一点，不使底部五足太局促。
◆ "福"字"示"两横太短太细，左右两竖也太尖细。只要看留红，就知右半部的笔画太细了。

◆ "学"字上下各有两竖，都不正。
◆ "为"字上端一横下有三钩，现在误刻为波纹，右边出角的一小竖应见下笔的痕迹，不可一样粗细；其左右垂下的竖笔应是内方外圆。
◆ "福"字左上两横应一样长，右上部分要宽点，顶有坡度。

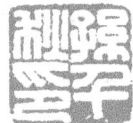

孙千秋印

◆ 印面太大,笔画太细。
◆ "孙"字三个"口"宜带方而饱满,左边"口"下一短横要下降,底下小转折要平。
◆ 四字宜逼边,四角宜微圆。

◆ 全印线条还应饱满。
◆ "孙"字左边太小,"口"太尖,下面一横要下降。
◆ "秋"字"禾"旁少一横画,"火"字开叉宜平。
◆ "印"字第三撇无转折。

孙光之印

◆ 刻得不差。
◆ "孙"字右半部,上面双"口"还应带点扁方。
◆ "光"字长横下两只角转得太方。

◆ "孙"字右半部,上面双"口"还应带点扁方。
◆ "光"字一竖要与下连。
◆ "之"字左右竖线要下降。
◆ "印"上半部斜线靠得太紧,也不必太弯;下半部转角失败。

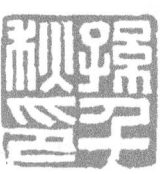   

◆ 全印还要饱满一点。
◆ 转角怎么都是方的?
◆ "孙"字左上"口"要呈菱形,下面一横要下靠,右边双"口"要饱满。
◆ "千"字右上转折不好,一竖应有点右弯。
◆ "秋"字还应下降一点,"火"字下边开叉宜平。
◆ "印"各转角太尖,末画结束时要有小转折。

◆ 全印笔画这么细而不挺,转角又失圆意,与范印比,真可说面目全非。
◆ 右两字太大。
◆ "孙"左边一横要下降,双"口"留这么两块红,多难看。
◆ "千"字中竖宜居中。

◆ 线条太方,不注意小节。
◆ "孙"字左上"口"为菱形,与下中线要连接;右上两"口"太大。
◆ "光"字中竖要穿过横线,左边转折要靠近左竖线。
◆ "之"左右两竖要下降。
◆ "印"上半部要斜得紧凑,占一半地位;下半部转折要自然。

◆ 全印与范印对照,显得太满了,该留点红的地方也没有了。
◆ 不要忽视一些小节,刻好后,或用印泥钤盖出印后,一定要仔细与范印对照,你看:右上角两"口"之间、"光"字长横之下,均少了一线连接。

◎ 第九章 初学者的基本训练

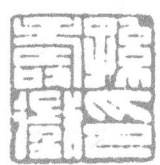

孙寿徽印

杜昌里印

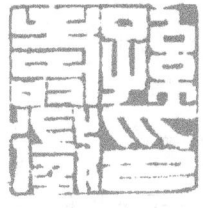 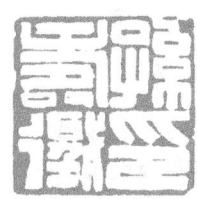

◆ 整个印还算饱满，但有些转角太方。
◆ "孙"右半上松下紧不好，"子"口内红点太大，与下部的"印"字也不可连。
◆ "寿"字第一横画太粗，左下"口"底线太低。

◆ 全印饱满。
◆ "孙"字"口"下未连接。
◆ "寿"字上面一粗，下边的"口"、"寸"就占地少了。
◆ "徽"字双人旁要窄窄的，占一条竖线，不会留那么多红色。

◆ 印面太大，字太细，离边太远，字间距过大，全走样了。

◆ 印面大小最好接近范印。
◆ "杜"字"木"下半部转折宜圆；三竖结束处加大，不自然。
◆ "印"字上半部三撇角度与间距均不对，下半部线条要挺。

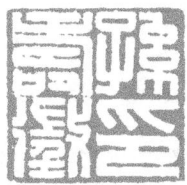 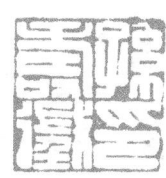

◆ 不够粗，不够挺，排列很好，若注意了这两点，就会好许多。

◆ 很好，全印饱满，排列匀称。
◆ 少数部分，如"印"下半部、"寿"第三横画下部件突然粗起来，与全印不协调。

◆ "杜"字"木"部宜上紧下松，下部转折宜圆。
◆ "昌"字各转折都差。
◆ "里"字各横画间距差，线条也不够挺。
◆ "印"字最差，上半部要注意三撇的角度、长短；下半部线条宜挺，转折要自然。

◆ 各线条粗细要统一，间距宜平均。
◆ "杜"字"木"中竖偏左，"土"部之头太圆。
◆ "印"字上半部太细，下半部横画不挺。
◆ 这方印的右上角宜残，全印都应有全面的小残破。

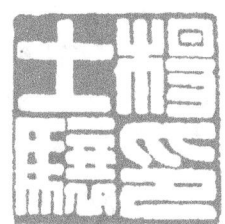

杨士骧印

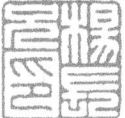

杨长兄印

◆ 最大的缺点是太细，与范印满白文完全是两码事。
◆ "杨"字上半部占地太少。
◆ "印"字上半部转角应圆而不是尖。

◆ 比范印还是细了一点。
◆ "杨"字"日"下一横右侧要与下面连。
◆ "骧"的右半至少应占一半地位。
◆ "印"上部转角要圆，三撇还要往下并带弯意。

◆ "杨"字上部应平齐，"日"下一横太粗，头太方，下面转折要自然，左侧要下折。
◆ "长"字三长横要挺，头不太方，左竖要先直后转向右，成一小竖后要下插长一点，右下"己"转折太方。
◆ "兄"占地太多，转折不自然。
◆ "印"宜更长一点，三撇要均匀，底横末了要有转折。

◆ "杨"字右上角"日"还可宽点。
◆ "长"字左上角一竖要直，且靠中间线。
◆ "兄"字占地可稍多一点，转折还该讲究。

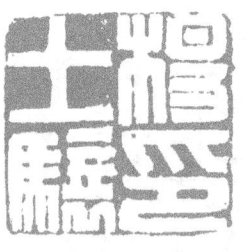   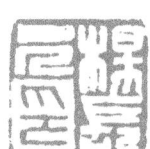

◆ 线条应挺，这缺点在下面两字中最看出不够，"骧"字靠中的两部分，线条起止处都十分马虎。
◆ "印"字上部要圆角，三撇要带弯意。

◆ 线条还应粗。
◆ "士"下边一横还要向左侧伸展。
◆ "印"字上部要圆角，三撇要带弯意，底画太细。

◆ 留红太多，说明不饱满。
◆ 线条不挺，有点黏糊。
◆ "杨"字"木"上下要靠近，右部中间少一竖连接。
◆ "长"字左侧应先一竖再转折，右下"己"转折不好。
◆ "兄"左上要相应冒出一丁点。
◆ "印"上部转折宜圆，三撇要稍长一点，下部末画要有转折。

◆ 各字都破烂过甚。
◆ 线条不挺，转角宜挺而安排妥帖。
◆ "长"字左侧一竖太斜，左下底画要向上交代清左右两个转折。
◆ "兄"字"口"不宜全残破，"口"下少一竖，转折太粗。
◆ "印"上部三撇不可如此生硬，底画结束要有小转折。

杨宣明印

杨遂成印

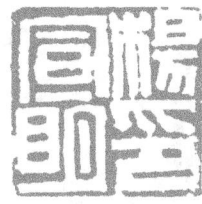   

- ◆ 石过大，初学者很难把握线条的粗细。
- ◆ 上下字间距不见了。
- ◆ "杨"字"木"上下不分，线条长短控制不住，右半边的下部三撇要到底。
- ◆ "宣"、"明"两字转折太方，"明"字左右无距离感，"目"太宽。
- ◆ "印"下部如此粗笨，可厌。

- ◆ 基本妥帖，但小处不精心，十分可惜。
- ◆ "杨"字"木"上大下小，左右间距也差。
- ◆ "明"字右上部应有点尖意。
- ◆ "印"上部转折太尖，下部大而松。
- ◆ 要残角。

- ◆ 临刻选石印面须接近原石大小，此石过大，刻工马虎，左右文字占地不等，转折偏方。
- ◆ "杨"字"木"上小下大，右下角转折宜直。
- ◆ "遂"字右两竖应相连。
- ◆ "成"左竖太长，首横太斜。

- ◆ 左大右小，所有转角都锋利、生硬，每根线条的起止都不管方圆。
- ◆ "成"字左竖不可十分贴近左边框。

 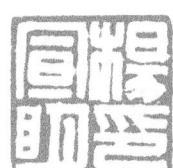  

- ◆ 四字应逼边的却缩在中间，每字都十分拘束。
- ◆ "杨"字"木"上下间距太大。
- ◆ "宣"字宝盖与下部太分开。
- ◆ "明"字左右都太靠近，致"月"字太松。
- ◆ "印"上部太夹紧，而下部则太放开。
- ◆ 角要残破。
- ◆ 每个小节的马虎导致全印失败。

- ◆ 不能用想当然刻满白文的方法，无视范印的风貌，刻出一方与范印完全不符合的印章。作者似乎不懂什么叫"临刻"？临刻应惟妙惟肖，甚至可以乱真，这是学习传统艺术初级阶段必走的第一步。

- ◆ 选石大小正好，文字排列也妥当。
- ◆ 线条还宜挺，还要更饱满。
- ◆ "杨"字"木"宜上小下大。
- ◆ "遂"字右下几撇应斜置。
- ◆ "成"字上部宜空，左竖太长。

- ◆ 此石印面过大，上排左边一方临刻的所有毛病，此印几乎全有。
- ◆ 朱文"成"的内框要右扩，不可使右边过粗。

杨霸之印

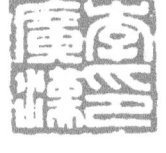
李广汉印

◆ "杨"字横竖线条粗细悬殊太大，右下角处理也马虎，整个字看起来特不舒服。
◆ "雨"的四角未处理好，四根横线也不挺。
◆ "之"字左竖太长。

◆ 右侧应"杨"小"霸"大，线条还要饱满、均匀点。
◆ "霸"字"雨"四角宜方，"革"的中竖应穿"口"。
◆ "之"字左右两竖显得过长，"印"字下部显得局促了，什么原因？想一下就会明白。

◆ 基本好。
◆ "李"字底部太空。
◆ "广"底下左右分叉得差。
◆ "汉"字三点水要加粗，线条有微曲。
◆ "印"字下部三横不挺。
◆ 要有点残破。

◆ "李"字太细，左右留红太多。
◆ "广"字特小，"田"字更小，下部左右分叉太开。
◆ "汉"三点水有微曲，右上线条有误。
◆ 字均要逼边，否则如"印"就会显得太小，此字上下分得也太开。

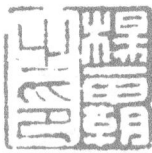 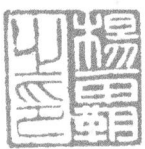  

◆ 右半白文理应超过一半，现在等分了，左半朱文便显太松散。
◆ "杨"字转角均太方。
◆ "霸"字"雨"头右竖下角宜方，"革"字中竖要穿过"口"。
◆ "印"字上部左转弯宜稍方。

◆ 右侧白文偏细，"杨"字右半上部太小，下部太大，少一中竖连接。
◆ "之"字太长。
◆ "印"字上部三撇间距不匀，下部三横间距也上小下大。

◆ "李"上"木"要竖到"口"，与"印"两字较细。
◆ "广"字线条不挺。
◆ "汉"字三点水短而细，右上"口"中有一竖。

◆ 四角太尖，四字要逼边。
◆ 线条要再粗一点。
◆ "汉"字三点水占地太大，上面两竖要短一点，右半部要放宽。
◆ "印"字上部三撇要有斜意。

◎第九章 初学者的基本训练

李氏家印

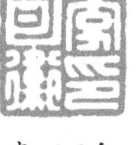
李可卫印

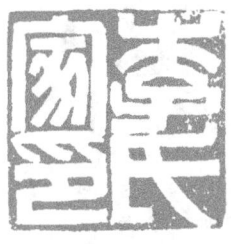 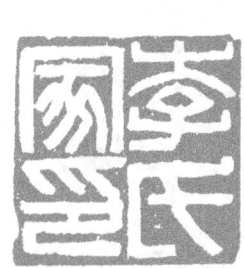

◆ 范印线条不粗，但充满圆意。
◆ "家"宝盖上有一小顶，左右下垂略有弯意。
◆ "印"字上下各占一半，转折要有圆意。
◆ 要破角。

◆ 线条转折要充满圆意。
◆ "李"字"口"两头太尖。
◆ "家"的宝盖上有一小顶。
◆ "印"上下部应有圆意。
◆ 要破角。

◆ 白文的线条嫌粗，少数线条较细，实际上还有一个粗细不匀的问题。
◆ "李"字"木"的一竖要与下面"口"相连。
◆ 朱文"可"首横宜向下点，"口"宜向左与横画齐。
◆ "印"字上部三撇斜度不统一。

◆ 笔画太粗，与范印不符。
◆ "李"字"木"一竖要连"口"。
◆ "可"字右侧空得太多。
◆ "卫"残破过头，笔画也粗过头，中间部分宜一竖到底。
◆ 四字不可太逼边，四周要有一圈红边。

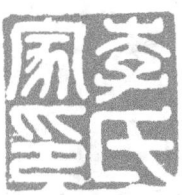 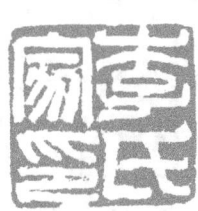 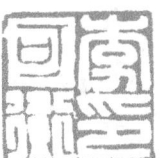 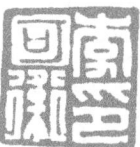

◆ "李"字太小，"木"字第一横画要左右伸展，"子"字竖画要居中后再转弯。
◆ "家"字中间太局促。

◆ 此印右半部大、左半部小，上部两字与下边的间距太大。
◆ 线条粗细尚合适，但无圆意，线头也未处理好。
◆ 该残破处未残破。

◆ "李"字左竖线下部太大，不应与"子"相连，与"印"字之间应有红线相隔。
◆ "可"字底边有右倾现象。
◆ "卫"字太粗，各细节无法表现，中间的几个零件还少了一横画。
◆ 底边留红太少了一点。

◆ "可"字要四面等距空，"口"要向左移一点。
◆ "卫"字左右为"行"，转折都太方，中间的零件趋方，底下左右两线角度还要带圆一点。
◆ "印"字上部占地还可多一点，第三撇要有转折。

别部司马

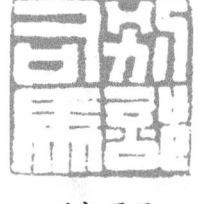

别部司马

◆ 横中线、竖中线要分清。
◆ 其他基本上刻得不差。

◆ 石过大，难以刻像。
◆ 竖中线要向右开一条线。
◆ "别"字左上交代不清，"力"字一撇要撇到中线。
◆ "司马"两字要有横中线。

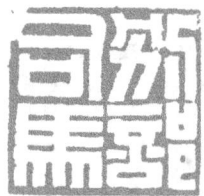

◆ 全印还应粗点。
◆ "别"字左边上下两零件均未处理好，"力"字一撇两头太长，头尾结束的角度也不对。
◆ "司"右边"口"与竖太靠紧。
◆ "马"字左上竖宜挺直，线条要满。

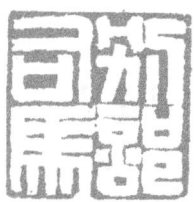

◆ 横中线、竖中线不清。
◆ "别"字右边两竖粗细相差太大，有好几笔结束时该方不方。
◆ "部"字应左大右小，现在一反，左边零件全变形。
◆ "司"字太窄，"口"还应扁些。
◆ "马"字下面五竖不匀。

◆ 线条太粗，"司"字一竖又粗又不正，是本印两大缺点。
◆ 横中线要分清。
◆ "别"字"刀"部，左竖太斜。
◆ "部"字右边末横太长。

◆ 全印右大左小，不成比例，所有不舒服的地方，都是因为右大左小造成的。
◆ 印文要向左右上下逼边。

◆ 作为满白文，刻得不差。
◆ "别"字左上应是上大下小，"刀"部转折要上收，两竖间要有空隙。
◆ "部"字左上应有两横，现在第二横不见出头，下面两短横太方太光洁，右边下部封口应呈长形。

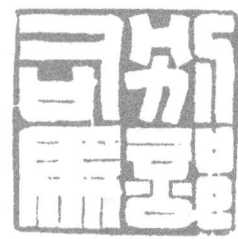

◆ 作为满白文，刻得很好。
◆ "别"字左边"力"之一横应平，"刀"两竖间有空隙。
◆ "部"左边两横下短竖要向左右放开，两点太方太大。
◆ "司"字"口"中红块宜大。

吴用威印

吴廷飈印

◆ "吴"字与左、下字间距太大。
◆ "用"字中线太长。
◆ "威"字底线太低,"女"部留红,是因为左侧少线头插入,右侧一线应有点曲折。
◆ "印"字上下部间距大,末线太长、太低又不平。

◆ 差一点成为一方好印,可惜每个字都有不足。
◆ "吴"字中间长横画下还有一画,不过向左右下垂。
◆ "用"字第三横画应向上。
◆ "威"字底线与"印"字平。
◆ "印"上部三撇切面方向不对,第三撇要长一点。

 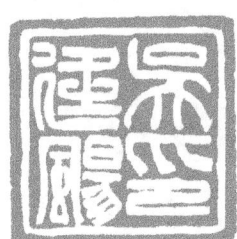

◆ 范印线条直接与书法有关,现在几乎都无关。
◆ "吴"字"口"要横粗竖细,"口"左竖宜右弯,折向右下出尖端,底下左右两端尽头也是尖的。
◆ "廷"的竖、横,常见一边平一边鼓出,很少两侧齐平。
◆ "飈"字右下三撇粗细、角度不对。
◆ "印"上部转折应分粗细。

◆ "吴"的上部太空,线条要有粗细,像写字一样,出锋处要有尖意。
◆ "廷"的左上角太高。
◆ "飈"字"风"中交代不清,右下角三撇要挨次有斜度,相互也不粘连。
◆ "印"的三笔圆转的撇,应一样高低,下半部三笔也要见转折之意。

◆ "吴"字长横下间距太大。
◆ "用"字占地窄了点,横画之间距还可紧一点。
◆ "威"字"戈"要出头一点。
◆ "印"字末两画要靠紧。

◆ 线不够挺。
◆ "吴"字要上紧下松,底下四根垂线要均匀。
◆ "用"字三横画不紧凑,也嫌占地长了一点。

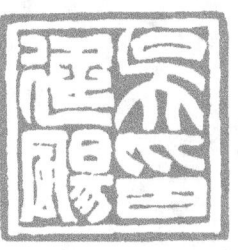 

◆ 统观全印,线条嫌粗了。
◆ "廷"字的竖画、横画中,阴阳向背十分鲜明,要准确地再现出来,也不必并笔。
◆ "飈"字也无并笔,现在"风"字交代不清,右边"日"太粗大,右下部粗细不匀。
◆ "印"字首横有点弯,下半部首横太粗,并得已不见头尾。

◆ 此印正好与左印相反,一切线条都太细,根本看不出作者明了线条的阴阳向背,用老手法刻。
◆ 刻这类印,要仔细观察每根线条,总有平的一面,而另一面大多鼓起;转折时,会有粗细的变化;收笔时,会出现收笔的"尖锋"。如写过吴熙载篆书的就易刻好。

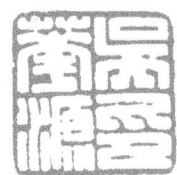

吴华源印

吴常之印

◆ "吴"字"口"下一横不可通边，底下中间分向左右之脚太粗，几处转角太方。
◆ "华"字中竖下去往右有个转折哪去了？草头下左右两横应有点小起伏。
◆ "源"字顶部、底部要平齐，三点水中竖有微曲，上面左右两竖都有向右一折。

◆ 线条较粘，不挺。
◆ "华"字草头下左右两横较平，微有起伏，再底下一横稍有坡度；下有等粗两横再加一转折。
◆ "源"字三点水占地稍多，应中竖微曲，左右上方两竖均有向右一折；"厂"下部分较紧迫。

◆ "吴"字"口"下两横下面是两竖，横画要粗点。
◆ "常"字上面一小竖并不尖，下面是"口"，非三角，"口"下是"巾"。
◆ "之"字与"吴"要靠近，转折带方，线条大多粗。
◆ "印"字下部横画要通边，结束也不可太尖。

◆ "常"字左竖要粗点，"口"下"巾"不可太分开。
◆ "印"字三撇要靠紧，下边第二横要出格。
◆ 全印的印角宜圆。

 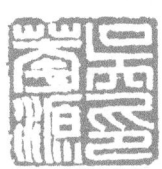

◆ 排列还不差，但线条不挺，也无残破。
◆ "华"字上松下紧，底部转弯很局促；草头下左右两横应有小起伏，下面左右有两垂线的一横坡度太大，右竖线不挺，又嫌太粗。
◆ 三点水上方左右两竖都有向左的小转折。

◆ 此印排列还得体，线条如果加粗，刻满，还不失为一方好印。
◆ "华"字中竖连两横，草头下左右两横微有坡度。
◆ "源"字三点水，中竖稍有弯曲，上方左右两小竖的下端，都有一个向左的小转折。

◆ 分左右的竖中线间距太大。
◆ 除了边角要处理破边外，请查一下哪些线条该粗或该细。

◆ 横中线、竖中线的间距都太大。
◆ "吴"字"口"扁，又有粗细之分，左侧上竖要粗一点。
◆ "常"的宝盖下"口"与"巾"宜居中并靠紧。
◆ "之"字要顶上去，右竖转折宜向下一点，笔画要加粗。
◆ "印"字上部三撇最难搞，第三撇往往长一点。

吴樸（朴）之印

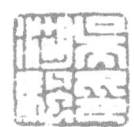

吴湖飒（帆）印

- ◆ 此印排列尚可，左面两字还要饱满，所有转角都要圆，线条的起止处都要有圆意，不可如刀切一般平齐。
- ◆ "风"的左竖应向下出头一点。
- ◆ 此印必须要残破。

- ◆ 请看看"吴"字和"湖"之"月"的底横，那么粗，转弯那么生硬。
- ◆ "湖"的三点水及"古"太细，不协调。
- ◆ "印"的首横与下一横并笔，但头上不可粘连。
- ◆ 这方印如无残破，就不像一方烂铜印。

- ◆ 最大缺点是粗细不匀、线条不挺（看"吴"之"口"及"口"下一长横）。
- ◆ "吴"底下四小竖留红不匀。
- ◆ "木"之下部有点夹紧之感。
- ◆ "之"中竖有点右倾，右竖不挺，转折宜直。
- ◆ "印"字上下部宜靠紧，上半部要逼边。
- ◆ 要有点残破。

- ◆ 排列匀称，刻得饱满，很不容易。
- ◆ "吴"的长画、右下角短竖以及"之"的右竖等，都特别粗，很不协调。
- ◆ "吴"的"口"之右上角、"之"的左下角转折太方。
- ◆ "印"上部末撇是一根长斜线，不必转折。
- ◆ 要有点残破。

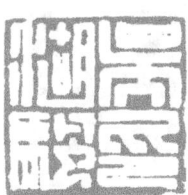

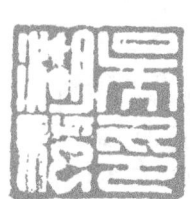

- ◆ "吴"之"口"中红线宜稍粗一点点，横下两个下垂转折垂线，转角宜圆，竖线应居中。
- ◆ "湖"字三点水不可与右边连，要粗、满，且要残破。
- ◆ "风"的下边转折不圆转。
- ◆ "印"下三横宜粗点，上半部重在要残破。
- ◆ 要残破。

- ◆ "吴"、"印"两字特别要加粗，并要向右靠边。
- ◆ "湖"字的"古"、"口"角宜带方意。
- ◆ "飒"字，其中"马"少了一条腿；"风"字下边的"虫"，其左侧的屈曲盘绕，真要精心刻出。
- ◆ 要有残破。

- ◆ 为什么"樸"字要这么大？竖中线到哪儿去了？
- ◆ 一方满白文，必须每根粗粗的线条，紧挨着只留一丝间隙。对照范印，看看这方临作，是不是相差太大了。

- ◆ 能刻得满，很不容易。
- ◆ 右两字大于左两字。
- ◆ 所有转角都要圆。
- ◆ "吴"字留红那么多，说明还可满点。
- ◆ "樸"字右上角其实也同左边一样，是一小竖。
- ◆ "之"左右两竖转折有高低，宜有圆意。

岑镕私印

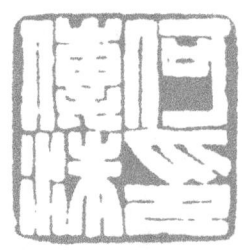

何传洙印

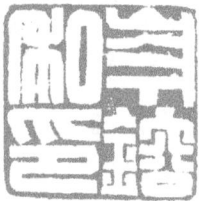 　　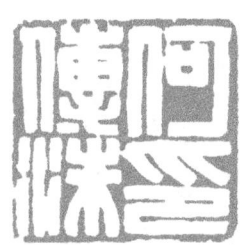

◆ "岑"字不去说刻得好坏，右边无中生有加一竖什么意思？
◆ "镕"三点加四小撇要轻松，不连边，宝盖上一点要小。
◆ "私"字太满，"口"太圆。
◆ "印"字三撇宜圆转而带弯。

◆ "岑"的"山"中间宜尖细。
◆ "镕"字宝盖少一点，三点加四撇宜轻而不连边。
◆ "私"字太满，仔细看一下范印，"口"转折处有几个细节一处理就活。
◆ "印"的上半部三撇，其实是带有圆弧的钩。

◆ 上两字大于下两字，线条太光，尽管刻得很满，已很不易，但感觉不厚。
◆ "何"字"口"要与右竖连。
◆ "洙"字三点水要残破，"朱"字下左右两笔也要留红。
◆ "印"字上部三撇要靠紧，长一点，留出左下红地。

◆ 刻得基本上符合范印。
◆ 上两字大于下两字，因此，"印"的上半部三撇角度不够，也嫌太短。
◆ "何"字"口"还要扁些才好，并要与右竖相连。
◆ "传"字单人旁左竖下端太夹紧。
◆ "洙"字三点水残破摹仿不对，"朱"的下边左撇弧度不够。

 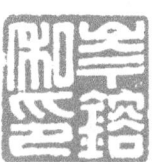　　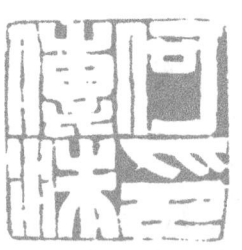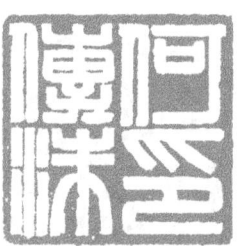

◆ 按比例，横画还嫌细。
◆ "镕"的三点并非如此死板；"容"的四撇间有距离，且撇得轻盈；"口"要加粗，上方下圆。
◆ "私"字"口"占地太少，且要加粗竖线。
◆ "印"的上面三钩还不圆转，下半部三横宜粗，两竖宜细，方能表现出转折之意。

◆ 四字要逼边。起笔有方圆之别，要表现"写"的笔意。
◆ "岑"的几横都左低右高，"山"字中间应较尖细。
◆ "镕"的三点未交代清，四撇之间有距离，"口"应上方下圆。
◆ "私"应顶边，"口"字右侧有其特殊处理法。
◆ "印"字上半要有圆转的三个弯，下半部应横粗竖细，方能表示转折之意。

◆ 此印与上面一印一样，四面边应留红。
◆ 上两字大了。
◆ "何"字底横上缘要平。
◆ "传"字右上一横太拉下，使右下部分局促了。
◆ "洙"字右边一横不平。
◆ "印"字上部三撇宜长而紧靠。

◆ 笔画太细，显得不饱满。
◆ 左右间的竖中线还要靠紧。
◆ "何"字"口"要与右竖相连。
◆ "洙"字三点水还要放宽点，且要残破。
◆ "印"字首横要平头，右三撇还要长一点，要残破；下半部三横要靠紧。

何澄私印

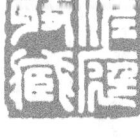
佐庭收藏

 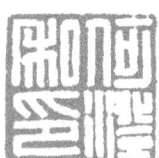 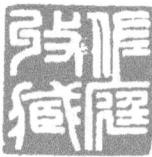 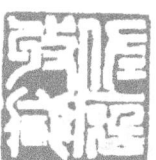

◆ 线条还要挺而满。
◆ "何"字"人"、"可"不可连太多。
◆ 三点水左右两竖应上短下长。
◆ "印"的上部未转折好。

◆ 范印属于最满、最挺的一类,一点也马虎不得。现在的缺点正好是不够满而挺。
◆ "何"字单人旁留红太多。
◆ 要逼边。

◆ 整体看,线条还是细了。
◆ "佐"字单人宜再向左,中竖不可与下边字连接。
◆ "庭"字内部吊得太高。
◆ "收藏"两字左侧的几个转折都没有处理好,"藏"字左竖应是笔直的。

◆ 要有横中线、竖中线。
◆ 上两字占地超过二分之一。
◆ "庭"下留红太少。
◆ "庭"与"藏"字的并笔太过分。
◆ "收"字左右之间应有留红。

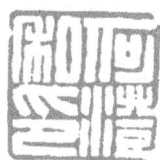  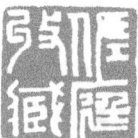

◆ 临刻此印要做到满而挺。
◆ "何"字左右不可相接太多。
◆ 如"私"字,左右线条粗细不统一。
◆ 要逼边。

◆ 范印挺而满,现在此印每个字有几笔十分臃肿,也必然有几笔太细了一点。
◆ 看"印"的下部,三根横线缺少的正是"挺",挺与不挺,效果截然不同。

◆ "庭"、"藏"两字中间宜紧凑,下部均有相应的留红,形成朱白对比。
◆ "收"字左上宜紧凑。
◆ "藏"字左侧上部小转折宜有粗细,"戈"字上下处理都与范印不符。

◆ 上两字大于下两字,所有笔画都过细,笔画交代不清。
◆ 如"佐"的"工"、"庭"的几处转折都太方。
◆ "庭"与"藏"两字下部都应有留红,"藏"字的左侧转折有粗细,两小撇要粗一点。
◆ "收"字上部有小距离,下部则应靠紧。

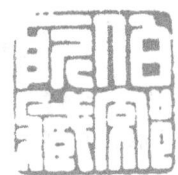

伯郊所藏

希濂之印

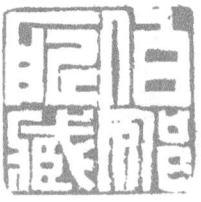 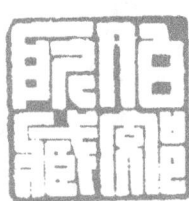

◆ 上两字大于下两字，字一长当然变形，不好看，又使下两字地位局促。
◆ "伯"字"白"太大，转角太圆。
◆ "郊"字线条不挺，左右两部要靠紧。
◆ "所"字右上转折太粗，右下转折太方，竖笔结束不好。
◆ "藏"字转折太方，"戈"太斜。
◆ 要见残破。

◆ 刻得真不差。
◆ "交"字中间下垂的两竖笔转折处宜有圆意。
◆ 左两字靠边处要残破。

◆ 白文两字左右要逼边。
◆ 朱文部分，边要残破，线条更要注意残破，如"之"底横要短，左右线要破。
◆ "印"字首横要短，左边第一个转折宜直一点；下面三横宜细而匀，首横没有这么长。

◆ 白文太粗，"希"字第一个"×"下应有连接，每字终始两端不可这么方。
◆ "氵"应上短下长，转折不可太粗。
◆ 朱文转折太方，该残破处未残破。

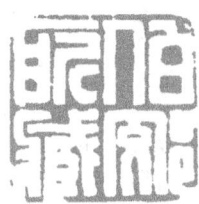 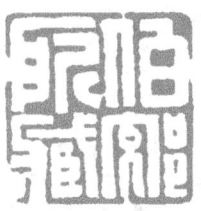

◆ "伯"字"人"间距太大。
◆ "交"字中间两竖宜靠紧，此字顶上宜出头。
◆ "所"字左下不可拉平，右边"斤"的转折太方，右下零件两笔要紧靠着转个有圆意的弯。
◆ "藏"字左上一横靠右终端宜方。

◆ "郊"字"交"的转折太方，中间未交叉好。
◆ "所"字太长、太大，左右两部宜靠紧点，右下转折未写好，笔画间的距离不可太大，才显得饱满。
◆ "藏"字的长竖这么粗，相称吗？"戈"字也太直了一点。
◆ 残破要得当。

◆ "希"的第二部分应是左右两根斜线，现在太平了。
◆ "濂"右侧"广"上少了一点，与下面的字间隔太大，向左的五横头太方。
◆ "之"字第一横升得太高了，两字中有不少残破处；"印"下末两画转折应是外方内圆。

◆ 白文太宽了一点，笔画不可如刻满白文一样平直，笔画始终两端也并非那么方正。此印属浙派风格，笔画是有粗细变化的。
◆ 朱文部分占地还要宽一点，两字与四边还要空一点，转折宜方，还要按范印加以残破。

◎ 第九章 初学者的基本训练

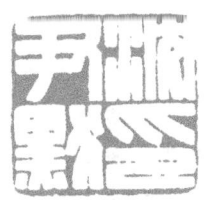
沈尹默印

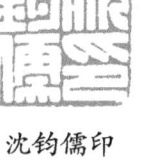
沈钧儒印

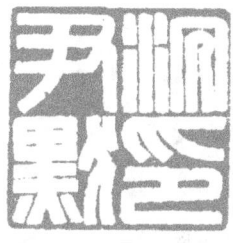 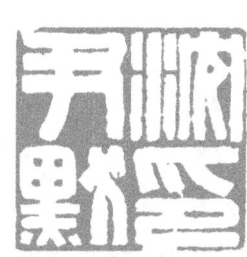

◆ 一方原本不差的印，可惜"沈"字右上少一竖。
◆ "默"字左下点太长，右半部最右一竖线外侧要挺。
◆ "印"的上半部三撇要同方向、长度相差不大。
◆ 无残破。

◆ "沈"字右半部中间的转折不妥，留红太多。
◆ "默"字"黑"宜大点，底下也不可太局促，与右边要紧靠；右边的"犬"写法不对，笔画起止处太圆。
◆ "印"字上半三撇应同向往右撇，下半部右小竖转折处宜带点方。

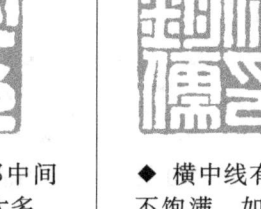

◆ 横中线有点弯，全印不饱满，如果能粗一点就好。
◆ "儒"字单人旁不是这样的。

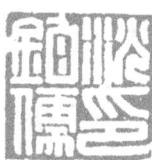

◆ 整体看，不够满。"儒"的单人旁、"印"的上半部留红都太多。
◆ "沈"字右上少一横。
◆ "钧"的"金"字中间一横上还少一向左的转折，这里四方印均有此通病，不再一一列出；"匀"字左下不可封口。

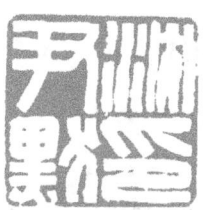 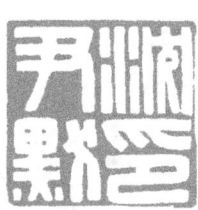 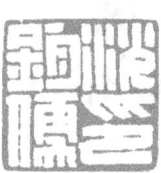 

◆ 上两字大于下两字。
◆ "沈"字右半部中间的转折未处理好。
◆ "默"的"黑"字要放大一点。
◆ "印"字上部三撇要等粗、同方向，下部三横要挺。
◆ 无残破。

◆ "沈"大"尹"小。
◆ "沈"字右半部中间的转折未处理好。
◆ "默"字"黑"太小，下边太松散。
◆ "印"字三撇要长一点向同一方向撇去，下半部也要逼边。
◆ 整方印不饱满，无残破。

◆ 四周要逼边。
◆ "沈"字右上少一画。
◆ "钧"字右上应是"横折"，少一小竖；底画下终笔处有一小转弯。
◆ "印"字上半部要三撇同方向、等长。

◆ 不够满，线条起止处应有圆浑之意，现在笔画的起止处都如刀切一般，锋芒毕露。
◆ "匀"底横结束处有一小转折。

宋次君印

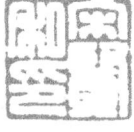

宋贤私印

◆ 很满，但已超过标准。
◆ 横中线过低，且有斜度。
◆ 竖中线也偏左，因此全印出现左小右大。
◆ "宋"字"木"下部转折太圆。
◆ "次"右上角要出头，左下转角太方，其他转折太粗。
◆ "君"字右上角下来是一斜线，左边一竖要直一点偏左。

◆ 线条一细，面目全非。
◆ "君"字左竖要向左侧靠边，直一点。

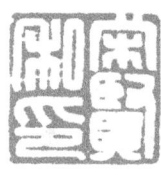
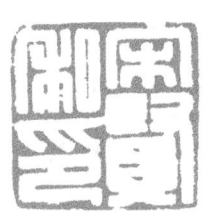

◆ "宋"字"木"下部要含蓄。
◆ "贤"字右上角留红过头，"贝"下留三角形红色也不好。
◆ "禾"字要上紧下松。
◆ "印"字与上字留红太多，上三撇宜紧而斜，末画太长太细。
◆ 右上角残边太生硬。

◆ 全印较好。
◆ "宋"字"木"与右下垂画宜靠近。
◆ "印"字首画右端太细，三撇间有残破。
◆ 右上角残边中有一小点。

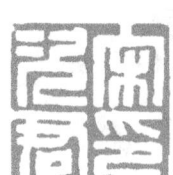

◆ 全印排列不差。
◆ 线条还要满一点。
◆ 转角还要有圆意。
◆ 四字都要逼边。

◆ 猛一看全印线条还粗，好像很满，但每个字的一个个小缺点，合起来就是大缺点。
◆ "宋"字宝盖要上顶，线不可有粗有细；"木"字不正，也不可连边。
◆ "次"转折及粗细未处理好。
◆ "君"第三横太短，"口"未写好。
◆ "印"上边上笔要同向斜。

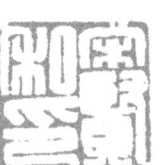
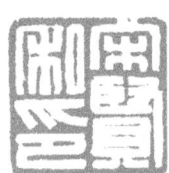

◆ "宋"字太小，不协调。
◆ "贤"字底部宜残。
◆ "印"上部第二撇太粗。

◆ 全印还要饱满点、残破点。
◆ "私"字各线条头尾未收拾好。
◆ "印"字左上角转折宜圆。
◆ 四字可再逼边。

诏假司马

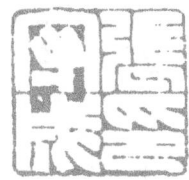

张守成印

  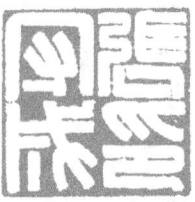 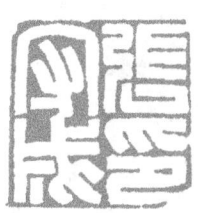

◆ 下边两字太大，故"马"腿长了，"假"字右下角也变形了。
◆ "诏"字右半部有一长竖从左边垂下，转折应是方的；右下"口"上方一横应下降（"口"的两横画一般要靠近）。
◆ "假"的单人旁下端残破不当，似"口"了。
◆ "司"字右竖有点微曲，"口"字拉得太宽。

◆ "诏"的右上角结构不清。
◆ "假"的各线条起止宜有圆意，右上转折要破边而有圆意。
◆ "马"字左侧的马脚不能越往下越肿大。

◆ 安排基本好，线条也刻得不差。
◆ 每个字中间都有不同程度的松散（留红过多），一要线条紧凑，二要残破。

◆ 很饱满。
◆ "张"右下不可连成转折。
◆ "守"宝盖下沿线要平，三根斜线头上落不可太大。
◆ "成"下右撇转弯要有圆意，现在趋方了一点。
◆ "印"上部三撇都向右，第三撇最长，并无转折。
◆ 要有点残破。

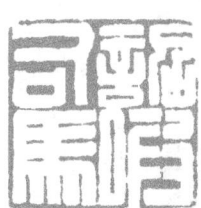 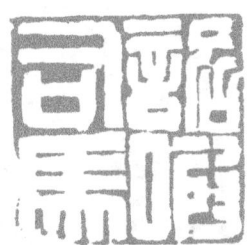 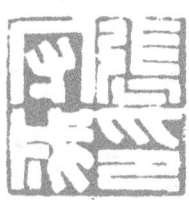 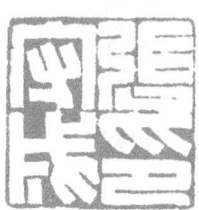

◆ 右侧两字太大，"司"字太小，一竖宜接近直。
◆ "假"的单人旁也错成"口"字，右下一横太粗，少了底下留红。
◆ "马"字笔画间应有点留红，范印并非满打满算。

◆ 太粗太满，如"诏"字"言"下等处都看不清了，右下"口"两短横宜靠紧。
◆ "假"的单人旁，因下部残破太过，错成了"口"，中竖有两横一破，也错成半个"口"了。
◆ "司"的一竖及其转折太粗而圆了；"口"宜靠左竖。
◆ "马"字太粗。

◆ 基本好。
◆ "守"字宝盖上方有一微顶，要刻出若有若无才好。

◆ "张"字缺点与上方印同。
◆ "守"字三横斜线还可顶上去一点。
◆ "成"字右下转笔处，上边的太肿了。
◆ 要有点残破。

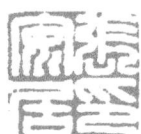

张安居印

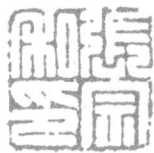

张宗私印

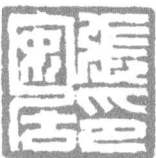 

◆ 边留得太宽，要残破。
◆ "张"字三横，非四横，要有点弯意，下部压缩太紧。
◆ "安"字宝盖最差，也不可与下字连。
◆ "古"字中竖太粗，一横不可两头方，也不可与左边垂线粘连。
◆ "印"三撇中，第二撇太短，线条止处要收拾好。

◆ "张"字"弓"要压缩，右侧三根横画才可长。
◆ "安"字宝盖与"女"不可分得太开。
◆ "居"字"古"中竖不对，"口"太大。
◆ "印"三撇要紧挨，下部转折要圆转。
◆ 该残破处要破好。

◆ 选石印面太大，线条太光洁。
◆ 字间距过大，如"印"字上下之间距过大，加上线条光、不逼边，全印面目全非。

◆ 线条不够挺。
◆ "宗"字低了，上两横未靠上，左右两竖就短了。
◆ "印"上下部分得太开。

◆ 所有线条头尾都有点肿大。
◆ 转折不可太方。
◆ "张"字三横角度不对，右下转折不对。
◆ "印"、"安"转角太方，"女"字结构不对，要有两点留红。
◆ 要学破边。

◆ 所有转折一律生硬。
◆ 右边两字占地太大。
◆ "张"字"弓"不圆转，占地太大，三根长线要到边。
◆ "安"字宝盖出现方角，"女"字也不饱满。
◆ "居"字两横画间，留红太多。
◆ "印"字三撇方向不对，要挨紧。
◆ 要学会残破。

◆ 大致还好。
◆ "印"字上半部线条要靠紧，有斜意，反正看留红多少便知道；下半部三根横线不挺。
◆ 印的右侧边留红太多。

◆ 大致都不差。
◆ "印"字上半部线条要斜，相互靠紧。

◎第九章 初学者的基本训练

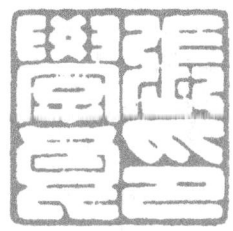

张学良印

张爱私印

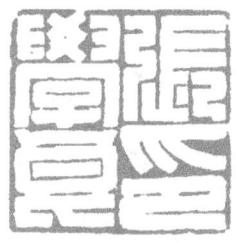 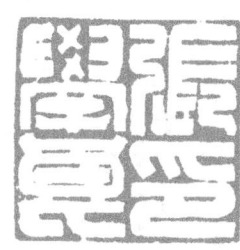

◆ "学"字太长,使横中线有点向左倾斜。
◆ "良"要有残破。
◆ "印"上部三撇角度、长度要统一。
◆ 除去以上缺点,应该说,此印刻得很好。

◆ 线条大多饱满,可惜给几处小缺点破坏了。
◆ "张"字下半部中间一小竖变成了一小横,底横太粗。
◆ "学"字上半部太大,双"×"太细;下半部看不清有"口"。
◆ "良"字残破太生硬。
◆ "印"上半部第三撇不可转弯。

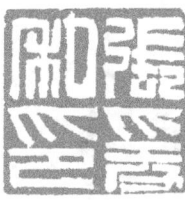 

◆ 横中线、竖中线不整齐。
◆ 忽粗忽细,转折无圆意,而范印是一方细白文。
◆ "张"字左下角的横画要左延,上面小点嫌太大;"长"第二画应有小转折。
◆ "爱"字上部太大。
◆ "私"字之"口"要扁长。
◆ "印"字上半部要有圆意。
◆ 基本逼边。

◆ 横中线、竖中线不整齐。
◆ 线条粗细随心所欲,根本不看范印。
◆ 所有转角不圆,特别方,可说是反其道行之。
◆ 坚决不讲比例,比如"私"的"口"要小,"印"的下部不可超过一半,但这里完全是"无法无天"的。

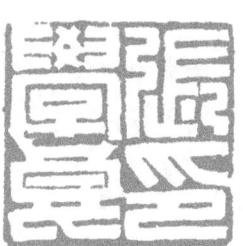 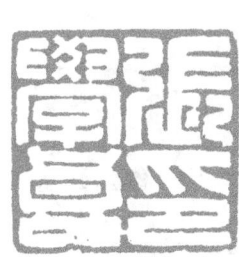

◆ 上两字大于下两字。
◆ 线条不挺,收笔处太方,不圆浑。
◆ "学"字中间左右太大,双"×"太小;"子"下一横有微微向上的转折。
◆ "良"上部两竖太斜,"曰"转角太尖,各处残破太生硬。
◆ "印"字三撇要等长、同方向。

◆ 上两字大于下两字。
◆ "学"字双"×"太细。
◆ "良"字上部左右竖太斜。
◆ "印"字三撇宜靠紧、等长。
◆ 其他刻得都不差。

◆ 四方印中,只有这一方线条的粗细符合范印。
◆ 横中线左粗右细。
◆ 右两字大于左两字,最大缺点是线条间距不匀,"爱"下部、"私"左半部,都十分局促。
◆ "长"字第二横并非一直线。
◆ "私印"两字的几处转角都弃圆从方,特别不好。

◆ 范印是细白文,线条瘦劲,转折圆而绝无圭角。
◆ 不讲横中线、竖中线,排列不匀称。
◆ 线条粗细不统一,看出临刻时,根本不看范印而随心所欲。
◆ "长"字第二画非直线。

张宣私印

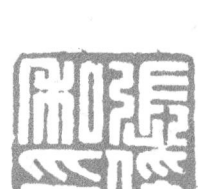

张偊私印

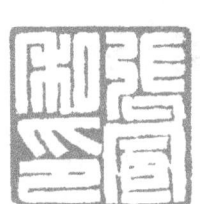 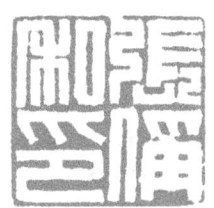

◆ 上面两字宜往下移一点。
◆ 左侧两字占地大了一点。
◆ "张"字下部两横宜紧。
◆ 全印线条因石增大,"印"字线条相应加粗,间距应更小。

◆ 最大缺点是太粗,线条明显向左倾斜,与范印大大不符。
◆ 如作为满白文来看,此印还是不差的,但检查临刻好坏的标准,就是与范印对照。

◆ 转角都偏方,线条还应饱满。
◆ "张"字"弓"边一竖要插入下面穴中。
◆ "偊"与"印"上面的"爪"头,有斜度,且第一、二撇要靠紧,第三撇要长一点。

◆ 此印其实已接近成功,吃亏在几个小地方未处理好。
◆ 包括"弓"等,全印要饱满。
◆ "偊"右上角三"爪"要平。
◆ "私"字右上角要顶上。
◆ "印"上半部要饱满,第三撇有转折。

◆ 猛一看,此印有两大缺点十分明显:所有转折变圆为方、为尖;线条忽粗忽细。
◆ 此印无论线条、转角,都要体现一个"圆"字,很自然的圆。

◆ 此印大缺点是线条太光洁、转角太圆。
◆ 横中线不挺,"张"字还应下移。
◆ 除了"私"左倾,其他三字还好。
◆ "印"字上部三撇要斜一点。

◆ "张"字左右靠紧点,"偊"字上下靠紧点,四面留边不宜太宽。
◆ "私"字左侧垂线角不对。
◆ "印"字上部第三撇有转折,下部两个转折右太方、左太圆。

◆ 粗细还差不多,较满。
◆ "偊"字小了点。
◆ "印"字不可与右边字连,上部第二撇太长,下半部线条要挺。

张丰私印

阿阳长印

◆ 上两字小于下两字，竖中线也太大，空得不舒服。
◆ 下两字一长，字本身空隙也多了，必然显得松散。
◆ "张"字的横画之间、"私"字的竖画之间、"丰"字下部"豆"字，笔画间距不均匀。
◆ 字要逼边，转角太尖太方，失去范印的风貌。

◆ 选石一大，增加了临刻的难度。
◆ "丰"字太大、太高，"口"内留红太多。
◆ "禾"部转折太方，间距太大。
◆ "印"字三撇角度、斜度不对，第三撇无转折，转角也宜圆转一点。

 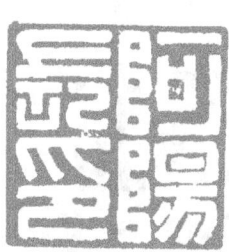

◆ 印面太大，不利于刻好。
◆ "阿"字左右部宜分开，"口"要狭长点，离左耳和下面一横远一点。
◆ "阳"字"日"内圆外方，一横下转折宜有圆意，长撇宜直，一点要短。
◆ 左边两字转折都太方。

◆ 印面太大，不利于刻好。
◆ 所有线条都太粗，比例上与范印不符。
◆ "阿"字左右两半要分开点。
◆ "阳"字右下两点太长。
◆ "长"字左下一竖要通上去。
◆ "印"字上下要分开点，上半部左角要又圆又弯。

◆ "弓"部太小，"张"与下一字应留间距，因未留，"丰"字则显得太大。
◆ "禾"部四竖长短、间距均不对，右侧"口"上下两端要有点圆意。
◆ "印"字线条太粗，三撇的角度还不够，与上面的字离左边太多，应该逼边才对。

◆ 基本很好，对线条的终始端要把好关，该方该圆不可含糊。
◆ "张"字右上四横终端都错，底下右侧应是横折，非"口"。
◆ "丰"上松下紧不好。
◆ "私"字四竖太长，又不留适当间距。
◆ "印"字左侧并无那么大的红三角。

◆ 印文要逼边，横中线、竖中线要分明。
◆ "阿"字"口"与左右及下边要有距离，底下一横要下降；耳旁一竖要挺。
◆ "阳"字"日"应外方内圆，中加一短横；下边两短竖角度与长度有误。
◆ "长"、"印"两字的转折均太方。"印"字上部三撇要同方向、等距离。

◆ 右半部两个"耳"均显宽了点。"阿"字"可"之"口"要收上一点，左右间也要收紧，使右、下留红宽敞。"易"上下间要收紧，中横画宜短一点，左向几撇间要松。
◆ "长"字首横太弯，左下角部分直线均显太长。
◆ "印"字下半部三横间距不匀，末横结束时少一小转折。

陈元素印

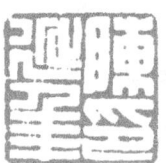

陈延年印

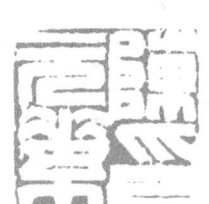

◆ "陈"字太粗，转折生硬。
◆ "素"字上部太局促。
◆ "印"、"元"两字的下部都应注意三根横线的挺与长短的合适，间距均匀也很重要。
◆ 边、角要残破。

◆ 范印是一较细的白文印，边和四角残破有致，此印临得面目全非，可叹！
◆ "陈"字"東"应一竖贯中。

◆ 这方临刻比较好。
◆ "延"字左侧下边的转折应有一定斜度。
◆ "年"字上部左右两个转折宜有圆意。
◆ "印"与"年"要有间距，左侧转折方了点。

◆ "東"字应上紧下松。
◆ "延"字左下转折是败笔。
◆ "年"字上部左右转折及四横都不到位，中竖也太粗。
◆ "印"字上部三撇长短有别。
◆ 四角太方。

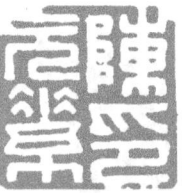
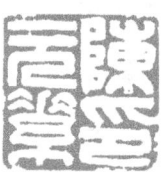
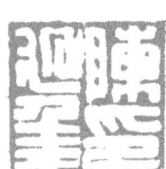

◆ 四字应逼边。
◆ "東"不可上松下紧。
◆ "元"字各画之间要注意间距。
◆ "素"字上部左右各件要伸展到位，现在一夹紧，比例上极不舒服。
◆ "印"字上部转折宜圆。

◆ 粗细还是未掌握，边角也未残破。
◆ "素"字在范印中十分舒展，现在显得很局促。

◆ "東"字头太小。
◆ "延"字左侧上边的转弯要紧，下边转弯要垂到底。
◆ "年"字头部几笔与底下四画粗细不统一，宽度不足印面的二分之一，太窄了。
◆ "印"字太宽大，此印大体已右大左小，故竖中线也看不清。
◆ 四角宜有圆意。

◆ 每根线条都做不到挺而饱满，俗话叫"不地道"，这方印怎么会好呢?
◆ "年"字特大，横线超长，十分抢眼。

◎ 第九章 初学者的基本训练

陈音私印

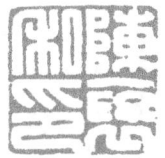

陈衷私印

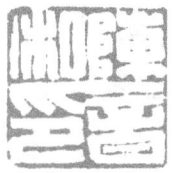

◆ 范印非满白文，故基调已错，整个失败。
◆ 上下字之间距该多大，请对照范印。
◆ "印"、"音"两字上横相连，很不好。

◆ 此石偏长，"陈"字"耳"下无出线，"东"的上下也无如此长。
◆ "音"与"印"中均出现超乎寻常的粗线条，十分不协调。
◆ "音"上两横宜紧一点，"口"下一横太细，又少刻一竖。
◆ "私"左侧一竖要细。
◆ 要残角。

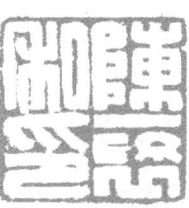

◆ 基本风貌很好，还要注意各处细节的收拾。
◆ "陈"字耳旁顶线要平，底线不可出头；"东"字"田"的上下两横都有点圆意。
◆ "衷"顶线有坡度，"子"下有一横画，底下左右有圆弧。
◆ "私印"两字要注意线条的均匀，"印"末画结束有小转折。

◆ 首先是线条细了，其次是转角由圆变方了，印角也都太方。
◆ "陈"字"东"部"田"上下两横要有圆意。
◆ "衷"字顶线有坡度，下边的左右垂线要圆。
◆ "印"末画结束有小转折。

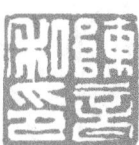

◆ 左右字之间距太大，一个字的两部分间距也不可过大（如"陈"）。
◆ "音"字一些笔画细得没有根据。
◆ "印"左下角转折忽细，"陈"右上角非一平线。忽视这些小地方，一方印还有什么可看的？
◆ 要学会残破。

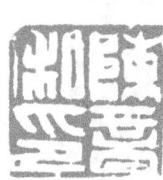

◆ 残破过头，范印所无。
◆ "东"右上角的斜线、"私"左上角转折脱节、"印"下部右侧过粗的转折且有点缩进，是败笔。
◆ "音"中间少一竖画。
◆ 印角有点残。

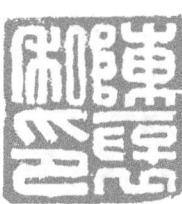

◆ 石虽大，但仍不饱满。
◆ 四边留红太多，各部件之间不够紧密，有松散感觉，该残处要残破。
◆ "耳"部线条不挺，三点留红太多。
◆ "衷"字顶线有坡度。
◆ "私"字特小，右侧线太细。

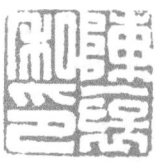

◆ 基本风貌很好，不少线条不够挺。
◆ "衷"中段有残破，底下左右两转折要有圆意。
◆ "印"上边三撇占地还要更多点，要注意斜度及末撇的长度，下部末画结束时要有小转折。

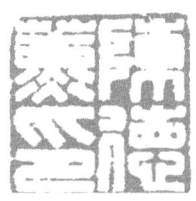

陈德薰印　　　　　　　　　奉礼单印

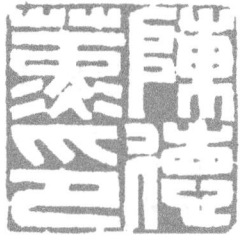
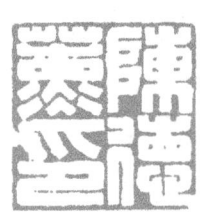
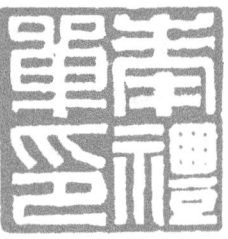
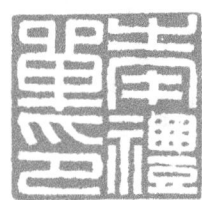

◆ 如"東"字要残破并笔，但"薰"字"口"中还有两点，省略不得。
◆ 所有转角都方得简直尖。如圆转的"心"字，转角一尖，还好看？

◆ 刻得还可以，残破要加强。

◆ 石过大，效果不大好。
◆ 四边不可留太多，要残破。
◆ "奉"字上面三横不对头，下部中竖太粗，第三横两头要留一点再下垂。
◆ "礼"字"示"下左右两竖太长，右上角方块是扁长不是竖长。
◆ "印"下部转折太粗。
◆ 要学会残边。

◆ 上两字占地要向上一点。
◆ 各线起止太方。
◆ "奉"字中竖要连第三横，左右两头要留一点再向下。
◆ 要学会残破。

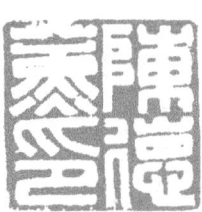

◆ "德"字右上竖要连下边。
◆ "薰"字草头下中竖要出头。
◆ "印"字三撇要均匀而靠紧。
◆ 线条还要粗一点，注意该残破处全部残破。

◆ 线条挺、光，很好，但如要追求浑厚，就应毛一点，要学会残破。
◆ "陈"字"東"要一竖到底。
◆ "薰"字"口"中还有左右两点，底下两个"人"字形要靠紧。
◆ "印"字上部太细。

◆ 看起来全印安排还得体，但每根线条、每个转折的质量都不到位，就影响了整体的质量。如"礼"，该方不方，该挺不挺；"豆"的首横又斜，两头又方又尖。
◆ "印"的上部三撇方向及长短均不对。
◆ 不会残破。

◆ 虽然粗白文刻得不差，但范印并非粗白文。
◆ "奉"字第三横左右两端下垂线，应无转折。
◆ "礼"字"示"下左右两竖太长，又不挺，右边上部方格应是方角。
◆ 要有残破。

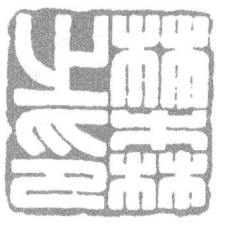

林森之印

林皋之印

- 两处通边的竖线都出格不当。
- 上下两"林"下部，凡左右下垂线条，都要转折得有圆意。
- "之"字左侧线条太斜。
- "印"字上部转折不圆。

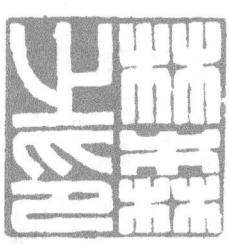

- 总体感觉刻得很好。
- 竖中线还可靠近一点点。
- 上下两个"林"左右垂笔的转折都要有圆意，上面"林"还要注意上紧下松。
- "之"字左边一笔弯度再大点。
- "印"字右上角还要圆，三撇要紧靠。

- 全印很满，这很好，但线条不挺不光，虽满但不可并笔。
- "林"字下半部的转角应是圆的，右边"木"应一竖到底。
- "印"字上部每笔要方口结束，留点红，下半部不可并笔。

- 右两字大于左两字，右两字也比左两字饱满。
- 每根线条的起止处，都要斩钉截铁一样。
- "林"字上下空得太多，毛病都出在转角上。

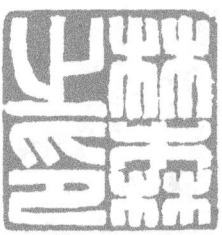

- 此印线条有不少都不够挺，凡"木"下部左右垂笔，转折都少圆意。
- "之"字左侧一笔不够顺畅，右侧横笔下缘不平。
- "印"字第二撇该长一点，下半部三横粗细不匀。

- 右两字大于左两字，不仅竖中线太分开，就是在一个字中，左右或上下间也太分开，总的看起来太散。
- "之"字左右两边笔画均宜下降点。
- "印"字左上角要圆转，三撇要分出长短。

- 排列均匀，很不容易，唯一缺点是线条还要挺一点，起止处要方正，不可含糊（如"之"字左侧的两个"头"都不方正）。

- 除"之"字左侧转折欠平外，一切都排列匀称，线条挺拔。最大的不足是线条还太细，不够饱满。

柜长之印

郅通私印

 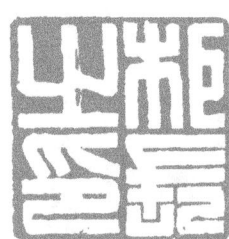

- 所有笔画的起止，有的方有的圆，不可自说自话。
- "柜"字"木"太宽，且应上紧下松；"巨"末画太细。
- "长"字左下一竖有点偏向右，下部两小竖也右倾，且右下有点出头。
- "之"字左竖转折宜平。

- 应该说每根线条都刻得认真，但对照范印，还是发现了刻者的随意性，如："柜"字"巨"中间"ㄋ"应偏方，底画左边要出头。
- "长"字左下毛病更多。
- 要残角破边。

- 横中线不挺，竖中线下半太空。
- "郅"字"至"中间留红宜直，右上"口"及下部宜有圆意。
- "通"字左半留红太大，下面三竖最右一竖要下降一点。
- "私"字"口"上头要有点尖意。
- "印"字下部留红太多，此印底线留红太多，且有高低。

- 对照范印，有些地方略嫌粗了一点，刻一方印，既要看白文，还要看留红，才能接近范印。
- "郅"字右上"口"及下部零件不似范印圆转，"至"也太满。
- "通"字左部太满，右侧一竖上面要出头。
- "私"的四竖终端宜圆，"口"上部有尖意。
- "印"字线条不挺，各转角宜圆。

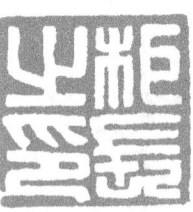 

- "巨"字底画要左出头。
- "长"字左下所有小竖方向全错。
- "之"字左竖转折宜平。
- "印"字上部三撇宜分长短，下部末了一小转弯不能太明显。
- 边、角不残破，失去了范印的古朴之趣。

- 刻得挺，但未残破，转角太方，线条起止也太方，终难与范印相符。
- 关键还是要认真，对照范印刻，力求酷肖。

 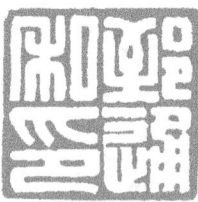

- 总体效果不差，"郅"字右半不够圆转，且下部零件刻反了。
- "私"字右"口"上部宜有尖意。
- "印"字三撇间留红宜少，下部末横宜有点弯意。

- 四边留红太多。
- "郅"字右半部宜有圆意。
- "通"字左右间隔太少。
- "私"字左上角太方，右"口"上方宜有尖意。
- "印"字上部第一撇宜有圆意，第二、三撇宜平行有长短之分，而第一横不必过粗；下部两小竖太粗。

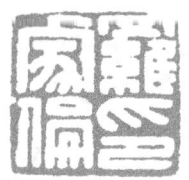 

罗家伦印　　　　　　　　　　　　　　　秉德侯相

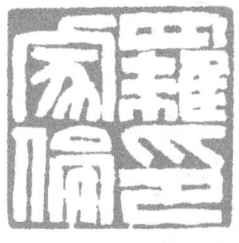 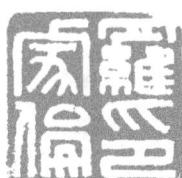 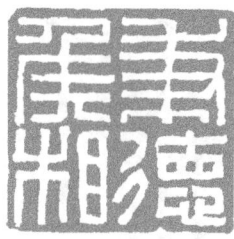 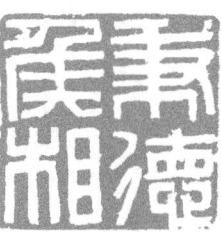

◆ 横中线、竖中线不分明。
◆ "罗"头一横，左右不可连框，左下绞丝旁应有两个"口"（已并笔）。
◆ "家"字宝盖中，横画下线条都有圆意。
◆ "伦"字右下部分应有一横。

◆ 线条细，竖中线间距大，使整个印看起来很空。
◆ "罗"字右下"隹"头应向左靠，不出现红块。
◆ "家"字宝盖中要安排饱满。
◆ "伦"字单人旁上端有误，右上部要饱满，留红不可多。

◆ 右两字大于左两字。
◆ "秉"字的底脚应长点。
◆ "德"字左右太分开，转角少圆意。
◆ "相"字"木"大"目"小。
◆ 字应逼边，印角宜圆。

◆ 此印线条就没有左边一印排得均匀，粗细变化也大。
◆ "德"字双人旁弯度不是太大，就是太紧；左半部转角应有圆意。
◆ "侯"上松下紧，底脚左右分开应稍正一点。
◆ "相"字"目"小，印角宜圆。

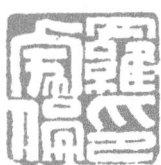 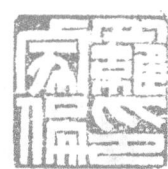 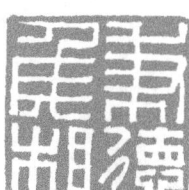

◆ "罗"字绞丝旁少一小竖，双"口"也须残破。
◆ "家"字宝盖及盖内一横一撇太粗，与右下细笔反差太大。
◆ "伦"字单人旁太粗。在临刻过程中，不看范印，就会出现此毛病。
◆ "印"字三撇要靠紧，不一般高低，上半部粗，下半部细，不统一。

◆ 右两字大于左两字，横中线、竖中线不分明。
◆ 转角处太方。
◆ 该并笔残破处未残破。
◆ 刻好一印要用好印泥认真钤盖。

◆ 要有横中线、竖中线，不能四字随意粘在一起。
◆ "秉"字底脚不论左右都要下垂，而非斜出。
◆ "德"字双人旁转折不好，占地又多，右半部转折不圆，上半部小于"心"。
◆ "侯"字底脚应在中线之下向左右分开。
◆ "相"的"目"字太粗。
◆ 印角宜带圆意。

◆ 全印线条太细，上两字大于下两字，竖中线太空。
◆ "秉"字太松，中线不正。
◆ "德"字双人旁转折不对，"心"字局促又少圆意。
◆ "侯"字上松下紧，中线歪斜。
◆ "相"字左右比例不对，转角都太方。
◆ 印角宜有圆意。

所豐私印

金庆慈印

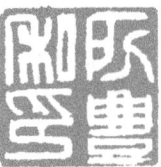 

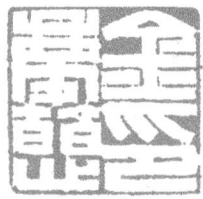 

◆ 字距不可有这么大。
◆ "所"字几处转折都太圆。该方该圆应严格对照范印刻。
◆ 右下角横画太细。
◆ 最大毛病是"印"字上部三撇间距有误，下部竟刻反了，可见未用"水印法"上石。

◆ 右侧两字大于左侧两字，比例失调。
◆ "所"字应小于四分之一，"斤"左撇太长，右折线宜偏圆。
◆ "私"字转角太方，"口"太粗。
◆ "印"字太小，上部三撇并无硬转弯，下部三横转折应自然而均匀。

◆ 线条满，很好。横中线、竖中线要清晰。
◆ "金"字三点，不该并的地方就应分开。
◆ "庆"字所有转角太方，此字与"慈"字，都有一定的并笔。
◆ "印"字上部转角要圆。

◆ 横中线倾斜，全印有一种不稳定感。
◆ "金"字中线不挺，不可与三点连。
◆ "庆"要逼边，转角不要太尖。
◆ "慈"字上部左右应对称，一样平齐，一样是"十"字。
◆ "印"上部要圆角，三撇要等距并带弯意。

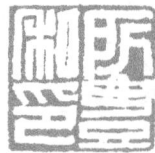 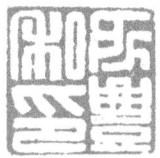

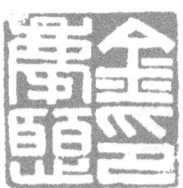 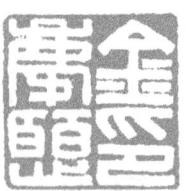

◆ "所"字应不足四分之一，"斤"左撇太长。
◆ "豐"大"印"必然小。
◆ "私"、"印"两字转折太方，"印"字上部右撇无转弯，下部三横转折应自然而均匀。

◆ 右侧两字明显小于左侧两字。其实除此以外，此印刻得还是不差的。
◆ "所"字"斤"左撇太长。
◆ "豐"字"曲"头伸得太高。

◆ 线条还要粗一点，左两字比右两字大了一点点。
◆ "庆"字底部中间太空。
◆ "慈"字应有残破，但字头有误，应是对称的"十"字。
◆ "印"的上半部三撇要均匀，左面一笔要有弯意。

◆ 全印还可加粗一点。
◆ "慈"字上部应是左右对称的"十"字。
◆ "印"的上部第一撇应是转钩。

◎ 第九章 初学者的基本训练

周隐印封

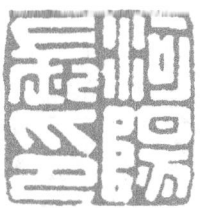

河阳长印

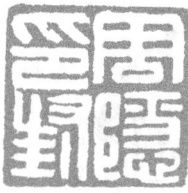 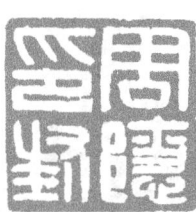

◆ "周"字上角宜稍方。
◆ "隐"字两点不可太方，"心"字左右两起笔不符。
◆ "印"字下部太粗。
◆ "封"字左边长竖不直，右边"寸"头有斜意。
◆ 左边留红太多。

◆ 四字之间空得太开。
◆ 上两字占地宜少，现造成"周"字留红太多，"印"字上部拉长。
◆ "隐"字左边太粗，两"口"太靠近，右上部不出头，中间转折处也不出头。
◆ "印"末画结束处不对。
◆ "封"字右上是三根斜线。

 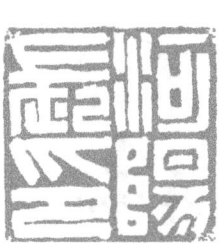

◆ 三点水左右两竖宜短，上下竖间应留空隙。
◆ "阳"字左右宜靠紧；"日"字宜扁，一横下要留出转折的短画。
◆ 左边两字太大，特别是"印"字上部显得太空，下部太扁长。

◆ 三点水太窄。
◆ "阳"字左耳三个环都太方，残破不够；右下横下的一斜撇太偏右。
◆ "长"字左下转折太方。
◆ "印"字上部三撇宜同方向、等距离。

◆ 四字分得太开，各线条偏尖、偏细。
◆ "周"字横线不挺。
◆ "隐"字"耳"部转折太尖，右边左右两点不对，"心"字转折不自然。
◆ "印"字上部三撇不对。
◆ "封"字左竖太尖，横画要靠边，右边"寸"头要有斜意。

◆ 线条太粗，且看"周"字，"口"旁已没有留红。
◆ 该方不方，如"隐"字"耳"部，姿态全部扭曲，右部该宽、该细一点才好。
◆ "印"字上部撇的角度、长短均不对，下部转折更差。
◆ "封"字"寸"部"头"有斜意，左下三横太"肿"。

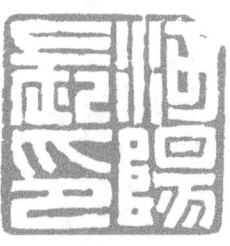 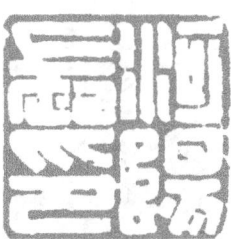

◆ 三点水左右两竖宜短而留有空隙。
◆ "阳"字"日"中短横宜小而细，右下部两个斜点宜短一点。
◆ "长"字下部左右有几处转折，都嫌太方。
◆ "印"字上半部三撇要同方向、等距离。

◆ 印刻得不差，但范印没这么满，竖中线宜空点。
◆ 三点水左右两点宜短而应有点空隙。
◆ "阳"右上"日"中一点宜细点。
◆ "长"字下部左右应有间隙，线条的残破应有"度"，过头则不可。
◆ "印"字上部末撇要挺，结束宜方。

213

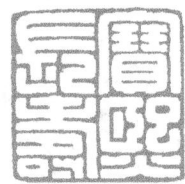

宝熙长寿

胡仟长印

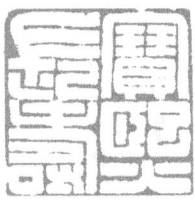 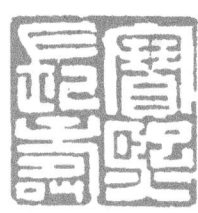

◆ 无一定功力，决刻不出这样饱满、匀称的印章。
◆ "宝"字"贝"下两点太明显。
◆ "熙"字占地太大了点，上半部要下延近"火"才好。
◆ "长"字上部三横不挺，下半部左右要再多点间距。
◆ "长寿"两字之间有横中线。整个印下部边太细。

◆ 横中线、竖中线不分明。
◆ "宝熙"两字的多处转角不圆，"熙"字上部右边的"臣"太大，"火"字还应扁一点，右点留红太多。
◆ "长"左侧红三角太大，三画不挺，要更饱满点。
◆ "寿"头两横画不挺，两头不平，右下"寸"少一横画。

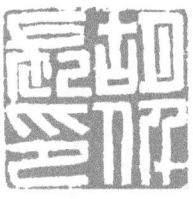 

◆ 粗细不对，间距不对，转折的方圆掌握不对，残边不对。范印看起来很旧气，临作很新，每根线条毫无变化，太光洁。

◆ 完全不看范印的笔画粗细及间距，用想当然的双刀法，把临刻的范印，改造成毫不相似的满白文，太失败了。

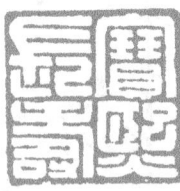 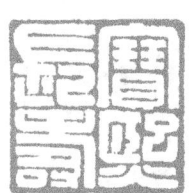

◆ 四字排列不差，匀称，也基本饱满。
◆ 整个印的线条还要挺。
◆ "宝"的最高一画太粗，右竖结束不应大起来。
◆ "火"字两点未处理好。尤其"熙"的几个转角不够圆。

◆ 临刻得很好。
◆ "熙"字中笔画粗细相差太大，如首画太粗，"火"两点太细，右上角"口"占地太少。
◆ "长"左侧留红三角形太大。
◆ "寿"字上部笔画粗了，底下两个小零件就显得太局促。

 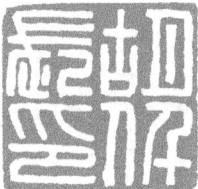

◆ 竖中线、横中线都不清晰。
◆ 线条一般粗，每个字的各组合部件之间，不注意空隙的大小。
◆ "印"的三撇方向、长短不对。
◆ 要学会残边。

◆ "胡"字"古"竖笔耷得太高，"月"字上下两横左边出头太多。
◆ "仟"字"人"旁线不挺，转角太圆；"千"左竖转折没有表现出来。
◆ "长"字左下部最不符范印。
◆ "印"字上部三撇太长，斜度不够，下部转折不对，间距也不对。
◆ 要学会残边，四面留红太多，字与字间距太紧。

◎第九章 初学者的基本训练

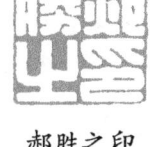

郝胜之印

封长乐印

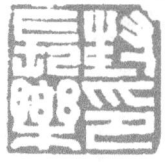

◆ 最明显的是每根线条的"头"都处理得太方。以"印"为例，所有转折都太尖太方了。
◆ "封"字"寸"三线有长短。
◆ "长"字左下不可插入横线。
◆ "乐"字中间"白"不出头，左右绞丝不尽是圆笔。

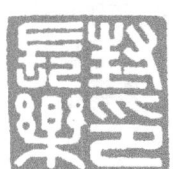

◆ 全印不饱满，四边空得太多。
◆ "封"字"寸"竖笔宜稍直。
◆ "长"字小了一点。
◆ "乐"字中"白"有微顶，左右绞丝宜大点，下横画宜长，底下两弧用近似横画的直线处理。
◆ "印"字上小下太大。

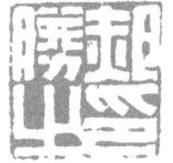

◆ 还可以再饱满一点，所有转折处要有圆意。
◆ 一根线条有起止两端，此印两端都是圆头。
◆ "胜"字右下"力"有两个转折，现在都是向右的两撇。
◆ 没有一条边可以破。

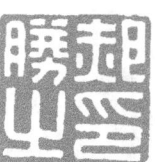

◆ 所有线条都过细，失去了范印饱满的面貌。
◆ 横中线、竖中线之间，相距应靠紧一点。
◆ "胜"字之"力"，下边有两处应有转折。

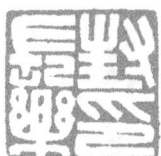

◆ 线条都能饱满，可惜右边两字已超过一半。临刻一方印除是粗是细、是方是圆外，比例上的准确也同等重要。
◆ "乐"字中间"白"应有微顶，绞丝下一横不可弯曲。

◆ 右侧两字太大。
◆ "封"字无论横画间、斜画间，距离不对，斜画的长短也有误。
◆ "乐"字中间的"白"要挺而有形。
◆ "印"字上部第一、二撇要向右，下部横画要挺。

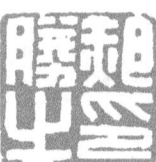

◆ 线条还要饱满，转折还要圆转，线条两端还要圆点。
◆ "之"字小、"印"字大，中间的距离应留一条线，现在空得太多。
◆ "郝"字应左大右小。
◆ "之"下不破边。

◆ 全印还要更饱满才好。
◆ 横中线、竖中线不分明。
◆ 所有线条两端要有圆意。
◆ "胜"字下撇要改成向左转折。
◆ "之"字应上去一点。
◆ "印"字上部还应大点，三撇斜线要表现出来。

南芗书画

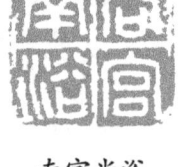
南宫尚浴

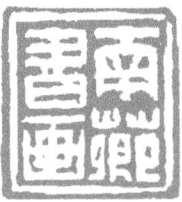

- ◆ 边未经残破，字间空隙太大。
- ◆ 看这几个字，线条尤其在起止处十分毛糙，像是半成品，如稍加收拾，会更好。
- ◆ "书"第二横右侧要出头。
- ◆ "画"的"田"字及"芗"的中间部分残破的都不是地方，"芗"的下面三部件顶要平齐。

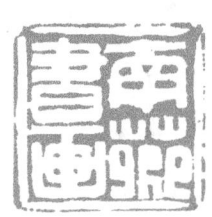

- ◆ 这是一方浙派风格、用切刀法刻的印章，现在用双刀法、刻满白文的方法刻，就显得呆板。
- ◆ "画"字"田"与上面一横太分开，左右两竖的上端及草字头是尖是方，可看范印。
- ◆ 边缘线太细，要照本残破。

- ◆ 线条太光，要学会用多种手段做旧、残破。
- ◆ "宫"的两个"口"应与宝盖稍有距离才好。
- ◆ "尚"与"浴"的"口"字都拉得太长。

- ◆ 刻得本就细，印泥蘸得厚，钤盖时一浮动，就没有线了。
- ◆ "南"字左右两竖，尤其左竖宜稍直。
- ◆ "宫"字"口"宜扁。
- ◆ "尚"的"口"太长、太往下。
- ◆ "浴"字右上四点其实都有小转折，"口"拉得太长。

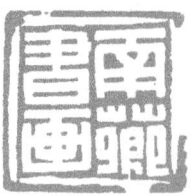

- ◆ 此印框内四字与印边是歪斜着的，横中线左低右高，残边并未按范印，该残的未残。
- ◆ 用刻满白文的两面光双刀法刻得太光洁。
- ◆ "南"字首横上要出头一点点，两点较直，非向下交会。
- ◆ "书"字少两小点。
- ◆ "画"字末画左低右高。

- ◆ "南"字为何上下均少一竖？
- ◆ "书"右侧有一横要出头。
- ◆ "画"与"芗"的笔画中均有残破。
- ◆ "画"左侧一竖太细，离边也远了一点。

- ◆ 所有线条太细弱。
- ◆ 线条太光，要毛，要残破，这就难了。
- ◆ "南"字头太小。
- ◆ "尚"与"宫"的宝盖不应这样上大下小，请看范印，应有方意。"宫"字的"口"应扁长。

- ◆ "南"中上横画漏刻，左右两竖太斜。
- ◆ "宫"字原本大方宽松，现在两"口"挤得太紧了。
- ◆ "尚"字偏左，"口"宜居中。
- ◆ "浴"字三点水下半部要有斜意。
- ◆ 残边残角虽有但走样。

第九章 初学者的基本训练

赵寿佺印

赵诩私印

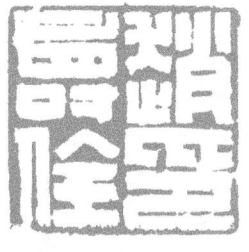 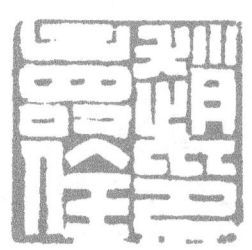

◆ 全印左右两半间距太大。
◆ "赵"字"走"上半部宜收紧，下半部不可太短。
◆ "寿"字第一、二横画间少一短竖线。
◆ "佺"字单人旁宜逼边。右上角要残破。
◆ "印"横画下三个转折结束太方。

◆ 刻得较好。
◆ "寿"第二横画下要残破。
◆ "佺"字单人旁要逼边。
◆ "印"字上部最靠右的钩要稍长一点。
◆ 右上角也要残破。

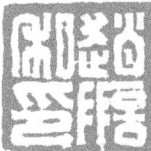 

◆ 线条的起止或方或增大，与范印不符。
◆ "诩"字一反，加上印边如此之粗，从临刻要求讲，已属失败。
◆ "印"下小竖宜偏左，末横终端有败笔。

◆ 线条粗细变化太大，转角也太方。
◆ "赵"字左右两点要微有转弯，下"月"字左侧都微见出头。
◆ "诩"字"羽"部，右竖太粗。
◆ "印"字上部转折太直，下部线不挺，太短。

 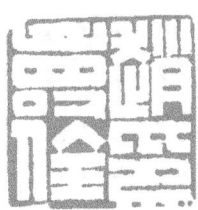

◆ 不够饱满，线不挺。
◆ 各字间间隙还可紧一点。
◆ "全"末横左侧头过圆，上边的双斜角太尖。
◆ "印"末横上沿要挺，下半部分超过一半不好。

◆ 四个字左半大，右半小。
◆ 转角方，线头太方，欠圆意。
◆ "佺"单人旁要逼边，"全"的上部角太尖锐。
◆ 右上角未残破。

◆ 右侧两字太大。
◆ "言"字"口"下并无两点，应是一短横。
◆ "印"字上部三撇应向右，下部三横要挺而间距均匀。

◆ 上面两字为什么缩得这么小，还照样刻出？
◆ "赵"字左上零件没有搞清。
◆ "印"字也是这毛病。写一个字总得先看比例，此字上下两分，则下部既不可超过一半，也不可突然加粗，致使很不协调。

赵音私印

赵朴初印

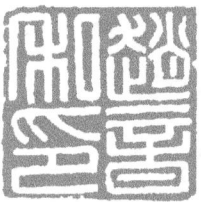 

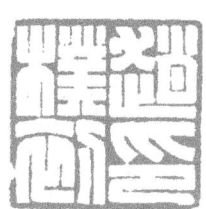 

- ◆ 左下角、右下角的短竖宜由粗到稍细。
- ◆ "赵"字底下哪来这长画?
- ◆ "私"字线不挺，有点倾斜，转角也太方。
- ◆ "印"字首画下三撇宜均匀，下半部三横也要均匀。
- ◆ 印角要圆一点。

- ◆ 线条不挺，粗细不一，不会转角。
- ◆ 印角要有点圆。

- ◆ 刻得真好。
- ◆ "初"字左上应是一点一画。

- ◆ "赵"字小了一点。
- ◆ "朴"的"木"应上短下长。
- ◆ 即使如"印"字下半部一样粗，也不符合范印满白的要求（笔画间只留一丝红线）。

 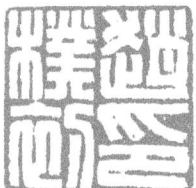

- ◆ 线条宜挺，印角宜圆。
- ◆ "音"字下边"曰"不该残破的残破，中横不宜与左右连。

- ◆ 排列还均匀。
- ◆ 线条要粗一点，比如"私"的"口"，线一粗，中间留红就不会这样粗了。
- ◆ "印"字左上转折太尖，下半部占地太多。
- ◆ 印角要有点圆。

- ◆ 不饱满，线条忽粗忽细，转折以方见多，使这方临作失败了。
- ◆ 细细的横、竖两条中线呢?
- ◆ "赵"字"月"太小。
- ◆ "印"字特大，粗细随心所欲，这不是范印风格。

- ◆ 右两字大于左两字，这条竖中线未处理好。
- ◆ 转折有些太方。
- ◆ "初"之"刀"下一竖，留红稍多，所以，大家的名作与普通人作品之间，其实只差那么一点点而已。

赵雍节印

厚丘长印

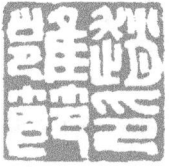 

◆ 线条不挺、不圆，"赵"字左上角第一横就不平，下部"止"线条太长。
◆ "雍"字左小右大，左右两角及下部出现的留红是何原因，可找找看。
◆ "节"字各转折太方，下部漏了穿插。
◆ "印"字下部留红太多。

◆ 全印左小右大，各线条还应更饱满。
◆ "赵"字左半上部的左右分叉留红太"尖"。
◆ "雍"字"口"太圆，"隹"左侧垂线少了转折。
◆ "印"上下部太靠紧。
◆ 印角要残。

◆ "厚"字内部各线条分布不均匀，"子"的"口"下横线非直线。
◆ "印"字上部三撇方向及长短不对，下半部线条不挺、间距不匀。
◆ 要会残边。

◆ "厚"字尤其"子"的"口"或与"口"相邻的一长横，都未处理好。
◆ "丘"字中间两竖太靠近。
◆ "长"字左下一横左右上叉的两小竖应一细小一长大一点。相邻右下的四处转折全太尖太方。
◆ "印"字上部三撇斜度不够，下部三横太局促。
◆ 要会残破。

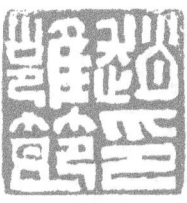 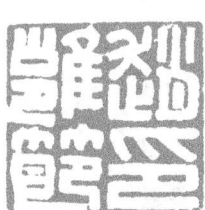

◆ 线条不挺，转角太方，是这方印失败的主要点。
◆ 凡临刻过程中，重视写稿，反复对照镜中范印反字，把握范印基本风格（如满白、细白等），往往能使刻出的印八九不离十。

◆ "赵"字左边第二横及"肖"字"月"右上角太斜。
◆ "雍"字下部不平。
◆ "节"字右部与"竹"要靠紧一点，转角要圆，要残角。
◆ "印"上部三撇间距、长短不对，下部末横有小转折。

◆ 石太大，比例不易准。
◆ "厚"字框与框内的部分要靠近一点。
◆ "丘"字四竖间距宜等。
◆ "长"字三横粗细不匀，左下竖线要连上，底下短横两头上叉线与范印不符。
◆ "印"字各画粗细不匀，转折太马虎。
◆ 要会残边。

◆ "厚"字框内不应出现尖顶，笔画粗细要一致，间距均匀。现在有点上松下紧。
◆ "丘"字太细，右竖太斜。
◆ "长"字左侧底线上叉应有粗细、长短之别，右边转折太方。
◆ "印"字上部粗细不匀，下部各处转折不好。
◆ 要会残边。

俞绍爵印

俞爵之印

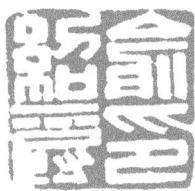 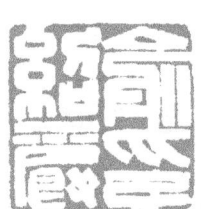  

◆ 横、竖中线未处理好，其中横中线不在一直线上。
◆ "俞"字头应向左右有弯意，左"舟"要宽点，中画不碰边，右两竖要稍细、平头。
◆ "绍"字"纟"宜宽，全部要上紧下松。
◆ "爵"中部有残破，左侧少笔画，右"寸"宜右移，占地并不多。
◆ "印"之上半部左角宜圆转，末撇宜短而不出边；下半部要收紧，末了收笔有小转折。

◆ "俞"字不通边。
◆ "绍"字双"口"还要扁些，右上"刀"的右下转折应向中。
◆ "爵"字右下少一横画。
◆ "印"字三撇间距要统一，下半部末画终端有小折。

◆ "俞"字头要有圆意，下面一横两头未刻好。
◆ 右下角"寸"向上三笔要处理好。
◆ "印"末笔结束的转折要有点斜意。
◆ 要经残破处理。

◆ 笔画太细，全印左右间距过大。
◆ "印"字上边占地太小，三撇应生动有圆意；下三横画加转折要紧缩。
◆ 要重视并学会巧妙地对印文、印边加以残破。

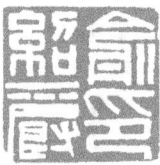   

◆ 笔画太细，竖中线分得太开。
◆ "绍"字应左右各占一半。
◆ 临刻一方印，先要看一下是粗白文还是细白文、比例如何，如此印"爵"字超过一半，不可不知。

◆ "俞"右上方横与竖的线头都不方正。
◆ "绍"右上"刀"应斜向中，不能插入"口"中，"口"的两头不可一方一尖。
◆ "爵"的首横与三点都不挺。

◆ 四个字在一方印中好像各不相关，这是未处理好间隔线之故。
◆ "俞"字上面尖顶不居中，左部分少了笔画。
◆ "爵"字下面、左边少笔画，右边"寸"要上升。
◆ "之"横线不平。
◆ "印"上部三撇要有圆意，方向不对；下三横不平正。
◆ 未经残破。

◆ 全印转折生硬，右大左小，"之"特别窄小。
◆ "俞"下部出现横连线是残破不当引起。
◆ "印"上小下大，上部三撇要有圆意。

亭南单印

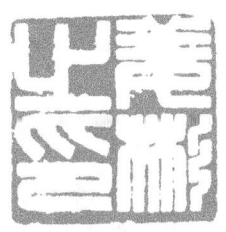

姜彬之印

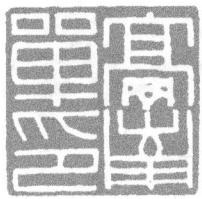 

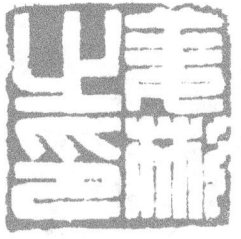 

◆ 所有线过细。
◆ "亭"首横下垂线宜再长一点。
◆ "南"字上松下紧。
◆ 要学会残破。

◆ 较好。
◆ 线条宜挺一点。
◆ 上边线留红太多。
◆ "南"字上部"山"头太细，下边三横宜分开一点，末横比上两横粗。

◆ "姜"字上部应有左右分叉的左右两笔，两侧的两笔要平直。
◆ "之"字左侧要破边。
◆ "印"的下部转折处两小竖太粗。

◆ 刻得不差。
◆ 竖中线下部不分明。
◆ "彬"字残破不够。
◆ "印"字三撇要差不多长短、同一方向、等距。

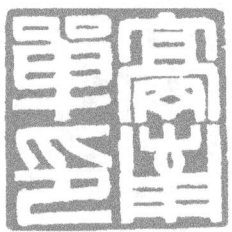 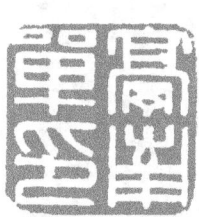

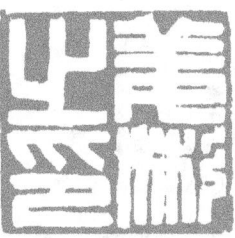 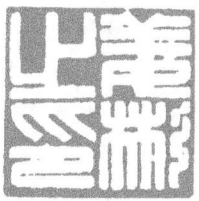

◆ 线条太粗，而此印并非粗白文。
◆ "亭"下"丁"转角宜圆，离左右框远点。
◆ "单"下竖线不可出头太多，下边一横宜挺。
◆ "印"上下部不可连接，下边三横要挺，转折稍方。

◆ 左右之间隔太大。
◆ "亭"首横左右下垂线还应长一点。
◆ "印"字上部三撇间距、长短要到位，下部三横转折太圆。

◆ 右两字大于左两字。
◆ "姜"字上中部开叉太大。
◆ "彬"字"林"应顶端平齐，"林"与三撇之间上半部的空隙太大。
◆ 要学会残破。

◆ 文字及边要对照范印残破，但"姜"字中竖下部破得过头，一竖显得太粗了。
◆ 印角太尖。

洪士豪印

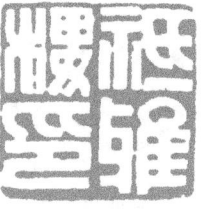

祇雅楼印

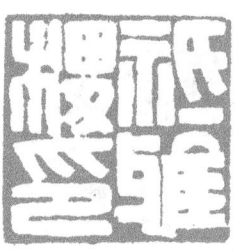

◆ "洪"字三点水上下间距太紧，每根竖线都要有小姿态；右上部分，左右应微出头。
◆ "士"字未出头，成了"工"。
◆ "豪"字顶横应有坡度，两头出去一点点；"口"下有连笔；底线要平齐。
◆ "印"字上部第三撇及下部末横都不符要求。

◆ 右两字大于左两字。
◆ "洪"字三点水上下间距太紧，注意每一竖的不同姿态；右上部左右出头太多。
◆ "士"字下横太细。
◆ "豪"顶横太尖，左右还须分开点，宝盖横画太粗，底下又局促，有竖与"口"相连。
◆ "印"字上部第二、三撇太长，下半部转折两竖都不好。

◆ 竖中线不清，"祇"和"印"两字都应上提而下边留红。
◆ "祇"字"氏"及"印"上部线条应有圆转之意，"示"字两横宜等长。
◆ "雅"、"楼"的左边、"印"的下边部分，都应紧凑一点，"木"字还应并笔。

◆ 线条都不够挺。
◆ 横中线、竖中线均不明显。
◆ "祇"字右上、"印"字上部几笔，均应有圆转之意；"祇"字"示"太大，使"氏"下一笔短了。
◆ "雅"字左右应有间距，右上半圆角度不对，中少一小竖。
◆ "楼"字左右两部的毛病，都是上下未连接好。

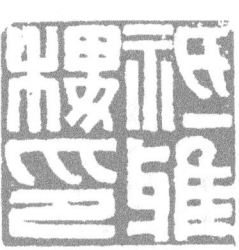

◆ "洪"字三点水太直，无变化；右上底线太细；下半部分左边的上一短横不对。
◆ "士"字横太粗。
◆ "豪"字上半部不好，顶有坡度，左右两竖要分开点；"口"与底部要有一线相连。
◆ "印"首横不挺，三撇不宜长，且要与下半部分开；下半部三横及转折少流转之意。

◆ 这么细的线条，四个字分得这么开，犹如四个字互不相关，四边又这么空，实在难与范印相比。
◆ "洪"字右下两部分相连也是不应该的。

◆ 竖中线的上部不分明。
◆ "祇"字应上提一点，"氏"字两笔宜带圆转之意。
◆ "雅"字右上的椭圆太小。
◆ "楼"字"木"要有并笔，"女"左侧一小竖太长；向左的两撇宜笔头到底。
◆ "印"字三撇宜有圆意，下三横要留间距。

◆ 全印线条都嫌太细。
◆ "祇"字右上一横要平，下两笔要有圆转之意。
◆ "雅"字"隹"要宽一点，上面应是半椭圆形，两头有点尖，中有小竖。
◆ "楼"字"木"有并笔，右"田"下左侧一小竖要挺而下弯。
◆ "印"字上部三撇要均匀而有弯意。
◆ 印角要通过敲击使其带点圆意。

◎ 第九章　初学者的基本训练

垒尉之印

素情自处

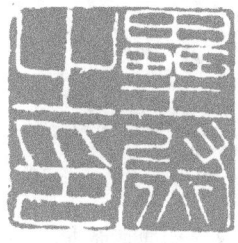 

- ◆ 印面太大，线太细，离范印距离更大。
- ◆ 第一字"土"字占地太多。
- ◆ "之"字有残破处。
- ◆ "印"字上下两部分不应碰到。

- ◆ 此印四角太圆。
- ◆ "尉"字下部的"火"与上部分得太开。
- ◆ "之"的线条太粗，左右两处转折应左低右高。
- ◆ "印"线条太粗，并得太近。

- ◆ 横中线不平，左边下斜了。
- ◆ "素"字上边左右四点要匀；中段绞丝，故左右两边不可用直线。
- ◆ "情"字"心"太粗，右边上下两部分分得太开。
- ◆ "处"字框内左下部分应上下出头。

- ◆ 线条太满、太光，左右两字靠得太紧。
- ◆ "素"字中间是绞丝，故左右两竖非直线。
- ◆ "情"的竖心底横要低。
- ◆ "处"字多处并笔太过分。

- ◆ "垒"的左右两"田"要大小差不多，稍靠紧一点。
- ◆ "之"字线条太细，与下面"印"字太分开。
- ◆ "印"上半部三撇要均匀向右，下半部的线条要挺。
- ◆ 不会蘸印泥钤印。

- ◆ "垒"的左右两"田"与"尉"字上半部的左右两部分之间都犯同一毛病，分得太开。
- ◆ "之印"两字太细，不挺；"印"上部的三撇要均匀，下半部三横要挺而均匀。

- ◆ 这是一方浙派风格的印，要用切刀法一节节刻出来，如用光洁的冲刀刻，就少了一份古朴之气。
- ◆ 此印排列甚妥。
- ◆ 线条要毛，边要残破。
- ◆ "素"中间非"日"，而是绞丝，故左右两竖不可笔直。

- ◆ 全印线条很粘，犹如刻在泥块上的效果。
- ◆ "素"字中段要放大放宽，上面左右四点要压缩。
- ◆ "情"字竖心底画要往下。
- ◆ "自"字底横左右两角太圆。
- ◆ "处"的几处"肿笔"太大，底下两个小零件转折要见方意。

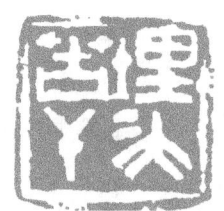

埋头苦干

校尉之印

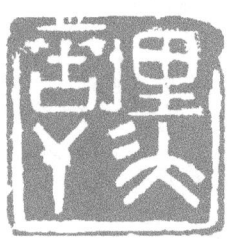 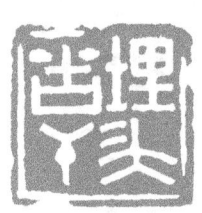

◆ 右两字大于左两字。
◆ "埋"线条太细,"土"少下边一横。
◆ "苦"的草头太细太小,"古"宜大而粗。
◆ 残破还不周到。
◆ 简化字入印仍要以篆书入印的办法刻。

◆ "埋"字"田"要大点,下两横要粗点,"土"头较短。
◆ "头"字下两横斜度较大。
◆ "苦"的草头看不出竖画,"口"还可粗点,线条毛点,上面的一横左粗右细。
◆ "干"上面左右开叉角度太大。

◆ 线条太细,石章太大,不会用印泥钤盖印章。
◆ "校"字七根直线的间距要统一。
◆ "尉"字起笔处两画要平行,"火"字开口太大。
◆ "之"字左右两侧太降低。
◆ "印"字三撇太靠右,间距不匀。

◆ 文字四面宜逼边。
◆ "校"字七根直线间距要匀。
◆ "尉"字"火"压得太扁。
◆ "印"字的转角都应注意带圆意。

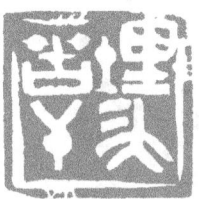 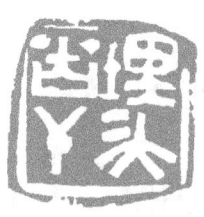

◆ 基本符合,"田"字笔画要调整好。
◆ "头"字左右下垂的线不可有高低。
◆ "干"分叉的上边部分及圆点太大。
◆ 左上角边框线应几乎相连。

◆ 这几方印中,在气息上这一方比较接近范印,只是"埋"字的"田"粗细要调整,边框的残破要到位。

◆ 右两字大于左两字,横中线、竖中线空得太多。
◆ "校"字左右两部分,凡转折都太方,还少了一竖。
◆ "尉"字左边太窄,落笔处空间太大,右上角要见斜意,左侧两横不应连边。
◆ "之"字左右转折并非一直线。
◆ "印"字三撇间距要匀,全印转角处要见圆意。

◆ 笔画太细,显纤弱。
◆ 右两字大于左两字。
◆ "校"字七根直线间距要均匀;右半部左右下垂线宜有圆意,中间交叉的应带长形。
◆ "尉"字右上部分要伸上去。
◆ "之"字左转折太低。
◆ "印"字三撇要匀,下半部三横间距要统一。

校尉之印

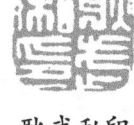

耿武私印

◆ 看不出横中线、竖中线。
◆ "校"字"木"下竖转折要有圆意，中间圆环应偏长圆，底线必须与左侧"之"字一横水平。
◆ "尉"字几处转折都太方，左侧两横不连边，右横太长。
◆ "印"上下要有间距，转折宜圆，线条要挺而细一点。

◆ 线条刻工都还可以。
◆ "校"字右半应圆转地分别从左右下垂，一共七条直线间距要均匀。
◆ "尉"字左右太分开，且此字比"印"字大。
◆ "印"字上部嫌太扁，下部则不够扁，比例失当。

◆ "耿"字"火"左右两点还应长一点。
◆ "武"左侧两小竖转折太方，右侧四横的头应带点尖意（这同"印"字右侧三横的头有点一样）。
◆ 残破得好一点。

◆ 线条大多不挺。
◆ 随意改变写法，如"武"底下末画没这么长，"私"字左右都自造，更不可与"印"字连。
◆ "印"与"武"有间距，下半部横画有粗细之分。
◆ 没残边破角。

◆ "校"、"尉"两字占地大了点。
◆ "校"、"之"两字底线应在同一水平线上。
◆ "尉"的竖线尤其不挺，下边"火"字应一小竖后再向两边分叉。
◆ "印"字下部线嫌粗。

◆ 比例还可以，但线条不挺。
◆ "校"字七根竖线间距要等。
◆ "尉"字左上出头太多，右上三根斜线占地太多，下边一横也太长，"火"中间太尖。
◆ "之"应该是左转折平，右转折有点下倾。
◆ "印"字上部三撇要同方向、均匀，下半部三横也应均匀，结束时有小转折。

◆ 上两字占地小了一点。
◆ "耿"字"耳"上漏一画。
◆ "武"字右侧横画头有尖意。
◆ "印"字各画间距太大。

◆ "耳"上有一细短横，下边盘曲不妥，"火"字竖横太长。
◆ "武"字、"印"字横画粗细有变化。
◆ "私"字左右都不似范印。
◆ 残边破角一点也不会，故面目全非。

都候之印

晋阳令印

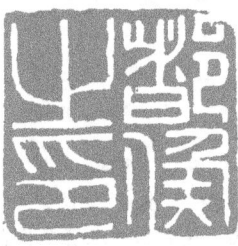 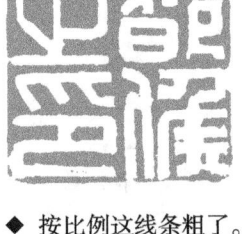  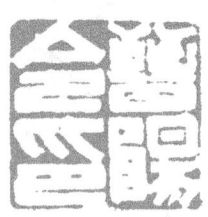

◆ 石太大，刻好的难度大。
◆ 按比例，石大，笔画也应加粗。
◆ "都"字中部一点应横向，右下部第三、四个转折太方。
◆ "候"字单人旁太分开，右半部怎么把左下竖改成右下垂了？
◆ "之"字右折应平；"印"字上部转折应圆一点。

◆ 按比例这线条粗了。
◆ "都"字左半部的右上角少了一竖，中竖要连下去。
◆ "候"字单人旁上方都不对，右半部一撇改成转折了，中竖也不居中。
◆ "之"字左边低了、斜了，右边也可相应提高。
◆ "印"字上部三撇要同方向、等距离。

◆ "晋"字"曰"上两短横要靠近一点。
◆ "阳"字左耳留眼太大，二、三两框相距太近，右侧最左一点宜上小下大。
◆ "令"字下半部左侧转折要有点圆，且要靠近左边。
◆ "印"字左上转折宜圆。

◆ 线条如此之满，与范印相差太大。
◆ "晋"字上部左小右大，"曰"与上面部件应有距离，中间一横左右均不碰壁。
◆ "阳"左耳三环应分开，右下部分最左一撇应到底。
◆ "令"、"印"的下半部同样要求均匀、平整，现在太满。

   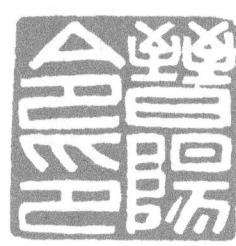

◆ 横中线、竖中线要看得清。
◆ "都"字左上角转折是平的，中段有一点不应相连，右上角"口"要残破。
◆ "候"的单人旁太分开。
◆ "印"上部撇得要等距离，不可与下部连。

◆ 线条太黏，不爽，不逼边。
◆ "都"字左上线要直，右下还少一个结束时的转折。
◆ "候"字线太粗，单人旁粗，右半部中线也太粗，整个字显得臃肿。
◆ "之"字要左右分开点。
◆ "印"字下部三横还好，但两处转折都太圆而无精神。

◆ 全印线条太粗，不该残破的地方残破了（如"晋""令""印"）。
◆ "阳"字右上"日"太粗，与下面一横不穿透，右下转折要圆，最左一撇宜上小下大。
◆ "印"字上半转折是圆的，三撇要同方向、同距离。
◆ 该残破的要残破。

◆ "晋"字"曰"中一横不连边，上有残破。
◆ "阳"字左耳三孔太大，右边上下两部分间距太大。
◆ "令"、"印"两字有些线条欠挺，转角欠圆，"令"的头太尖。
◆ 要会残破。

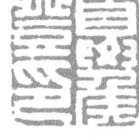
夏侯登印

贾千秋印

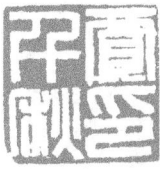 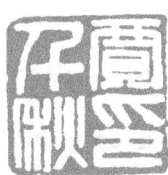  

◆ "贾"字首横太粗，上部间距太近，要残破。
◆ "千"首横起笔就太粗，左边垂笔要圆。
◆ "火"的下边开叉太大，"禾"的左边要残破。
◆ "印"上部三撇角度、间距、长短都不对。

◆ "贾"字两长垂线内不可碰边。
◆ "千"字左垂线圆弧抛得不到位。
◆ "秋"字右下开叉太大。
◆ "印"上部第三撇间距、长度均不妥。
◆ 要残边。

◆ "夏"字下部左右不对称。
◆ "侯"与"登"线条安排不舒服，不可太方，也不能太圆。
◆ "印"字上部三撇方向不一致，不紧靠，下部结束时应有小转折。

◆ 线不挺，角未破。
◆ 右两字小于左两字。
◆ "登"字"口"太大，线条的起止未处理好。
◆ "印"字上部三撇要紧靠，下部结束时要有小转折。

   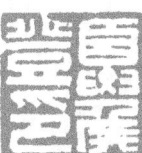

◆ 上边两字太长，不协调。
◆ 下两字之间距太大。
◆ "千"字几处转折要圆。
◆ 要残边。

◆ "秋"字要残破处理，下部开叉太大。
◆ "印"字上部三撇角度、间距、长短都不对，末画太低。
◆ 要残边。

◆ 这方比较接近范印，但"夏"占地较多，"侯"字就明显局促。
◆ "印"字左下角宜破，末画结束要有小转折。

◆ 四字要逼边，竖中线也要处理好。
◆ "侯"字底部左右分开处离得太开。
◆ "登"字上部左右都未处理好，又细又小。
◆ "印"字上紧下松，不妥，末了要有小转折。
◆ 要有残破。

郭婴之印

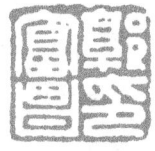

郭富昌印

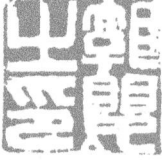 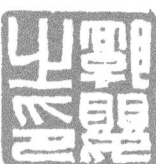  

◆ 左右之间有竖中线，分得太开，会使人觉得散。
◆ "郭"左部"口"太大，这半个字未排妥，右部太大，末画太粗。
◆ "婴"字"女"不紧凑，且左下笔画有误。
◆ "印"上部末撇要斜而长，下部线不挺，转折未处理好。

◆ 四字均应逼边才好。
◆ 四字线不能做到挺，笔画的起止处太方。
◆ 横、竖两中线不清。
◆ 转折处有好几处太方，而范印很饱满，富有圆味。

◆ 基本排列没错，如再饱满点更好。
◆ "郭"字右部上下间距太大。
◆ "富"的宝盖，左直右弯不对称。
◆ "印"字上部要有圆意，下部红线要均匀。

◆ 很饱满，但过于饱满。
◆ 右两字大于左两字，横中线、竖中线不明显。
◆ "郭"的左右中间应有距离。
◆ 印角应带圆意。

◆ 四字之间相隔较大，但基本安排尚好。
◆ 最大缺点是不像范印那么饱满。
◆ "印"的第三撇要长而斜，下部三横要挺而转折自然。

◆ 左边两字过大。
◆ 线条粗细不统一，总体说比较细，故不饱满。
◆ 转折偏方带尖，线条起止处太方，失去了范印的圆味，使人感到像是一堆折断的小骨头。所以，临刻一方印，首先要把握范印的基调。

◆ 如再饱满点，四字之间靠紧但又有分界就好了。

◆ 字间距离太大。
◆ "富"及其他字的部分笔画太细，失去范印饱满的风格。
◆ 转角太方，对照范印看看所有转角，反差太大。

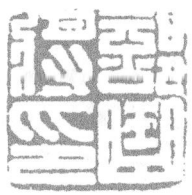

部曲将印

部曲将印

 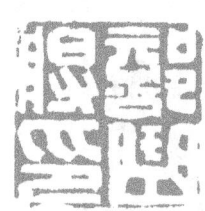

- ◆ 石太大,也未钤盖清晰。
- ◆ 横中线、底线留红要多一点。
- ◆ "部"字上半要紧凑。
- ◆ "曲"字框子要紧凑,中间"玉"三横要齐整,左右该不该"碰壁"要审视。
- ◆ "印"字上部右两撇要左移;下半部三横要靠紧,占地要少于上半部。

- ◆ 右两字大于左两字,注意横中线及底线留红较多。
- ◆ "部"的笔画要紧缩,"口"有点斜意。
- ◆ "曲"中间"玉"字要提上。
- ◆ "将"的左边要紧缩,右边上下对齐,转折见方意。
- ◆ "印"的上部很特殊,下边要压缩并逼边。
- ◆ 要学会残破。

- ◆ 石太大,刻不好。线条太细,右两字大于左两字。
- ◆ "将"字左半应小,右上部分左边要出头,下部"寸"要向上伸。
- ◆ "印"的上部转折较复杂,下半部要压缩。
- ◆ 要有残破。

- ◆ "曲"字框两根底线要靠紧,框有三边不可太肿。
- ◆ "将"字左侧交代不清,右上部分已面目全非。"将"字上两横太短太细,只要对照范印看留红处多少,就知道不够周到的地方。
- ◆ "印"字上部三撇有长短。
- ◆ 应残破得周到一点。

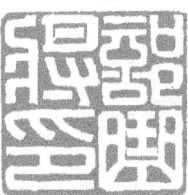 

- ◆ 除下边底线外,三面要逼边。
- ◆ "部"字左半部太细,要挺而见方意,"口"上宜连一竖线。
- ◆ "曲"上宜平头,框框宜紧缩。
- ◆ "将"字线条要挺,转角见方意。
- ◆ "印"字上半部三撇,左边的要见斜意,末撇要长一点,下半部要紧缩。
- ◆ 要学会残破。

- ◆ 这方印,如果不逼边是不好看的,而且要残破。同时,请观察对照范印,不少线条的起止和转角,都是方而有力度的。
- ◆ 右两字都有漏笔画的缺点,能查出来吗?
- ◆ "将"三个主要零件都很"粘"。
- ◆ "印"字三撇都不对,下半部要压缩。
- ◆ 要有残破。

- ◆ 线条要饱满,方显出横中线、竖中线。
- ◆ 范印因为饱满,全印白多红少。
- ◆ 残破会增加一方印的古朴之趣。

- ◆ 所有缺点大多与线条太细、不饱满有关。
- ◆ 横中线、竖中线不清。
- ◆ "将"字左边应是两个"横折",右上部分左边应有出头,右上"寸"三笔应有长短之分。
- ◆ "印"字下半部分应压缩。
- ◆ 要逼边、残破。

高乐长印

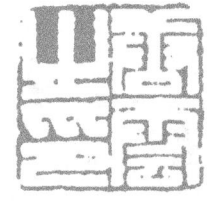

唐雲之印

◆ 有些线条较粗，可查看。
◆ "高"字"口"不平整，上半部的左右两竖还应分开点。
◆ "乐"字上半部太分开，上面一长画太低了。
◆ "长"字左下一粗就失了原味，右下部分转折太硬。
◆ "印"字上半部分三撇要均匀分开，下半部转折要自然。

◆ 安排妥帖，所有不尽人意处，全是因为线条太粗太满造成的。
◆ "乐"的中间部分应有尖意。
◆ "长"的左下部分尤其需要空灵一点，塞得那么满非范印风格。
◆ "印"字也是太满，作为满白文的话，不失为较好的印。

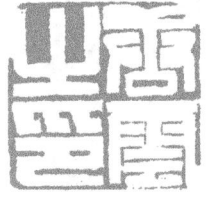 

◆ 横中线、竖中线都不挺。
◆ "唐"之"口"不能水平。
◆ "雲"字上松下紧，首横残破不当，太过分。
◆ "之"字左边残破过分。
◆ "印"字转折太方，线条的起止处不可太方，要有点圆意。

◆ 不能逼边，仍显出不饱满。
◆ 右两字大于左两字。
◆ "雲"字下边太紧张，底下转折不封口。
◆ 没有恰当的残破。

◆ "高"字顶下两竖，还应向左右分开，"口"字上部太空。
◆ "乐"字上部都有尖意，左右的部件应是重叠的三角形。
◆ "长"字左侧两横出头处要小，短横下两竖应为左低右高；右下部的转折不平整，底线不可斜。
◆ "印"字上部三撇要均匀，下部三横长短不一，也不均匀。

◆ 没有了横中线、竖中线，更显得挤了。
◆ "高"字顶太尖。
◆ "乐"字上部各件，其实都带点尖意。
◆ "长"字左下角由于粗而少空灵，右下角粗而少圆意。
◆ "印"字上部三撇宜均匀，下半部两个转折处，右边太粗，左边太方。

 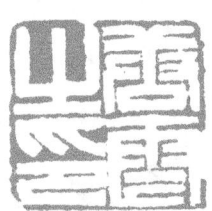

◆ 横中线左低右高，竖中线上部左倾。
◆ "雲"字底部太细，不匀称，不协调。

◆ 竖中线不分明，转角太方。
◆ "雲"字"雨"下"云"的结构少了几笔。
◆ "印"字下半部左下侧小竖不直，末横画结束时大出来了。
◆ 要有残破。

朔方长印

益长之印

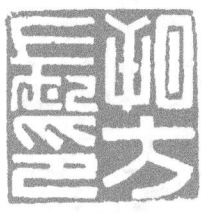   

◆ 线条转折及起止处都嫌太方。
◆ "朔"字右边"月"在左侧均有小小出头。
◆ "长"字上三横要靠紧点，左下结构显得太局促。
◆ "印"字末画结束有小钩。
◆ 印角要残破，带圆意。

◆ "朔"字"月"左两笔太细。
◆ "长"字的横画中也有好几笔不该细，左上角竖画太斜（留红太多），下面要竖到底，并与右下零件靠近点。
◆ "印"字线条不挺，上部三撇太短；下部末画结束处有小钩。

◆ 全印四角有残破。
◆ "益"上部"水"、"长"右下转折等要见粗细。
◆ "印"末画有转折，上部三撇角度不对。

◆ 线条有粗细，并非这样挺直。
◆ "益"字"水"下无一点。
◆ "长"字左上转折宜方，右下转折有笔误。
◆ "之"字左右两转折不自然。
◆ "印"字上部特别不对。
◆ 四角有残破。

 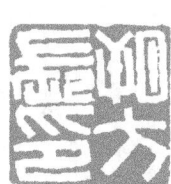  

◆ 线条不挺，有点粘连。
◆ "朔"字"月"上下两横左出头应微乎其微。
◆ "长"字错在下部，左边结构变了，右边的转折太方。
◆ "印"字上下部之间应有距离。下部线条欠挺，转折太方，结束处少一小转折。
◆ 印角宜破、带圆。

◆ 竖中线要明确。
◆ "方"字一撇及转折都不对。
◆ "长"字下部结构与左边一习作一样，被自作主张改变了，转折也太方。
◆ "印"字下部线条不挺，粗细不匀，转折太方，末画结束处有一小转折。
◆ 印角宜破、带圆。

◆ 四角不破，笔画无粗细。
◆ 上方两字已超过一半。
◆ "益"最上方是两小横，下部左右两点有角度。
◆ "长"字左上转折不对，下部无论左右，都与范印不符。
◆ "之"字左右转角不对。
◆ "印"字三撇有长短，下部转折不对，末画结尾有小钩。

◆ 用刻满白文的办法刻此印一定失败，其笔画有粗细，如右上角"水"、右下角"己"。
◆ "印"字上部三撇角度不对，下部末画有钩。
◆ 四角有残破。

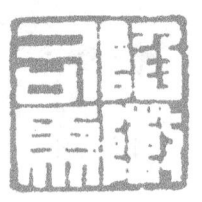

益甫手段　　　　　　　　　陷阵司马

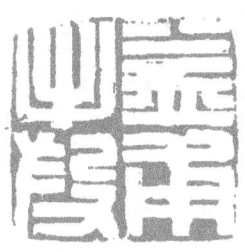 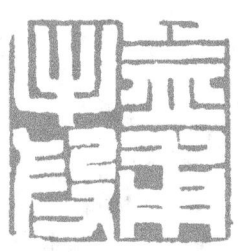　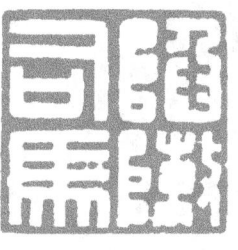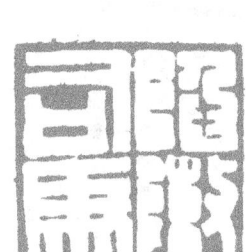

◆ "益"的左中段与"手"上边，残破过头，反而不美。
◆ "甫"字左竖上端太大，中竖宜出格。
◆ "甫"、"段"右上角的转折小竖及"手"字下段的竖线，都嫌太粗。

◆ 不能用刻满白文的办法刻此印，你看"益"的每根横画的两头，看"甫"字左右两竖上下两头及右上一短横的左侧一头，都并非方正划一。
◆ "手"字中竖上端有一向右的钩，底下一竖也宜左倾。
◆ "段"字左上中间少一小头，右下"又"的左侧起笔处不宜用方笔。

◆ 线条太细，竖中线太空。
◆ 上下两"耳"、三眼之间不能分得太开，"东"字上中下三段不能分得太开，每字的左右两部要靠紧。

◆ 无论粗细及布局都接近范印。
◆ 横中线不挺，向左斜了。
◆ "口"字两竖及左右两转角未处理好，大了。
◆ "马"字五只脚，尤其最左的未处理好，底线要注意平齐。

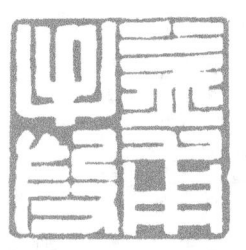 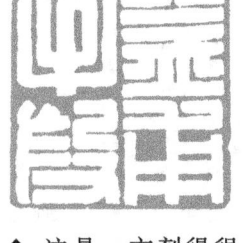　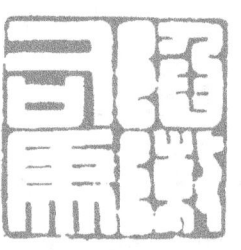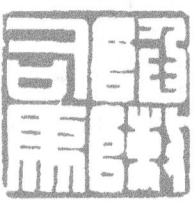

◆ 太光，略嫌细了一点。
◆ "益"字下部两竖间空隙太大。
◆ "甫"右上转折、起笔太方，要靠紧一竖。
◆ "手"字竖间留红太多，中竖上端宜有右向转折。
◆ "段"字竖宜靠左边，左右两部分及上下线条之间都宜靠紧。

◆ 这是一方刻得很用心、安排妥帖、笔画均匀、一丝不苟的满白文印。可惜的是，这方刻得很好的满白文印，却与范印的风貌截然不同，而且也无残破。
◆ 临刻一定先要研究一下范印的基本风格。

◆ 刻得不差，只是有些地方（如上下两"耳"、"东"字）残破太过分。好的残破应该在要紧处留"眼"，这与写字、水墨画一样，否则便成墨猪。哪怕只一小点点，也是很重要的"眼"，必须要有。

◆ 右两字大于左两字，比例不对，要说线条都刻得不差，只是刻也好，残破也好，都失之于一个"光"字。线条"光"易"毛"难。如何使线条"毛"，要研究，可以用敲击、研磨等手法。

黄阳之印

琅邪王禔

  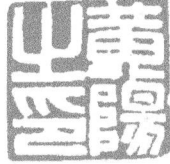 

◆ 横中线不分明。
◆ "琅"字右半粗细不匀，底下左右两处转折都不正。
◆ "邪"字左边线条太粗；右半部"口"太大，底下部分太局促，底画太细。
◆ "禔"字右上"日"太粗太长。

◆ "琅"右边"艮"太肿大，底下漏刻一个"横折"；底画太粗，影响横中线。
◆ "王"字左右笔画起止不平。
◆ "禔"左上两横太粗太短，下面三竖要一样粗细，右上"日"竖笔太粗，不可与下面连。

◆ "阳"字右下第二撇是应连住上横的，"日"中横左右连边。
◆ "印"字三撇要向右撇得均匀，下部转折要有圆意。
◆ 有残破。

◆ 细了一点，缺少残破。
◆ "黄"字横画太弯曲。
◆ "阳"字右下少了一短撇，"耳"旁下边空得太多。

   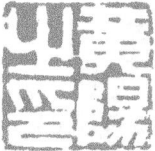

◆ "琅"字"王"竖太细，"艮"顶端细而底下几笔太粗。
◆ "邪"字左边首画下应有留红，各线条不宜太粗；右半部上下笔画粗细不匀。
◆ "禔"字右上"日"太粗大，下边只能细而局促，头重脚轻。

◆ 安排妥帖，线条也很挺，如再饱满一点，就会更好。

◆ "黄"、"之"部分线条不挺。
◆ "阳"字右下第二撇应连住上横的，下边太细。
◆ "印"字上部第三撇太细。

◆ 每个字排列都还可以，总体看，粗了点。
◆ "黄"第二画太长，不够弯。末了左右两小笔分得太开。
◆ "之"字中竖要居中，右侧竖弯要偏上点。
◆ "印"字上部第三撇普遍刻不好，它无转折，只要斜而长点即可。

黄利上印

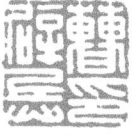
曹辟兵印

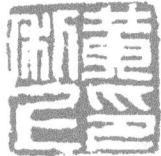 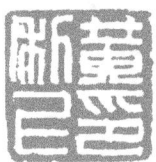

◆ 线条不仅不挺，还特别毛糙，刻得不好还不加修饰。有时通过认真修改，也会出好效果。
◆ "上"字右上角转折差，左竖太粗。

◆ 这么细的线条，这么弯曲的线条，这么空的留边，这么生硬的转角，哪点像范印？
◆ "黄"字上部宜紧，"利"字"禾"部宜正，"上"字末横宜左出头。

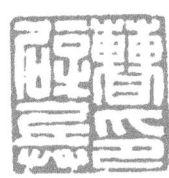 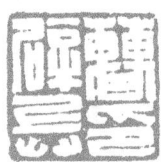

◆ 除了"印"字上半部三撇要同向右撇去未做到外，其余是一点小毛病。
◆ "曹"字上部两"田"之间角太方，下半部左右两垂线不够直。
◆ "辟"字左部一竖与"口"之间应有点空隙；"辟"与"曹"两字之间也应适当空开。
◆ "兵"字线条最欠坚挺之感，下部双"手"不可向下出头。

◆ "曹"字双"田"之角欠圆意，右侧垂线转角太方。
◆ "辟"字左侧直线太长，右半部第二横还要向右过去一点，下面左右上叉的两笔太长。
◆ "兵"字首横起笔太粗，左侧转角留红三角太大，三、四横之间少一竖，底下双"手"形与范印不符。
◆ "印"字上部三撇不对，下部三横之转折不够圆转。

 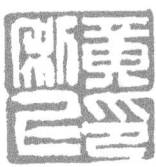

◆ 习作者竟可以完全无视范印。粗细不像，间隔也不像；你靠紧，我分开；你逼边，我给你四周留一大圈红色；你转折圆，我偏方。
◆ "黄"字的上部两竖既要分开点，又要出头。

◆ 位置安排还可以。
◆ 线条粗细随心所欲，没有规矩。
◆ 所有转角都自说自话，谈不上对照范印。
◆ 有三处改变原貌："黄"字头两竖分开出头；"禾"字一竖中间穿过；"上"字左下要出头一点点才好。

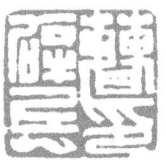 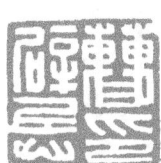

◆ 所有线条不爽，如"曹"字上部左右两个头，落刀不知掌握轻重；"印"字上下不该相连；而"辟"字右半部一竖应与上面相连，左半部转折加一竖都太"肿"，与"口"也应有距离。
◆ "曹"、"印"两字不该相连，"印"下残破不当。
◆ "兵"字左边一竖转折处也见"肿"，两横粗而不挺，底下双"手"变了形。

◆ 全印笔画细了一点，"曹"字左右两"东"之间、"兵"与"印"两字之间以及全印的四周都留红过多。
◆ "兵"字首横头太尖，左侧转折要有点向右转折才对，底下双"手"占地太多，形也不对。
◆ "印"字上部三撇应一长二短，下半部显得太局促。

◎ 第九章 初学者的基本训练

硕果亭长

常乐单印

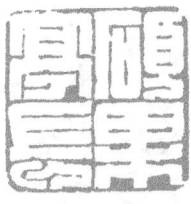

◆ 此印刻得饱满，但总觉远离范印神韵，毛病出在几个小地方。
◆ "石"、"果"的转角太方。
◆ "硕"、"长"两字右下转折处，要考虑其方圆变化，又必须要有点起伏。
◆ "长"字上四横太粗，使下边半圆不圆、转折少起伏。

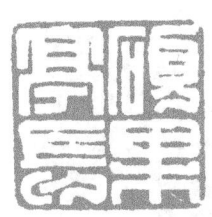

◆ 安排很妥帖，可惜不够饱满，还可加粗完善。
◆ "硕"字右半、"页"的左竖要挺直，上端少了一竖。

◆ "常"字宝盖太大，上面的左右两边转折嫌小。
◆ "乐"中间"日"要细长，并不这样圆无棱角。
◆ "印"第三撇角度不对，下半部线条不够挺。
◆ 要有残破。

◆ "常"字只要看上面左右两个转折和宝盖，就完全与范印不同；"巾"字也太短。
◆ "单"字上面两"口"太小，"田"太粗太大，下面竖线出头太大。
◆ "印"第三撇应比前两撇长，下半部太粗太大。
◆ 要有残破。

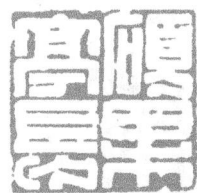

◆ "硕"、"长"两字右下盘曲方圆失度，其实是很精巧的转折。
◆ "果"字太大，"长"字上的横中线有点左高右低，在视觉上先使人不舒服。
◆ "果"字中竖不居中。
◆ "亭"的中间两竖不挺。

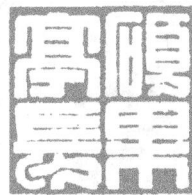

◆ 没有一定功力，决刻不出这么好的印。线条挺，比例准，中间线分明，距离均匀。
◆ "硕"、"长"两字右下转折处，要注意方圆适度。

◆ 笔画太细，转角太方。
◆ "常"与"单"上部左右对称的零件，只要看红色，就知太大了。
◆ "乐"下两横长短相差太大，转折也不好。
◆ "印"占地太多，上部前两撇要靠紧，下部三横间距要均匀，一小竖宜偏左点，要会残破。

◆ 线条太粗，不像范印。
◆ "单"字上部分得太开。
◆ "印"字上部三撇要靠紧，又要有长短之分。
◆ 要会残破，印边不可能留得那么宽。

常建德印

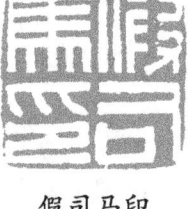

假司马印

◆ 四边留红太多。
◆ 所有笔画都要加粗，"印"字才不会出现这么多留红。
◆ "常"字上头太大，使下部显得局促；第一横先粗后细不好。
◆ "建德"两字左边都太大，不紧凑；"德"字右部也太松散。
◆ "印"字上部左边转角太方，末撇终端太大；下部终端似有一点向下的弯意。

◆ 全印章法还好，"印"字大了点。
◆ "常"字要残破，线要挺，结束处不可大出来。
◆ "建"字左侧部分太细。
◆ "德"字左侧太大，"心"字还要拓展才不致局促。
◆ "印"字三撇要靠紧，第三撇要有斜度，下边三横过长过粗，转折臃肿。

◆ 竖中线分得太开。
◆ "司"字两横分得太开，也太细，"口"与右竖宜分开一点。
◆ "马"字末横宜再降低。
◆ "印"下半部宜压缩。
◆ 四面宜逼边。

◆ 基本布局及每根线条的处理都不差。
◆ 文字要四面逼边才能达到范印的效果。
◆ "司"字右侧一竖，在上端宜收一点点"腰"。
◆ "印"下半部转折未处理好。

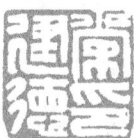
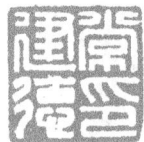

◆ 横中线、竖中线很易忽视，现在这样，显得杂乱。
◆ 线条起止两端均见马虎，大多有肿大现象。
◆ "常"字上部太挤，下部显长，而且底部不在水平线上。
◆ "建"字"走"底太大，迫使当中部分缩小，"德"字双人旁一大、右半边上部一大，"心"字就显得局促。

◆ 线条如能再饱满，效果会更好。
◆ 右上角宜残破。
◆ 印之左右双人旁结束处并无转折，"建"字的左侧转折也太平，与范印不符。角不加残破，终难达到范印的神韵。

◆ "假"字单人旁分得太开，最右侧两处转折均太方，向左的一长撇也不对。
◆ "司"字右竖太板，"口"字太扁。
◆ "马"字五条腿要挺，收笔宜方，且应再宽一点。
◆ "印"字转折宜圆一点，下面三横宜平直、均匀，转折自然。
◆ 印的四角宜微圆。

◆ 布局还不差，由于线条不挺，又觉细了一点，整体效果就差。
◆ "司"字两横要粗点。
◆ "马"字左竖要挺，应有点上细下粗。
◆ "印"字上部转折太尖，下部三横不紧凑，与"司"字分得太开。

◆ 角要残破。

◎ 第九章 初学者的基本训练

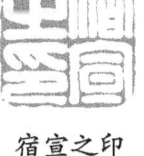

宿宣之印

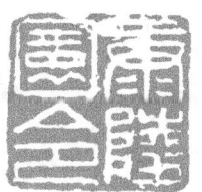

康陵园令

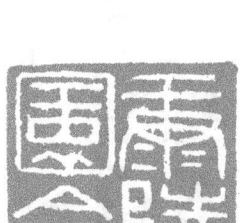

◆ 石太大，更不易刻好。
◆ "康"字中间"田"太往下，中间的横线要居中。
◆ "陵"字右半部中，分向左右的线要分粗细，底下零件应上短下长，右下有小竖线。
◆ "园"字无中线，"口"下为两个较挺的折线，无圆弧。
◆ "令"下部线太粗，底线有小钩。

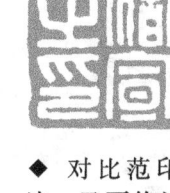

◆ 石太大，更不易刻好。
◆ "康"字上两横间要残破，左右四点要对称。
◆ "陵"字右半太松散、太宽；下半部右上应是独立的一短横，底下两横要有长短。
◆ "园"字上两横要靠近，中无竖线贯穿。

◆ 对比范印，又不靠边，又不饱满，如在此基础上再加粗，可能还会好一点。
◆ 两个宝盖的转折都要有圆意。

◆ 右边两字的宝盖顶宜有点圆意。
◆ "之"字左右两竖的转折有点平而下靠。
◆ "印"字下部三横粗细要掌握。
◆ 印角要有点圆。

◆ "康"中间"田"底部宜平。
◆ "陵"字左耳一竖不到底，右半部上部应上大下小，每根线条的头尾粗细均不一样，右下少一竖线，上面还有一短横，非一小点。
◆ "园"字上两横中有一小竖。
◆ "令"字头左右分得太尖，坡度太陡。
◆ 要学会残破。

◆ 左右字之间分得太开。
◆ "陵"字右部问题较多，上部线条有粗细之分，右下少一竖，上面的一点应改为一横。
◆ "园"字两横中应有一小竖。
◆ "令"字头太尖，线条不够挺。

◆ 安排尚好，还可以再饱满一点。
◆ 两个宝盖的转折要有圆意。
◆ "之"字的笔画，不论是横是竖，起止处都未刻好，竖画宜再上升靠边。

◆ "宿"字宝盖下单人旁一大，"百"字地位就只好压缩。
◆ "宣"字宝盖下，"曰"中一短横不靠边。
◆ "之"字左右两竖之转折还是微见高低。
◆ "印"字上部三撇要统一方向，一齐向右；下部三横画要挺。

梁厩丞印

骑部曲将

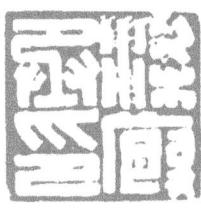 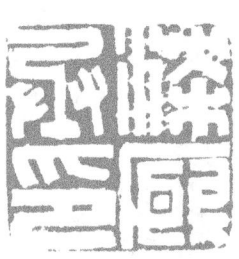

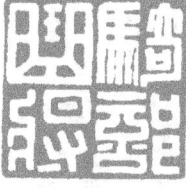 

◆ "厩"字框低而粗，里边的字很压抑。
◆ "丞"字底画两头应上翘，左侧"手"宜平一点。
◆ "印"三撇间宜有疏朗之意。

◆ "梁"字三点水左右两侧下边的竖太长，右上角结构不清。
◆ "厩"字框太光，内左半部的右上少一转折，而右半部不管上下，结构全错。
◆ "丞"上少一竖，底画两头应有上钩，右侧的"手"要横过来一点。
◆ "印"上部三撇要斜过去一点，下部转折嫌太粗且太方。

◆ 线条光洁而板，无残破。
◆ 实际上，每根线条及线条两头的起止处是否一律方正画一，只要对照范印看，就知道了。
◆ 如"部"字各转折都显太方。
◆ "曲"字三围宜瘦一点，中间所包"玉"字应下降。

◆ "骑"字"马"首横左侧低了；右上角点横要上伸。
◆ "部"左上两横下转折要"耸肩"；右下末横画宜短。
◆ "曲"左上角顶线宜平，中嵌"玉"四周应有间距。
◆ "将"左上上升的一端太长。
◆ 要有残破。

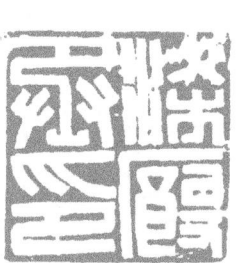  

◆ 全印笔画太细，也未经残破。
◆ "厩"字左边"日"太长、太大，右边的结构也全错。
◆ "丞"字底画两头宜上翘，左"手"宜短而稍平。
◆ "印"字上部宜等距而圆转，下部三横要均匀。

◆ "梁"字右下"木"无钩，此乃残破所致。
◆ "厩"框内左侧上部何来一个"红三角"？右半部要占地少一点，右下"手"横画要短。
◆ "丞"字底画要长一点，左"手"竖要有弯转之势。
◆ "印"字上部三撇要均匀，下半部首画右端细了点，底画也有此缺点。

◆ 石太大，难以刻像。
◆ "骑"右上少一点。
◆ 线条太细、太光、太板；"部"左下"口"上，非一直线，应是几乎相接的两短横。
◆ "曲"字中的"玉"偏右了。
◆ "将"字右上太大，中含一横应短小。
◆ 无残破。

◆ "部"字左边"口"上左右两短横要稍断而粗点；右边"口"太低，也不必并笔。
◆ "曲"字三围太粗，与中间"玉"字无空隙。
◆ "将"字笔画这么粗，该表现的细节都不见了。
◆ 要有适当残破，"骑"字右边"口"中应有"眼"，底线宜平，小折不宜过大。

◎第九章 初学者的基本训练

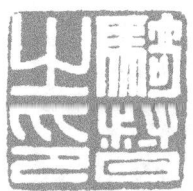

骑督之印

博平家印

- ◆ 全印线条粗细正好。
- ◆ "骑"字左上角宜出角,"口"宜靠近"马"。
- ◆ "督"字下部"曰"含横画不连框,其左上小点也不能连。
- ◆ "之"左竖宜上钩,右竖下角太低,上钩线太斜。
- ◆ "印"字上部三撇中,首撇太短,转角宜带圆意。

- ◆ 横中线、竖中线要清晰。
- ◆ "督"字"曰"上横太粗,中画右端宜连框,右上部"手"宜长而向上伸。
- ◆ "印"字上部三撇太弯,几乎碰到了;下三横要挺,转角宜有圆意。

 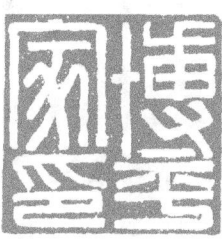

- ◆ 上两字占地过大。
- ◆ "博"右上部太大,下"寸"字角度不对。
- ◆ "平"字左右两点太低,靠得太近,下边转折不见了。
- ◆ "家"字太长,"豕"字各线长短、方向均错。
- ◆ "印"字上下均有误。

- ◆ 用石太大,不利临刻。
- ◆ 上两字与下两字间距太紧。
- ◆ 从"平"、"家"两字分析,很多线太粗,"平"字左右两点应离开中竖一点。
- ◆ 要学会残边残角。

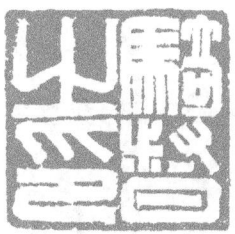 

- ◆ 四字要逼边一点。
- ◆ 横中线、竖中线不清。
- ◆ "骑"左上角转折太圆,右上角"立"左右两竖太短,"立"之底横太低。
- ◆ "督"字下部"曰"转角太圆,中画右边要连框,右上"手"宜上伸而不该左倾。
- ◆ "印"字上部三撇宜带点弯。
- ◆ 不会用印泥,钤盖不认真。

- ◆ 总体笔画太细,转角太尖,与范印不符。
- ◆ "马"字底线上收,使横中线不平,竖中线也不挺。
- ◆ "马"字右上角、"督"下的三个角、"印"字右上角,都出头了。
- ◆ "督"字"曰"中一横右端要连框。
- ◆ "印"字上部三撇要有点弯意,末撇太弯。

- ◆ 上两字与下两字太靠近。
- ◆ "博"、"印"一些线条偏粗,转角偏圆。
- ◆ "家"字中竖转折生硬。
- ◆ 残角残边要看清地方,该残的残。

- ◆ 有些线条偏粗。
- ◆ 上两字与下两字要分开一点。
- ◆ "家"字"豕"部各线条分布与范印不符。
- ◆ "印"上部撇得不对,下部太粗,线条又欠挺。
- ◆ 要学会残边残角。

越园书记

越贸阳君

◆ 竖中线、横中线不分明。
◆ "越"字太大，左上部件太小，右半部长竖宜直。
◆ "园"字框太粗，内上松下紧。
◆ "书"字四点靠得太紧。
◆ "记"字右半部宜上紧下松。
◆ 要残破得当。

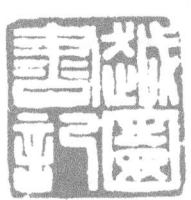

◆ "越"字右半最右侧"戈"的长钩宜直一点，右上角短画及转向下的垂笔都不对。
◆ "园"字内宜左右撑足，"口"下笔画也写得不好。
◆ "书"字四点宜短一点。
◆ "记"字"言"的一竖要粗点。
◆ 要有残破。

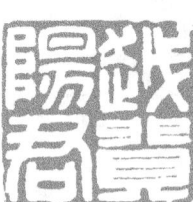

◆ 排列尚好，左右间距大了一点，线条的起止不必太方。
◆ "阳"字右上"口"中一短画、耳旁右侧第一撇的长短，均不对。
◆ "君"字左侧一竖要逼边，"口"字要扁。
◆ 边角要残。

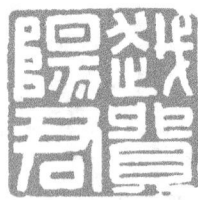

◆ 边角要残。
◆ 转角太尖，线头未刻好。
◆ "贸"字上部要出头一点。
◆ "阳"字耳旁不对，"日"字应短画居中，左下部要圆转。
◆ "君"字左侧一竖宜挺，"口"宜扁。

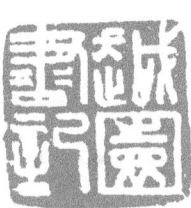

◆ 线条太细了一点。
◆ "越"字左半部太小，线条宜浑厚不可尖。
◆ "园"字框内最上的"土"部要左右撑足，"口"下笔画也要左右走向。
◆ "书"字上大下小，底下应是"曰"而非"口"。
◆ "记"字太窄，"言"部太瘦。

◆ "越"字左上角左右分得宜平一点。
◆ "园"字框内线宜挺而残破得当。
◆ "书"字残破不当，四个横画太长。
◆ "记"字右边各笔画宜分开一点。
◆ "书"、"记"两字太阔了点。

◆ 每个小地方都未处理好，使全印看上去很乱。
◆ "越"左上首画太斜，"止"太高，末画宜长一点；"戈"左一竖要稍短微弯，"戈"字长钩角度不对，一撇太斜。
◆ "贸"字太宽，影响"君"字，左上一竖不可出头。
◆ "阳"的右半转角太方，三撇长短有误，未残破。

◆ 线条的起止太方太锐。
◆ "越"字"止"要高一点，左上中间一竖要有点弯。
◆ "阳"字耳旁三个"口"不能差别太大，右下部分转折及三撇不够圆润。
◆ "君"字左竖还要逼边，"口"字要扁，左右两竖宜各上升一点。
◆ 边角要有残破。

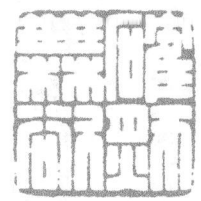
确然无欲

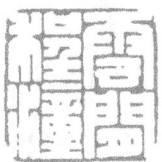
雲间程潼

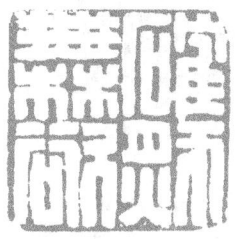 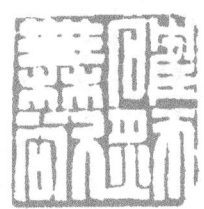

◆ "确"字"石"还可小一点，右半部宝盖左右垂线应基本一样长，"佳"头还少了一竖。
◆ "然"左上"月"中两画还要粗点。
◆ "无"字横画要挺，与下边"木"要靠紧点。
◆ "欲"字所有竖画不挺。

◆ "石"字之"口"底横还要低，"确"之右上角竖太细。
◆ "然"的笔画粗细不匀，"火"左侧不可与"欲"连。
◆ "欲"左上两横下，左右两竖下垂转角要圆，中间要断开，右半部竖线太粗。

 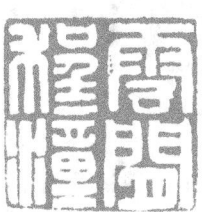

◆ 所有笔画要挺、饱满，特别要残破得当，如"禾"、三点水等要重点残破。
◆ "间"的双门要对称。
◆ "童"字一竖要"里"字出头，"里"上一横太粗。

◆ 左右两半的间距太大。
◆ "雲"字之"云"应饱满。
◆ "间"字左右两扇门要粗而对称，下面的"月"要压缩，底下留一红线。
◆ "程"字"口"要加大，"壬"要向下安排，底线宜平。
◆ "潼"的首横要与三点水平，中竖要一竖到底。
◆ "禾"、三点水要残破。

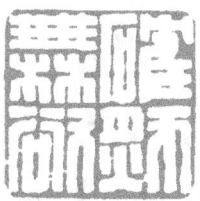 

◆ 线条不挺，还不够饱满（如"无"字"木"更严重）。
◆ "确"右上破残过甚，"石"之"口"上边一横宜低一点。

◆ "确"字右上角一竖要与下边相连。
◆ "然"右上一横有线应与下边相连。
◆ "欲"字右上比下面两竖细得多。

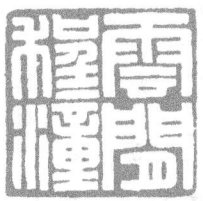 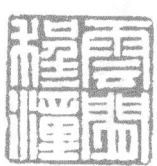

◆ 全印排列尚好，宜加粗笔画，全面检查何处要残破。
◆ "雲"字"云"之底横要左右伸展再往上钩。
◆ "间"之"月"要压缩，左侧直线有一小弯钩向下。

◆ 笔画全部要加粗，并应对照范印残破。
◆ "雲"字之"云"底部要直线往上钩。
◆ "童"字的"里"要与上部有小竖相连，首横宜与三点水平。

241

程嘉遂印

湖邨花隐

 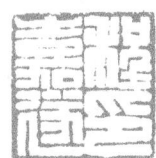 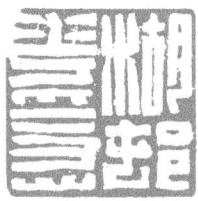 

◆ 基本风貌接近范印。小地方再注意一点、线条再挺一点就更好。

◆ 基本安排都好。
◆ 太满了一点，字距（即留的红线）不对，字与字不该粘连不分。
◆ 看一方印要看白处，也要看红处，才可对照接近范印。

◆ 要加以残破。
◆ 有些地方，如"邨"字左下转角方过了头，请记住一切要"适度"才好。
◆ "花"字末横太弯。
◆ "隐"字两画间少一小竖，底下"心"字压得太扁。

◆ 左右字间距嫌大。
◆ "湖"字三点水头都太尖，右下一笔太细，"古"、"月"的部分线条也偏细。
◆ 看一下"邨"的右下转弯，框内红点是方是扁？
◆ "花"的上面四点尖头在内，较对称，下面三横要直。
◆ "隐"字"工"的一竖太粗，"心"的四短竖要交代清楚。

◆ 基本安排尚好。
◆ 线条不挺。
◆ 每根线头尾都太圆。
◆ "禾"旁上下分得太开。

◆ 基本都较好，细节处欠认真。
◆ 比如"程"右下的"口"部安排要大一点。
◆ "遂"字右半部六根横线的粗细、距离不对。
◆ "印"字下部转折直线太粗，且不挺。

◆ 右两字大于左两字。
◆ 三点水宜上短下长。
◆ "邨"左侧上应出头，现刻得太光、太尖。
◆ "花"又小又扁不好。
◆ "隐"字要向左逼边，"心"尤其右端未处理好。
◆ 浙派刻法也是偶然尝试，习惯的刀法在这里不通用。

◆ 全印线条又光又细，与范印不符。
◆ "湖"三点水错作"木"旁，"古"字"口"要好好加长。
◆ "邨"字左侧粗细、长短未表达准确。
◆ "花"的上面四点尖头朝里，应一头尖一头粗。
◆ "隐"最上部分拉得太高，粗细也不对。

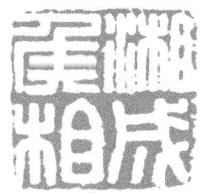
湘成侯相

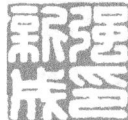
强新成印

 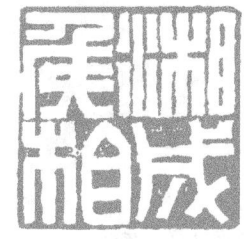

 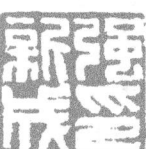

◆ "湘"字三点水上面两小竖太长。
◆ "侯"字"厂"部左角宜方。
◆ "相"字"木"下垂之两"肩"宜圆,"目"上部有点尖,但切不可尖成这样。
◆ 要有残破。

◆ 请查所有线条的起止,对照范印,一方一圆,截然相反。
◆ "湘"字占地太多,"水"部上面两小竖太长,"木"部上部要短,上下四只转角宜圆。
◆ "侯"的下脚多么难看。

◆ "强"字"弓"显粗肿,下面垂线留得太长;右边等于是三个"口",大小悬殊太大。
◆ "新"字左上角"口"中红点太大;右半部留红也须调整。
◆ "成"字左竖应略弯,第一横应升高一点点,右下一撇弯度太大,左下一短竖左右应多留点红。
◆ "印"字上半部三撇并无转折,下半部末横太粗。

◆ "强"字"弓"粗细不匀,转角太方,右上"口"留红太多,右下角少一转折。
◆ "新"字左半部要靠边,第二、三横之间留红太大,底下一横要两头圆,下垂线要见圆意。
◆ "成"字左竖要有弯意。
◆ "印"字上部三撇一长二短,下半部首横起止两端要有圆意。
◆ 所有字转角都太方。

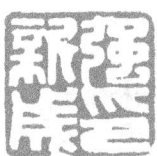 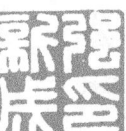

◆ 粗看还不差,细看每个字都不按范印刻。
◆ "湘"字"水"与"木"上两竖太长,"目"上角欠尖,字下端一条斜线很明显。
◆ "成"右下角与范印不符。
◆ "侯"左边应残角。
◆ "相"字"木"宜稍宽,下部转折宜圆角,"目"字宜有点尖头,接笔处宜有圆意。

◆ "湘"字"目"竖线不够挺。
◆ "成"字左侧一竖太弯。
◆ "相"字"目"头太尖。
◆ 要有残破。

◆ 全印线条粗细不匀、不挺,尤其"强"字右上"口"、"印"字下半部,已肿得变形,特别是两小竖这么粗,是大忌。
◆ "弓"下、"成"下不该出格的一出格,就起大破坏作用。
◆ 印文要逼边,使得四边留红减少。

◆ 印文要逼边,使得四边留红减少。
◆ "强"字应"弓"小于右半部,右下角部分少了一个转折。
◆ "新"字右半部起笔就少了一截,转折一竖有含糊处,终端既方又大,左侧下边三竖都有此病。
◆ "成"字下部一小竖应与上面一横相连。
◆ "印"字首横要直,此字应向左右拓展一点。

虞成之印

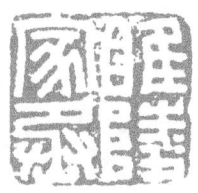

睢陵家丞

◆ "成"字右下角"戈"笔太细，各线头太方。
◆ "之"字右竖转角那么斜尖吗？请对照范印。
◆ "印"字上部三撇宜紧。

◆ "虞"字上部要残破，包在内中的是"口"加"天"，是"吴"字。
◆ "之"的左竖转弯错了。
◆ "印"上部三撇宜紧靠，末笔转折太方。

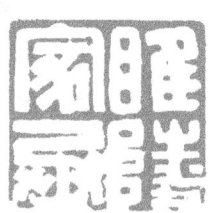

◆ 石太大，于临刻不利。
◆ "睢"字"目"头太尖，右半部左竖宜有微弯，中间一长竖上部也有点微弯。
◆ "陵"字右下部应是两点；左耳三个洞，转折太方。
◆ "家"字左右两竖太弯。
◆ "丞"字底部"山"中心宜粗。

◆ 线条太粗，印面少残破。
◆ "睢"字"目"上部宜有点尖。
◆ "陵"字下部结构有误，左耳三个眼只要看红点，就知好不好。
◆ "丞"字上边少一小竖。

◆ 线条起止都不十分方，请认真对照范印。
◆ 残破不够，转折太方。

◆ 太细，与饱满的范印一比，就可看出。
◆ 线条起止处要小心收拾，该圆该方，一切按范印临刻。
◆ "之"左竖何来尖角？
◆ "印"字上部三撇角度不对。
◆ 要学会残破。

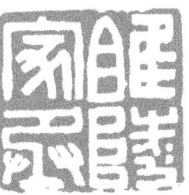

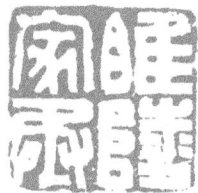

◆ 右边两字大于左边两字，所以左侧"目"及左耳都变了形，太宽了。
◆ "陵"右下一竖要插进去。
◆ "家"的两撇不到位，指向有误。
◆ "丞"字底横两头要上翘，左右两"手"太小，也未细分长短。
◆ 未经残破，印面太新。

◆ 右边两字又大又粗，与全印总体不协调。
◆ "睢"字"目"太尖，左右两部分之间要分开一点。
◆ "陵"右半部中段结构有误，全印要有残破。
◆ "家"字框太圆，框内往左的三撇长短都有问题；线条不爽。
◆ "丞"字中间第三个转折不应出头，底横两头要上翘。

衔光印信

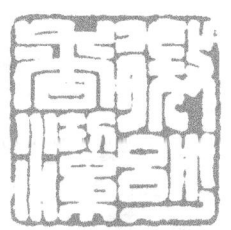

微妙香洁

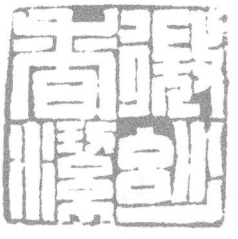 

◆ 横中线、竖中线不见了。
◆ 不讲究间距，转折太方。
◆ "衔"字应三等分，现在中间挤，左右松。
◆ "光"字上松下紧。
◆ "印"字上部三撇要靠紧，下部起首处有小转折，间距均匀。
◆ "信"字"人"挤、"口"大。
◆ 残破还不到位。

◆ 基本尚好。
◆ 有些转角太尖，如第一字右侧、"光"字上部左右两个转折。
◆ "印"字上部三撇宜靠紧，下部左侧转折不可太圆太粗。
◆ "信"字"言"上面的"口"太长，左右小竖太粗。

◆ 刻得不差，但比例不对，"微"、"洁"两字应超半。
◆ "妙"的底线与上边有留红，终端有小转弯。
◆ "香"之左右两横画，要有一点点斜度。
◆ 虽饱满，惜转角太方，有好几处应残破。

◆ "微"字下脚都太长，转角十分生硬。
◆ "妙"字左半的两"口"太阔，而且"口"之上沿有点坡度，"口"与底横之间要空出一条红线。
◆ "香"、"洁"之间的横中线有点右倾。

 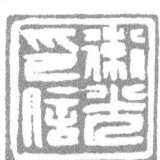

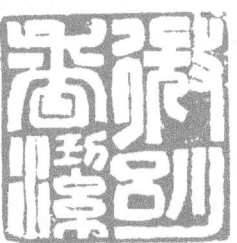 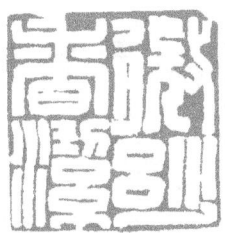

◆ "衔"字中间三个尖头很难看，左右零件无论长短，间隔都不对称。
◆ "光"字上部左右不对称，左边的头与转角都太尖；下部转折太方，右竖太粗。
◆ "印"上部三撇要靠近；下部起笔处有小转折。
◆ "信"字单人旁太粗，也不可与右边"言"连；"言"的横画与"口"都未处理好。
◆ 残破不到位。

◆ 边未残破，下两字与边框要靠紧一点。
◆ 几个字都犯同一毛病：含含糊糊，交代不清，不考虑转折的方还是圆，不该残破的地方残破了。

◆ 此印线条应饱满，而不似现在这样粗细不匀。
◆ "微"、"洁"与"妙"、"香"是两组线条繁简的对角呼应，有严格的比例。
◆ "微"字中间一笔缩上，"妙"字右下两笔原分开的竖线相连，"香"字下半部直框内扁"曰"变形，都毫无道理。

◆ 线条不挺，不饱满。
◆ "微"字中间左上变尖角，左下终端忽粗，右半侧笔画变细，全走了样。
◆ "妙"的双"口"放得不妥帖。
◆ "洁"的三点水还可大一点，右半部双"口"一大，底下就显局促。写稿时必须考虑全局，使每个字都排列得妥帖才好。
◆ 有些地方必须残破。

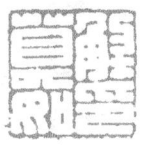
解莫如印

新野令印

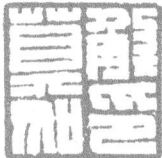 

- ◆ 左右竖中线太开。
- ◆ "解"字还应下移一点。
- ◆ "莫"字有倾斜。
- ◆ "如"字"女"篆法有误。
- ◆ 范印十分饱满，不可能如"印"字那样左右上下有那么多留红。

- ◆ 竖中线不明确，横中线虽有高低之分，但字的间距毕竟要有分界。
- ◆ "解"字"角"太宽，头太大。
- ◆ 从"印"、"莫"两字看，线条不挺。

- ◆ 石大，难临像，字不逼边、不残破就失去范印风貌。
- ◆ "新"、"野"两字占地太大，有些笔画太细，两字的右半部都觉太松散。
- ◆ "令"字头太尖，下半部与"印"字一样粗细不匀。
- ◆ "印"字上部三撇要同一方向、粗一点，基本方头；下半部三横粗细不匀。

- ◆ 印石过大，对临刻不利。
- ◆ 随便拿出一个字，粗看像，细看，每一笔、每一线条的起止，每一个转折，都不像范印。就看"新"字，右边"斤"首笔应自左向下，右竖头有一小转弯向右；"野"的"田"为方角。要学会残破。
- ◆ "令"、"印"下部均要挺而匀，"印"上部三撇太长。

- ◆ 除"解"字还应向下一点外，全印都要加粗，成满白文。现在文字一细，全变了味。

- ◆ 已很粗，但还可以加粗。
- ◆ 线条的起止处不可太方。
- ◆ "莫"的草头太尖。
- ◆ 印的四角太尖。

- ◆ "新"字应左大右小，左边要上紧下松，"斤"上部应左高右低。竖线细而分形。
- ◆ "野"字"田"应是方角。
- ◆ "令"头太尖，"印"头三撇不均匀。这两字下部要粗而转角见方。
- ◆ 全印总体要残破一点、粗一点、方一点。

- ◆ "新"左半部宜上紧下松，右"斤"也宜紧凑。
- ◆ 每个字都有类似缺点，如"野"字"田"太细，角宜方，右半部两个重叠的三角形要有圆意，要有残破。
- ◆ "令"、"印"两字下半部类同，转角要有方意。
- ◆ "印"的上半部三撇间距要均匀。
- ◆ 要会残破。

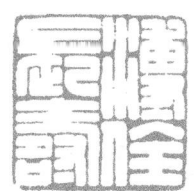

薄佺长寿

殿中司马

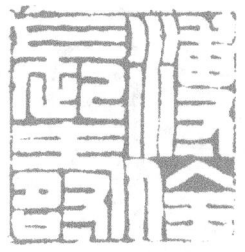 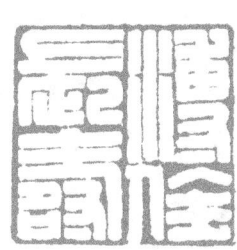

◆ 石章太大，增加难度。
◆ 三点水要残破。
◆ "佺"字右上顶太尖。

◆ 刻得很好。
◆ 竖中线还要靠紧一点。
◆ "佺"字单人旁底部高低不一。"全"字首横不平，总的看，线条不挺。所有横画全有左低右高倾向。

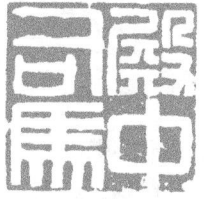 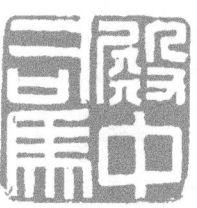

◆ 有些地方，如"中"的四角应有方意。
◆ "司"字左侧两线头，与范印有差别。
◆ 印的四角宜有圆意，全印要有残破。

◆ "司"字"口"太扁。
◆ 此印刻得不差，但一旦少了残破，就少了古朴之意。

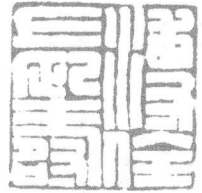 

◆ 刻得不差。
◆ 三点水要残破，竖线要直，而有两笔不该残破出格的，却出格了（也可能不当心，或石章不好）。
◆ "长"字上边三横应有一小竖与下部相连。

◆ 刻得还好，如再饱满些会更好。
◆ "佺"的单人旁上端刻法与范印不符，"全"的尖顶只可有小小的坡度。
◆ "寿"字上部少了关键一竖。

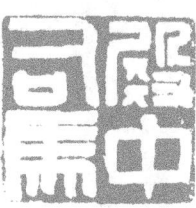 

◆ 线条太粗，"中"一竖下部太尖；"司"右上角安排不好，"口"太小。
◆ "马"字因太粗，线条间的间隙与范印相差太大，底下五短竖也应均匀，现在有长有短、有粗有细。
◆ 要会残破。

◆ 四字中间的竖中线该紧该松要符合范印。
◆ "殿"左半部下部，两个横画下都有左右分开的，但要自然分，不能太过直线。
◆ "司马"两字要向左侧逼边，"马"字上四横宜松一点，下边五竖才不致太长。

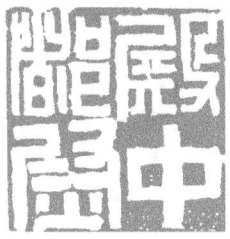
殿中都尉

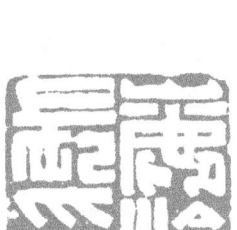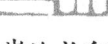
巀泠长印

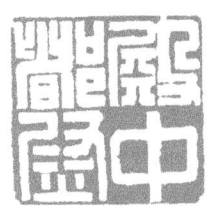

◆ 字这么粗，又不注意"分朱布白"，看"中"字的两块红即知。
◆ "都"应是左半大、右半小，右"耳"上下零件各一半，写印时根本未作研究。
◆ "尉"左右要分开，上下相距合度才有空灵感。
◆ 印角有点圆才好。

◆ 笔画太粗，如"殿"、"都"两字一粗，字画间距（红色）就明显少了。
◆ 比较一下范印的线条，发现不少是圆头，你刻得再好，也与范印不符。
◆ "都"字中竖应直插"日"字。
◆ 印角有点圆才好。

◆ 所有线条对照一下看，还应饱满一点。
◆ "巀"字"山"的右侧是直边，下部左右结构全错。
◆ "长"字底横左侧上翘，短竖不能与上连。
◆ "印"字上部三撇还不够满。

◆ 所有转角都太尖太方，线条不够饱满。
◆ "巀"字占地应超过横中线；"山"头其实不是都那么尖。此字下部结构全错。
◆ "印"字上部转折要有圆意，三撇要饱满、紧靠。

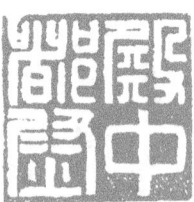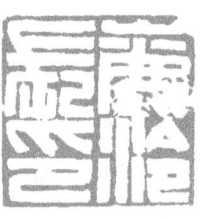

◆ "殿"左右要分开点。
◆ "都尉"两字太粗，全印线条要方折、随意。
◆ "都"字右耳上下各半。
◆ "尉"左右要分开一点，"火"下一横太长，左右两点要稍分开。
◆ 印角有点圆才好。

◆ 此印线条比横平竖直的满白文印难刻得多，充满着随意。
◆ "殿"左右部间距太小。
◆ "中"字"口"太扁，线条软。
◆ "都"字几个小零件，如左上角、右下角都过大。
◆ "尉"左右部分开一点，"火"下一横画太长，"点"一过大，一过小。

◆ "巀"字下部结构不清，残破不当。
◆ "巀"字超过横中线，但"长"字不应超中线，"长"字一长，此字下部只能压缩。
◆ "印"字上部转折宜圆，三撇宜饱满、紧靠。

◆ 线条还应更饱满。
◆ "巀"字下部结构全错，中段有三个红点的部位，还应更扁一点。
◆ "长"字长画两头应方一点。

舞阳丞印

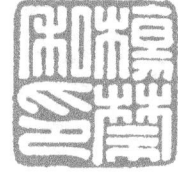

杨禁私印

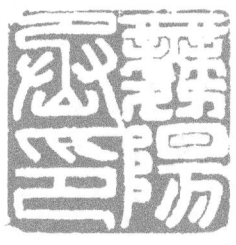  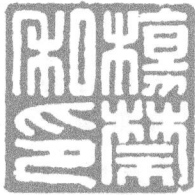 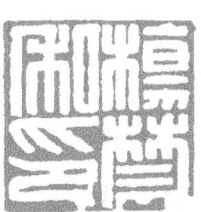

◆ 整个字太粗了点，其他还可以。
◆ "舞"字中竖要通第一画，底下两脚太臃肿。
◆ "阳"左耳太小，右上"日"太满。
◆ "丞"字右下"手"竖笔太直。

◆ 布局基本符合，如果线条再粗点多好。
◆ "阳"字三环宜上提，相隔不宜过远；右边下半个偏左一撇要居中一点。
◆ "印"下三横间距要匀。

◆ 四字要逼边。
◆ 线条要爽利，现在有点"腻"。
◆ "印"的首横要平一点。

◆ 横中线有左斜倾向。
◆ 印的四角太方。
◆ "杨"右边"日"与下横画间有一小竖，"禁"字"示"下小竖要连横。
◆ "印"上部三撇的终端及角度，可以对照范印。

  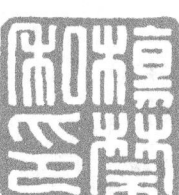 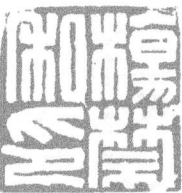

◆ 线条太细，上两字大于下两字，其他布局尚好。
◆ "阳"字右下中撇太偏左，影响左右两小撇的方向。
◆ "印"上半部间距宜匀。
◆ 要学会残破。

◆ 上两字比下两字小了一点。
◆ "舞"字偏小，宜向中间扩一点。
◆ "阳"字各线条欠挺，"日"下右侧转折宜圆，两撇线条都太短了。
◆ "丞"字头重脚轻。
◆ "印"字的几处转折宜带圆意。
◆ 要有残破。

◆ 刻得不差，如线条再稍粗一点、四个字再紧凑一点、四字（尤其"印"）更逼边一点，可能会更好。

◆ 初学者能临刻到这种水平，已不易，所要注意的是一些小节，如一根线条的起止是方是圆、转角的方圆等。
◆ "杨"右下第一撇要带钩。
◆ "印"上部左端第一撇也要带钩。

穆舜之印

樊遂私印

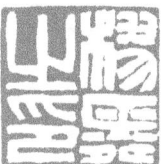 

◆ "穆"字"木"上下基本相等，且不与右半部连，上边两零件也不该连。
◆ "舜"字上边太粗，中间也无开叉，下边两件要向下出点头。
◆ "之"字转折该怎么办，看范印。
◆ "印"上下都未学像。

◆ 全印太满，横中线、竖中线都看不清。
◆ "舜"下底部左右两件要向下出头。

◆ 右侧两字太大。
◆ "遂"字中竖不挺。
◆ "禾"左上角太左斜。
◆ "印"首横太粗，第二、三撇长于第一撇；下三横中，第二、三两横再细一点，转折再圆一点就更好。

◆ "樊"字左右两垂有长短，转角太尖，底下三画太长。
◆ "遂"字上部出现多个尖头，底画左边一头太大。
◆ "印"字上部三撇方向、长短不对，终端也不可太方，下部转折、破边也不自然。

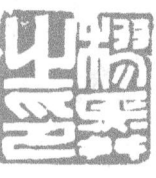 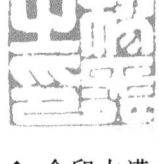

◆ "穆"之"木"上下差不了多少，且不能与右边连，两撇之头尾要有圆意。
◆ "舜"首横有斜度，下部左右两件并无向上出头。
◆ "之"太粗，转折应是左低右高，头也并不方。
◆ "印"下部三横不挺，结束时要有点小转折。
◆ 无残破。

◆ 除个别线条粗细有出入，或转角方圆略有不适意外，基本很好。
◆ "印"字末画结束有小转折，底边并不破。

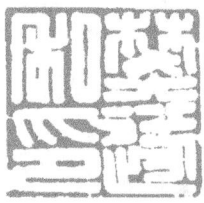 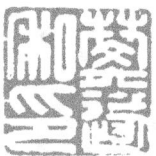

◆ 尤其右侧两字太靠近、太粗，线条起止太圆，使全印气息不通。
◆ "印"上部三撇方向不统一；下边三横中，首横有点右翘，中竖已偏左。

◆ 除"樊"字太长，超过横中线外，大体比例尚好。
◆ "遂"字右上角一横要与下竖相连，底画要再长一点、细一点。
◆ "私"字左垂线太细。
◆ "印"字第三撇方向、转折不对。

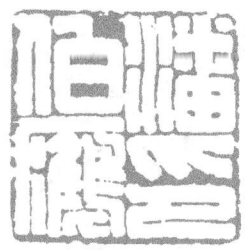

潘伯鹰印

燕安年印

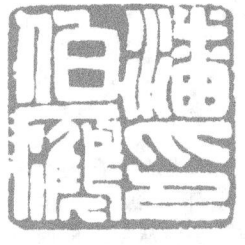 

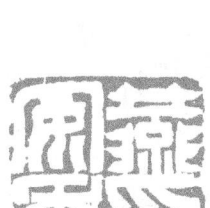 

◆ "潘"字三点水弯度太大，四点要有横向之意。
◆ 看"伯"字"日"中两红块太大，就知道要压缩。
◆ "鹰"字两竖宜靠近点，"隹"头有一竖线穿过，与"鸟"宜靠近。
◆ "印"字下部一横开始时上翘太多，要残破。

◆ "潘"字四点应是横向的，很满，一竖的两头带方。
◆ "鹰"字太大，此字和"印"都因未加残破，而失去了范印的风貌。
◆ "印"的三撇细而长短相差太大，三角留红太多。

◆ 全印较好，如再小一点，效果更好。
◆ 上下字之间要有距离感。
◆ "燕"字右边各线终端大多太尖，第二画太弯。

◆ 全印还应加粗。
◆ 右两字占地太多。
◆ "安"字"女"写错了。
◆ "年"字上下脱节，致使留红过多。
◆ "印"上部三撇不对。
◆ 要学会残边、残角。

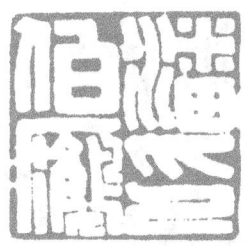 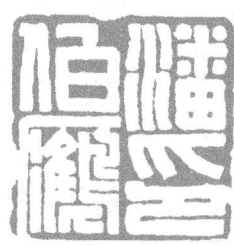

◆ "潘"字三点水弯度太大。
◆ "伯"字单人旁上端宜平。
◆ "鹰"字"隹"与"鸟"要靠近一点。
◆ "印"字三撇宜加粗，同向撇出。
◆ 要残破得考究一点。

◆ 此印有三处最不好：① 三点水弯曲不自然；② "印"之上部要同向，并要残破；③ 单人旁两竖要平行。
◆ "鹰"要残破，转角要有圆意。

◆ 全印线条太细，与范印不符。
◆ "燕"字太大，使下半部拉得太长。
◆ "安"字"女"上下应各占一半，下部不宜太长。
◆ "印"字转折太方。
◆ 要学会残边、残角。

◆ 整体较好，一些小地方马虎了，很可惜。如："燕"字上两横画两头不齐，左右下角要一样平；"印"首画倾斜，末画太短；"年"左下竖太圆。

（5）白文多字印

汉破虏胡长

 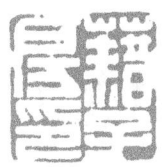 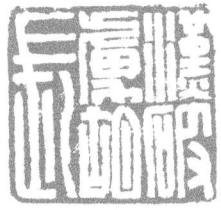 

藉子房印

- ◆ 哪来这么多留红？说明不饱满。
- ◆ "子"字一竖要居中。
- ◆ "房"字上面"户"多了一画，下面"方"太小，又少了右边的转折。
- ◆ "印"字上部三撇要靠紧，第一撇要直，第三撇要有转折；下部太局促。

- ◆ "藉"字太长，"耒"的首画两头应微向上，下面两小竖也应短。
- ◆ "子"下底线应稍粗（即留红要稍多一点）。
- ◆ "房"字只可占二分之一，"方"的右侧转折太斜，太生硬。
- ◆ "印"上部左侧一小竖不可斜置。

- ◆ 线条太粗，还不大挺。
- ◆ "汉"字右下"火"太局促。
- ◆ "破"右下"又"要有点圆意。
- ◆ "房"字第二横应有直线垂下。
- ◆ "胡"字"月"顶上不能太尖。
- ◆ "长"左上转角要圆且逼边，右侧长线顶端太高。
- ◆ 要有残破。

- ◆ 此印线条细了一点。
- ◆ 由于残破，实际上"房"字应从第二横向右下垂线。
- ◆ "长"字上部到第四个一小横，应占全长三分之一，下面的四条竖线，间距应分明、均匀。
- ◆ 刻此印必须要加以残破。

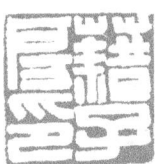 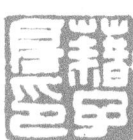 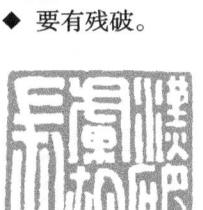 

- ◆ 右侧两字大于左侧两字，无竖中线。
- ◆ "藉"字"耒"首画要有上翘的两头，下面小竖太长，"丑"头横有长短，上面出头太多。
- ◆ "子"字"口"上部欠圆意。
- ◆ "印"字上部首笔转折宜直。

- ◆ 未逼边，四面留红太多，右大左小。
- ◆ "藉"字"耒"首画要两头向上，左右两小竖有长短；右下"日"不方正。
- ◆ "子"上"口"不应与下边连，中竖太粗。
- ◆ "房"太残破，"方"字细节未能详为交代。
- ◆ "印"头不对，直斜不分，下半部线条不挺。

- ◆ 线条太粗，未逼边，未残破，效果大打折扣。
- ◆ "汉"字右部太小，三点水上部应平齐。
- ◆ "破"字右上靠边一竖无转折，右下"又"半圆要大一点。
- ◆ "房"字应第二横向右下垂线，底下"男"字太局促。
- ◆ "胡"字"古"一横太短，"月"字上部要平点，中竖要加长。
- ◆ "长"字左上应圆转、逼边，右侧长线有点微弯。

- ◆ 字要逼边，要加残破。
- ◆ "汉"字三点水粗细不匀，右半边应逼边。
- ◆ "破"字右上第二短横太粗，右侧一竖太细，右下"又"应见弧度。
- ◆ "胡"字"月"顶太尖。
- ◆ "长"字下部右边两竖太粗。

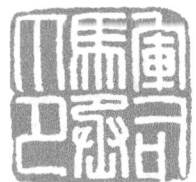

军司马丞印

最爱热肠人

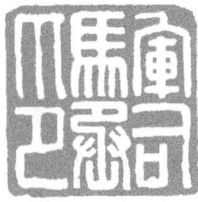 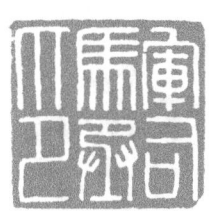

◆ 五字排列较妥帖，但笔画嫌太粗了一点，也不够挺，如"马"字左上一竖、"印"底下竖折等处，笔画太粗了点。

◆ 五字排列较妥帖。
◆ "司"字"口"大了点。
◆ "马"字最左一竖上端有一点向内弯。
◆ "丞"字底横两头都应向上折。

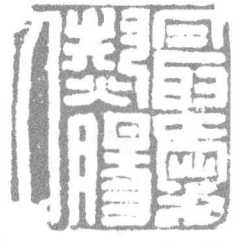 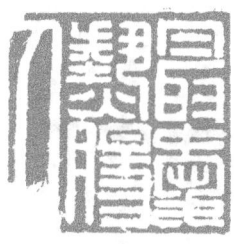

◆ 全印线条嫌粗，间距不匀，与范印相差太大。
◆ "最"字右下应有一点点"脚"。
◆ "爱"字上、下两部各有一部分笔画并得看不清。
◆ "热"字左部及右部下垂线太粗，右上还少一竖，左中间少"土"。
◆ "人"左边垂线上端太斜。

◆ 第一条竖中线不分明。
◆ "最"字要压缩一点。
◆ "热"字左上部分首横应两头翘。
◆ "肠"字因为一大，右半部也相应宽了，加上间距未掌握好，很不舒服。
◆ "人"左边垂线上端太斜。

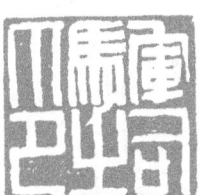 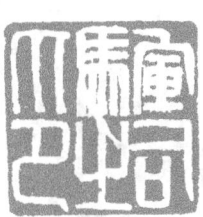

◆ 笔画太粗。
◆ 奇怪，"军"字右竖怎么没了？
◆ 奇怪，"军司马丞印"怎么变成"军司马之印"了？

◆ "军"、"司"右竖下半段都太尖，且未到底。
◆ "丞印"变成"之印"了。

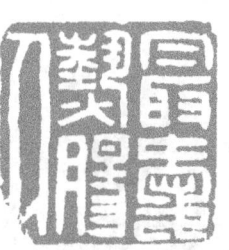 

◆ 印之上端边缘线及字距、行距太大、太空。
◆ 哪有这么写"火"字的？
◆ "人"字左边垂线上端太斜，且未残破。

◆ 无行距、字距，第一行与第二行应等宽。
◆ 右列两字相连不好。
◆ "热"字左上首横应两头上翘。
◆ "肠"字"月"太大。这些字太挤，不透气。
◆ "人"字左上竖斜线太过分。

 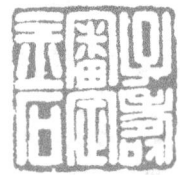

小松所得金石　　　　　　　子寿审定金石

- ◆ "小"字三竖上小下大，左边一竖不可太弯。
- ◆ "松"字"木"太大。
- ◆ "所"字上边还是看得出由两横相接，右侧一竖间距太紧。
- ◆ "得"字双人旁宜小，"贝"字左竖太粗。
- ◆ 要学会残破。

- ◆ 要按范印使边角残破。
- ◆ "所"、"金"、"石"等字应有特别粗重之笔。
- ◆ "所"字当中一竖不挺。
- ◆ "得"字双人旁一竖及"石"左撇宜直，弯折度宜小。

- ◆ "寿"中竖顶端向左拐还短了一点，中"ㄇ"少一竖，右下"寸"要从转折处撇出。
- ◆ "审"字"米"、"田"应各占一半。
- ◆ "金"字左右两撇角度不对。
- ◆ "石"字"口"应与左竖靠近。

- ◆ "子"的左竖头太大、太尖。
- ◆ "寿"的中竖应向左转弯。
- ◆ "审"字"田"宜稍方。
- ◆ "金"上部空隙太大，故左右两撇就短了。
- ◆ "石"字"口"与左竖宜稍靠近一点。

- ◆ 线条稍见粗细，但明显不够，如"松"、"金"线条过于纤细。
- ◆ "得"字双人旁下部太长。
- ◆ "石"字"口"要扁长，而上面一横宜粗。
- ◆ 要会残破。

- ◆ 刻这类浙派风格的印，线条忽粗忽细、忽方忽圆，结合残破，实际上要比刻一方满白文印难度高。
- ◆ 就是"小"这样简单的三竖，也得刻出粗细之分。
- ◆ "得"的左上一点、"石"之左撇细得几乎看不出了；"得"字双人旁上下太分开了。

- ◆ "寿"、"审"、"定"三字特细，与全印不协调，行距太大，显得很松散。
- ◆ "子"字"口"宜内方外圆，"口"下横宜下降。
- ◆ "寿"不饱满，线条太尖，后两字也有此病。
- ◆ "金"上部宜紧凑，左右两点宜长，角度不可太斜。
- ◆ "石"线条不挺。
- ◆ 印石上缘留红太多，印之边角宜残破。

- ◆ 每个字的线条都不挺。
- ◆ "寿"下"寸"及"审"之"米"，点画小而不饱满。
- ◆ "定"字中"正"尖细而不饱满。
- ◆ "金"字上部宜紧凑，左右两点短而角度不对。
- ◆ 要残破。

孝弟单右史诩

历口男典书丞

◆ 线条宜再挺一点。
◆ "历"和"书"两字都要顶角逼边，不可留红太多。

◆ "历"顶上要破边，底下的两处小转折不太像。
◆ "口"底横要下降，右边一竖太细、太短。
◆ "男"字"田"太小，"力"的左撇上端应有一小角。
◆ "书"的"曰"太局促，要与中竖连。
◆ "丞"上端少一小竖。

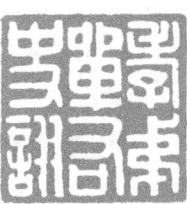

◆ "孝"字四横画中，第二画太低，下面"子"应放宽。
◆ "史"字顶上三竖出头处太尖，线条也不挺。
◆ "诩"字"言"太局促，"羽"的四点点得太高。

◆ 排列妥帖。
◆ 线条不挺。
◆ 粗细不一。
◆ 要逼边。

 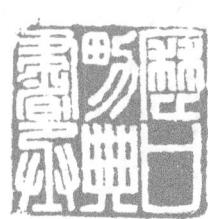

◆ "历"字内两"禾"中间因何中断？底下右竖顶端应微有出头。
◆ "口"字上边一横太高了一点。
◆ "男"右上转折及底下三撇，长短、粗细均不到位。
◆ "书"字左上角不应缺损。
◆ "丞"字上端应向左逼边。

◆ 排列尚好，但安排太满，即字与字之间、一个字的内部各部件之间，都应留有间距，使其"透气"。
◆ "书"底下"曰"要与中竖线连。

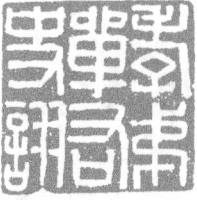

◆ "孝"字上边四横不匀且不挺，且粗细也不统一。"子"字的"口"太小。
◆ "单"有点上松下紧。
◆ "史"字下部三横的起笔应很认真、方正。
◆ "诩"字"言"太紧迫，不该刻得这么小；"羽"字应并列同等大小。

◆ "孝"字上面四横间距不匀。
◆ "单"字顶上左右两方"口"不对称，一正一歪，下面"田"也有倾斜现象。
◆ "史"字一竖未居中。
◆ "诩"字"言"的线条不方正，下面"羽"字横折都不挺。

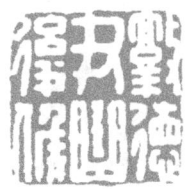 

敦德尹曲后候　　　　　　　　　文章有神交有道

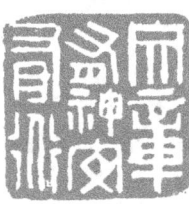 

◆ "敦"的左边忽然涨大，一点都不透气。
◆ "德"字右上太尖，"心"字上部不应连接。
◆ "曲"的中心文字，不应与左右及下边相连。
◆ "后"的双"口"太大，右下的零件太扁，粗细要匀。
◆ "候"右上要平。要学会残破。

◆ 线条要加粗，四边不可空这么多，还要残破。
◆ 下面三字的底横画应一样平。
◆ "德"字"心"左右两笔应圆中见方。
◆ "后"字"口"上要加一点，"口"下也要加一点。

◆ 此印不逼边就不好看。
◆ "文"字双角太尖。
◆ "章"字上两横同长，且有点间距，下面"田"的三竖都嫌粗。
◆ "神"字右半太局促。
◆ "交"字内线条特粗，显得不协调。

◆ 线条细而无力。
◆ 中间"有"字连接三横的右侧斜线不够斜，右下垂太短。
◆ "神"字"申"太小。
◆ "交"字太顶上。
◆ 右侧"有"字"月"下不封口。
◆ "道"字中间"人"分得太开。
◆ 印之边角要有残破。

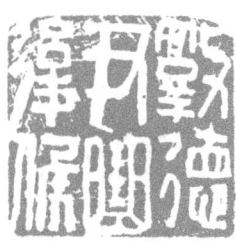  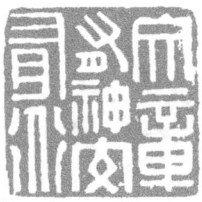 

◆ 石大难刻得合乎比例。
◆ 看石章也未磨平，线条如此忽粗忽细，不加修饰，凡以这种态度临刻的，必败无疑。
◆ "候"字右上少一撇。

◆ 横中线、竖中线不分明，字间太挤，不透气。
◆ 唯"候"字还讲究笔画，其他全是不负责任，你看"德"的"心"、"曲"的斜顶及三围下部那么粗厚，看"后"的两个大"口"……再看看范印，多空灵，多透气。

◆ "文"与左边"有"等高。
◆ "章"字上两横要等长。
◆ "章"、"交"等字笔画太粗。
◆ "神"字"申"要偏方一点。
◆ "道"字左右"行"共有四个偏方的转折。
◆ 印之边角均须有残破。

◆ 线条一细，毫无精神。
◆ "文"字顶应有一点，与下面一横应靠紧。
◆ "章"字上边两横不等长，不可与"神"连；下边"田"太大。
◆ 中间"有"上三横要长一点，"月"要扁。
◆ "交"之顶上一竖要极小。
◆ "道"字中间"人"左上有点出头。
◆ 边角有残破。

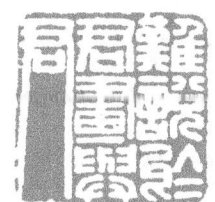

难说于君画与君

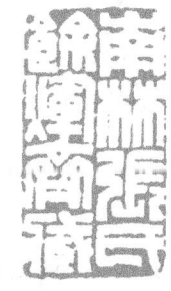

南林张氏馀辉斋藏

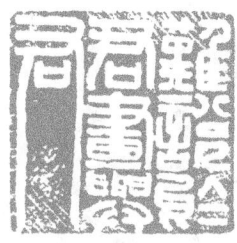 

◆ 刻印前先要把石章磨平。
◆ "难"字左半部太松。
◆ "说"字右边"口"下有一竖。
◆ 中间"君"左边一斜笔无钩。
◆ "与"字上半部分太挤，下半部两个弧形未写好，粗细也有差别。
◆ 左边"君"之左竖要连上去，并要残破。

◆ 竖中线不直，转角太生硬。
◆ "难"字左边上下两部分均未写好，右上少了一撇。
◆ "说"字左上两横分得太开，右边"口"下少一竖。整个字要下沉与"画"同高。
◆ "画"字下部太密，"与"字下太显三角。
◆ 两"君"左上三横太冒出，右垂线应在首横之下。

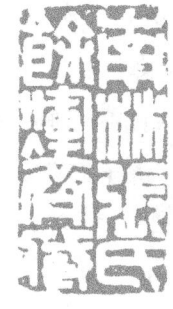 

◆ "南"字太长，底下三脚宜平。
◆ "张"字"弓"要饱满，右侧中竖要挺直。
◆ "氏"的右竖要右移靠边。
◆ "馀"字"食"下面少一点，右半部左右两竖宜直一点。
◆ "辉"字"军"、"田"要方正。
◆ 要残破处很多。

◆ 刻得真好，惜竖中线间距太大。
◆ "林"要放开。
◆ "张"字左右不可太放开。
◆ "氏"字右竖要靠右边。
◆ "斋"字顶微有坡度。
◆ "藏"字"臣"少两竖。

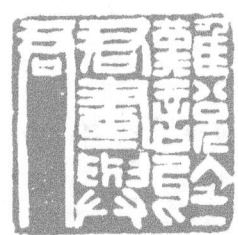 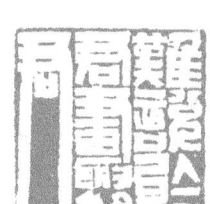

◆ "难"字右上一撇太局促。
◆ "说"字右边"口"下部分转折应有圆意。
◆ 右三字应三等分，现在上两字占地少，"于"占地太多。
◆ 中间的"君"占地少，"与"占地太多，且下半部要有两弧形。
◆ 左边"君"字的左竖不挺，又无残破，"口"太小。

◆ 太粗，转折太方，太生硬，应有圆转之意。
◆ "难"字左下应左右分开。
◆ "说"字"言"有中竖相连。
◆ "与"字占地太少，下半部左右两部都交代不清。
◆ 要有残破。

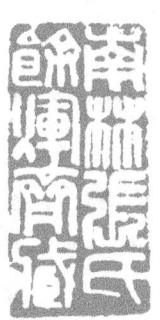 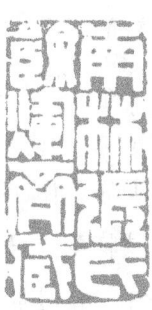

◆ 全印太细、太长，各字都不到位。
◆ "张"字"弓"不紧凑，右下转折不对。
◆ "馀"左边"食"少一点。

◆ "林"字上下相距太大。
◆ "氏"字左钩宜平，有微曲，右竖宜靠右边。
◆ "馀"字左侧中为"日"，右半部太瘦长，左右两竖不明显。
◆ "辉"右上顶为一竖到底。
◆ "斋"顶有坡度，中两横与左右两顶应有间距。
◆ "藏"字左侧少一点，右上长横太短，"臣"下画太长，"戈"也不对。

4. 粗放一类印的临刻

观景有雄关大漠、小桥流水之别，京剧行当中有花脸、青衣之分。由于篆刻家自身气质及传统取资的不同，也呈现出各自的面目。如吴昌硕从周秦金石、两汉碑刻、六朝文字、砖文钱币、封泥瓦甓等传统中吸取营养，开辟新境地，故其印作雄厚拙朴、粗头乱服，与其诗文书画一样，可说超绝古今；齐白石的篆刻从浙派入手，后师赵之谦、吴昌硕、黄士陵等，又学《天发神谶碑》一改其刀法，学《三公山碑》改变其篆法，又将秦权量中章法舒展、气势纵横之意趣与汉将军印中斜欹跌宕、直往直来的作风融入自己的创作中，使其作品气雄力厚、痛快淋漓，在印坛上独树一帜。

汉代将军印错落自然，锋芒毕露，那是一种在预制的金属印坯上击凿印文，人称凿印。而汉代封缄竹木简用的泥块，由于年代久远，自然剥落，以致边角残破，有些文字与边栏相粘连或残缺断续。这种宽厚而极富变化的边栏、方劲兼圆转的线条，给人一种质朴古拙、别具天趣的美感，尤其给吴昌硕、赵石、邓散木以极大的影响。

在常规临习作品外，再选择一点粗放一类的作品尝试临刻，只能说尝尝味道，起调节的作用。或许你经过本书书后的心理测试题等基本训练后觉得自己可以向这方面发展，就要做有心人，搜集这一类资料，准备对粗放一类的古印或名家印作进一步研究。

（1）粗放一类朱文印

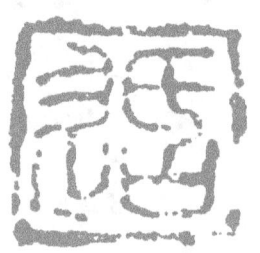

适

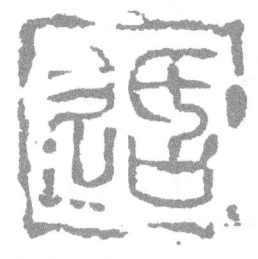 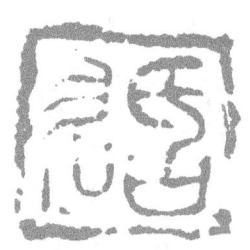

◆ 框子中右边圆点太大，右下边及左边宜由粗到细；"口"下部有残破，"口"上宜与斜笔相连。
◆ 走之旁上部三横的距离不平均，右上引笔要有起伏。

◆ "舌"左边之弯宜圆中带方，中竖应先直后起笔转弯，下"口"有残破。
◆ 走之旁上下都残破过头，以致影响字形。

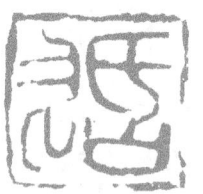 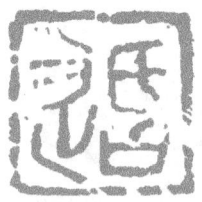

◆ 边框残破不精细。
◆ 左右两半靠得太紧，右上左转弯要上钩。
◆ 左半部笔画残破过头（也可能石章破裂所致）。
◆ 摹仿每个笔画的残破，使自己逐步掌握残破的技巧。

◆ 边框未残破好，显得太直、太实。
◆ "舌"左上转弯太直，"口"太方。
◆ 走之旁左上几横距离不对，线条的虚实也不对，最不对的是底画宜平而有点下倾，现在太斜了。

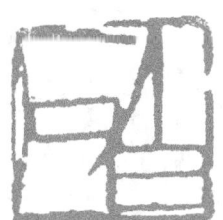

白石

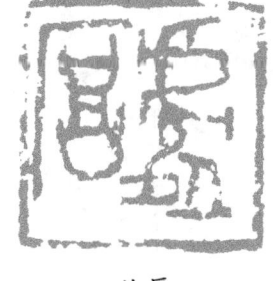

处厚

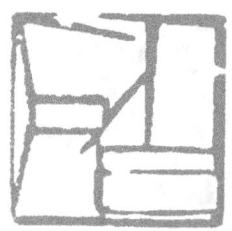 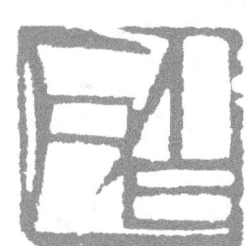

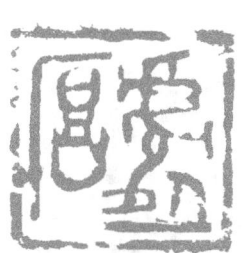 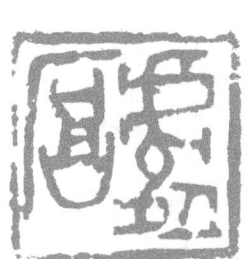

◆ "石"字一撇与左边框未配合好。
◆ 四条边框应有粗细之分。
◆ "白"字一笔应始于上端,"曰"字中画不宜太上。

◆ 位置安排尚好,但各笔画粗细不大好。
◆ "白"的各笔相应要细一点,一撇要有弹性。
◆ "石"首横及一撇太粗。

◆ 边框残破最精彩处未表现出来。
◆ "处"字中部圆圈有虚实,左下转出的部位右侧短竖特细;右下部位的横线不可能有这么长。
◆ "厚"字上下两"口"都有点向左倾向。

◆ 边框中右上角、左上边线最精彩的残破未表现出,底边的内缘应平。
◆ "处"字头右侧小竖宜左移,字中间圆圈太大,转向下的垂线太粗,右下部件头上应有斜线。
◆ "厚"字框子及双"口"等都不会残破。

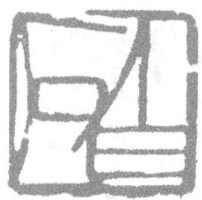 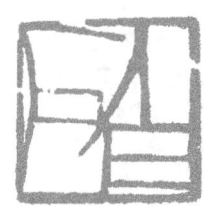

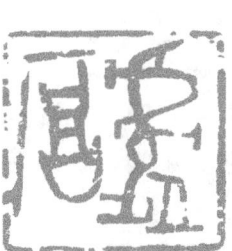 

◆ 边框破得不自然。
◆ 无论横、竖、撇,范印都十分挺劲,现在有点疲软。
◆ "白"的"曰"中横宜偏上一点。
◆ "石"字"口"宜扁。

◆ 边框要有粗细,残破要自然。
◆ "白"的左下角与边连得不自然,中横宜偏上一点。
◆ "石"的一横稍粗,一撇与边组合要自然,"口"太弱。

◆ 边框无粗细变化,最精彩的残破处未能摹刻出来。
◆ 所有字的线条太光,无粗细变化。
◆ "处"字上方三横应偏平。
◆ "厚"的上方"口"右竖太长。

◆ 边框的线条要有粗细之分,要重视残破,底边的内缘要平,再在外缘进行残破。
◆ 刻出来的线条不论横直都一样光洁,无粗细变化,窍门是在石上落墨时就要写出粗细。

画癣

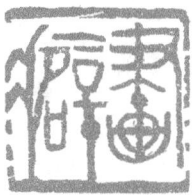 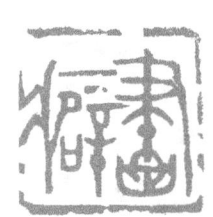

- ◆ 框角要有圆意，左右残破这几点很生硬。
- ◆ "画"字"聿"头宜下降，且要向右倾，"田"这个圆要大点。
- ◆ "癣"下边两竖不可与边连，上边首画宜长而低一点；"辛"两画下的三角形太大，再下边的线宜左右上扬。

- ◆ 毛的线条要靠一刀一刀切，或刻好用刀背敲击而成。
- ◆ "画"三画的头要基本平齐，下边"田"这个圆要大点，但要离底边远些。
- ◆ "癣"字"口"要长一点，"口"上部件起笔要近竖线。

晏庐

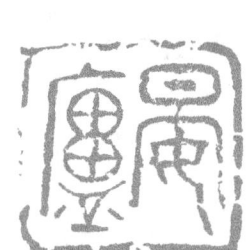 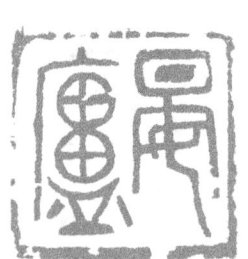

- ◆ 边框残破还要琢磨，左下边不可弯向右。
- ◆ "晏"字"日"要内方外圆，双"田"交汇重叠太多，离"广"字头还要上去一点，底下左右两点要靠向中心，"皿"字总的来说太细。

- ◆ 边框有了粗细很好，但残破处要自然、不规则。
- ◆ "安"字宝盖两竖要长，"女"字第一横向左下的一竖太短，看"女"中空白，是等大的两方格。
- ◆ "庐"字下部底画太粗，由中间分叉向上连接上横的中段，左右分开两点要基本对称。

- ◆ 上下边框线宜粗而圆角，左右边线宜多残破。
- ◆ "画"字中间太松，"田"的圆圈太小，下边托的底宜平一点。
- ◆ "癣"的第一横宜长一点，此字两个竖笔有长短之别。

- ◆ 框子的上下内缘线宜稍平，左右较细。
- ◆ "画"字起笔三画右侧偏圆，中间一画沿右边垂下。
- ◆ "辛"字下一点宜圆，"口"上部件起笔、收笔的粗细有问题。

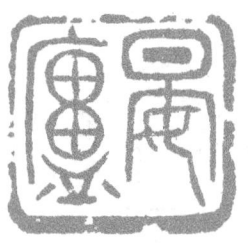 

- ◆ 所有线条都显得太光。
- ◆ 不论哪一条边或粗或细，残破都不到位。
- ◆ "晏"字"日"中一大点太长。
- ◆ "庐"字两个"田"太大，下面的"皿"就一定显得局促。

- ◆ 看看边框，还有何处残破不到位？
- ◆ "晏"字之"日"要内方外圆，宝盖右边一竖太短，"女"字空格一大一小。
- ◆ "庐"字因上面两个"田"小了，下边部分显得大了；两"田"要查八个空格是否差不多大？

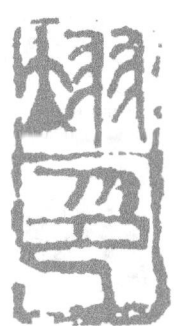

翊印

高聋公

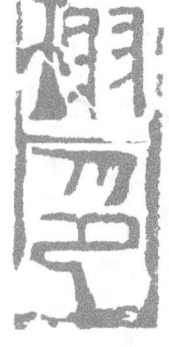 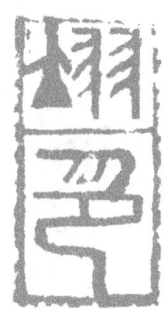

◆ 中间隔线略有弯意。
◆ "立"下部三角形应底大而向上点，"羽"的几撇宜向下。
◆ 由于选石太长，"印"字也拔长了，上半部要撇出粗细、圆转角，下半部长画靠紧，垂线太粗。
◆ 框角宜有圆意。

◆ 边框宜有粗细且有圆意，下边要粗，右上角要残破。
◆ "立"中线要有"腰身"，"羽"几撇宜向左下方向。
◆ "印"上半部三撇要有粗细，下面是长横，末画要向上斜下。

◆ 无论边与文字，都是两面光的双刀刻成，不生动，没有韵味。而范印线条毛而有粗细，如"高"字"口"的上横、"公"的底横特别粗。
◆ "高"字左下长竖太弯，中间左右两转角不能太露骨。

◆ 边与文字都太光，没有变化。
◆ 刻印时，要线条光而一般粗细易，要线条毛而有粗有细难。临刻者务必研究范印，尽量摹仿得逼真。

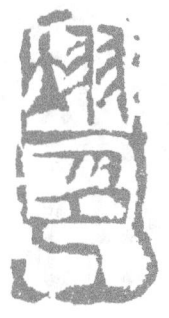 

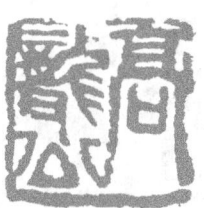 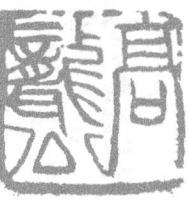

◆ 此石怎么上小下大，右下还鼓出一大包？
◆ 中间隔线，左边一头太粗。
◆ "翊"字"羽"的几笔要有向下的笔势。
◆ "印"字横画及第二撇太细了，下半部直线要挺，并有粗细之分。

◆ "立"的"腰身"宜收紧点。
◆ "印"上半部斜撇应有粗、中、细三等；下半部第一线要长点，第三线转弯宜有圆意。
◆ 上边与右上框线要破，残破处要自然。

◆ 边框中上边缺中段，右上角要有碎屑感，底边两头有削角感，上平下圆，现在弯弯曲曲很不到位。
◆ 线条臃肿而黏，犹如在泥块上刻出来一般，如"高"上面四笔横画在一起太挤，"口"字左竖宜细，靠右的借边一竖下部不该粗起来。
◆ "聋"字左右都发现粗重臃肿之笔。

◆ "高"字头小，左右两长竖都弯曲。
◆ "聋"字太光。
◆ "公"字左右宜对称。
◆ 底边还要粗一点、毛一点，上面的边破得不自然。

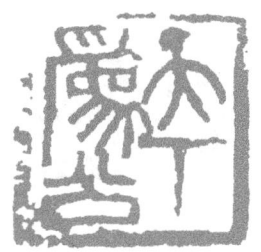
天下为公

不知有汉

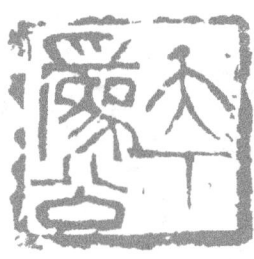 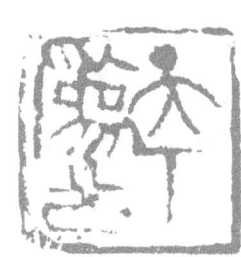

◆ 边框中左上一段残破最不像。
◆ 每个字的线条都有粗细的变化，如"下"一横一竖，均由粗到细。
◆ "公"字的"八"转折中圆中带方，"口"上一点应见方，"口"是外方内圆，要与左下边框连。

◆ 左、右、下三边要粗，且有残破，与"公"字相连。
◆ "下"少了右半截。
◆ "为"字左框要粗而方，尾部一竖是直下。
◆ "公"字要粗重有方意。

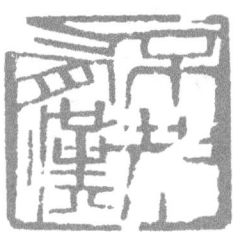 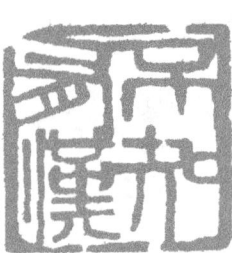

◆ 破烂过甚。
◆ "知"字左上之中线向左右分开的线应略有斜度，非水平线。
◆ "汉"字底下两脚不可高低相差太大。

◆ 所有线条粗细不分，太黏。
◆ "知"字左上之中线向左右分开的线，及"汉"字"口"下之线，应稍细，略有斜度，非水平线。

 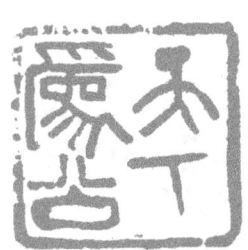

◆ 这是一方典型的不用"水印法"上石，在石上直接写正字，结果，刻好钤盖出来，全反了。

◆ 此印边框、左上角要空，左、右、下要粗重，左边要特别重视残破。
◆ 左右两部分字要有联系，"公"与左下角要有联系。
◆ "天"字下部分叉不好。
◆ "下"字一竖要正，横要长。
◆ "为"字左上零件已扩到了右边，下横少一开叉，左竖太短，右下尾少一竖。

◆ 左边框及右下框宜粗一点。
◆ "知"字左半断得失真。
◆ "有"的下横要连边。
◆ "汉"的两"口"都宜扁一点。

◆ 无论边框也好，框内文字也好，都有粗细之分，一样粗细，就因类同而索然无味。别的不说，底下之印边，决不是高低不平，而基本应是直线，差别太大。

 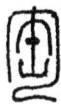

心陶书屋

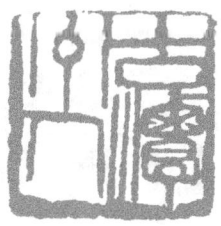

古潭州人

◆ "心"字较好，"陶"字"耳"旁三"口"宜上升与右竖等长。
◆ "甸"字右两竖加借边集于一粗线，很难，底下盘曲未收紧。
◆ "书"字左两横要连边，两小撇不连中竖。
◆ "屋"下部底画宜长，上一画上叉不妥帖。

◆ "心"字左右双环太低。
◆ "陶"字左耳太破碎，右边三竖合一，但未表现出来。
◆ "书"字中竖不正，右竖应有弯意，两小点宜长，"曰"要较舒展才好。
◆ "屋"左竖太粗、太弯，左边"至"太小，显得不饱满。

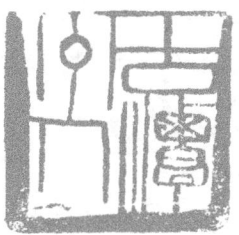 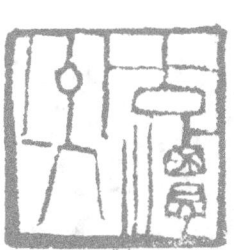

◆ 边框有粗细，这已做到，但决非如此毫无变化的笔直一根。
◆ 最差的是"潭"字右半十分纤弱。
◆ 线条两面光，"州"字圆圈内也太光。

◆ 边框无论粗细，均光而无变化。
◆ "古"字太细，"口"太小。
◆ 最差的是"潭"字，这么纤弱，紧巴巴地缩在一起，毫不相关。
◆ "州"左右两竖应有长短，圆圈宜靠上一点。
◆ "人"字两竖应左短右长。

◆ "心"字左右两环太低，而且还左低右高、左小右大，很不美。
◆ "耳"旁太小，右旁"甸"收尾一笔要"收腰"。
◆ 左两字太细，"书"上三画不平，下面两点及"曰"太细而显得无力。
◆ "屋"字也有倾斜，底画宜长，"至"的中间应呈圆形。

◆ "心"字占地还应多点。
◆ "陶"字底下盘转处中段宜收紧一点。
◆ "书"字右侧竖线的转折处起笔要留点空。
◆ "屋"字左侧连边处有带点弯的长竖，"至"要饱满。

 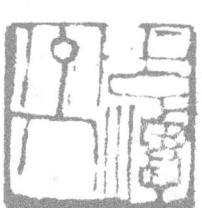

◆ 尤其左、右、下三边，应有起伏不平，非直线一根。
◆ "古"字"口"太大。
◆ "潭"字上边框内少四点，下边框内是方块非三角。
◆ "州"字圈太大。
◆ "人"字右竖太细。

◆ 文字太细，已被刻得快认不出本来面目了。
◆ 如果在看范印时，连粗细都分不清，是不可能刻好任何印的。此印作者对刀的掌握较差，粗细控制不住。

张雷私钤

惜墨如金

   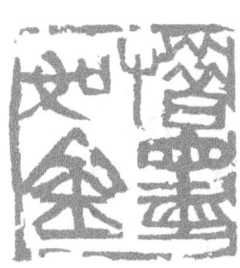

◆ "张"字上三横宜紧凑，"止"宜长点，右边转折宜方。
◆ "雷"字"田"底线宜微凹。
◆ "私"字嫌太长而较细。
◆ "钤"字左五画有疏密，右三竖弯度不同。
◆ 主要的残破除左上角外，还有几处都要表现出来。

◆ "张"的"弓"要挺，且有粗细，右上三横有点弱。
◆ "雷"的四小横宜稍长，"田"应有残破。
◆ "私"的底部外沿要平一点。
◆ "钤"的"金"旁第二、三画宜平，右三竖太细。
◆ 主要的残破在左上角，其余各边也应各有不同。

◆ "惜"字竖心旁右上少一竖，右上四组斜线应在中间汇合；"日"的左上角较尖细。
◆ "墨"顶端长方框下缘应平齐，右边线宜稍细。
◆ "金"字中竖太粗，四根斜线起止处不准确。

◆ 边框线条粗细、曲直变化很大，离范印距离较大。
◆ "惜"字"日"歪斜，右半部粗细摹仿不到位。
◆ "墨"字那么多横画粗细、间距都应讲究。
◆ "金"的下面两横都不够长。

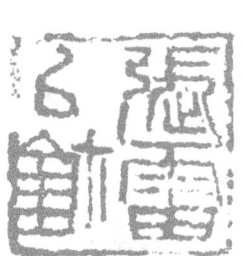  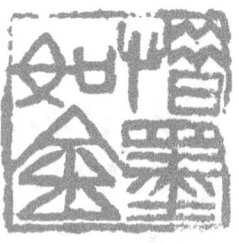 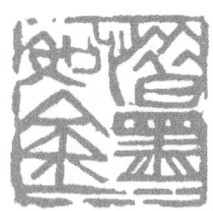

◆ 边框残破不到位。
◆ "张"字右三横要近边框，再转折向下；"止"要正。
◆ "雷"字一竖及四小横太细，"田"不可上大下小成倒梯形。
◆ "私"字该光、该转折处要到位，要体会细微变化。
◆ "钤"字"金"疏密不对，右边三竖又短又细，线条也无变化。

◆ 边框残破不到位。
◆ "张"字用刀不爽，该挺的线条不挺。
◆ "雷"字"雨"头右倾，四小横中一横太粗；"田"字有粗细及刀法的变化。
◆ "私"字内圈太大、太趋方，外缘的轮廓宜挺。
◆ "钤"字线条虽有残破，但还应很挺括。

◆ "惜"字竖心旁右侧的短竖太粗，四组斜线太短，"日"左上角宜细点。
◆ "墨"字底下"土"，宜与上面四根斜线连，底下要空。
◆ "如"字要有粗细变化。
◆ "金"字底横与边框要有间距。

◆ 边框及文字线条太光，且无粗细变化。
◆ "惜"字"心"太挤，右上四组斜线应在中间汇合。
◆ "墨"与"金"两字有八根斜线，起始、结束位置都未找准。

◎第九章 初学者的基本训练

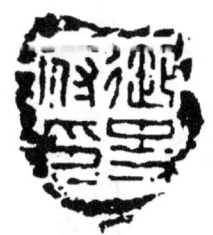

御史府印

天涯亭过客

◆ 此封泥边框的残破不自然，很生硬。
◆ "御"字双人旁未写好，中间部分少一点，右侧硬耳上少一横。
◆ "府"字单人旁及"寸"三个头的方向、角度都不对。
◆ "印"第三撇应向右，下面三横间距宜匀，中竖要破。

◆ 边框残破不够，上框线与上两字要靠紧点。
◆ "御"双人旁太靠近，中间部分少一点，底横太长，右侧硬耳顶线要与右线连。
◆ "史"字"口"宜扁，下三根线及细中竖都未处理好。
◆ "府"、"印"两字无一根线条到位，都是自造。

◆ 左、下两边较粗而有变化，线条有不少是一边光一边毛。
◆ "亭"字太小，"丁"宜粗点。
◆ "过"的转角宜方，底下一笔宜先平再往下拖。
◆ "客"字上部空间分布不妥，"口"宜向右边靠紧。

◆ 四条边有粗细之分，任何一条边均非光边。
◆ "亭"与"天"有连处，"亭"中"丁"分量不够。
◆ "过"字中间部分要扩大，走字底转折要方折不含糊。

 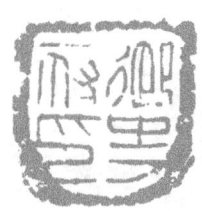

◆ 把一方粗细变化十分自然的封泥边框，改成一方无框的、线条光而死板的印，面目全非。

◆ 边框要不规则，有变化。
◆ "御"字双人旁与中间部件太靠近，下面圆弧也太大；中间的"午"垂线太长，中间少一点。
◆ "史"字"口"宜方，下边三画宜毛一点，有残破。
◆ "府"的线太光，"寸"字头太低。
◆ "印"上右部要与边连，线条要有粗细、残破。

◆ 文字中线条有粗有细，并非这样纤细、两面光。
◆ "天"字中有粗笔。
◆ "亭"字要放阔，"丁"字要粗重。
◆ "过"字走字底太大，间距不对，转折也不方；右边的部件嫌小。
◆ "客"字宝盖左右垂线要有终端表示，"各"上边交代不清（只要看"格子"大小便知）。

◆ 如果有些线条不断，效果可能会更好点，现在整体看，还不差。
◆ 无论边框与文字线条，该残破的不论大小，都要按范印的样子残破。

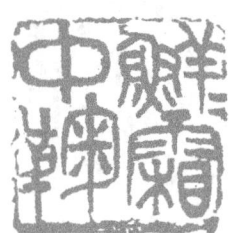

鲜鲜霜中鞠（菊）

三长两短之斋

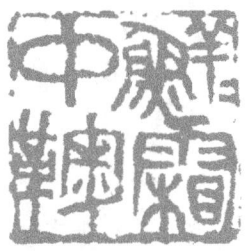 

◆ 底边还须粗一点。
◆ "鲜"字"鱼"第一笔左右两个转折均未表现出来，"羊"头上两斜笔太短。
◆ "霜"字"雨"头长画要微凸，"相"不连边，"目"底画要粗。
◆ "革"字头应有残破，"菊"字内"米"不宽敞。

◆ "鲜"字"鱼"头有小转折，左"又"竖线要向下，不是向左，"羊"的几横未刻出。
◆ "霜"的"雨"头应有点上弯，右竖代边的不可与下边连。
◆ "鞠"的两根下脚太长，上面吊得太高。
◆ 左、上两边要残破。

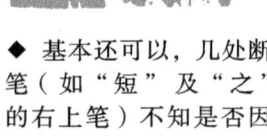

◆ 基本还可以，几处断笔（如"短"及"之"的右上笔）不知是否因石章开裂造成。
◆ "斋"三笔应分开点，但仍有相连，字头呈菱形。
◆ 粗边加残破很好，但还要注意粗细及线条的起伏。

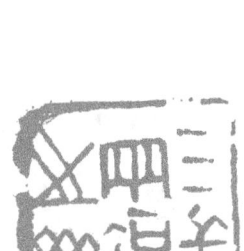

◆ 边框太光，要追求边线的起伏、不规则的残破。
◆ "三"要靠紧点，"长"字下边左一撇要从转折处下。
◆ "两"字要上去一点。
◆ "斋"字太低，菱形内孔太大。

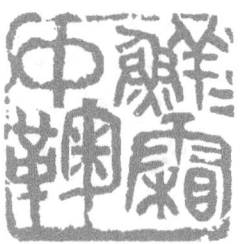 

◆ "鲜"字"鱼"头有小转折，"羊"分出的左右两小横宜平。
◆ "霜"字"木"上三竖头宜平齐，下三竖还要下伸；"目"上缘要平，底下宜粗而稍尖。
◆ "中"一圈线条宜呈圆意。
◆ "革"字上端宜残破。

◆ 边框有粗细之分，且要残破。
◆ 少"鱼"头，"鱼"、"羊"太靠紧。
◆ "霜"字占地少，显局促，"目"底线要粗，不可连边。
◆ "革"字有残破，"菊"字左向末笔的转折应有点弯意。

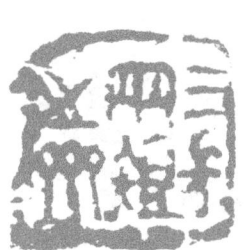 

◆ 边框要破碎又不规则才好。
◆ 线条不爽，似有刻在泥块上的效果。
◆ "长"字下一竖就是一竖，怎会有钩？就因为刻者的态度不认真。

◆ 无论文字与边框，都刻得太光无变化。
◆ "三"字有钉头，与"两"字太平齐。
◆ "之"的左上方两根斜线间要有点东西。
◆ "斋"字上方三个"头"要左高右低，要表现出外方内圆，三根线微有变化，但切勿光洁。

（2）粗放一类白文印

杏孙一字幼勖

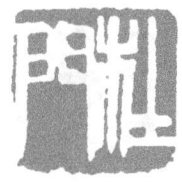

杜门

◆ "杏"字上两横太靠紧，"口"字宜扁。
◆ "孙"字右上少一点，底下左撇也不对。
◆ "一"、"字"要分开点，宝盖太圆，"口"字宜扁。
◆ "幼"字两"口"宜扁。
◆ "勖"字五竖太到底，"目"要居中，"力"竖笔有长短。

◆ "杏"字宜再压缩一点，"木"上下太空开，"口"字要居中。
◆ "孙"与"字"的"子"、"口"下一横位置都不对，绞丝是两个扁口，偏方；"字"的"口"也要扁，中竖至宝盖下。
◆ "幼"字左边也是两个扁"口"。
◆ "勖"字左上两横不连边，"力"右上角转折宜小，下竖线有长短。

◆ "杜"字不论横竖，笔画都要粗而挺劲，转角任其方，"土"之上画通左竖，右画通边。
◆ "门"有左右两扇，中画、底画宜一样平。

◆ 两字并笔处要有琐碎处。
◆ "木"字中画宜粗，反正留红不多。
◆ 排列基本对，"门"的左右上方宜稍有方意，左下宜残边。

◆ "杏"的横线不挺。
◆ "孙"的三个"口"均宜扁点。
◆ "一"宜挺而细点。
◆ "字"字左角太圆，"口"宜扁，中竖基本应对准上面一点。
◆ "幼"字两"口"宜扁。
◆ "勖"字"冒"两横间距不对，左竖上端及"力"中竖不可突然变粗。

◆ 不少地方未挖清，角太方。如"杏"字第二横、"孙"的左右、"字"头一点及中竖向左的拖笔，还有"幼"字左边中连线，只要稍加一、二刀便不致太粗。
◆ "勖"左边两横太短，"目"不居中，"力"的两处转折未把粗笔刻细。

◆ 笔画无气势。
◆ 排列无通边、无并笔，让"土"字孤单地吊着，呆板无力，生气全无。
◆ 有没有看到范印有残破？

◆ 线条不泼辣，无粗细变化。
◆ 去了左边的残破、两"门"间残破，以及两字间残破，就不成为齐白石的作品了。

初升

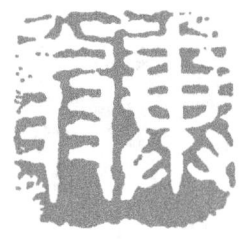

粪翁

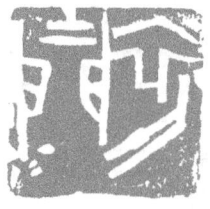 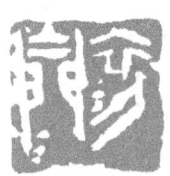

◆ 初看尚可，但细节上漏洞很多，最大缺点是线条太光。
◆ "初"字"衣"旁头太大，横线均宜下光上毛；上头的盖要"坦"一点，不可太长、太方；竖线的终端均太方，底下两撇不可超过一竖。
◆ "升"字上两横太短，左"门"上面太右倾，左竖头宜尖。
◆ 残破太生硬。

◆ "初"字线条粗细走形太大，"衣"下部竖线太短，左边太细；下半部"刀"太粗、臃肿，竖线太短。
◆ 左边"门"要直一点，残破多一点，上部两横有长短，下横左侧宜平直。
◆ 残破不自然。

 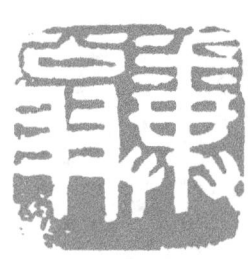

◆ 基本风貌接近。
◆ "粪"字总体应提升，使下面可以更空一点。
◆ "翁"字"公"问题最大，应是"八"字下较扁的"口"上加一竖。
◆ 边角残破要用心摹仿。

◆ "粪"字下面两点要与两横出头的竖线连。
◆ "粪"字中线及"羽"字竖笔终端要带尖意，"羽"字左右有间隔，"公"字左上角要残破。
◆ 上下部边都要破，左右边要通边并残破。

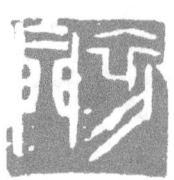 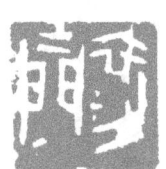

◆ "初"占地太大，"衣"字两竖间距太大，右竖还应长一点。
◆ "升"字两竖之上头不应有高低（底下应有高低）。
◆ 残破要自然。

◆ "初"字顶线之"顶"偏右，右竖线太短，上面也不应出头；底下"刀"部不可残破。
◆ "升"上两横粗细、长短均有误，"门"的两长竖嫌短，右竖上端也太尖，左竖侧无残破，其他部分残破也并不见重视。

 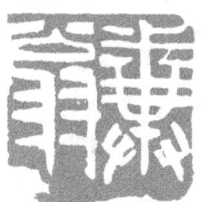

◆ "粪"字四点要向中竖线靠，点下竖线向下的转折应呈圆；中竖左右"手"垂线终端非方笔，中竖顶端应有向右小转折。
◆ "羽"间有空隙，左"习"要通边。
◆ 上边左右两角要残破。

◆ 线条太光，不会残破。
◆ 对照范印，看一个"公"字，就不像样。必要的残破起的作用很大，应引起重视。

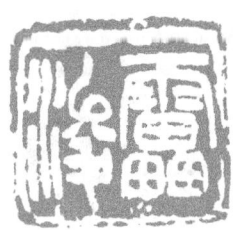

雷浚

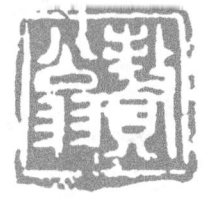

赘翁

◆ 右边、下边的框要细一点。
◆ "雷"字"雨"头一横下宝盖转角不可"耸肩",四点要呈长形,三个"田"外廓不准。
◆ 三点水还应上去一点,"浚"右半部上方应是平底之下一个"八"字,再底下两横要向左再长一点。

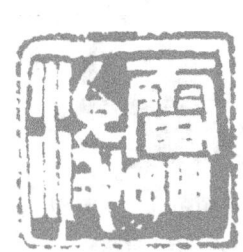

◆ 刻这种印,写墨稿时就要写出粗细。
◆ 无论是"雨"头、三"田"或三点水,都采用以往刻满白文的办法,转折是那么生硬、呆板。
◆ "浚"字右上线应有点转折。

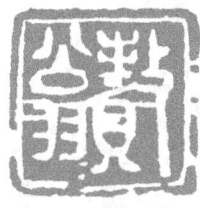

◆ 边框太细,残破未曾用心,框内右侧太空。
◆ "赘"字"贝"中,只要看留红,就知几根横线安排不妥,右竖太长了。
◆ "翁"字太瘦小,上边"口"要扁长,"羽"应一竖三横,现在错了。

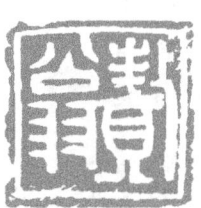

◆ 文字及边框都要有残破。
◆ "赘"字"贝"与上面部分要在一直线上,占地比"翁"大,右侧反文交代不清,"贝"的造型特别难看,要有残破。
◆ "翁"字笔画要有粗细。

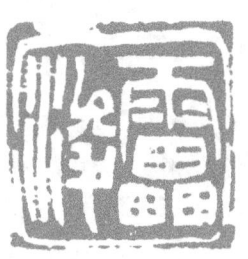

◆ "雷"字三"田"怎么都是凹进去的?
◆ "浚"字三点水左下竖头太低,右上竖有一个漂亮的转折,底下"八"字右边要偏右无直角,再底下右侧一小竖太长。
◆ 不会残边,框要毛而不求光,左边框要连,不可断。

◆ 上边框角宜圆不宜方、宜毛不宜光。
◆ 三个"田"要靠紧,左"田"太出格,上"田"太小。
◆ 三点水头太尖,右上转折不够,底部也要宽一点,下部"八"也不明确,再底下的部件吊得太高,细节交代不清。

◆ "赘"的位置还可,就是有些笔画还应特别粗。
◆ "翁"字缺点较多,"公"字上面"八"要分开,下"口"要扁长,左侧稍粗;"羽"字两竖粗而挺,六横使这部分很饱满。
◆ 残破还要琢磨,使其更逼真。

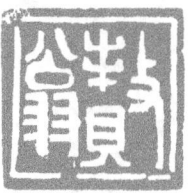

◆ 边框太光、太呆板,应有粗细之分,有得体的残破。
◆ "赘"字三部分应团聚一体,现在成了各不相关的三个个体;又无残破,"贝"也太瘦小。
◆ "翁"字太窄长,"公"之"口"应左粗右细,呈扁长形。

八砚楼

石墨楼

◆ 刻得基本合格。
◆ "砚"字"见"上边"目"的横画间距不对，整个还应放宽；下面的转折要瘦劲，且与"目"同宽。
◆ "楼"字左侧"木"四竖终端怎么可能这么斜？

◆ "八"字底要尖。
◆ "砚"字"见"有粗细，下半部左侧应是一竖而非一撇，右侧转折要方而细。
◆ "楼"的"木"要并笔且挺，右半"田"、"口"、"女"头都要放宽。
◆ 边角非一根直线，要残破。

◆ 对照范印，右半边还有点像，只是"墨"字头粗一点，下边的两个小尖顶太粗。
◆ "楼"的问题较多，"木"太细，"田"字太低，"女"字根本就不会束腰，占地太多又太高。

◆ 这方印的特点是"不满"，如何做到朱白分布得体要认真研究范印，写印上石这第一关就要做好。
◆ "楼"字右边一竖通天，不可断，"女"字收腰太低，"木"字并得太紧。
◆ 边要有点残破。

   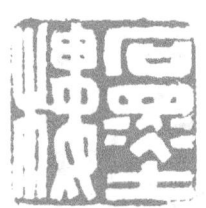

◆ "八"字占地太多；"砚"字"口"全封口，"见"字下半部漏了一画及相连一小竖。
◆ "楼"字"田"、"口"、"女"都要挺拔大气。
◆ 边角要残破。

◆ "八"字不挺，下部要尖。
◆ "砚"字左右不相连，"口"应全封口，"见"字"目"下少一横画及一个转弯。
◆ "楼"字"田"、"口"、"女"都要挺而大气，"木"下端与"女"字左竖共五笔，应差不多长。

◆ 这方印其实要用浙派切刀法刻，用冲刀法线条太光。
◆ "墨"字头太扁，左右四个小点不能相连，末横要挺，但比上一横要短一点。
◆ "楼"字"木"相距可再近一点；"田"太小，"口"左竖太细；"女"拉得太长。

◆ 写印时要写出粗细笔画，现在用刻满白文的双刀法，每根线条一样粗细，就错了。
◆ "木"字应上短下长，右边三者之间要按比例排列，间距又不能太大。

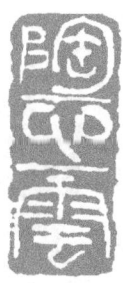

陶心雲

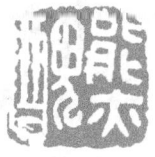

能亦丑

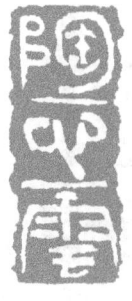 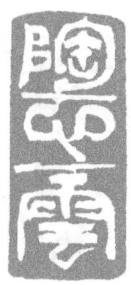

◆ 印边起伏太大，中隔线太短。
◆ "陶"字耳旁未表现出犀利的感觉，右旁半圆框形不准，也影响了内含条件。
◆ "心"字左右两圈要高于中间部分，且要有粗细之分。
◆ "雲"字"雨"下"云"两横太短，下钩应表现出粗细。

◆ 印边未加残破，边与印文相距太大。
◆ 所有线条与范印不符，要在石上就写出粗细，才能刻出或粗或细、或圆转或犀利的线条，现在都感觉不到。

 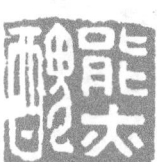

◆ 范印上边不空；"能"、"亦"两字间隙太大；"丑"字左边残，右边部分还应向下。因此全印显得松散。
◆ "能"字"口"上端应有一小点。
◆ "酉"字下两横未处理好。
◆ 印角要残破带圆意。

◆ "能"字"口"太大，上端应有一小点，两"匕"太正。
◆ "丑"字右半"鬼"的下部结构给胡改了；"酉"字下两短横太分开。
◆ 印角均未残破好，右边留红太多，左边要残破。

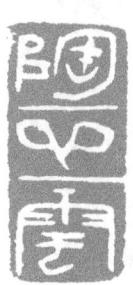 

◆ 选石太宽了点，无残破。
◆ 只看"陶"字耳旁，就知未研究刻法，右边应从顶端圆弧形分向两边，其中部件底部应平直两边向上。
◆ "心"字左右两圈应高于中间部分。
◆ "雲"字"雨"头上一点宜大，点下横太宽；"云"字两横要粗长一点，中间不可加竖，底下转折要偏右点。

◆ 选石太短，便不可能临刻好。
◆ "陶"字耳旁太大，以致右边框内笔画无法交代清。
◆ "心"字左右两圈应高于中间部分。
◆ "雲"字上点太长，宝盖上缘横画应有点弯；"云"的两横应粗点，下面应有转折。

◆ 一个字的各部件之间、字与字之间团聚感不强，显得松散。
◆ "能"字"口"上有一小点。
◆ "丑"字"酉"底宜粗圆，"鬼"下部转折宜圆。
◆ 边、角的残破不够。

◆ "能"字东倒西歪，不稳定。
◆ "亦"字一横太长，范印较平直，左脚高右脚低。
◆ "丑"字各线条太细，右下未留点空。
◆ 印角未处理好，左上角不可方角。

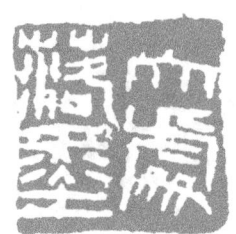
大处落墨

大匠之门

 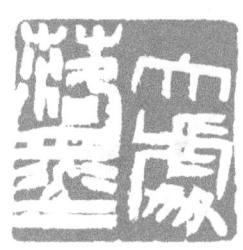

◆ "大"字左侧一竖太短。
◆ "处"字中间一竖应通连,左右竖都要长一点,底下贯穿的两个零件要长一点。
◆ "落"字三点水太短、太尖,"口"字上面要出头,之上向左两撇又尖、又短。
◆ "墨"字上多了一竖,下面两"火"要分开,"土"要向左通边。
◆ 要残破。

◆ "大"字几个竖笔基本是右平左毛,横线应由中向左右分开,有一点点坡度。
◆ "处"字中竖应向左移一点,下面一长横不可太弯,贯穿的两个零件上部要长一点。
◆ "落"字三点水最差。
◆ "墨"字又粗又光,与范印相差甚大。

◆ "大"字横画要上去一点,四竖分别有粗细长短之分。
◆ "匠"字框内竖画应斜置。
◆ "之"字中竖应偏左,左竖下端有转折向中竖。
◆ 两扇"门"有大小之别,右门上横要特粗。
◆ 要残边。

◆ "大"字四竖分别有粗细、长短之分。
◆ "匠"字粗细无别,还有两根斜竖,有残破。
◆ "之"字中竖应偏左,左竖下端有转折向中竖。
◆ "门"的左右少了并笔,少了一粗笔就没劲。

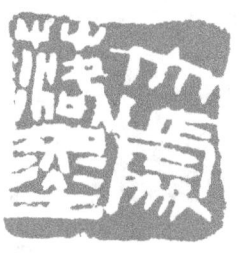 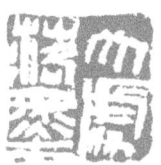

◆ "大"上点太尖,第二竖不可弯。
◆ "处"字左竖太粗,中竖未连接。
◆ "落"字"口"要扁点,下缘要平,右侧一竖要稍直。
◆ "墨"字首横要稍平,底下"土"两横要分开一点。

◆ 临印过大过小均不好。
◆ "大"字四竖太长。
◆ "处"字中竖又粗,又太近左边,底下两个小零件交代不清,又太小。右第二横应接上横。
◆ "落"字草头,六个头都太尖。
◆ "墨"字上部两横不平,中间竖线太多,"土"下应多留点边,现在全走样了。

◆ "大"字横画太低,应向上并带斜,四竖要有粗细、长短的处理。
◆ "匠"要与"门"并笔一部分,转折要方,要有粗细,"斤"的两竖是坚挺的斜笔。
◆ "之"字中竖应偏左,左竖转折要高一点,下横画太粗。
◆ "门"的线条太粗,不挺。

◆ 所有毛病都几乎与左边这方印类同。
◆ "门"的转折要挺,两扇门要有间隔。
◆ 要破边。

长毋相忘

代马丞印

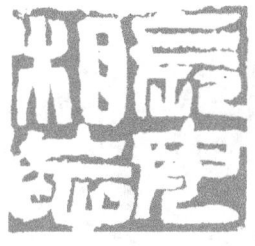 

◆ "长"字上三横可见线条不够挺,中竖尤其不可太"毛"。
◆ "毋"字底横已见臃肿。
◆ "相"字"木"上端不够圆,"目"字右竖太弯。
◆ "忘"字"心"正中一竖下端太粗。
◆ 残破要认真摹仿。

◆ 线条无质量,刻这类印真是太难,你看"长"字三横,就见有多大的变化。
◆ "毋"字上面太紧,下边空得太多,中竖下面少了弯曲。
◆ "心"字下部当中有一小竖要上粗下细,且下部不可断。

◆ 边框、横中线、竖中线下部太粗,其他边线还应对照范印认真加工。
◆ "代"、"印"都有太粗的笔画,很不协调,"代"字右边一横不可低于中线。
◆ "印"字首横及下边两横均要求平直,不可出现斜笔。

◆ "代"的单立人首横不可斜,右半部横宜在一半以上,一竖宜向右下角。
◆ "马"字两条腿宜与下边相连。
◆ "印"字上边三撇宜向右,下半部的转折处不宜太粗。
◆ 左上角的残破最有问题。

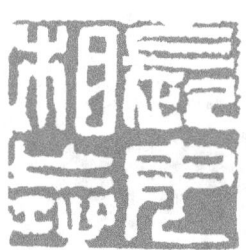 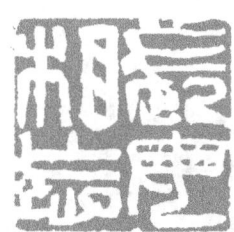

◆ 左右字要靠紧点。
◆ "长"字左下有一竖不宜又弯又细。
◆ "毋"左侧一线要斜点,中竖下来要向右来个半圆。
◆ "相"字"木"上部宜空,"目"中两横应向右倾斜。
◆ "忘"中一点太尖,"心"字未处理好,左边转折太大,又变了形。

◆ 所有线条几乎都走了形,就看"长"、"毋"两字,哪一根横画、哪一个转折与范印相同?不信可一一对照。
◆ "毋"字中竖下部应有一个稍圆的转弯。
◆ 残破包括边与文字,都不按范印破。但不能如"毋"字那样搞得支离破碎。

◆ "代"字单人起笔太尖,下边分叉太大。
◆ "马"腿应方向一致,其中还有两根应连下边,文字太清楚,是未残破之故。
◆ "丞"字上部宜有一小竖,底下如"山"的笔画宜放在正中,右下"手"还要长一点。
◆ "印"上半部三撇应一般短,下半部的转折都太粗。

◆ 就是线条及转角方了一点,安排基本妥帖。
◆ "马"字只左边一竖,右边的是残破,马腿中有两根应连下边。
◆ "丞"字右下之"手"宜长一点。
◆ 要按范印进行残破文字及边、角。

司马信钤

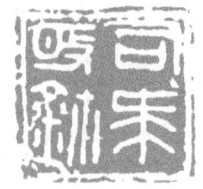

司马敀钤

 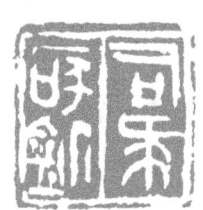

◆ 无论横竖、边框线都一律弯曲，上框线又特细，这不好。
◆ "司"字首横起笔太细，竖笔太长太尖；"口"应偏右。
◆ "马"字太偏左，下边斜线中，左上这根不好，都应向下才对。
◆ "信"的"口"中留红应上大下小。
◆ "钤"字"金"太松散，右边线不挺，头向右耷拉也不好看。

◆ "司"字两横左侧起笔处应是平行的。
◆ "马"字上横还应稍长，左右斜线应斜点向下。
◆ "信"字之"口"内留红应是上大下小。
◆ "金"字第一横应在中间。
◆ 残破较好，但与范印还有距离。

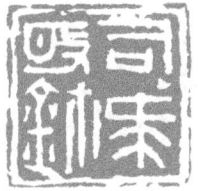 

◆ "马"字与"钤"要分开一点，左右分开的斜线要注意角度、长短的统一。
◆ "钤"字的"金"左右四小竖不可太尖，右半部要低于左半部，三竖底要几乎平齐。
◆ 注意残破。

◆ 文字与边框均太细，残破也不到位，是这方印最失败之处。
◆ "司"、"敀"太靠紧，"敀"的左半部太小。
◆ "马"的一竖不要太下去。
◆ "敀"、"钤"宜稍靠紧一点。

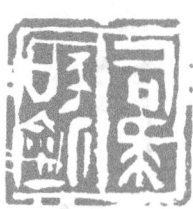 

◆ "司"、"马"用刀太粗重，"口"的底边又粗又斜，不好。
◆ "信"字上横及"口"的右上竖太尖细，右下角向左踢出之小钩太粗。
◆ "钤"字"金"太松散，右半部中左竖线应与右竖线一样粗才对。

◆ 边框线及边的残破未按范印破，粗细也相去甚远。
◆ "司"字之"口"内留红不是扁长。
◆ "马"字上两横要稍靠紧，左转弯太粗肿，下边的斜线尤其左上斜线细而角度不对。
◆ "钤"字左边太疏散，四小点也太尖。

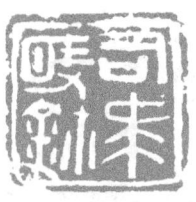 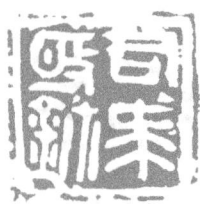

◆ 边框的残破要恰到好处。
◆ "司"字第一横要长一点，右竖结束并非方头。
◆ "马"字上两横宜平一点，中竖不可太长。
◆ "敀"的反文结构有误。
◆ "钤"字"金"不紧凑，四小竖太尖很不好，右半部一横太短，左右两竖太短。

◆ 这方印不是太细而是太粗。
◆ 边框的粗细要掌握。
◆ "马"字中竖不挺。
◆ "敀"字宜扁长一点，与下面字要有点空隙。
◆ "钤"字宜左高右低，右半部线条粗细不可相差太大，注意三竖之间距。

园丁书画　　　　　　　　　灵石山长

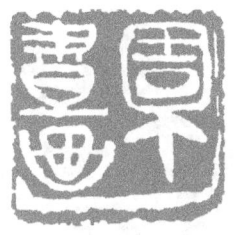 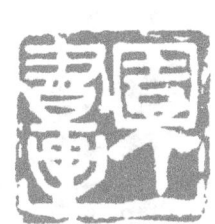 

- ◆ 底框线还要粗而毛。
- ◆ "园"、"书"两字分隔太开,"园"字最大失误是"口"下还少了两个尖头朝上的转折。
- ◆ "书"字第二横右下应有线垂下。
- ◆ "画"的首横无这样长,并与中竖线连;左右竖线头,一方一尖,各不相同。

- ◆ 线条太光而无粗细变化。
- ◆ "园"字框的线条太死,且看"土"字两根线及"口"字线条多么有变化;"口"下有两个尖头朝上的三角形转折。
- ◆ "丁"字左边一头太长、太粗。
- ◆ "书"字不与左边相连。
- ◆ "画"字"田"线条有粗细,外框应再扩开一点,左右上头一平一尖。

- ◆ "灵"字"雨"盖要有圆意,下面三画要长,不可尖头。
- ◆ "石"字框应外方内圆。
- ◆ "山"字左右竖要近上边。
- ◆ "长"字第四画要通边,左侧一竖应自上而下向内弯。
- ◆ 要圆角加残破。

- ◆ "灵"首横太短,"雨"中四点太细,下面三画还要向下松一点(超过一半)。
- ◆ "石"之"口"还要向右靠。
- ◆ "山"字要放开。
- ◆ "长"字要向左逼边。

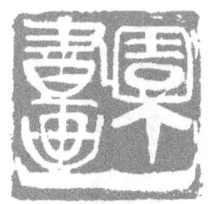 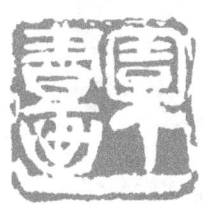  

- ◆ 全印线条太光,边框的残破均未到位。
- ◆ "园"字两横要靠紧,"口"字太圆,应上细下粗,"口"下还少了两个头朝上的三角形转折。

- ◆ "园"字"口"下少了两个尖头朝上的转折。
- ◆ "丁"字右部上缘宜光点。
- ◆ "书"字右边竖线头宜尖。
- ◆ "画"字"田"左上角太尖细。

- ◆ "灵"字"雨"中四点太细短,下三横太粗,右边似捺脚不对。
- ◆ "石"字线条都太粗,"口"字太小。
- ◆ "山"字太小,要向左右扩展。
- ◆ "长"字第四画要向左通边。

- ◆ 线条一光,又无粗细变化,文字及边都不加残破,范印的味儿全变了。

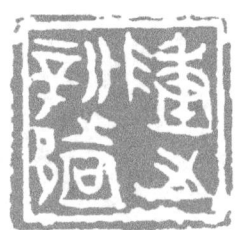

陈之新都

武昌亭侯

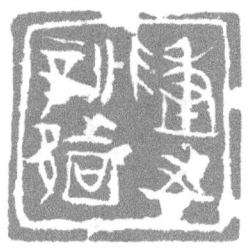 

- ◆ 边框（尤其上右框）不挺，影响全局。
- ◆ "陈"右边宜上升，"之"、"都"两字宜下沉，不少笔画也太尖细，失去了范印的韵味。
- ◆ 要按范印残破。

- ◆ 印边的粗细、残破宜细加注意。
- ◆ "陈"字耳旁一竖宜直，右部"田"左侧上下两笔应几乎碰到。
- ◆ "之"字底横要长一点。
- ◆ "新"字整体嫌小，尤其左"辛"。
- ◆ "都"字左侧两个"夕"宜有圆意，右上部分底横有圆意，整个字要下沉近边框。

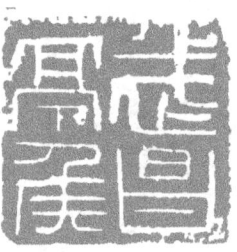 

- ◆ "武"字太大，"戈"字两横要上提，"止"的中竖要正。
- ◆ "昌"字上"日"要方正，右下角未残破，线要"毛"才好。
- ◆ "亭"字要靠上边，"丁"字太细。
- ◆ "侯"字首横宜平，所有横画的终端不可太尖细。
- ◆ 边、角要认真残破。

- ◆ 横、竖中线不分明，使全印一看就显"挤"。
- ◆ 线条无粗细变化，边、角未花力气加以残破，该破的未破，该留红处未留红。
- ◆ "亭"字横下两竖宜分开一点。

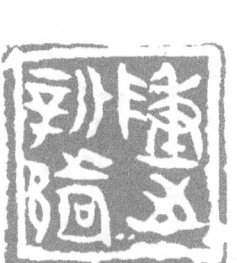 

- ◆ 边框及边的残破均应严格按范印刻。
- ◆ "之"字右两斜笔及底横都不挺。
- ◆ "都"字右下"口"太小。

- ◆ 边框的粗细要合理，外沿边线留红之粗细也要按范印刻。该残破的要认真残破。
- ◆ 所有线条均用一面毛一面光的单刀刻成，这不是原貌，过分多的尖细、锯齿使线条显得单薄。
- ◆ "陈"字"耳"竖宜长一点。
- ◆ "之"字底横宜平。

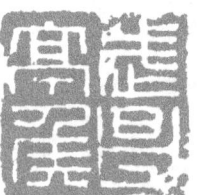 

- ◆ "武"字显得小了点，要向右逼边，右上角小横少一向上的小转折。
- ◆ "昌"的"日"要方正，左侧长竖要挺。
- ◆ "亭"字头宜再向上靠。
- ◆ "侯"的左上角左转弯不宜圆而宜方，底横下左右两笔宜靠紧上横。
- ◆ 边、角的残破要下点功夫。

- ◆ 线条粗细相同，间距平均，倒像一方玉印，与范印风貌相去甚远。
- ◆ 一方印的残破是风化、剥蚀自然形成，现在这样光光溜溜的，已无范印古朴的趣味了。

武勇司马

武猛校尉

◆ 全印由于没有文字的粗细、疏密变化，也没有逼边，边角也没有残破好，使全印平庸，失去了范印犀利、鲜活的风貌。

◆ 粗细反差要更大点，如"武"字，几根横线一样粗细就不对了，其他字也同此理。
◆ "勇"字之"力"横折要有圆意，一竖太细。
◆ 注意边、角的残破。

◆ 要说味道，看此印要比看范印更有味。
◆ "武"的横竖间距不匀。
◆ "猛"左下角小竖太短，右上"子"的横画与下横离得太远，小竖太细，底下左右小竖太粗。
◆ "尉"的左右太分开，全印底横要平；"交"中间的头开得不好。

◆ 范印坚挺、犀利的风貌荡然无存。
◆ "武"字右边无转折。
◆ "猛"字太粗，也不挺。
◆ "校"字"木"上下部分分得太开，"交"内上半部分交代不清。
◆ "尉"字线条太粗，左右两半分得太开。

◆ 印面有些扁，使底部无法大量留红。
◆ 右边两字大于左边两字。
◆ "武"字"止"的三小竖、"勇"与"马"字的横画，原来都应以密集的方式表现出来，现在一平均，就失败了。
◆ "司"的"口"不应有圆意，残破太生硬。

◆ 这四方临作中，此方印在疏密安排上较好，但"司"、"马"两字中一些笔画特别尖细不好；"马"与"勇"两字太分开也很不好。
◆ 要注意边、角的残破。

◆ 太方正，太平均，这也不好。
◆ 如"校"字"交"之转角宜圆，顶上有点留红。
◆ 全印在底下留一长条红边，起衬托作用，但现在呢？不见了。

◆ "武"字线条不挺。
◆ "猛"字线条太细、太尖，右下两竖分得太开，左半部太小、太细。
◆ "木"的上端和"尉"的所有横线条有这么尖吗？
◆ 要注意边、角的残破。

郜邦信钵

◆ 边框不可这样又光又细，残破要有板有眼，不是自己随意想出来的。
◆ 线条太细、太光，"朱"原应顶上边，现在上缘太空。
◆ "信"右部中竖中间应有一点贯中。
◆ "钵"字"金"应残破，右边应是"十"字左右各一竖。

◆ 右边两字上下间要有空隙。
◆ "郜"之左边太宽，"邦"的左下部交代不清。
◆ "钵"字"金"要压缩点，右边"木"之横画太高，左右两竖要一般高低。
◆ 残破要尽量摹仿范印。

◆ 无论边框的粗细、残边的程度、文字的安排、线条的变化……没有一点与范印相同，甚至说相近。

◆ 文字与边框分离太多。
◆ "郜"、"邦"两字的右边不地道，而左边根本交代不清。
◆ "信"字左部宜上升近边，右边实际是横竖下去在中段加一大点。
◆ "钵"字无论左右都太尖细，而范印的线条多么富于变化。
◆ 残边要摹仿范印。

郑蓸之印

◆ 基本风貌接近范印。
◆ "印"的上边三撇是有点小曲折的。
◆ 左上角还要残一点。

◆ "蓸"字"皿"左上竖、"之"字左竖及"郑"字大部分、"蓸"字中部，都显太粗。
◆ "印"字上半部三撇是有曲折的。
◆ 印角不残破，大型已不像。
◆ 印之右上角、左下角、右下角残破较甚，部分线条似被印泥嵌没而变形。

◆ 边角有残，最大缺点是线条太粗。
◆ "印"的上半部三撇应有点小转折。

◆ 线条太呆板。
◆ "蓸"字头结构有误。
◆ "之"字上要通天。
◆ "印"字上部三撇应有转折。
◆ 边角未残。

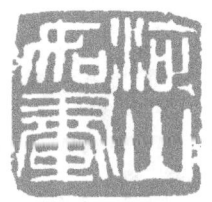

河山如画

宜春禁丞

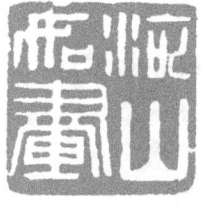 

◆ "河"字应向上下拉伸,"口"要稍大,上面一画左方右尖。
◆ "山"字要向左侧靠拢。
◆ "画"字三画应再粗一点。
◆ 有点残破也不可放过。

◆ "山"字底要与左边"画"字平,右侧要有残破。
◆ "如"左上角要有点出头,"口"字"眼"太小。
◆ "画"中"田"太挤,第三画下要有两点。

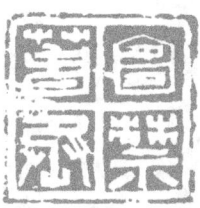 

◆ 一个字的比例总把握不好,如"宜"应该长一点,顶线不可太细,底横两头要出头;如"禁",双"木"太小,"示"字太大。
◆ "春"与竖中线有残破,故右侧一长竖相连是错误的。
◆ "丞"字中间部分粗大,左右两"手"纤细、不协调。
◆ 要按范印残破。

◆ 字画太直、太光,无粗细变化,但各字安排还比较妥帖。
◆ "宜"右侧冒出直线的部分太多了。
◆ 残破不成功。

◆ 上下两部分似应更靠近。
◆ "河"、"如"的线条不够浑厚。
◆ "画"字要向左侧逼边,还要略粗一点。
◆ 左右边要有残破。

◆ "山"的底线与左侧"画"字平,左右间还应扩展开一点。
◆ "画"字下竖线条都嫌太细。
◆ 左右边应有残破。

◆ "宜"字顶部不斜不好,太斜太尖也不好,中间的上下两个零件残破不够。
◆ "春"字草头要扁,下面的所有转角宜圆。
◆ "禁"字双"木"八个转角并非都是这么生硬、方折。
◆ "丞"中间底下类似"山"的零件宜大而舒展点,左右双"手"就必须上去。
◆ 文字及边、角要破得合理。

◆ "宜"字上边空得太多,外轮廓要扩大点、挺点。
◆ "丞"字下部左右"手"要调整好角度与长短。
◆ 边角残破基本还可以,还要仔细收拾。

孟梅之印

孟梅私印

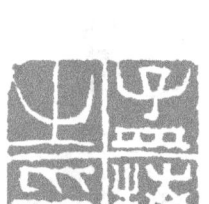

◆ "梅"字"木"要挺而齐、占地少，右侧要分割均匀（看红色四点三竖）。
◆ "印"字上半部宜靠左一点，下半部要整体靠左，而不是只一画靠左；末横断线太大，范印是印泥垃圾堵塞所致。

◆ "孟"字"皿"上部宜圆。
◆ "梅"字"木"要挺，右侧要放大并分割均匀（可查红色四点三竖）。
◆ "之"字左右两边无论方圆及与中竖间距均不同。
◆ "印"字上半三撇应有大变化，下半部要挺。

◆ "孟"字"皿"太小。
◆ "梅"字"木"上下要靠近，底下转弯是中竖的尾巴。
◆ "私"字"禾"与右边的几乎应碰到，现在松散了点。
◆ "印"字要逼边。

◆ 印角太方，线条太细。
◆ "印"字特大，"梅"字特小，不成比例。
◆ "孟"字"皿"太扁了。
◆ "梅"字"每"刻得最差，不成比例。
◆ "私"字"禾"要放大。
◆ "印"字三撇不够斜。

 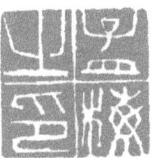  

◆ 因文字离中心远，全印显得松散。
◆ "孟"字"子"有小钩，"皿"宜扁而长。
◆ "梅"字"木"宜窄，"每"才可宽。
◆ "之"字宜长画。
◆ "印"字上半部离左边要远一点，三撇只有右两撇长而平行；而第一画就该平（现在有斜度）。

◆ 笔画纤细，无精神。
◆ "之"字中竖太偏右。
◆ "印"字缺点最多，上下两部分均未处理好。如上半部横画要平，要离左边远一点，两长撇太靠长横的右端；下半部要长而靠左边。
◆ 角、边未残破。

◆ "孟"字上面几笔太细。
◆ "梅"字"木"转折要方，而上面刻成两斜笔，错。此字几笔太细，尾端交代不清，"每"之头应是横画两头向上。
◆ "私"字"禾"线条太细，右边底下并非尖角。
◆ "印"字下半部应是横画，末画才有下拖尾巴。

◆ "孟"字"子"的三角没有，下横要有转折向上，"皿"字末画出头极少。
◆ "梅"字"木"收笔太尖，"每"字终端交代不清。
◆ "私"字"禾"左侧一笔下来不可断。
◆ "印"字首横要挺，第一撇转折不好，下边第二横太粗。

南郡候印

海右盐丞

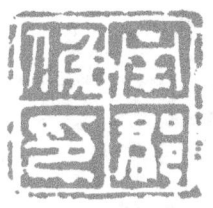 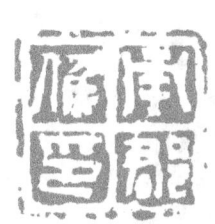

◆ "南"字左右两竖太斜，首横上面少一小竖。
◆ "郡"字左边应铺开，十分饱满，"口"也十分舒展；右半部上下之间也分得太开。
◆ "候"字也是这个毛病，右半部不够饱满。
◆ "印"字上边第三撇不可与下边连，下半部右边转折宜方点。
◆ 残破与范印不同处甚多。

◆ "南"字右竖太弯，中间第一小横左右应向上叉，第二横应降下一点，并有点坡度；下两横宜长一点，中竖下留不多。
◆ "郡"字左边要左扩，显得饱满，"口"不可全残；右半部右下结束不好。
◆ "候"字单立人左竖太斜，右半部要饱满点，并无尖笔。
◆ "印"字三撇要斜，下半部宜正。
◆ 要照范印残破。

◆ 选石过大，刻得马虎。
◆ "海"字右上一横宜上靠，右下转折要宽长一点。
◆ "右"字第二横宜居中。
◆ 因为残破，看不清，把"盐"字的几个部分都刻错了，右侧又少一竖。
◆ "丞"字上边少一小竖，左右斜度、长短不符。

◆ 石过大，笔画太细，竖中线分得太开。
◆ "海"字右边首横两头要上翘，下部的结构有误。
◆ "右"字右边斜线宜靠边，"口"字太大。
◆ "盐"字左下"皿"有误；右上部分太大，第三横太长。

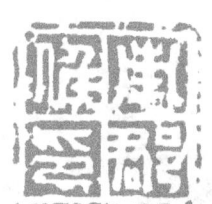 

◆ "南"字左右两竖宜分开点，中间的笔画才得舒展，顶部向上的三个头不可太尖。
◆ "郡"字太小，左半边宜更大一点，还要向上，三横要紧靠。
◆ "候"字也应上去一点，右上角不宜这么空。
◆ "印"字也应上靠，下半部三横宜挺，粗细不可相差太大。
◆ 残破与范印不符。

◆ 笔画还可粗点，残破有距离。
◆ 横中线不居中，故上两字小、下两字大，"候"字就太小，显得局促。
◆ "南"字第一横及左右上叉小竖太细，下边长横下有两点已残破，但不够。
◆ "郡"字要饱满。
◆ "印"字下半部太大，再加上横画细，这样间距也大而显得不协调。

◆ 全印太细，要逼边、圆角。
◆ "盐"字左上未残破好。
◆ "丞"字上部两个转折太圆。

◆ 所有转角都太方、太尖，像"海"字右下还太粗。
◆ "海"字三点水的长短、间距未处理好，右上部分宜上提、紧靠。
◆ "右"字上边三横宜松开。
◆ "盐"字"皿"左右两竖太短，右上第三横太长。
◆ "丞"字底画是一横，左右边的零件要讲长短、斜度。

 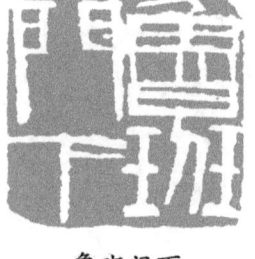

敬府之钵　　　　　　　　　　　　鲁班门下

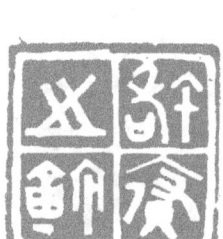  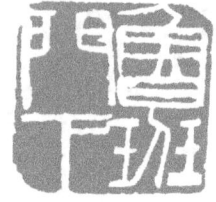

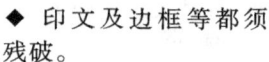 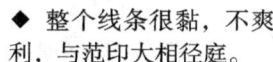

◆ 印文及边框等都须残破。
◆ "敬"字中竖不可连下边，左上斜线太长，右边部分上下不相连。
◆ "府"字上部"宀"部留红尖角太明显，"贝"太小、太方。
◆ "之"字线条上应有粗细之分，残破手法也很重要。
◆ "钵"字太整齐，左边中部太大，底横宜短；右半部三竖宜有长短。

◆ 边框要残破。
◆ "敬"字粗看还可，仔细看，如左边向左的两撇未撇好，中下竖太长；右边上下零件都不是这么光洁。
◆ "府"字顶上"宀"又细又光，"贝"中有线条，且宜带圆。
◆ "之"上边三根线角度有误。
◆ "钵"字左边末两横一长一短，未做到，右边之顶太尖，中竖太长了。

◆ 整个线条很黏，不爽利，与范印大相径庭。
◆ "鲁"的"腰"太细，没那么多并笔，倒是与"门"应有并笔。
◆ "班"字中间无一点。
◆ "门"、"下"两字不相连。

◆ 线条要粗而挺，当然也要有粗细之分。
◆ 转折一般较方。
◆ "门"与"鲁"之间有残破。
◆ 角或边有残破。

   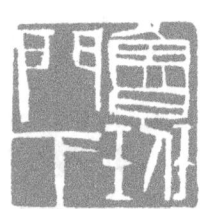

◆ "敬"字中竖太长，右上部分要有坡度，右边竖太长。
◆ "府"字左侧三角留红太多，右三根斜线最上一根要接近中部；"贝"太小。
◆ "之"字下横不挺。
◆ "钵"字右部应从顶上开始显得宽博，中竖也不宜这么长。
◆ 要学会残破。

◆ "敬"字左边头重脚轻，"口"字上边不是横画，应有一点斜笔。
◆ "府"字左边零件中间无点画，且不可这么长；"贝"字小得几乎放不下了。
◆ "之"字左侧斜笔头太尖。
◆ "钵"字右边部分要向两边扩展，使此字有一紧一松相映变化之妙。
◆ 要有残破。

◆ 全印线条不爽利，"门"、"下"两字甚至显得臃肿。
◆ "鲁"字上下有两个方块，按范印应方转折，现在一圆就没有味道了。

◆ 线条比左面一方要爽利多了，不管粗细，均应相应加粗。
◆ "鲁"、"门"两字要有并笔相连。

◎ 第九章 初学者的基本训练

衡憙（恪）之印

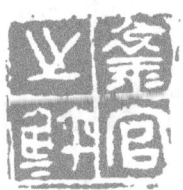
□官之钵

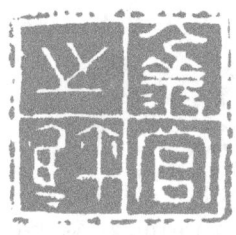

◆ 上两字大于下两字，"憙"字尤其低而局促，宝盖上又少了一个顶。
◆ "衡"字左右"行"不挺，中间"奐"全错，不方正，不均匀，"田"下"大"要直而短。
◆ "之"字竖、横都显短。
◆ "印"字三撇及下半部三横长短不对。

◆ 上下与左右、字与字之间还要靠拢一点，间隔一大，四个字都显得小了。
◆ "憙"内"口"要与上两横平，"心"字太细、太软。
◆ "之"字三竖都要往上一点。
◆ "印"上半三撇要稍圆，下半部中有残破。

◆ 首字上部留红太多。
◆ "官"字宝盖有点圆意，太细。
◆ "之"字左侧两根斜线宜靠紧一点。
◆ "钵"字左部模糊不清，右半部中要有粗细不同的线条。
◆ 要按范印残破，不可如此琐碎。

◆ 上部及左上部也应有边框，只不过经岁月的腐蚀已不明显。
◆ 左下框线宜细，残破不够。
◆ 首字要阔，尽管此字无人能释，但各线条要交代清。
◆ "官"的宝盖太肿，盖内应有双环，各不相连。
◆ "之"字一横太短，右斜线之根要插在左斜线根内。
◆ "钵"字左右均未交代清。

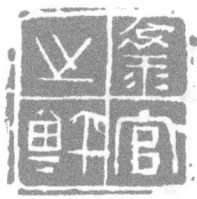

◆ "衡"字右侧半"行"要直一点，离中间的稍远一点。
◆ "憙"字宝盖右边嫌短。
◆ "之"字第一横基本平。
◆ "印"字下半部第一横应靠左边，下稍有残破。

◆ 线条都粗了，失去了范印清脱之意。
◆ "憙"字上松下紧，"口"、"心"安排得太局促。
◆ "之"字线条不挺，左竖及末横都太短。
◆ "印"上半太长，影响下半部地位不够，三横太靠紧，且第一横还要往左一点。

◆ 边、角及框的残破有点味道，但还要按范印残。
◆ 线条太细太弱。
◆ "官"字宝盖宜上升一点，中间双"口"内留红是扁的。
◆ "钵"字粗细变化的线条，现在用偷懒的单刀刻去，既显薄，又不符合范印。

◆ 所有线条太细太弱，边框有断有续，上部原也有框，只留一点痕迹。
◆ "官"的宝盖太尖。
◆ 左边的两根斜线太长，角度也不对，底横要平，右侧有点粗。
◆ "钵"字左右都要认真处理，其间要有间隔，右竖要直。

邓易君钵

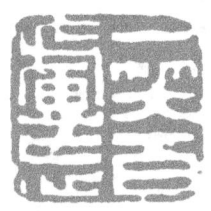

一笑百虑忘

◆ 上框线要细点，左上角并不与下竖线连；下框线宜粗一点，残破要搞好。
◆ 第一个字右上是两个尖角。
◆ "易"字的"日"太小了，底下一撇要有点圆意。
◆ 注意"君"字笔画的粗细变化。
◆ "钵"字左右笔画粗细、长短、留红的多少均要似范印。
◆ 残破是特殊的做旧手法。

◆ 边框（白色）与印边（红色）的粗细、残破应认真摹仿。
◆ 第一个字的一竖太细。
◆ "易"字"日"应上平下圆，并与下横靠紧。
◆ "君"字太光洁，"口"尤其不好。
◆ "钵"字"金"应密集，中间少一竖一横，要与右半部分开一点。

◆ "笑"的竖线应居中，该粗处未粗。
◆ "百"字首横不平，下面该粗处未粗。
◆ 浙派刻印，粗细、方圆变化很大，其实比满白文难刻，"虑"、"忘"两字就有此病。
◆ 印的边角要残破。

◆ 全印未懂粗细之分，有些细得如只划过一条细痕。
◆ "一笑"两字底线不可超过左边"虑"字，否则"百"字地位就不够了。
◆ "笑"的一横太短，下面左右两边分得不好。

 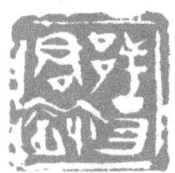

◆ 无论边框、印边及各字都太光洁，因为不会残破，范印苍茫、古朴之趣全都没有了。
◆ 第一个字左下三角太大。
◆ "易"字"日"太小，底下末横画应有点圆意。
◆ "钵"字左右两半应分开点，"金"要上升，底画下要留红，右半部中竖要让下段留长点。

◆ 边框宜有粗有细，不可太光洁，印边也要残破得当，左下角几乎都残了。
◆ 第一字线条太干净，而有些线条间应相连，且很毛糙。
◆ "君"字圆圈中一横、左边夺拉下的一竖较直，"口"要大一点并靠上去。
◆ "钵"字左右两半应有间距，并有高低、大小之分。

 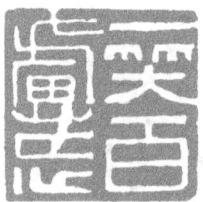

◆ 位置安排尚妥帖，就是粗细、方圆未掌握，好几处该粗的地方都太细。
◆ "百"字一横与下面太近。
◆ 印角宜圆一点。

◆ 所有该粗的地方都太细了。
◆ 左右间隔太开。
◆ "笑"与"百"的一长画都嫌太短。
◆ "虑"字向右的第二横太长了。
◆ 印角宜带圆。

平远将军章

归安施为章

 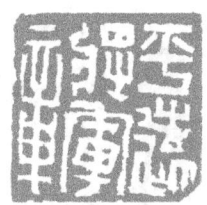

◆ 线条都粗了一号，转折又太生硬，也无粗细变化。
◆ "平"字两撇左高右低。
◆ "远"字左上转折应偏右而小，底下"止"右侧转折宜下沉一点。
◆ "将"字三个部分要有间隙。
◆ "军"顶端小横要短，宝盖双"肩"要有骨，"田"要大。
◆ 要会残破。

◆ "平"字左右两撇高低、长短都不对，线条太粗。
◆ "远"字右下部右侧应与上面平齐。
◆ "将"字线条粗而不挺，右边上下之间无间隙。
◆ "军"字外框不挺，双角显肿，"车"字"田"最不该歪，两短横也嫌粗。
◆ 边、角要学会残破。

◆ "归"字左上线不挺，下"止"细而未上去，右上部要顶角，右下角拖笔"巾"要上升得长。
◆ "安"字宝盖不挺，"女"字留红太小。
◆ "施"字右上不够斜，两竖上部要出头，底横要挺而长，右部转折太高、太小。
◆ "为"与上字要靠紧，长横画要上靠，中之双"口"要与上、下相连，下脚要长；上部三撇要靠左。
◆ "章"要逼边。
◆ 边、角要残破。

◆ "归"字斜了。
◆ "为"字太"瘦"，要宽一点，上部三撇太尖，且应偏左一点才好。
◆ "章"字要向下。
◆ 印的边、角要残破，全印下边要多留点红。

◆ "平"字首横要长一点，左右两撇应左高右低。
◆ "军"字两竖线要挺，"车"字首横及"田"都要上升，中竖结束也要挺。
◆ 边、角要妥为残破。

◆ "平"的两横要正。
◆ "远"字粗细未掌握。
◆ "军"字框架要外扩，中间"车"字要挺，粗细也要掌握。
◆ 底边空得太少，残破不够。

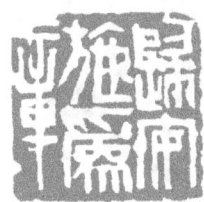

◆ 线条都变粗，显得闷、局促。
◆ "归"字右上角三横不平；下边部分，线条一粗，全变形了。
◆ 还有三字形基本对，但线条一粗，看起来就失去范印风貌，尤其"章"字，只看上半部的竖、横，一粗，味全变了。
◆ 注意印的边、角恰到好处的残破。

◆ "安"字太尖。
◆ "为"字上部要向右靠。
◆ "章"字右竖太短、太尖。
◆ 要注意印的边、角残破，印下部要多留点红。

安吉吴俊章

赤城护军章

◆ "安"字太长，"女"应扁而短，宝盖右竖要直一点。
◆ "吉"字横画太细、太光。
◆ "吴"字"口"应与下横左侧齐，下半部要粗点、毛点。
◆ "俊"字太大、太细、太光洁、太尖，单人旁也不必这么长。
◆ "章"字"田"太小，整个字还要往上顶，上部还少一横。
◆ 边、角要残破。

◆ 第一印象是边、角的未加残破，与范印风貌不符，而内中文字其实还可以。
◆ 这五字主要的缺点是线条终端太尖，转折处太臃肿。有些字，如"吴"下部，还应特别粗点才好。
◆ "章"字"田"太小。

◆ "赤"字不靠右边，线条宜瘦劲，末尾稍大一点。
◆ "城"字宜向左扩一点。
◆ "护"字之"寸"一竖太粗。
◆ "军"字双"肩"太肿。
◆ "章"字中间"田"部用笔太粗，底横头太大。
◆ 底下印边宜留得宽一点。

◆ "赤"、"护"两字要小一点，线条要分辨粗细。
◆ "军"字双"肩"有高低之分，"车"字上边一横不连边。
◆ 底下宜留宽边。

◆ 笔画太光洁、太平，转折太方。
◆ "吉"字"士"与"口"太分开。
◆ 中间两字太小了点。
◆ "俊"字"厶"太小，与下边部分不可如此分开；单人旁太大、太长。
◆ "章"字"田"太小，上边少第一横画（已残）。
◆ 全印下部留得太多了，边、角残破不够。

◆ 注意选石不可与范印相差太大，否则难以再现原貌。
◆ "安"字顶端小折应略向左上，顶端不可太尖。
◆ "吉"字第二横稍短了。
◆ "吴"字左侧无此尖笔。
◆ "俊"字右边第一横也太尖。
◆ "章"字顶部应有一横加以残破，"田"太小。

◆ "赤"字三横并非平行，下四竖有长短之分。
◆ "城"字右下一撇应有转折。
◆ "护"字"言"不可太粗，右上"隹"正好写反了，"寸"之下部应与"赤"字左下脚靠近。
◆ "军"字太正，线条应有粗细之分。

◆ "赤"字中竖、下竖都太粗。
◆ "城"字要逼边。
◆ "护"字"寸"的右上角宜方。
◆ "军"字左右两角太斜，竖线宜上细下粗，"车"的底横要上去一点。
◆ "章"字底横太低了一点。
◆ 对于四边，哪儿逼边，哪儿留红，要看看清。

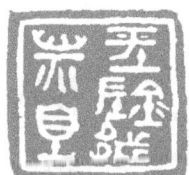

坪陰都①②

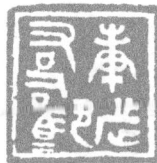

庚都右司马

 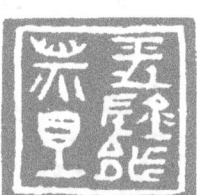   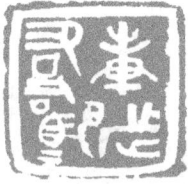 

◆ "平"字两横宜靠紧一点。
◆ "陰"字左上三横宜差不多长，左下"土"字头宜尖，右边"金"字中竖太长了一点。
◆ "都"字左边两个"阝"宜带圆意，右边第一横不可太长，右上短横要见转折。
◆ "①"字上边、左侧转折宜有点方，下部中间两笔宜上部靠紧点。
◆ "②"字底横两头不对。

◆ "陰"字左上三横最长的倒是第三横，下边"土"底横宜向左出去一点，"金"字上头有点圆笔罩意，左边一撇宜向下点。
◆ "都"字左边两个"阝"宜带圆意，右边上面一横要向左出头，左下一竖宜向下出头。
◆ "①"字一横向右太长了点。
◆ "②"字上部可再长一点，顶有小小斜度，底横不宜太长，小竖中有一小点。

◆ 边框线要稍细一号且挺。
◆ "庚"中竖既粗且高，中间"田"字宜圆，下横要短，左右奔拉下的短竖不可太分开。
◆ "都"字右半一横太长，右半部一大，必然使左部压小。
◆ "右"字上部中横不通上横，"口"字也太大。
◆ "司"字右竖不可太斜，"马"字上边向右三撇要同向同长。
◆ 左、下印边留红太少。

◆ 边框要挺。
◆ "庚"与左字不相连。
◆ "都"字左侧未交代清，右侧一横左上角宜空出来，下面还要安排妥帖，但并不与下竖连。
◆ "右"字右角宜圆，第二横右角转折未交代清。
◆ "司"字右竖线要有点斜。
◆ "马"字位置不对。

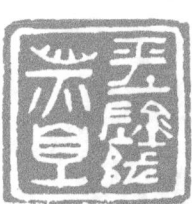    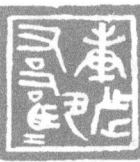 

◆ "坪"、"陰"两字的"土"都应该在小竖中加一点表示上面横画。
◆ "都"字左边两"阝"，上面一个应在右边一横水平线之上；右边部分，少一小竖，右下零件一竖也应是直的，右侧转折也宜直。
◆ "①"字横太长，中间两笔开叉底线要在同一水平线上。
◆ "②"字下一小竖中间应有一小点。

◆ 无论边框与所有文字都太细，与范印相差甚大，失败就无法避免。

◆ 印边太宽。
◆ "庚"字第一横要平而向上，第二横不可太长，一竖底下要多留点。
◆ "都"字右横要下降，横画上左上角要留点空。
◆ "右"字第二横先要平，再斜向下垂，"口"要正。"司"字之"口"也要正。

◆ 边框要挺一点。
◆ "庚"字"田"右侧一竖要向右一点。
◆ "都"字右边一横及下面的部分均应下降。
◆ "右"字三横不挺，"口"不正。"司"的"口"也相同。
◆ "马"字中间应为尖头，右侧三撇要同向。

南乡太守章

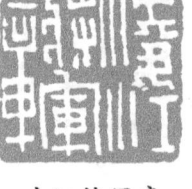

凌江将军章

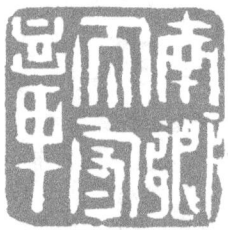  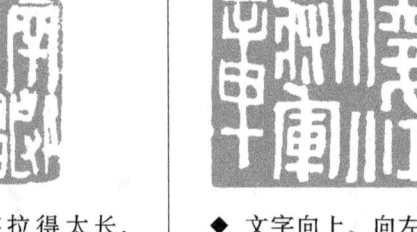

- ◆ 上沿尤其应逼边。
- ◆ "南"字横的两端太尖，右上角不可断裂。
- ◆ "乡"的右侧应有两个环"口"。
- ◆ "太"、"守"的左上角不可分得太多，"守"字"寸"的上面要大一点，头不可太尖。
- ◆ "章"字最下一横不可两头尖。

- ◆ "南"字拉得太长，上边首横中应有一竖。
- ◆ "乡"的中上部应与右部靠紧，此中竖应稍粗一点。
- ◆ "太守"两字左上角应略分开，尤其直线，应刻出阴阳向背。
- ◆ "守"字的"寸"应线条分明，留有一定空间。
- ◆ "章"的上面第二画上叉不佳。

- ◆ 文字向上、向左要尽量逼边。
- ◆ "凌"字左侧三竖不可超过一半，此字右上要松，右下要紧，现在右下太松，不可与"工"连。
- ◆ "将"字太长，左右要有间距。
- ◆ "军"字要挺，而宝盖左右两竖有点向右弯，末画要下移。
- ◆ "章"字末横要下移，"田"上中竖上面不出头。

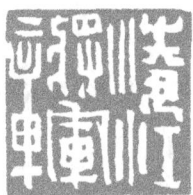

- ◆ 上、左方要逼边。
- ◆ "江"字三竖长短差距太大。
- ◆ "章"字上边两横要向左逼边，第一横及底下一横都嫌太粗。
- ◆ 印角太方。

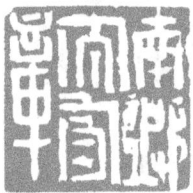 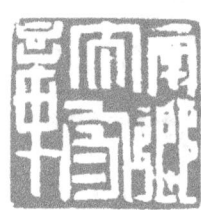 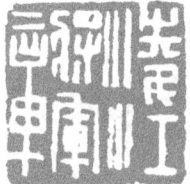

- ◆ "南"字头应上升，逼边。
- ◆ "乡"字细节交代不清，右竖下脚应有小转脚。
- ◆ "太"字右边两竖太长了点。
- ◆ "守"字右肩太肿，"寸"下一点太方。
- ◆ 印角要圆一点。

- ◆ "南"字上有一小竖，内应留有一定空间。
- ◆ "乡"字太高，上面应平齐，左右部分应空灵，不可太实。
- ◆ "太守"两字线条是用平行的双刀刻成，一样粗细，毫无变化；而"寸"的一小竖太短，下面一短横又太长。
- ◆ "章"下一横太长。
- ◆ 边、角要有点残破。

- ◆ 位置安排得可以，但因为缺乏粗细变化，现在刻成粗细划一，单调了。
- ◆ "章"字"田"要下沉一点，底下一横也要向下点。
- ◆ 边、角要处理一下，不可太方。

- ◆ "凌"字上方及左三竖应松一点。
- ◆ "江"字左三竖太挤。
- ◆ "将军"两字压缩得太瘦。临印前写字上石，必须要与范印对照，切不可把大的写成小的，宽的写成窄的，这是一定要知道的。

镇远将军章

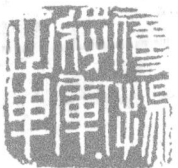

鹰扬将军章

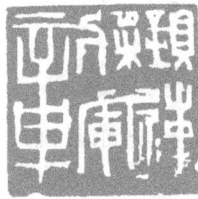 

- "镇"的"金"字脚，不可与"将"字右下边平。
- "远"字要逼边，线条不可太粗。
- "军"字宝盖要扩，顶上小横画应向左，"车"字底横漏刻。
- 注意边、角的残破。

- 下面底边应留红多点，现在几个字十分端正，无粗细、大小之分，与范印相去甚远。
- "远"字左下线条细得太没道理。
- 要学会残破。

- 下部的边要留红稍多。
- 第一列上下两字有多处笔画较粗，范印是没有的。
- "将"字左边未转折好，"寸"字上端太尖。
- "军"字双"肩"未处理好。
- "章"字上部四竖转折宜方，下面"田"要大点，末横不可太粗。

- 首列上下两字有多处线条犀利、密集，可惜未表现出来。
- "将"字右上"月"少了上边一横，"寸"的竖线也不挺。
- "军"字顶上一小横太尖，内有横画及"田"都少方折之意，线条交代不清；"车"不可与宝盖竖线相连。
- "章"字线条臃肿、不挺。

 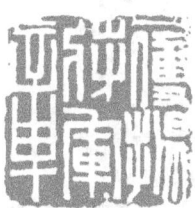

- "镇"字"金"的中线应直，中段横线与左右上叉线都太长。
- "远"字下部应几乎都残破。
- "将"字右上"月"少了上边一横。
- "军"字应宽一点，"车"字应宽松点。
- 要学会残破。

- 此印上、左、右三面逼边，底边应多留宽边，右下部分要残破。
- "镇远"两字太压缩，不少线条被无端舍去。
- "将"字"寸"要收上去点。
- "章"字要向左靠边。

- 印的上边太粗了点，在这四方临作里，唯这一方较接近范印。
- "将"字右上应是"月"字，漏刻上边。
- "章"字上下之间较松散。
- 边、角的残破可以搞得更好一点。

- 线条太平均，失去范印右侧两字犀利、密集的优点。应按范印那样，该粗就粗，该细就细。
- 下边要多留一点红，注意边、角的残破。

安西将军司马

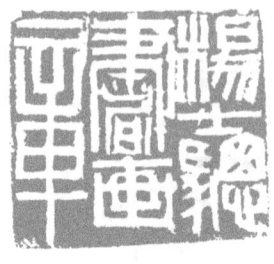

杨士骢书画章

◆ 范印线条尽管有粗细之分，但有一个共同的特点——挺。
◆ "安"、"西"两字右侧一竖既要逼边，又特细。
◆ "军"、"马"左侧一竖都弯度过大。

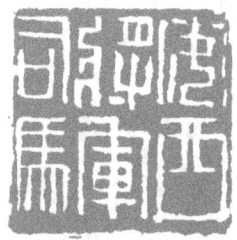

◆ 上下两排字间距应稍大。
◆ "安"太瘦，"西"太短（应与"军"字底线平）。
◆ "将军"两字字头该圆该方要重视。现都太尖，"军"字宝盖要上升。
◆ "司"字右角右竖不挺，"口"字下边左右角太尖。
◆ "马"脚结束哪会这么尖？

◆ 临刻选石过大，难以奏效。
◆ 此印与范印无关，"杨"、"士"两字原应刻得扁点，"士"的两横长短也无太大的差别。
◆ "书"字转角不可能这样方，中竖应再下去；"画"之底部应是带圆意。

◆ 布局基本还可以，唯线条太细；"马"部及"画"字均有不该连接之线。
◆ "杨"右下应逼边，"士"字两横要靠紧点。
◆ "书"字上松下紧，应反其道。
◆ "画"字"田"太紧。
◆ "章"字上部中间两竖间太空，"田"四角太方、太光。

◆ "安"字宝盖不挺，"女"字转折别扭。
◆ 此印底边要较多留红，现在一逼边，"西"字地位已过多，字型过长反而不佳。
◆ "将"字左半部错，又少一点。
◆ "军"字太窄，无粗细变化。
◆ "司"字转折要挺，"口"要挺而逼边。
◆ "马"脚太短。

◆ "安"字线条中断太多。
◆ "西"字太大、太长，四角未处理好。
◆ "将"字左半部的两零件大小相差太大，右半部右倾是因为"月"太偏了，"寸"字三竖头都太尖。
◆ "军"字笔画应有粗细之分。
◆ "司"字右竖不挺，"口"字头要平、竖要挺。
◆ "马"的左竖要挺，马脚粗细与范印不符。
◆ 边、角要残破好。

◆ "杨"字等笔画都显太细。
◆ "杨"字"木"应上下相近，与右半部要靠近；"杨"、"士"两字合占地位应与"骢"字等。
◆ "马"字左撇要平行，有间距，"心"的三处转折均应见圆意。
◆ "书"字头大小，"画"字"田"要检看四块留红是方是长？底画两角要有圆意。
◆ "章"字要看"田"内留红是方是长？

◆ "杨"字"木"上下失衡，右上"日"不方正，且显得大了点。
◆ "士"的两横太分开。
◆ "骢"字左右不可太分开，右上部应呈竖长形。
◆ 第一列与第二列间、"书"与"画"字之间均要有间隙，"画"字下要留大红。
◆ "章"字底横应与"画"的首画等高。

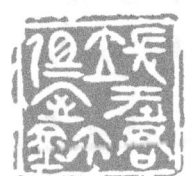

䣕坪君俎室鉨

□溳都左司马

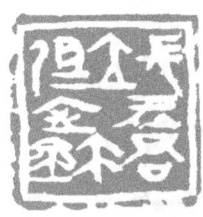 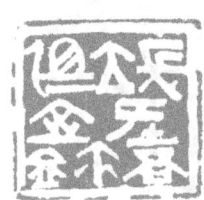

- 各文字安排基本可以。
- 右上角"长"的转折都是方的吗？右下一撇上应有一小点，左上"立"上边应是弧形。
- "坪"下"土"点画交代不清。
- "君"上部由两个倒三角组成。
- "俎"的右上部、"室"的上部形不对。
- "鉨"字应左大右小。
- 要摹仿边的残破。

- 全印太粗，不会残边。
- 第一字不可连右边，右下拖线及右上角线条均太粗。
- "坪"字也太粗，两横均无平头。
- "君"字上部应是"三角套三角"，下边"口"是圆底，不连边。
- "俎"之单立人不与右连。
- "室"宝盖不与下连。
- "鉨"字"金"旁少点画，与右边要有点相连的意思。

- 第一个字的"木"，上下都不舒展。
- "溳"的三点水太长，右半部圆圈中，有一横再左右垂下，圈上有两笔左右分叉；底下"土"不可这么分开。
- "都"字右边第一横要向左扩一点，底下有小转折向右。
- "左"字要压缩。
- "司"字竖线要有斜意。
- "马"字要向下点，头要稍有尖意。

- 第一字"木"旁太局促。
- "溳"字三点水中竖太细，"重"字圆圈太小、太局促。
- "都"字右半部宜中宫收紧，不该留红太多。
- "左"字首横右边太长，"工"的两横两端未处理好。
- "马"要上下两部收紧。
- 注意边、角的残破。

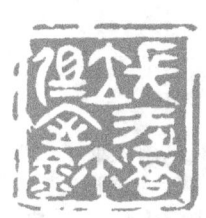 

- 各字的线条普遍趋粗。
- "䣕"字"立"中间开叉要高，"长"的上部要上升，横下左一点不可太长。
- "鉨"的右半部不可又高又大。

- 这么纤细的线条，与范印还有什么相同？
- "䣕"字分得太开，无团聚感。
- "俎"字右部应是上下两头带尖意。
- "室"字上头又尖又长，矮矮的"鉨"字，变得如此高大，左右又分得那么开，与范印相差甚大。
- 注意残破。

- 第一、二两字交代不清，"溳"字原应大一点才好。
- "都"字无论左右都不对。
- "左"字"工"应横平竖直。
- "司"字右竖宜见斜意。
- "马"字右三横宜平，且一般粗细。
- 边、角宜妥为残破。

- 边框及印边都不是这样呆板划一的。
- 第一字"木"的上部太小。
- "溳"三点水倒了，四小竖也太细太尖；右半部圆圈中少一横联系，下两横也太细。
- "都"字太挤紧了。
- "左"的左撇太斜。
- "司"字头太尖。
- "马"字要下降近边框。

安吉吴俊卿之章

钱唐苏小是乡亲

◆ 全印笔画显得尖细。
◆ "安"字的宝盖未表现出来。
◆ "俊"字"厶"下左右两笔刻错了，底下部分要长一点，且不可太尖。
◆ "卿"字中间部分要大一点，用笔不管粗细，都要有点浑厚的圆意。
◆ "之"字左笔不可太直，并与底横直接连住。
◆ "章"字"田"太小，线太尖。

◆ "安"字的宝盖要表现出来。
◆ "吉"字"口"要右移靠边。
◆ "吴"字"口"要扁，与第二列字要有空隙。
◆ "俊"字交代不清。
◆ "卿"之上缘要平，中间部分太瘦。
◆ "章"要逼边，最上一横要有所表示出来。
◆ 要学会边、角的残破。

◆ 每个字应紧凑，不论横中线、竖中线都应分明。
◆ "钱"右边大了，与"唐"字一样，线条不够粗。
◆ "苏"字"鱼"头尾及"禾"字头都错，"是"下部也不应那么粗而草率。
◆ "乡"左右不对称，中下部不对，"亲"左边少一横，右"目"也不对。
◆ 要残破。

◆ 横中线比竖中线要好。
◆ "苏"字除草头外，全不对。
◆ "是"字"日"下粗细及笔画的起止都不对。
◆ "乡"字中间部分，无论上中下三段，都与范印不符。
◆ "亲"上两画要同长，右边"目"太长。
◆ 要残破。

◆ "安"字宝盖有但还不够。
◆ "吉"字两横要靠紧点，中竖太粗，"口"字角太方。
◆ "吴"字"口"太小、太方，竖笔、横笔多粗细不匀。
◆ "俊"字单人旁一竖太粗，左右两部分之间应间隔开，"厶"下长笔左转一笔要有圆意，底下零件太尖。
◆ "之"字一横太粗。
◆ "章"字"田"太小，顶上一横未交代好。

◆ 线条无变化，边角无残破，字不分大小，也不逼边，使一方印十分死板。
◆ "安"字不见安排宝盖。
◆ "吉"字两横要长，"口"要圆角，并逼边。
◆ "吴"字"口"要靠下横，左右两撇要从这一横起笔。
◆ "俊"字"厶"下左短撇、右带转折的长笔，均未表现出来，一竖太粗，应有点向右钩。
◆ "卿"字中间部分要大点，顶部要平。
◆ "之"字左笔为斜笔。
◆ "章"少第一横，边、角要会残破。

◆ 横中线左高右低。
◆ "唐"字中段"田"下角宜方一点。
◆ "苏"字"鱼"头左上少一撇。
◆ "乡"字左右小"口"要一样高低。
◆ "亲"字左下有一竖，上面的横画太粗。

◆ 所有笔画太细了，文字靠上靠下处要逼边。
◆ 竖中线不分明，"唐"字太靠左。
◆ "苏"字"鱼"的头尾均不对，要与右侧"禾"一般高。
◆ "乡"字左右要对称，中间部分"曰"要拉长一点。
◆ "亲"左边两横要等长，下两横及左右两竖根本不按范印刻。
◆ 要残破。

第十章 临刻后的自我检查

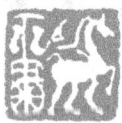

车马

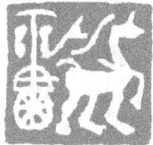

- 马嘴宜向下，下边三足太粗。
- 车轮底应与马足平。
- 右侧马蹄太大，其余三条马腿太粗了一点。

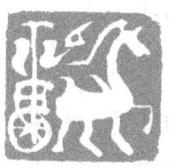

- 马身低了一点，右侧马腿太细，且太靠右。
- 前座之人手持一杆宜挺。

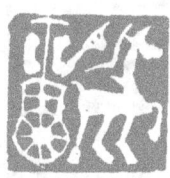

- 马的前胸太尖了一点。
- 车轮、车座有些地方该粗一点。
- 马颈应有点弯度。

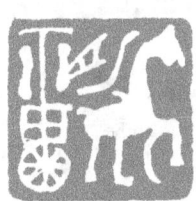

- 线条较僵，还应该逼边一点。
- 马脸未处理好。
- 四条腿无一条刻成功，不是方向错就是无转折，右边第二条还生错了地方。
- 马身短了。

刻好印后检查一下是否达到了应有的效果，即使是一些著名的篆刻家也都这样做。这是一个艺术家对待艺术创作态度认真的表现，也是对自己创造的艺术品负责的表现。前人所谓"大胆落刀，小心收拾"，就是指这种负责的态度。有些篆刻家"毫不修饰"的刻法，也许在当众奏刀时间或有之，但决不会普遍。因为认真地检查收拾，是达到完美艺术效果所必须的一种手段，有谁会反对使自己的作品达到更完美的艺术境地呢？一些篆刻家甚至刻好后搁置案头，要过一段时间再行修改补刀，这种负责的精神是值得我们学习、效法的。但这种为追求更完美境界的必要的"稍加修饰"，要与刻时马虎草率而靠专事修饰以至最终把作品修改得板滞无神的做法区别开来。当然，随着水平的不断提高，刻时越来越有把握，心手一致，也就无需靠修改来接近范印。

作为初学者，临刻好一方印章，需要修改、收拾一下，是完全必要的。修改、收拾的过程就是提高的过程，只是越熟练修改越少罢了。一般的修改方法有两种：

（1）刻好后刷除石屑，以手指薄蘸墨色，均匀地轻拍到印面上，再对照镜子中反照的范印进行修改。

（2）刻好后刷除石屑，蘸印泥钤印，审视钤出印拓的效果，再作修改。

在对照修改的时候，可注意以下几个环节将习作与范印进行比较：

（1）比例：几个字在一方印中占地大小。

（2）粗细：一般满白文粗细大体一致，小

有差异，但有的印章文字笔画粗细不同。

（3）间距：笔画与笔画之间，字与字左右、上下之间的距离。

（4）方圆：整个印有方笔、圆笔之别。

（5）转折：笔画的转折处有方、圆之分，有些转折流畅，有些连接得险要。

（6）头尾：字划的开头与结束处，有方、圆、尖之分，要仔细审视。

（7）边栏：边栏有粗有细，也有不规则的刻法，如封泥刻法，要追求其古拙、残破的意趣，更要以刻凿、敲击、研磨等多种手段处理，力求一丝一毫都酷肖。

（8）印角：指印边的内角和外角，看到底是方角、圆角，还是残角。

要做到按这几个环节一一对照，不花点时间是不行的。严格说来，临刻的过程是一个学习、研究、思考的过程，对照、检查、纠正是其中的有机组成部分。如此学习，乍看来费点时间，但反而能加快学刻的速度。

第十一章　印章的残破与印边处理

印章的残破，是由于古印经历年代久远，加上出土后自然的斑驳锈蚀所致，它与蜿蜒的长城和断臂的爱神维纳斯一样，给人一种特殊的残破美。在篆刻过程中，适当地施以残破之法，不仅可以平添一层古意，而且可以救活章法中板滞的局面。

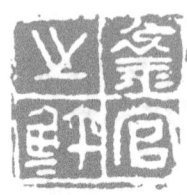

古玺·□官之钵

古玺·邯昜君钵

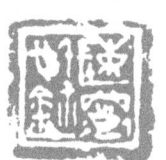

古玺·陈□信钵

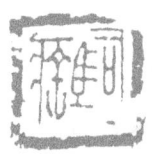

古玺·司马瘂

古玺·江垂行邑大夫钵

一般说来，印章的残破包括印文与印边两部分，如果印文完整如新，印边却残破不堪，或者印边十分完整，印文却破成一团，都是极其不协调的。在印文的残破中，有没有规律可循呢？我们对一些篆刻大师的作品进行总结归纳，发现在大块留红的白文印中，留红处可稍加残破。有时文字笔画繁复，造成印文过密，或者在章法上，需要让一个字的两部分零件浑然一体，不致造成分离拼凑的感觉，都可以施以残破之法。一般的规律是横画宜竖破，竖画宜横破，又要注意防止因残破过头而改变一个字的本来面目。比如"田"字不当心在上面敲

第十一章 印章的残破与印边处理

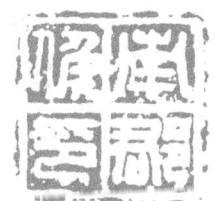
[秦]南郡候印

[秦]宜春禁丞

[汉]胶东令印

[晋]关中侯印

出了头，就会成为"由"字；而"天"字一出头则变成"夫"字了。如同我们平时写字不能写错别字一样，在小篆中，因一个小笔画的长短而变成另一个字的例子也是很多的，不可不谨慎对待。另外，如果觉得线条刻得太光洁、呆板，也可以通过残破增加古意；印文闷塞，则可以通过残破舒气。而近边的长线条与印边之间，过分对称平行，或是印面的四只角太方整见棱，也往往要加以残破，只是要注意不能左右边破得一样，要有变化。总之，不能随心所欲地任意残破，要研究古印和名家印中成功的印例，加以体会。同时要注意，不是任何印式都以残破为好，比如工整的仿汉铸印和玉印、圆朱文印，以及仿黄士陵等风格的印，它们所追求的

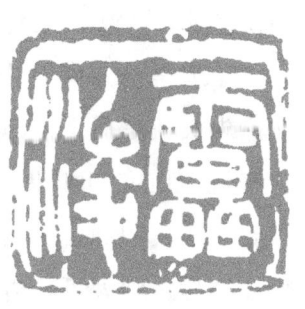
[清]吴昌硕·雷浚

是一种淡雅秀丽的美，或通过光洁的线条追求另种生辣挺劲的美，如果妄自敲击残破，就适得其反了。

残破的方法，可以用单口刀的尾部敲击，也可用刀尾作轻重不一的研磨，或用刀角轻轻点凿，有时还可用刀刃轻轻披削。刻刀不宜用两端开口的刀，否则敲击和研磨都会感到不方便。残破之道各人各法，可根据需要选择适当的办法追求理想的效果。至于有些朋友认为每印必残，越残越古，这是不足取的。如黄士陵的印大多不残破，因为他追求的是古代青铜铭文或铸

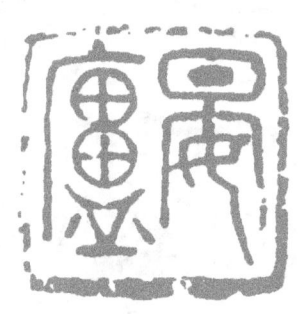
[清]吴昌硕·晏庐

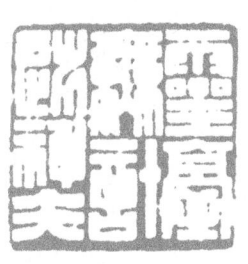
来楚生·单晓天印

陈衡恪·独树老夫家

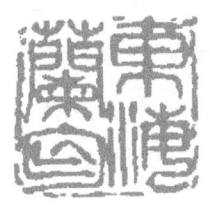
[清]吴昌硕·东海兰丐

钱君匋·灵台无计逃神矢

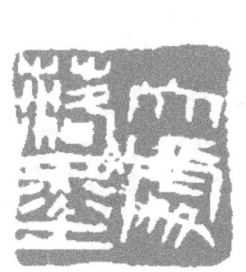
来楚生·大处落墨

古玺·东昜泹泽王𠂤鈢

来楚生·锥刀剩事

印完整时的风貌，也获得了巨大的成功。

印边是一方印章中非常重要的组成部分，无论朱文还是白文，都必须考虑印边问题。一般来说，白文印如果不另外加一圈边栏的话，只要在印文四周留一圈空地作边就可以了。如另加边栏，则大可在边栏的粗细，以及边栏与四边的不同距离上做文章。有的残破在上角，左右边栏残破程度也可根据相邻印文的具体情况而定，一般下边可多留些，以免头重脚轻。朱文印边的残破可以参看赵之谦、吴昌硕、来楚生、邓散木的作品，悟出残边的基本规律。

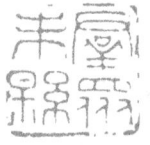 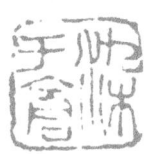 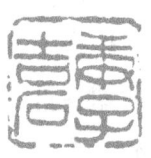

[清]吴昌硕·　　　[清]吴昌硕·　　　[清]吴昌硕·
群众未具（悬）　　染于仓　　　　　庚子吉石

 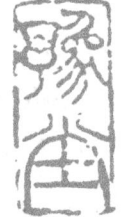

[清]吴昌硕·苍趣　　　　来楚生·豫堂

印边的处理，大体上有粗边、细边、搭边（印文与边栏搭连）、断边（四条边之断续要不同）、四面无边、借边（以印文之某一笔画代替印边）等。这是近代印人的创造，因为古印的本来面目一般都光洁完整，绝不故意弄得斑驳破残，只是古玺印因经年代久远出土，而自然地产生风化剥蚀的面貌，但人为地处理好印边及印文的残破，的确能使一方印更显得苍劲古朴。

那么，印边又该如何残破呢？一般说，刻工整的汉铸印和宋元细朱文不必破边，最多在四角轻轻敲击，以避免四角过于整齐方整。其他印式遇到边栏邻近的印文线条过于平行整齐，就可以破边或残破部分印文，以使全印舒畅通气。残破的办法除了用刀杆敲击外，还可以刀尾不重不轻地研磨，使印章钤盖后出现一种若有若无、似断而连的自然斑驳之趣。切忌毫无目的地妄敲滥击，甚至因敲击不当而造成白文印残缺过多，显得臃肿模糊；朱文印敲击失度而使笔画断裂、结构松散，甚至因敲击不当而改变成另一个字等。刻粗犷一路的朱文印，其印边不妨从封泥印边中去借鉴学习。

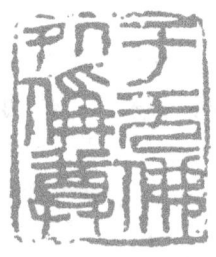 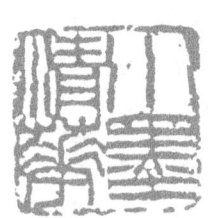

来楚生·于无佛处称尊　　　来楚生·水墨清华

第十二章 边款知识

边款始于什么时代，目前还无法定论。最早的要数隋代的官印"广纳府印"了，在这方印的背后，凿有"开皇十六年十一月一日造"的楷书。类似有款的还有"观阳县印"等。但有人认为此二印的年款很可能是后人作伪凿制的。其实，真正普遍在印背凿款的是在宋代，因为宋官印印背部一律凿有年款，如北宋官印"新浦县新铸印"的背后就凿有"太平兴国五年

宋代官印拓款

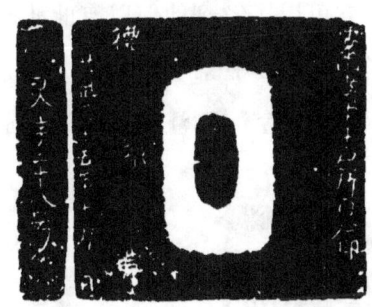

明代官印拓款

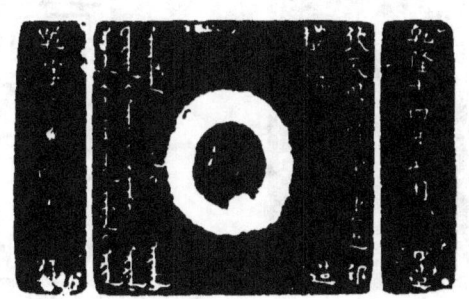

清代官印拓款

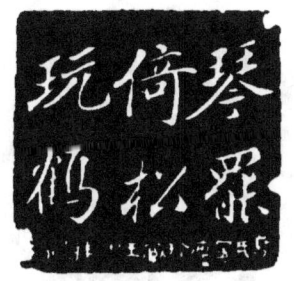

[明] 文彭刻款

十月铸"的楷书字样。即使在元代盛行的兄弟民族文字八思巴文官印的背后，也有楷书释文。此风一直保持至明清官印，这些印背后所凿制的内容，除了释文以外，一般还刻上制作机构与制作年代。

铜印时代发展到了石印时代，石质被采用作为印材后，逐渐显出其优越性，为篆刻家提供了可以自书自刻的理想的物质条件。明代大书画家文徵明之子、篆刻史上开宗立派的祖师文彭和与其有师友之谊的何震，被公认是在石章侧面刻款的创始者。只是文彭的刻法如同刻碑一般，即先以毛笔书写，再以双刀法刻出，而何震则开创了单刀直接刻款的方法。两者各有千秋，双刀法依笔迹刻来，比较能体现笔意；而单刀直切，淋漓痛快，则比较好地表现出刀味与石味。

历来习惯称凹入的阴刻文字为"款"，而凸起的阳刻文字为"识"（zhì），其采用的书体根

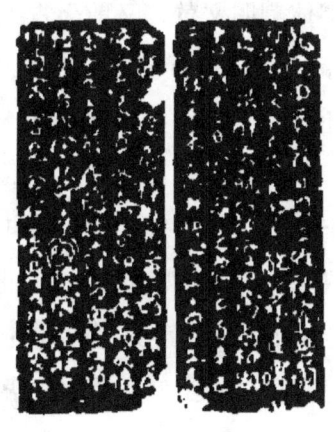

[清] 蒋仁刻款

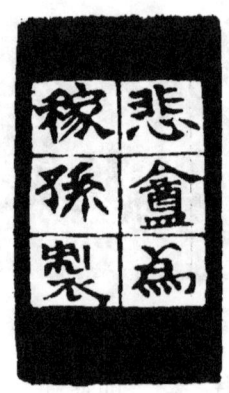

［清］赵之谦刻识

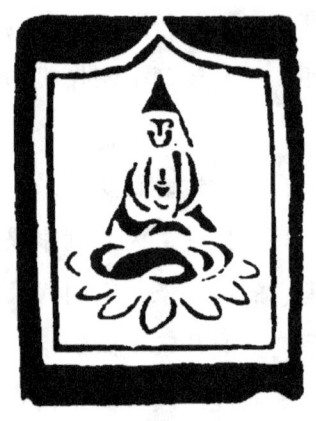 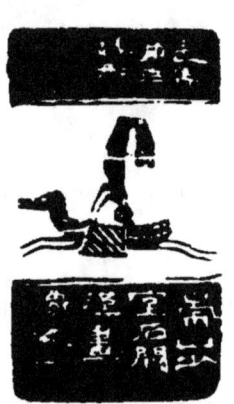

［清］赵之谦刻画像款识

据作者的书法造诣而定，最多见的是行楷。边款的风格往往与作者治印的风格相一致，如丁敬的雄健，蒋仁的逸致，陈豫锺的工秀，赵之琛的清挺等。书体上文彭的小楷、黄易的隶书、吴熙载的小草以及现代钱君匋的狂草入款都为人称道。在刻款上，最具独创性的大家是赵之谦，他在边款上的成就不低于他的篆刻。他首创以北魏书体刻阴文款，又前无古人地开创用《龙门二十品》中《始平公造像》法，用阳文刻制边款，还别出心裁地把佛龛造像、马戏杂耍以及走兽等刻入印款。他从汉画像砖中吸取营养，大大丰富了边款内容，为六百年来的边款艺术的发展作出开拓性的贡献。由此，边款已成了篆刻艺术中一个不可分割的有机组成部分，一看边款，便可基本上知道作者在篆刻上的学识水平及篆刻功力。其形式及落款部位灵活多样，款识的文字可多可少，其部位可上可下、可左可右，其方向可纵可横，其组成可聚可散。读者在翻阅印谱时应时时留意，摸索边款艺术的客观规律。

关于边款的内容，一般可综合为如下几种：

（1）作者签署的姓名、年龄、刻制地点（大多采用斋馆名）、时间、天气（如晴窗、大雪等）、心情等。从这些内容中，可以考查到作者的一些生平简况。

（2）表明作品的归属及作者与求刻主人之间的关系。刻款的格式可以随意变化，一般为先刻求刻者姓名，后署作者姓名，两者齐全的叫"双款"。如"××先生属（即"嘱"字）刻，×××"、"××同志索刻，××"、"××老师教正，××刻"，有时前后倒置，则成"××为××先生制"等。

（3）除了落款，还有一种称为"题"的边款，是对印文内容的补充说明。如赵之谦有一方"我欲不伤悲不得已"印，什么事让他这么悲伤呢？一看边款，上有八个字"扔叔悼亡，乃刻此语"，就可以了解到他何以有此悲痛了。

（4）注明印文中篆字的出典来源。这是指有些奇古难辨的字，不注明出处，恐遭人讥为

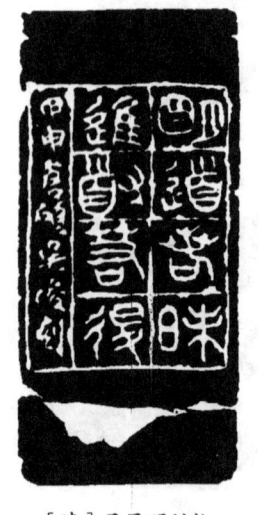 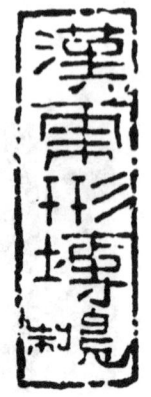

［清］吴昌硕刻款　　　来楚生刻识

杜撰造字。如"关内侯印关字省文如此"、"说文×字作×"、"金文×作×"等。

（5）可以看出作者此印在艺术风格上的借鉴与探索。如常见的"××橅汉铸印"、"参吴让之意"、"师将军印"、"仿赵撝叔九字印"、"法三公山碑，为××作"、"仿秦小玺"、"拟古封泥"等。

（6）表达作者在艺术上的见解、宗旨以及作款动机，记叙作印的过程及感受等。这一类边款对研究作者的艺术风格等有较高的参考价值。如赵之谦在"何传洙印"一印的边款中刻有"汉铜印妙处不在斑驳，而在浑厚，学浑厚则全恃腕力，石性脆，力所到处应手辄落，愈拙越古，看似平平无奇，而殊不易貌"。吴昌硕于封泥获益匪浅，他的心得是"刀拙而锋锐，貌古而神虚，学封泥者宜守此二语"。这些精辟的印论凝聚了作者创作上的甘苦与心得，是印学理论中的宝贵财富。

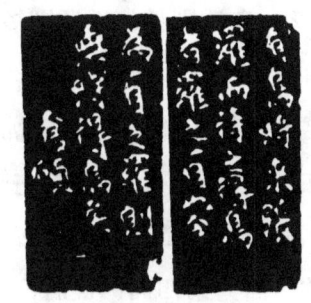

[清] 吴昌硕刻款

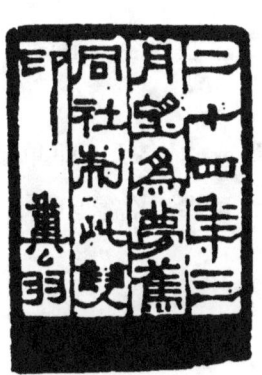

邓散木刻识

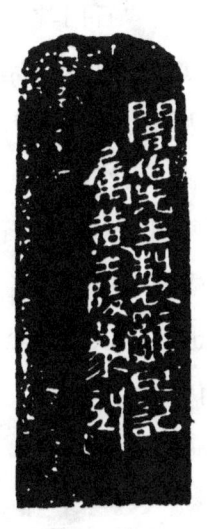

[清] 黄士陵刻款

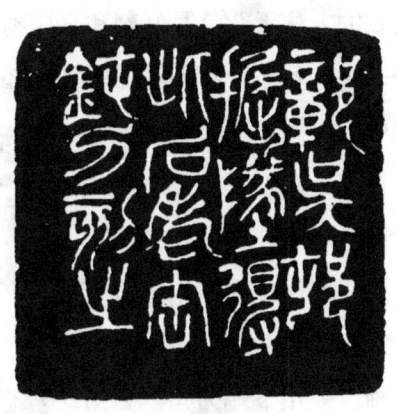

[清] 吴昌硕刻款

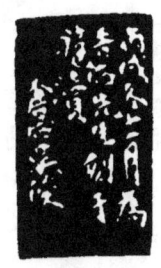

[清] 吴昌硕刻款

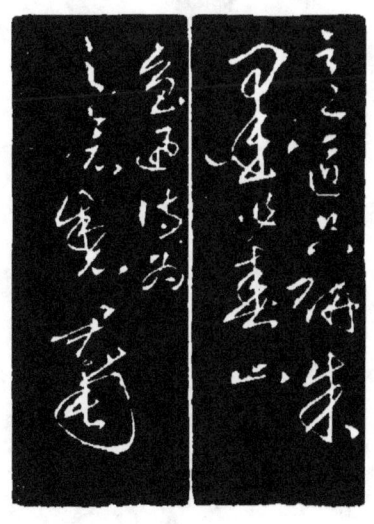

钱君匋刻款

齐白石刻款

（7）摘取一些较能表达作者意趣、倾向的自作或他人作的诗文和格言、警句等。如吴昌硕刻"石门沈云"一印，边款刻自作诗一首："点点梅花媚古春，莹莹灯火照清贫。缶庐风雪寒如此，著个吟诗缶道人。"

当然，边款还不限于这些内容，最简单的只刻"××治石"、"××刻"、"××"、"××凿"，或仅刻名字"×"或"××"（即单款）也是可以的。至于格式，可参看名家印谱，摹仿刻制。

第十三章 刻 款 法

刻边款首先要确定款文的位置及格式，撰好文字内容，但文字与印面最好距离远一点，以避免重刻印文时磨及款文。遇到一些名贵佳石，为不破坏石质天然之美，有美德的篆刻家往往文字刻得相当少，如系鸡血石，则在刻款时避开"鸡血"。

边款的文字堪称袖珍文学，即当今流行的"微型"文学，有话则长，无话则短。短的只刻单面，长的则刻几面，甚至连顶端也要刻满。当然，顺序要按约定俗成的规律，通常采用的是把石章竖立在胸前桌上不动，石之左侧为第一面，顺次将石之前面为第二面，石之右侧为第三面，正对胸前的一面为第四面，最后可刻石的顶端。钤印时，只须将所刻之款的第一面置于左侧，钤出的印必正。如是兽钮，则应将兽尾对准胸前。

刻款的方法无非是写好刻和直接刻两种。一般刻篆、隶、行、草都可以先写好再刻，双刀、单刀都可以。如不写墨稿直接以刀当笔在石上直切，则要将款文考虑周到，免得刻错了无法更改。切刀时主要使用执在手中之刻刀的上端刀角，难的如笔画中的挑、捺等笔画，采用下端刀角。刀角在石上是直接用力按上去，钉上去，而不是划一个道道那样划个浅浅的痕。下面是几个基本笔画的单刀刻法：

点：以刀之上锋角，使劲在石上一按即成。

横：方向与写字运笔相反，要从右向左的方向切去，略见

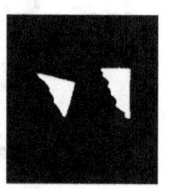

点

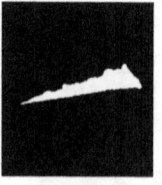

横

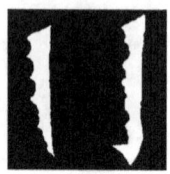

竖　竖钩

右高左低，右粗左细，落刀按时要有顿挫，不要刻成两头尖细。

竖：落刀时略用重力一按，显示出了竖笔的起笔，再向下方按切即成。如果加一钩，只要在竖笔结束时，微微收刃再重按一下，即成一钩。

撇：以上锋角下刀后，向左一按即成。

捺：一般刻成长点，运刀方向同写字运笔也相反，是从右下向左上斜按。

提（挑）：要用刀之下锋角，以左下方向右上方按切。

斜钩：可将一竖刻法改为向右下方切，结束时，即起钩时，换成下锋角，从笔画出锋处补切一刀，但笔画不要太分离。

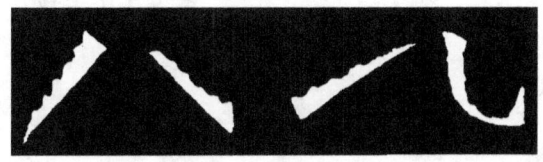

撇 捺 提 斜钩

刻款时笔画爆裂并笔，并非坏事，横直分明反而没有韵味，可以买一本《吴昌硕印谱》，依样临刻。初学者可以在石片上涂一遍墨汁，刻出时黑白分明，便于对照。

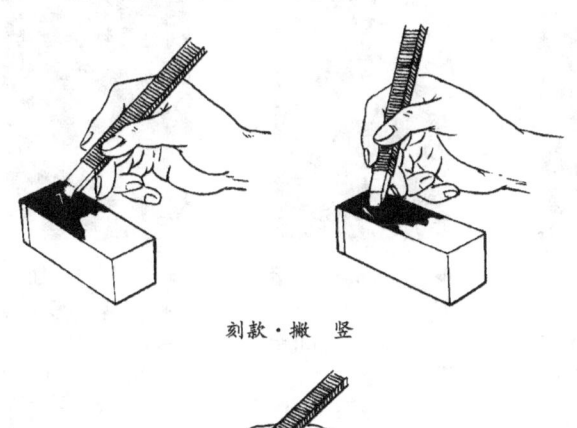

刻款·撇 竖

刻款·横

第十四章　边款的临刻

其实，真正能看出一位印人水平的还不只是看印面，而是更看重印款。只有文辞典雅、含蓄、幽默的妙辞华章和刀法完美的刻款文字，再加上高水准的篆刻印面，才可真正成为一件完整的篆刻作品。可惜时下的一些篆刻作品，作者能刻出一方印，但刻不出像样的边款，更谈不上边款文字内容如何隽永、高雅，明眼人一看便知其功力的深浅了。

这里提供的全是吴昌硕的刻款。一代宗师吴昌硕的刻款自有其独特的风韵，他用单刀法的切刀刻来，夸张地处理笔画的提按，落刀处钝，收刃处锐，起止分明，粗细得宜；在结构上，他往往使左右两部结构有高低错落欹斜之致，自然天趣，引人入胜，而且因为残破的并笔效果而充分地表现出气势恢宏、朴茂雄强的金石味。可见刀法的处理和书法的个性是体现刻款风格的重要因素。

把石章的边款面用墨全部涂黑后，可以直接依范本临刻。除了临字，同时必须注意各种款多变的排列形式、格局，或上或下、或左或右、或多或少，以及字距、行距，作为日后创作时的参考。当然，对初学者来说，可以先用毛笔或铅笔将范本临写上石再动刀，作为一个过渡阶段的学习手段，也是可行的。

边款临刻举例

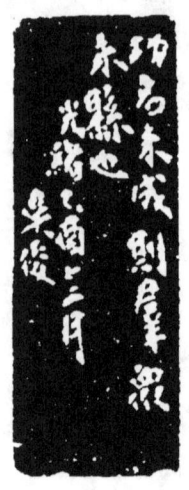
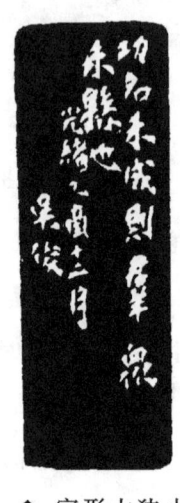
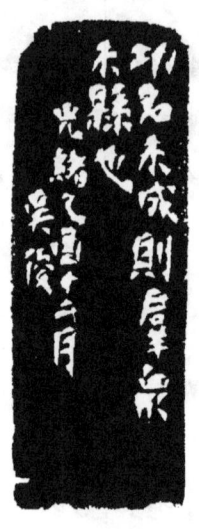
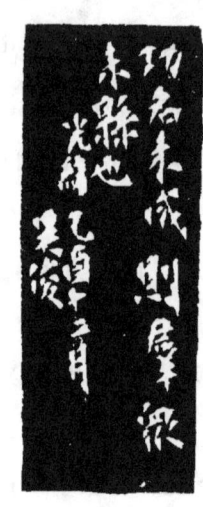
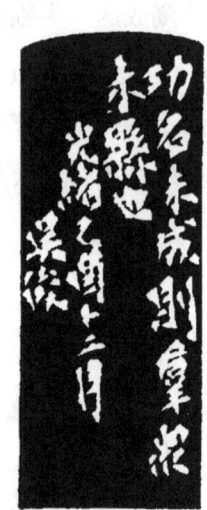

功名未成则群众未县也。光绪乙酉十二月，吴俊。

- ◆ 字形太狭小，不大气。
- ◆ "成"、"则"等字结构不对，"乙酉"等字太狭窄，与范印明显不符。

- ◆ 字形宜长。
- ◆ "未"、"成"、"县"等字要呈长形，该外展的线条不可太收敛。
- ◆ "绪"、"乙"、"酉"、"月"等字结构不对。

- ◆ "县"字右侧上部宜紧，下部尤其右点要外扬才对。
- ◆ "绪"字交代不清。

- ◆ 刀法较老练，残破也自然。
- ◆ "成"、"也"等字末笔均有点向右展才好。

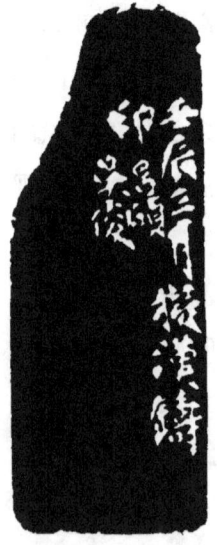
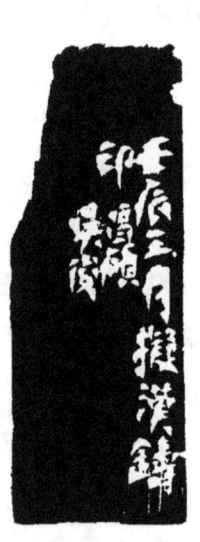
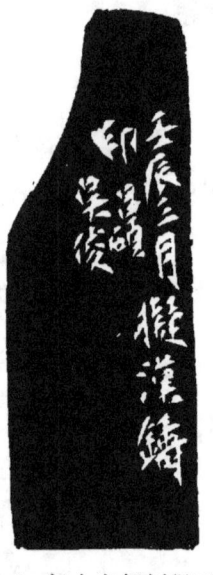
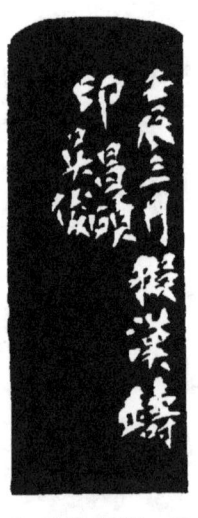
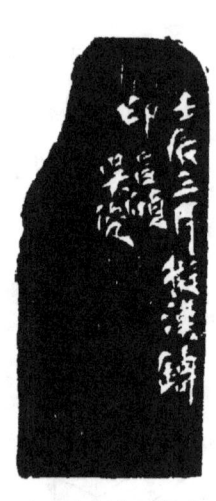

壬辰三月拟汉铸印。昌硕吴俊。

- ◆ "壬"字竖粗了点，"辰"字第三横短了点。"汉"字左右两半要分开点。
- ◆ 款字的并笔十分重要，可对照范印并之。

- ◆ 每个字都刻得不差，但非常重要的残破、并笔明显不够。
- ◆ 下刀、收刀的轻重必须掌握，如"壬"中横画收笔（右）要重；如"印"字"卩"，一竖落刀要重，一钩时落刀也要重。粗细一样、无变化的刻法，缺少节奏感。

- ◆ 刀法尚可，运刀也有轻重之分。
- ◆ 上下字之间距不可太空。
- ◆ 部分字的结体有问题，可对照范印看，如"拟"、"汉"、"硕"、"吴"、"俊"等。

- ◆ 字太小，加上少并笔、残破，欠古朴之趣。
- ◆ 如"印"的硬耳朵，对照范印一看，明显很弱。

◎第十四章 边款的临刻

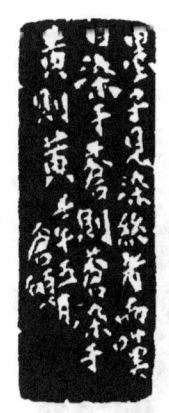 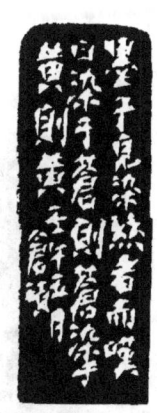 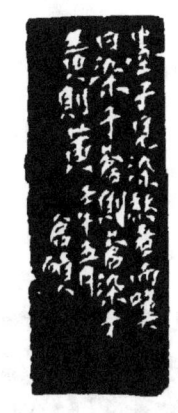 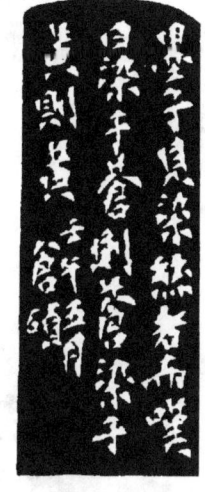 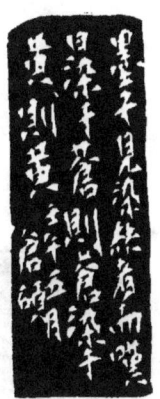

墨子见染丝者而叹曰：染于苍则苍，染于黄则黄。壬午五月，仓硕。

◆ 首列"见"之右钩宜向下，"者"、"而"、"叹"三字姿态宜有点斜，笔画有长短。
◆ 第二列"染"宜大一点，下面的"苍"、"则"等字宜有斜意，末了"于"字已显太局促。
◆ 第三列的字也少斜意，字一正，反而难刻。

◆ 字太小，少气势。
◆ 每个字稍稍拉长一点，尤其如第二列的"苍"字，本来就该拉长的。

◆ 各字的结体、刀法较近范印。
◆ 刀法要有轻重，才能表达出线条的粗细。
◆ 各字中宫宜收紧，字形呈长方形，字距较紧，行距也不宜太分开。

◆ 用刀太干净，不重视用刀轻重的变化，故也极少残破。
◆ 线条普遍嫌细。

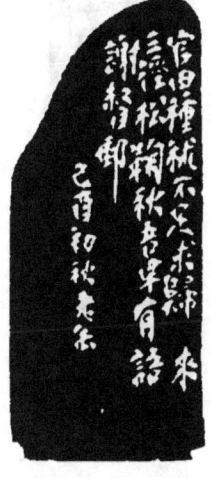 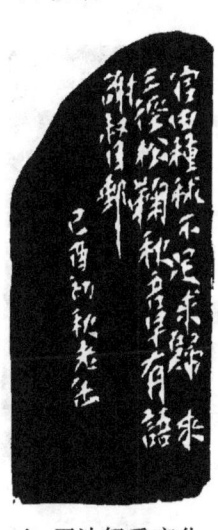 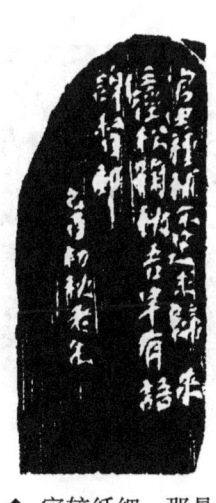 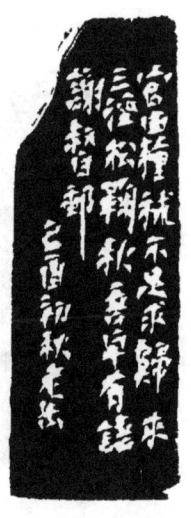 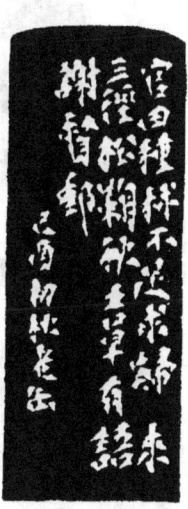

官田种秋不足求，归来三径松鞠秋，吾早有语谢督邮。己酉初秋，老缶。

◆ 刀法轻重变化不大，趋向纤细。如果刻得浑厚一点，再加上残破，会更好。
◆ 竖笔特别细，要注意。

◆ 字较纤细，那是因为下刀时该重、该轻未掌握。
◆ 很重要的一点是残破一定要有。
◆ 吴昌硕的款字形有点长，有时左右高低错落一点才好。

◆ 注意一列中字与字的间距不可太分开。

◆ 首列"足"太分开，"归"字宜呈长形。所有字中宫宜收紧，上下字之间距要稍紧。

第十五章　边款临刻资料

（作者均为吴昌硕）

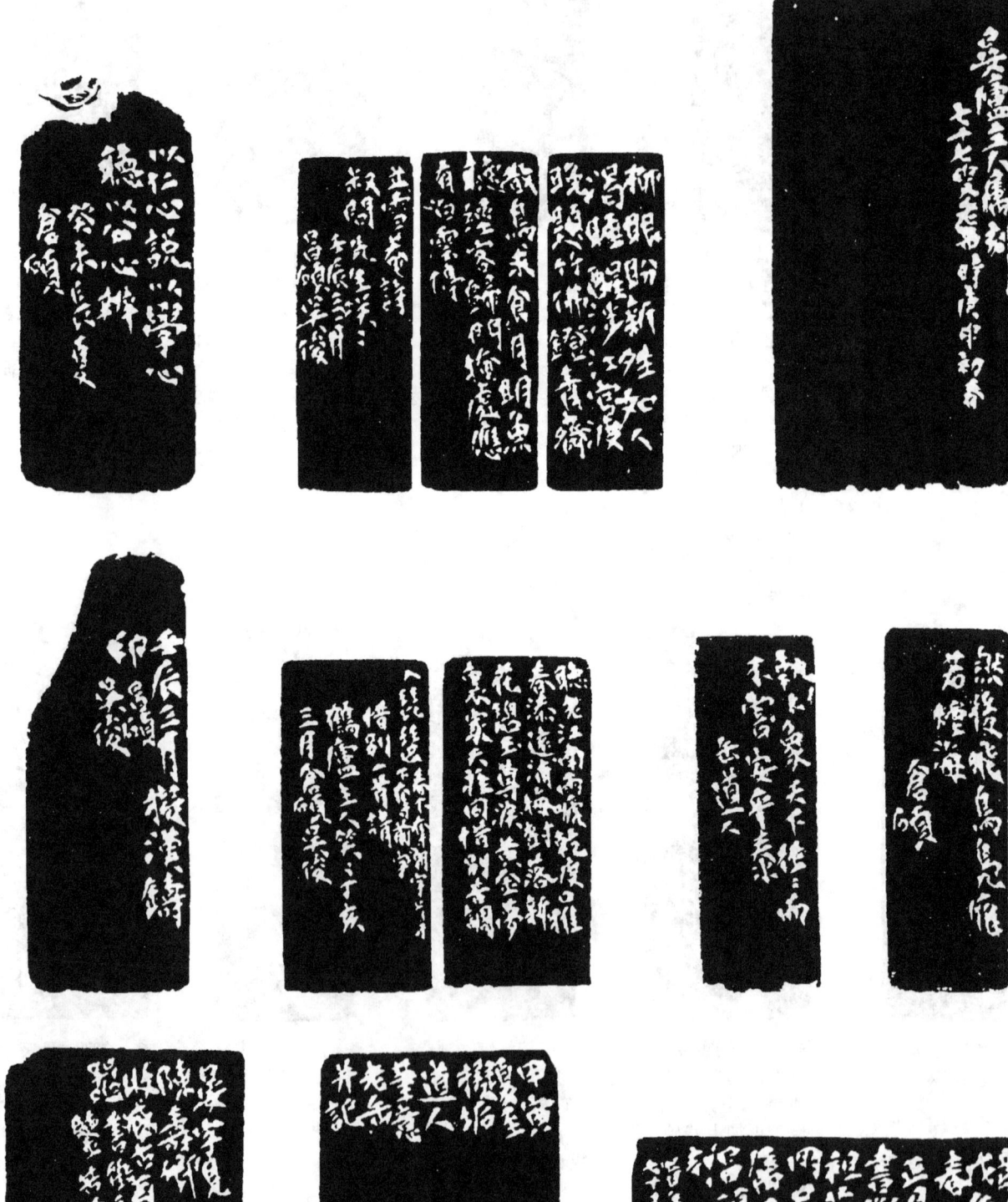

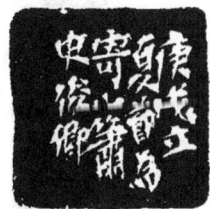 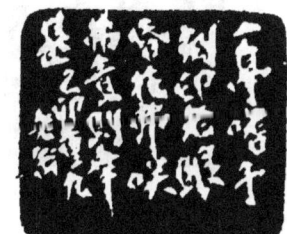 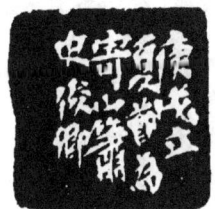 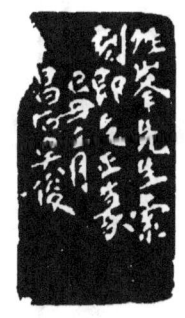

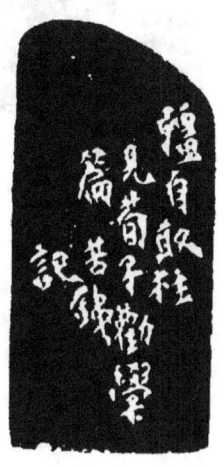 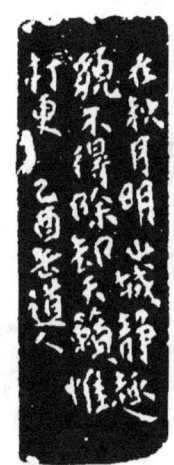 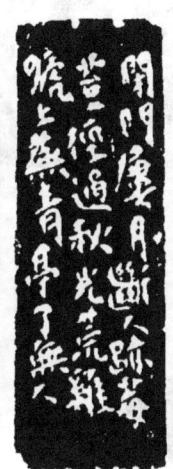 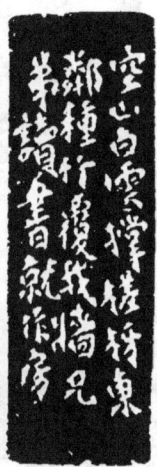 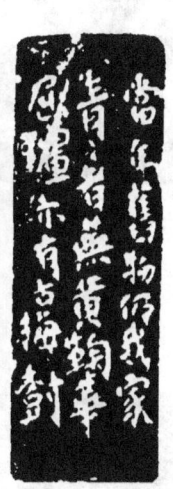

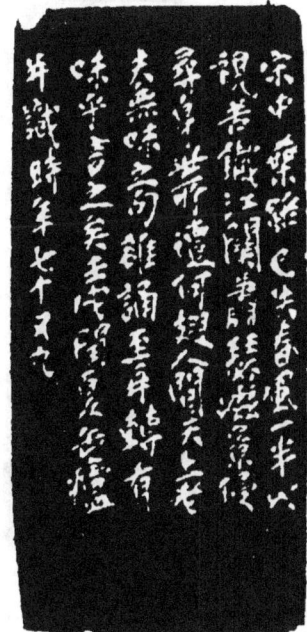 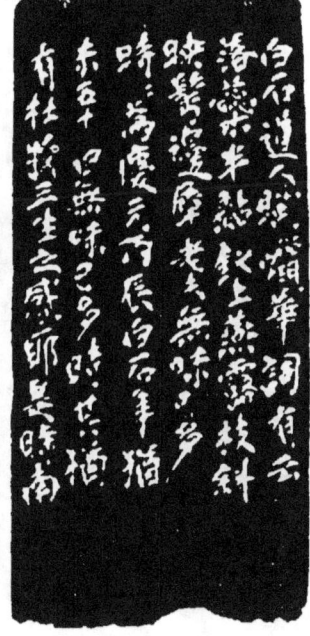 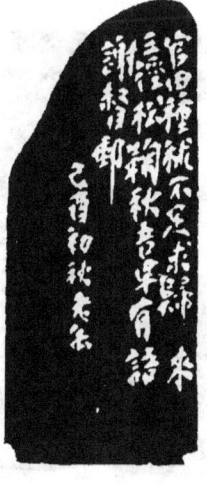 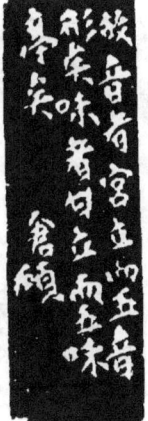

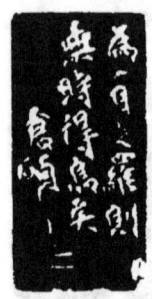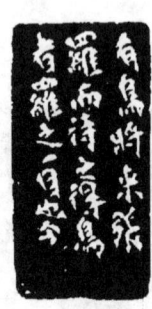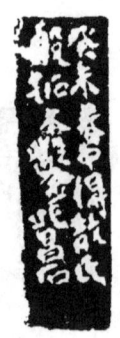

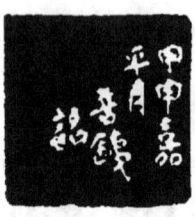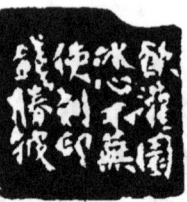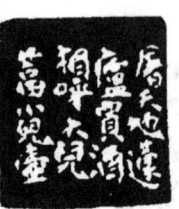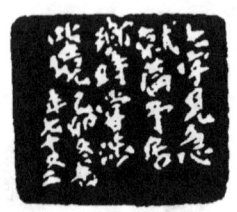

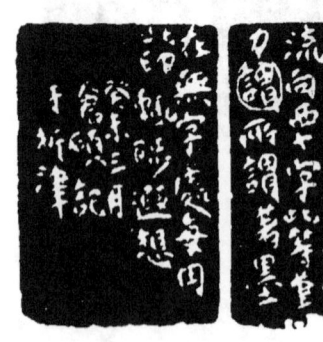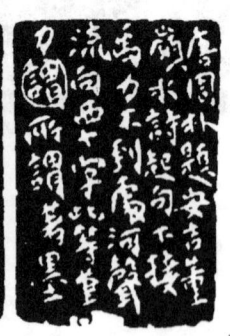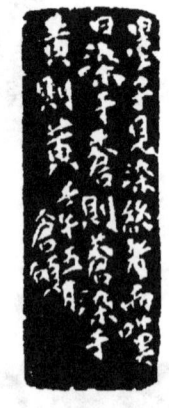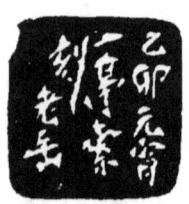

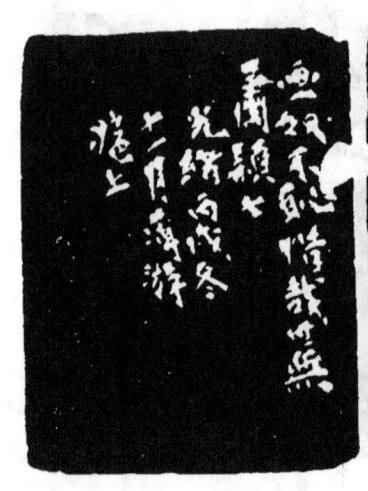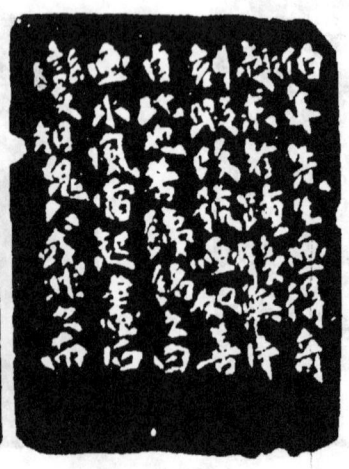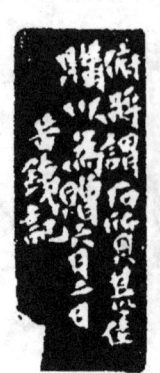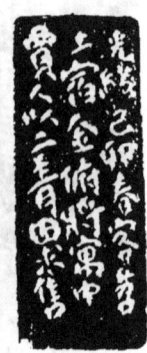

◎ 第十五章 边款临刻资料

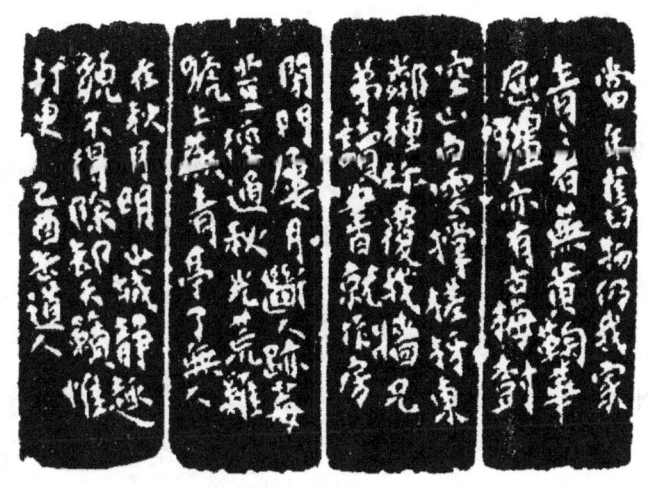
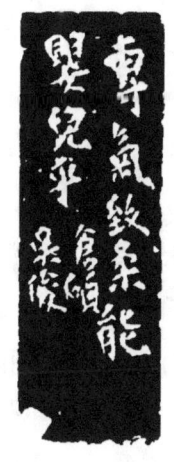
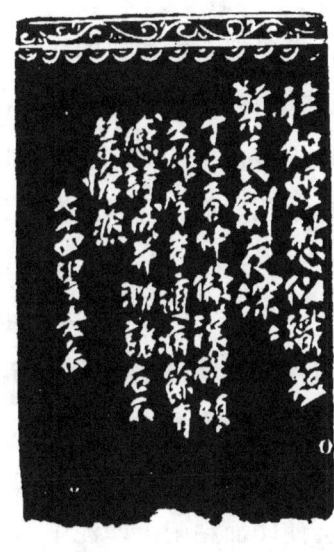
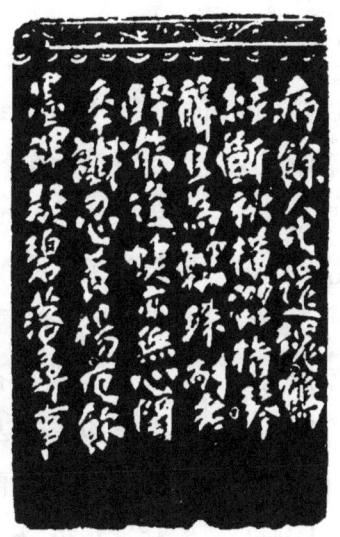
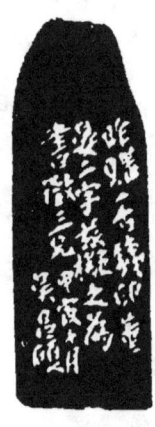
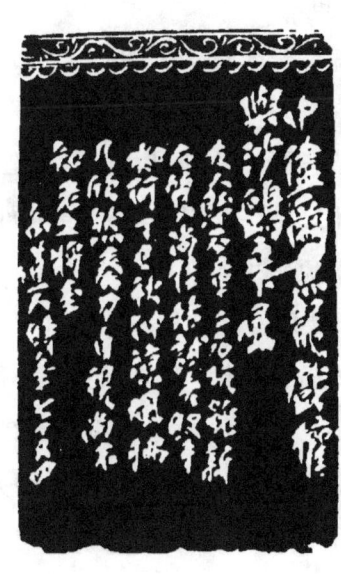
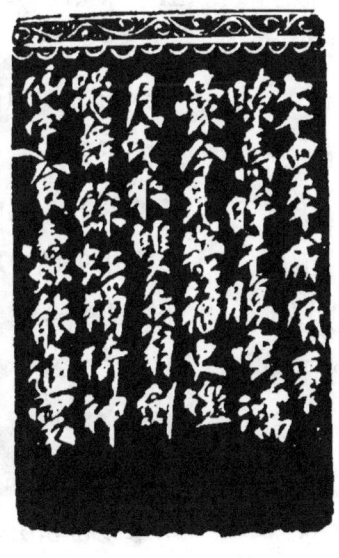
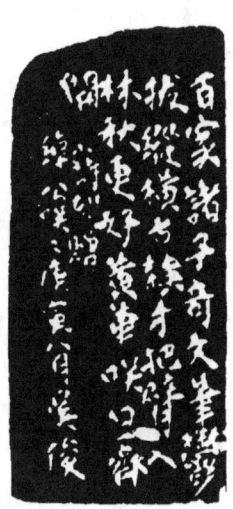

第十六章　印泥知识及钤印法

1. 印泥知识

这里要说的印泥，专指书画、篆刻用的印泥，或可称艺用印泥，这是与办公用的实用印泥相对而言的。艺用印泥在书画社有专柜出售，也有专门的经销单位，如上海的西泠印社、漳州丽华斋等。艺用印泥的价格不等，从每五十克（一两）数十元至数百元都有，质量也大相径庭，印拓的艺术效果有明显的差异。低档泥遮盖率低，色彩无神，经久泛油，夏天软烂溢油，冬天硬结，连续钤拓后印面字口阻塞，印泥出现拉毛现象，印泥的纤维甚至会粘附印面。精致的高档印泥钤盖出的印拓有一层微凸之感，色泽沉着，历久不变，不泛油，冬夏温度相差很大，但印泥稠度相差极小，连钤数十方照样字口清晰。所以，书画家在墨色淋漓的字画上，常常爱配上一二方色泽艳丽的印章，或调整重心，或锦上添花。印章是一幅书画作品的有机组成部分，所以，好的印泥可在书画作品上起到画龙点睛的作用。至于篆刻家，为了要忠实、细腻、毫无遗憾地再现自己的创作意图，似乎更注重印泥的质量，务求臻善臻美。一些艺术家甚至自制印泥，质高色佳，令人叹为观止。

印泥初起时多为水和朱合成的水印泥，初用时还能色泽鲜明，待水分蒸发，朱色浮于水面则极易脱落。后以蜜调朱成为蜜印泥，虽比水印泥略胜，但日久待蜜退尽，仍不免脱落。直至元代始有油朱的制法。发展到近代才采用朱砂、艾绒、蓖麻油三种物质，按严格的配方顺序进行调配搅拌合成。而作为商品出售大约始于清康熙年间。今天，印泥的制作家们能为

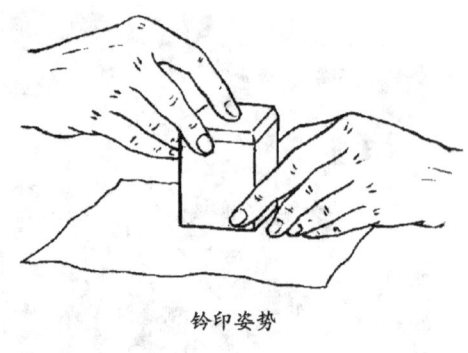

钤印姿势

艺坛提供各种精良的印泥，是一代又一代的专家们研究探索的结果。制作印泥是一门专业学问，工序复杂，这里就不细述了。

2. 钤印方法

在钤印前，先要把石面残留的石屑、粉末用刷子刷干净，并用微湿旧布把印面上的残余墨迹揩干净，以不使污染印泥。蘸印泥时，左手扶住印缸，右手执印石，将印面在印泥上顺势轻拍，动作中带有推拉之势。须反复蘸匀印泥，不要遗漏某一部位。如果印石大，印缸小，要留意别让印石与瓷缸相碰而有所损伤。错误的蘸印泥方法是用印石在印泥正中猛揿，由于用力过重，不仅印章四侧边缘沾满印泥，而且猛揿猛拔，还会使印面粘附上印泥中的丝丝纤维，钤盖出来的印拓必然失真。蘸泥过多也无益，只要蘸匀即可。

钤印的时候，要注意扶正印石，务求将全身之力运到印面的每一角、每一部位。钤盖用纸的下面一般垫一张卡片即可，过厚会造成印拓的失真。用印完毕，要以软布拭净印面，软布宜用单面，以免污手。在扇面上钤印，位置也要讲究合理，要用"起首章"、"名章"，也可用"押脚章"和其他闲章，只是尺寸要小得多。由于扇面要折叠，如不加处理，就会使红色的印泥在折叠后污染扇面。这里介绍一种办法，用朱砂粉和明矾粉各半，稍加炒拌后即可使用。

用一支旧毛笔略挑一点炒拌过的粉末，洒在钤盖好的印面上，再用毛笔将余留的朱砂粉掸进粉盒里。因明矾粉有干燥作用，经过这样处理过的印面，就不会再污染扇面了。

印泥不可置于金属盒内，一般用瓷缸，隔月用骨制印箸翻拌，防止泛油。拌时注意不能损伤艾绒纤维，应顺着同一方向翻拌，拌好的泥呈馒头状中间略高的扁圆形。如果备有多种印泥，最好不要杂用；如要调用另一种印泥，之前仍要擦净印面。冬天如印泥干硬，切忌呵冻，以防湿气侵入。如印泥日久变硬，须送书画社或专门制作的部门（如上海的西泠印社）加油修整，切不可自己加添文具店出售的红印油。

第十七章　印章的过渡创作举例

临到一个阶段后，可试着摹仿创作。

从摹刻古印、名家印，到直接创作印章，这中间有一段距离。这"创作"，是指严肃的创作，并非如有些人那样，还没临过几方印就搞的那种无根无源的所谓"创作"。一般来说，临刻印几十、几百方，反正多多益善，接着就可以试着"摹仿创作"。这是一种过渡，是临摹与创作的结合，可以算是一种"半创作"。

摹仿创作可以借用古印或名家印中的几个字，改为自己需要的内容。如要刻一方"陈建私印"，汉私印中又正好有"陈裒私印"和"上官建印"，就可将两印中有关的字在统一风格的前提下拼凑成一印。当然，有时依据的古印可能一方是满白文，一方是细白文，那么，首先要把采用的文字统一成一种风格才好。如刻"赵勇之印"，则可据汉印"赵遂之印"改换一字即可。又如借助赵之谦"陈宝善子馀印信长寿"一印，不动格式地按原印改刻成"吴郡舒文扬印信长寿"。要注意的是，这种套用古印或

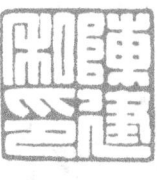
陈建私印

陈裒私印

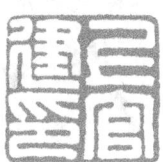
上官建印

赵勇之印

赵遂之印

舒文扬·
吴郡舒文扬印信长寿

[清]赵之谦·
陈宝善子馀印信长寿

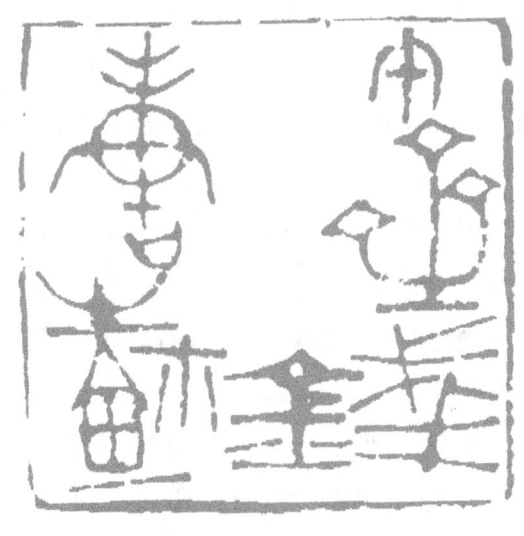

名家印的格式，要尽可能不失原印神韵。当然，这种"半创作"仅仅是一种学习手段，并非目的，是一种由浅入深的过渡。最终目的要熟练地进行创作，以求最后"出新"。

有不少著名篆刻家有时也会仿刻名作，聊以自娱。如享有盛名的篆刻家钱君匋先生，曾拟刻过好几方古玺，其中据著名的烙马巨玺"日庚都萃车马"刻过一方很大的"午斋钱唐之玺"，虽然文字内容全然不同，但其文字的排列、组合却又与原玺暗合，谁能说这样一方巨玺，不饱含着作者的刻意匠心呢！

关于印章的创作，不外乎三种：

一种最切实可行、又能激发你创作兴趣的是为你的亲朋好友、同学、邻居刻私印，文字在二三字之间。

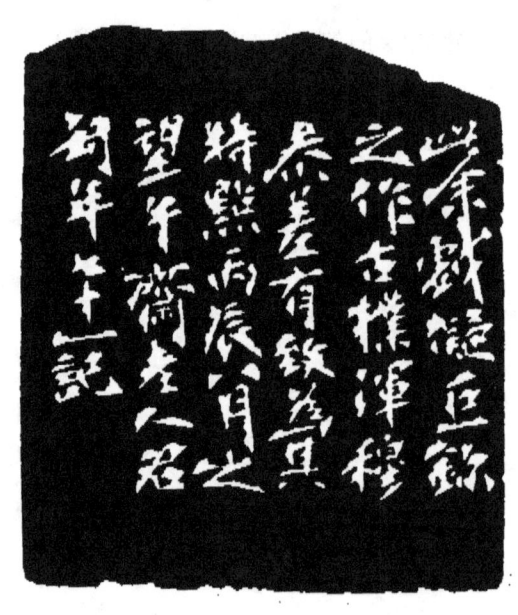

钱君匋·午斋钱唐之鉨

一种是选刻格言、警句、诗句，或展览，或投稿，或自娱，搞书画的还可作为闲章使用。

还有一种是对学刻创作帮助较有益的"组印创作"训练。题材可以自己选择，字数可由少到多，逐步增加难度，一般不宜超过七字，初学者可设计二三字、四五字的。以方形为主，可穿插一些圆形、椭圆形、长方形等。文字则以工整、规矩的摹印篆入手。有些初学者想出奇制胜，但又根本不熟悉封泥、将军印、钟鼎文、甲骨文等古代印章形式或书体，虽然设计得变形、古怪，

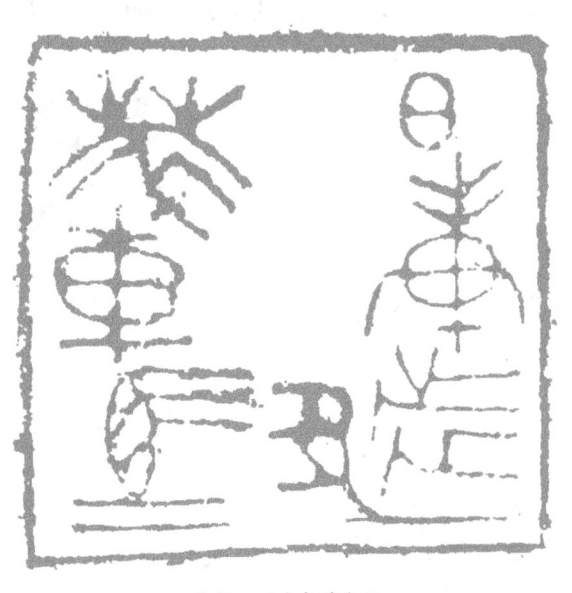

古玺·日庚都萃车马

但绝对是格调低下，尽管这种作品也充斥于一些报刊和大奖赛。如果说不下一点功夫，就可任意"创作"，那是把艺术创作看得太简单了。在此奉劝那些缺乏基本功，又有创作意识的朋友们，还是先从规矩入手，学习一些传统，以后还有可能得及一二，否则，终将一无所获。而多读、多记名家印谱，多动脑，多动手，自会积累创作经验，厚积而薄发。

必须特别说明的是，这种"组印创作"开始以毛笔设计为主（初学可以铅笔先打稿）。设计创作，千变万化，无固定模式，可以选最满意的剪贴起来，每方印稿边，要留出供人批改提意见的地位。如有时间，可以把这些毛笔设计出来的墨稿，在石上刻出来，但第一步必须认真、反复设计，设计比刻更重要。长年累月地进行"组印创作"训练，你的创作思路将十分活跃，创作能力将大大提高。如果得到内行人的评点，那是更为重要的一着。

下面，为使初学者有所启发，特附上比较工整的印章若干组。尽管都是一些学刻者不成熟的习作，也希望能对你有所启发。

第十八章 创作举例

《中国古代科学家》选刻

黄文忠 刻

李春

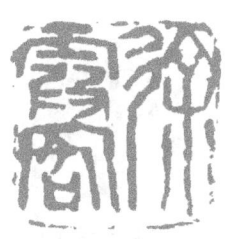
徐霞客

祖冲之

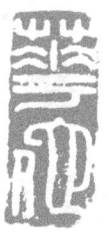
华佗

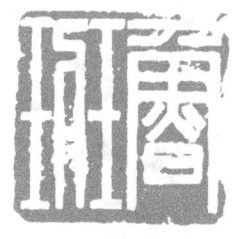
鲁班

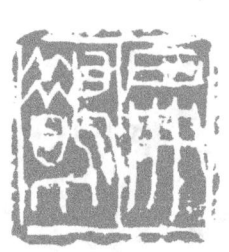
扁鹊

沈括

徐光启

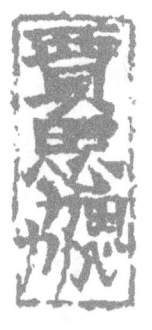
贾思勰

郦道元

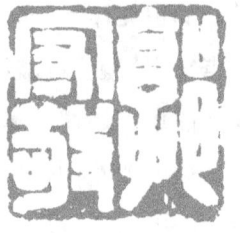
郭守敬

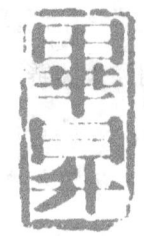
毕昇

《中国古代思想家》选刻

黄文忠 刻

张衡

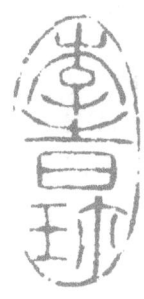
李时珍

刘徽

秦九韶

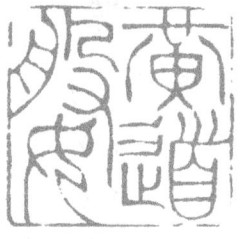
黄道婆

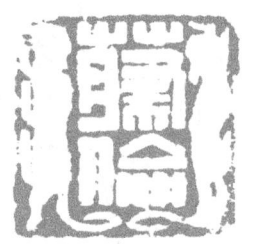
蔡伦

墨翟

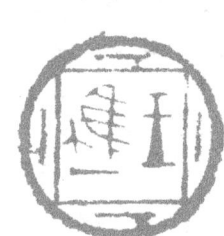
王惟一

孙思邈

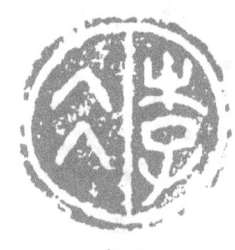
李冰

明安图

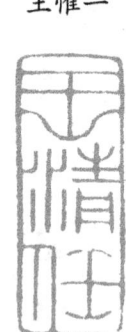
王清任

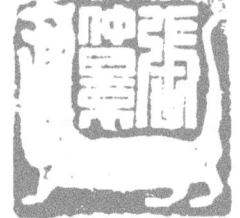
张仲景

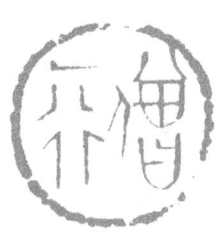
僧一行

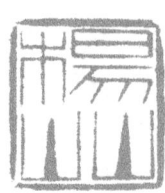
杨屾

戴煦

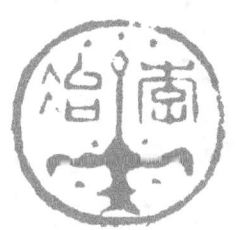
李冶

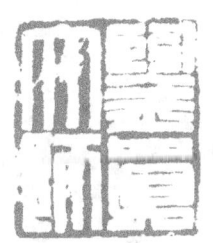
鉴真大师

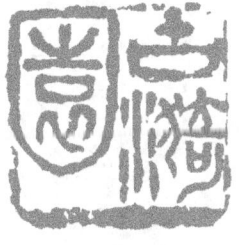
古漪园

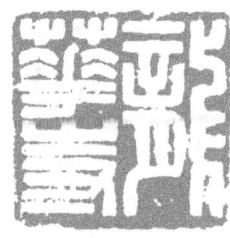
龙华寺

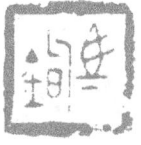
马钧

梅文鼎

泖塔

紫藤棚

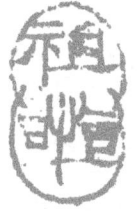
祖暅

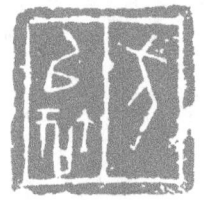
方以智

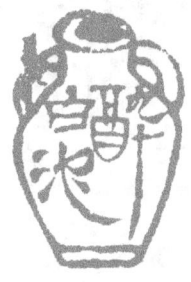
醉白池

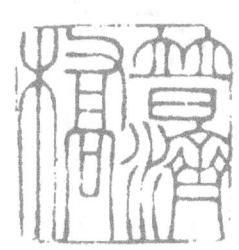
普济桥

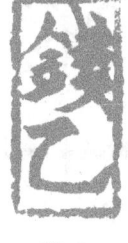
钱乙

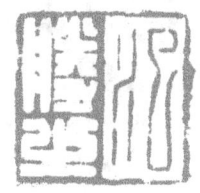
氾胜之

陀罗尼经幢

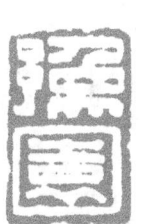
豫园

《上海古迹》选刻

黄文忠 刻

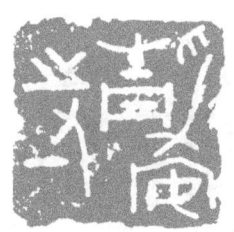
静安寺

秋霞圃

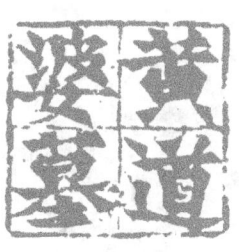
黄道婆墓

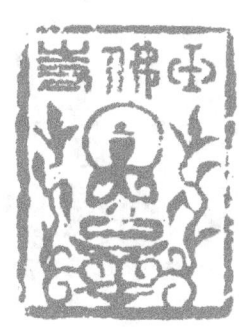
玉佛寺

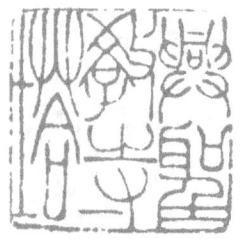
兴圣教寺塔

方塔

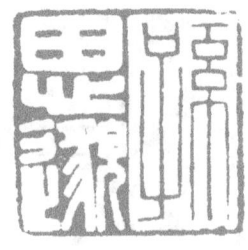
孙思邈

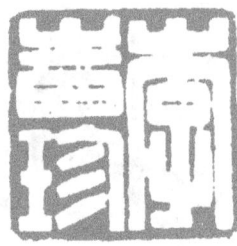
李时珍

《中国古代医学家》选刻

杨琦（女）刻

葛洪

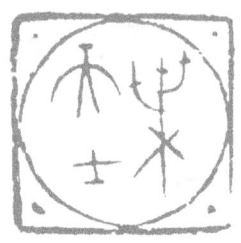
叶天士

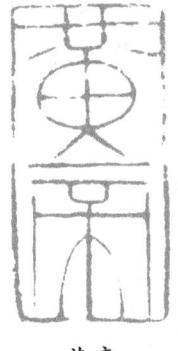
黄帝

神农

《世界十大芭蕾舞剧》

杨琦（女）刻

海侠

天鹅湖

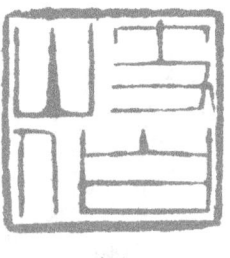
岐伯

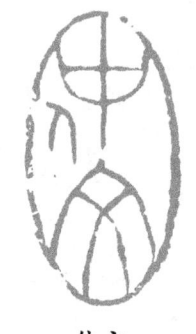
仲文

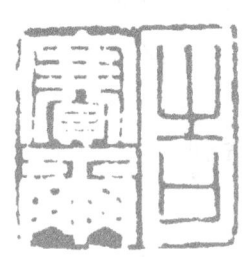
吉赛尔

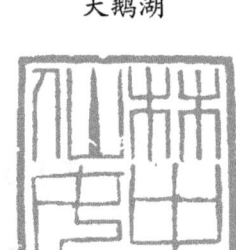
林中仙女

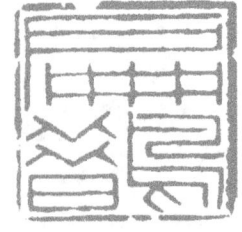
扁鹊

华佗

睡美人

葛蓓莉娅

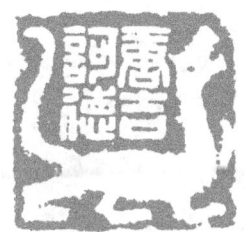
唐吉诃德

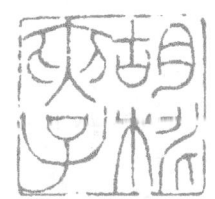
胡桃夹子

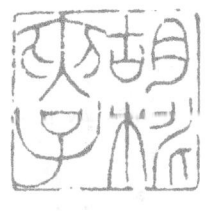
东京

九州

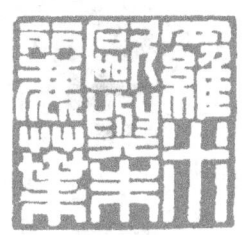
魔法师之恋

罗米欧与朱丽叶

鹿儿岛

四国

札幌

大阪

《日本地名》选刻

杨琦（女）刻

横须贺

青森

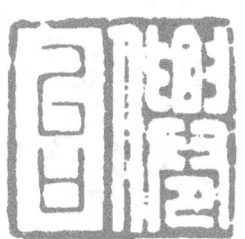
高知

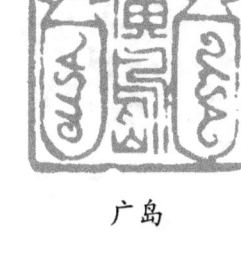
下关

仙台

广岛

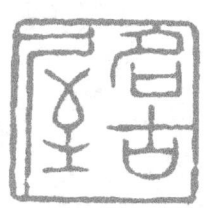
名古屋

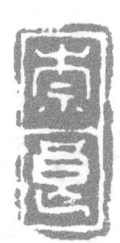
奈良

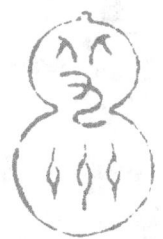
北九州

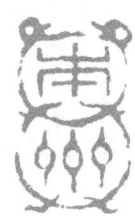
本州

新潟

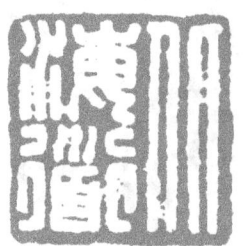
北海道

大理石

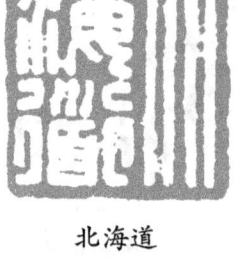
云南白药

长崎

神户

贵州

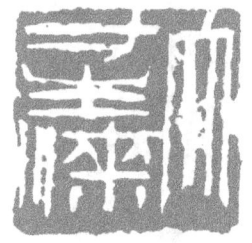
大方生漆

《祖国各地"三宝"》选刻

杨一 刻

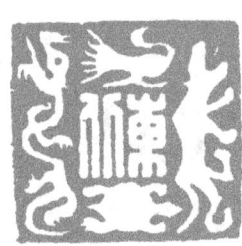
东北

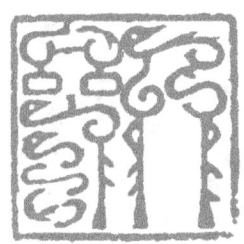
人参

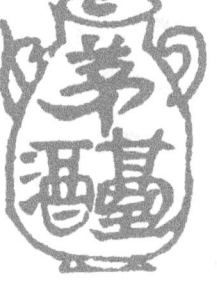
茅台酒

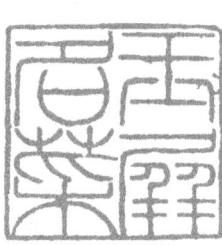
玉屏名菜

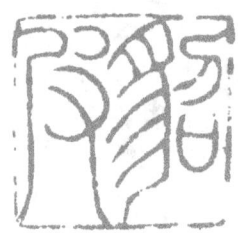
貂皮

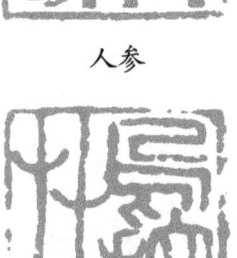
乌拉草

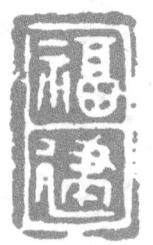
福建

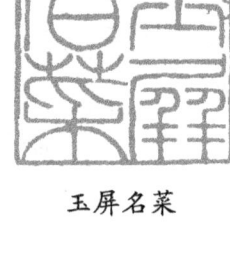
兴花龙眼

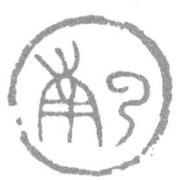
云南

丽江骏马

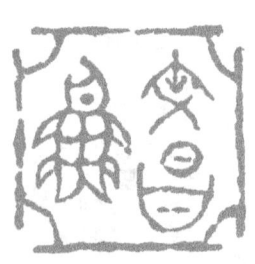
文昌鱼

闽侯漆器

江西

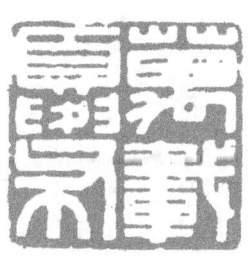
万载夏布

《台湾名胜》选刻

杨一 刻

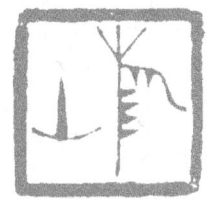
旗山

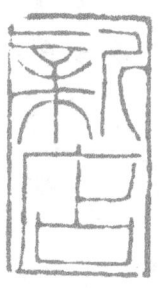
新店

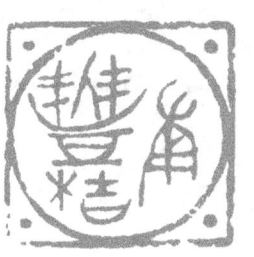
南丰桔

景德镇瓷器

大溪

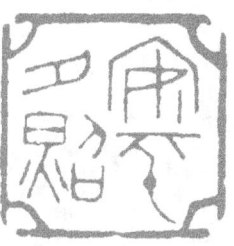
安平夕照

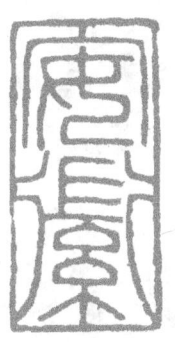
安徽

芜湖螃蟹

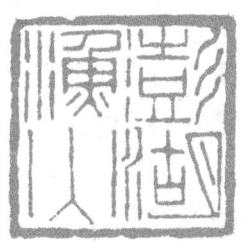
澎湖渔火

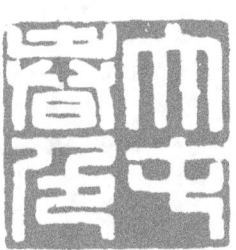
大屯春色

阿里山云海

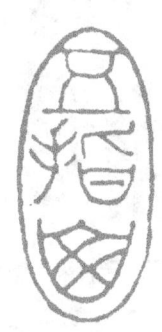
五指山

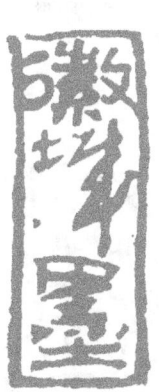
徽城墨

泾县宣纸

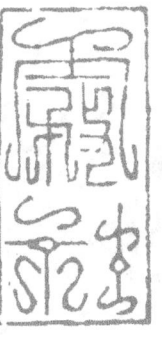
雾社

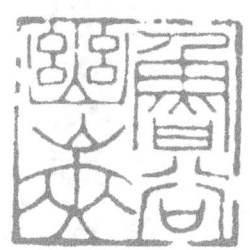
鲁谷幽峡

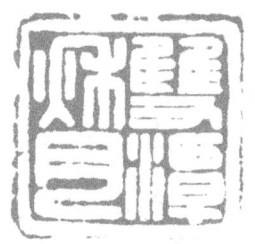
双潭秋月

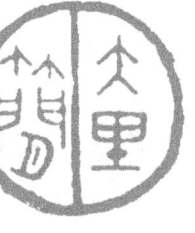
大里简

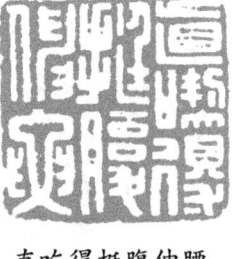
山珍海味

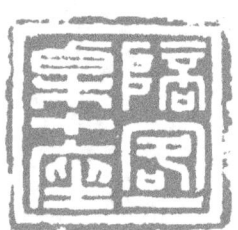
直吃得挺腹伸腰

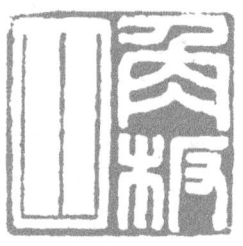
太平山

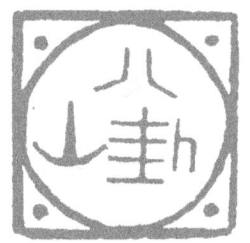
狮头山

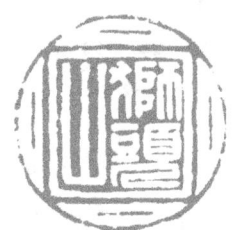
花公款何必小气

陪客一桌十座

角板山

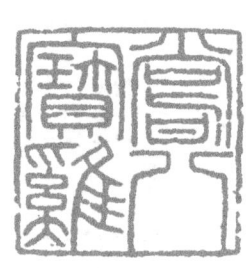
八卦山

品五粮液

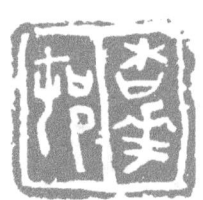
杏花村

《花样翻新吃"阿公"》

杨一刻

迎宾十菜一汤

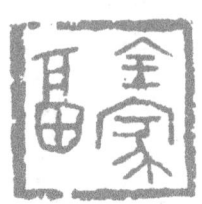
尝八宝鸡

味美思

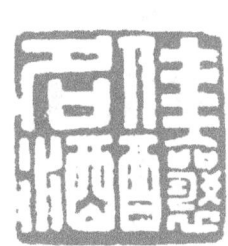
佳酿名酒

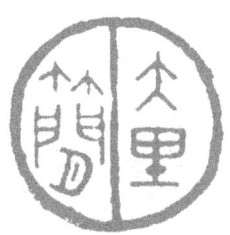
凤凰腿

全家福

喝他个天昏地暗

慷国慨干吗伤心

《七宝》（根据七宝地区的民间传说创作）

程郭庆 刻

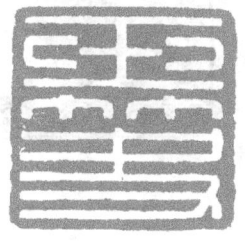
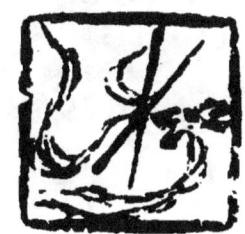
玉筷

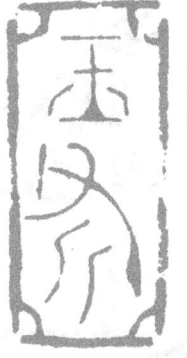
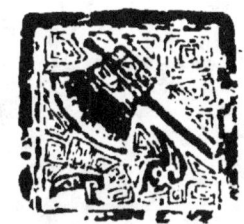
玉斧

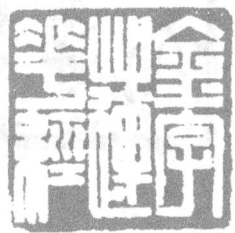

金字莲华经

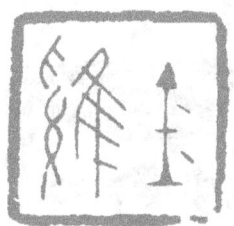
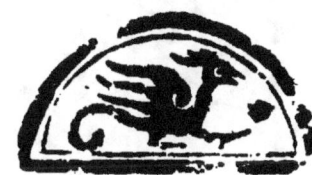
金鸡

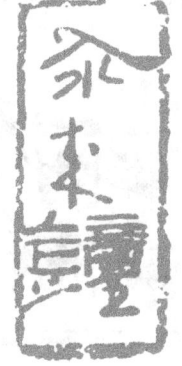

氽来钟

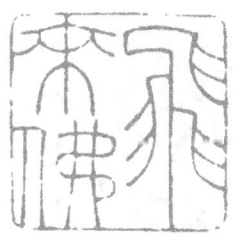
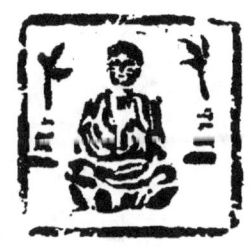
飞来佛

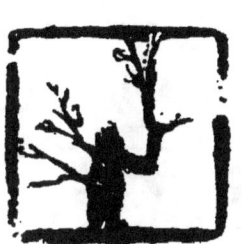
梓树

《保护珍贵动物》选刻

程郭庆 刻

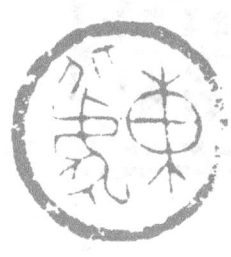
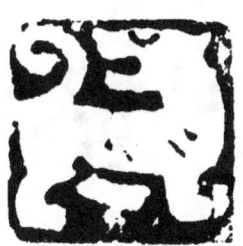
东北虎

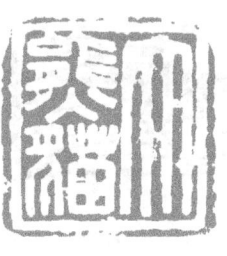
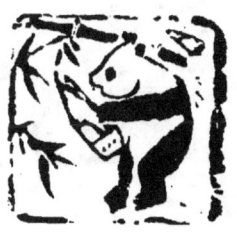
大熊猫

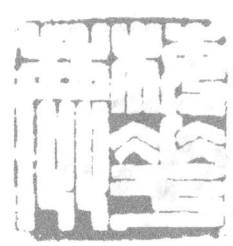
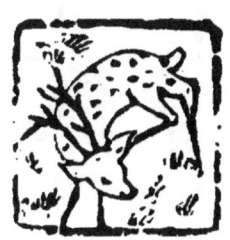
梅花鹿

丹顶鹤

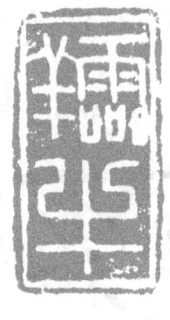 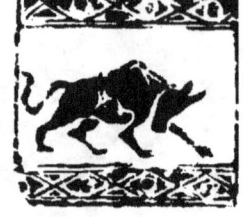

羚牛

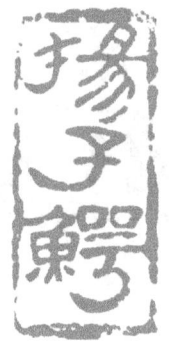 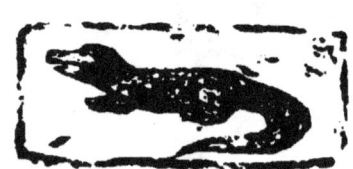

扬子鳄

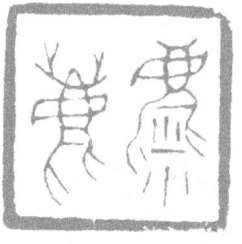 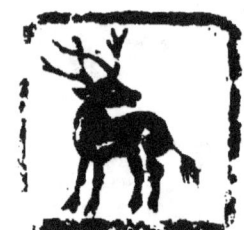

麋鹿

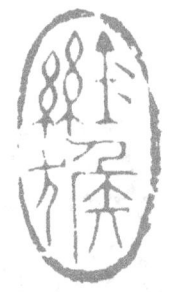 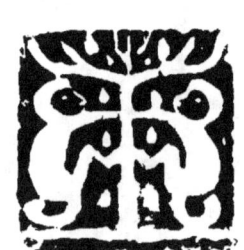

金丝猴

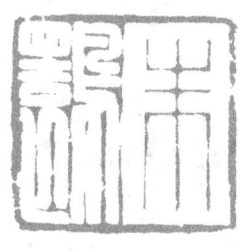 

朱鹮

 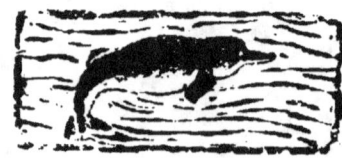

白鱀豚

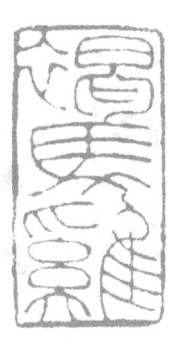 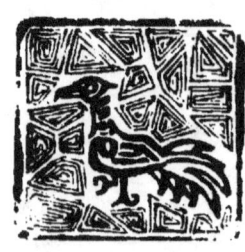

褐马鸡

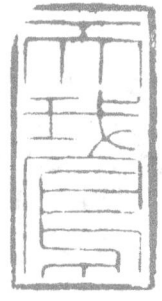 

天鹅

 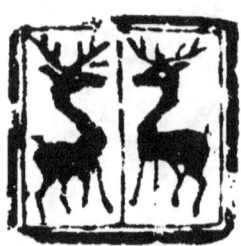

白唇鹿

红腹锦鸡

详略适当

文气连贯

《作文七要》

程郭庆 刻

《巾帼英雄》选刻

侯金艳（女）刻

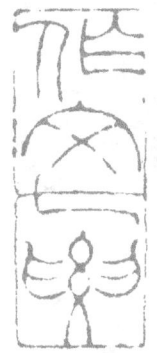
作文七要

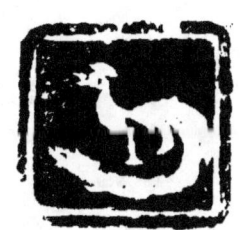
主题集中

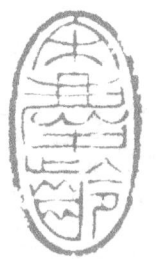
宋庆龄

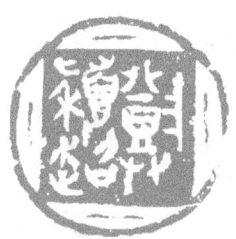
邓颖超

内容真实

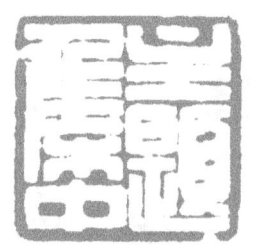
语句新颖

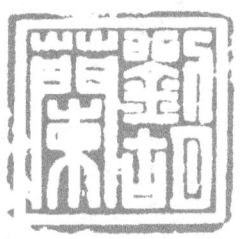
刘胡兰

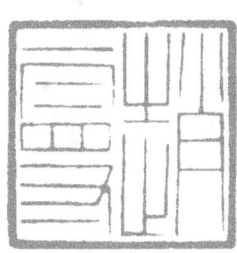
赵一曼

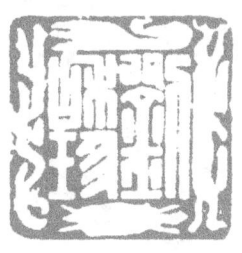

刘和珍

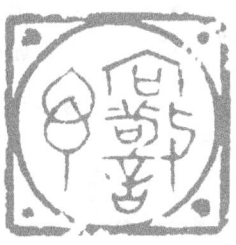
杨开慧

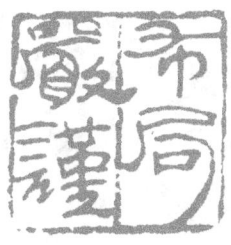
布局严谨

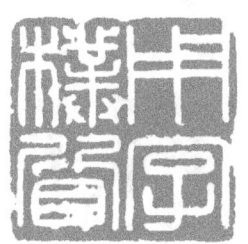
用字朴质

向警予

张志新

《中国现代文学作品》选刻

侯金艳（女）刻

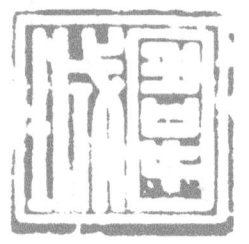
围城

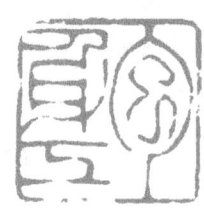
包身工

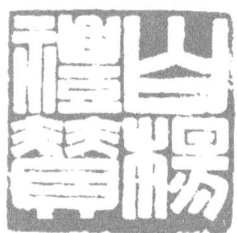
白杨礼赞

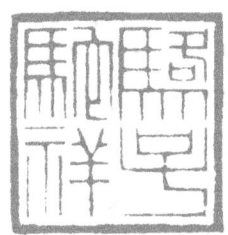
骆驼祥子

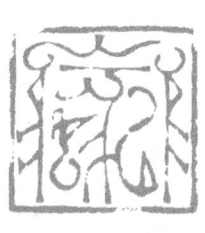
家

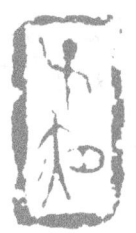
子夜

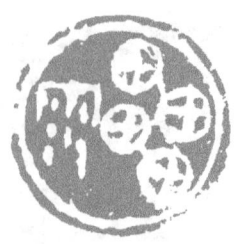
雷雨

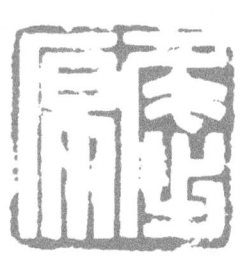
屈原

《十二月花名》

侯金艳（女）刻

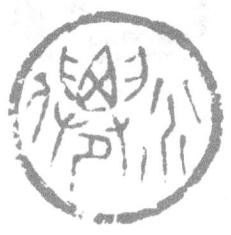
水仙

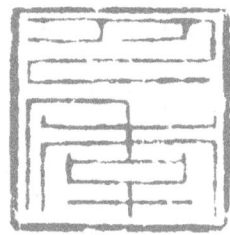
月季

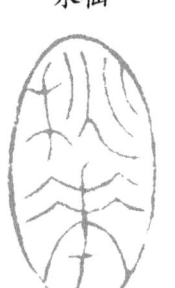
桃花

杜鹃

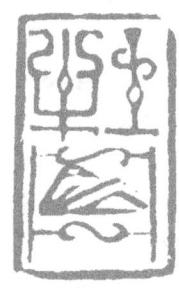
牡丹

栀子

荷花

桂花

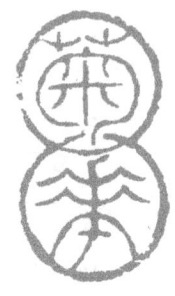
菊花

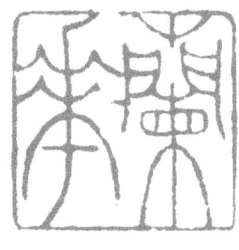
兰花

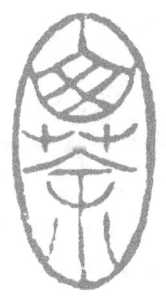
山茶

梅花

《我爱祖国山河美》选刻

方军 刻

运河

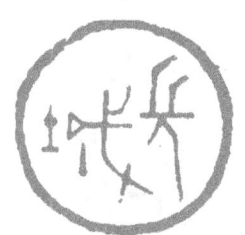
长城

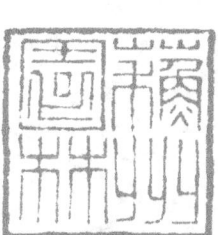
苏州园林

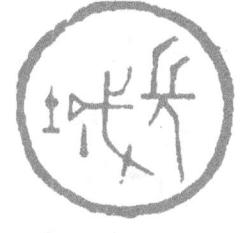
长江三峡

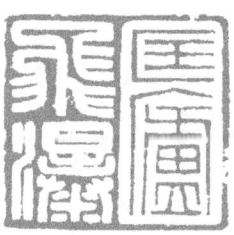
匡庐飞瀑

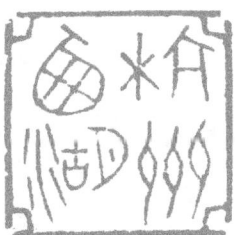
杭州西湖

乐山大佛

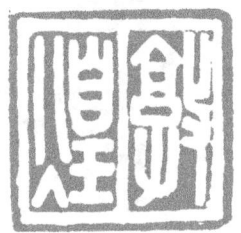
敦煌

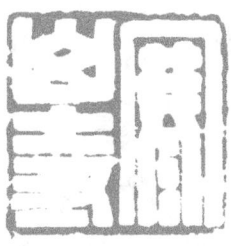
寒山寺

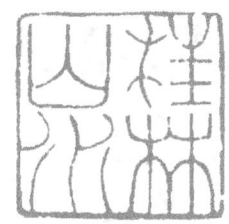
桂林山水

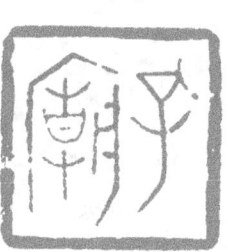
孔庙

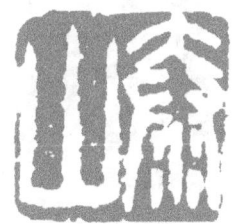
泰山

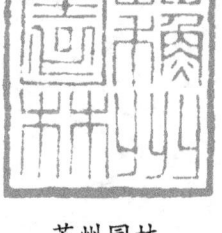
承德避暑山庄

黄山奇松

台湾日月潭

峨嵋金顶

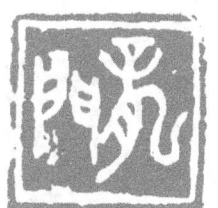
龙门

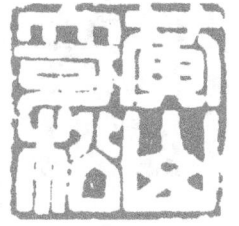
故宫

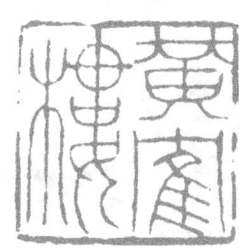
黄雀（鹤）楼

西安秦始皇陵兵马俑

《杭州名胜》选刻

方军 刻

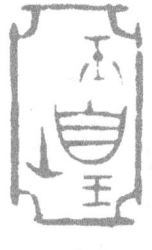
玉皇山

龙井

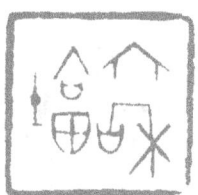
六和塔

西湖

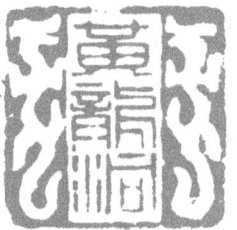
黄龙洞

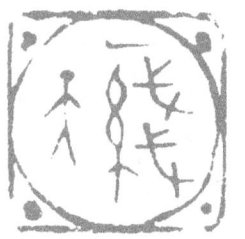
一线天

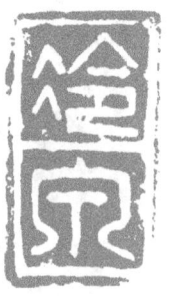
冷泉

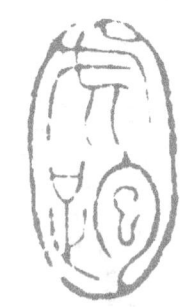
虎跑

西泠印社

灵隐寺

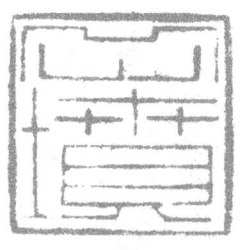
岳坟

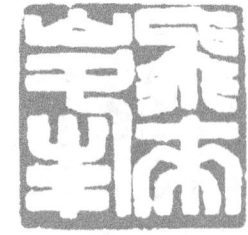
飞来峰

《伟大的祖国》

胡炜 刻

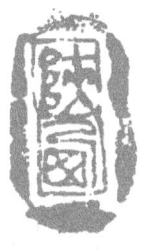
陕西

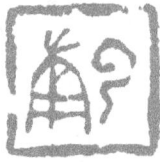
云南

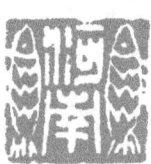

河南

北京

甘肃

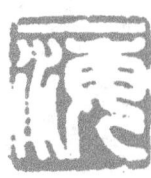
贵州

河北

上海

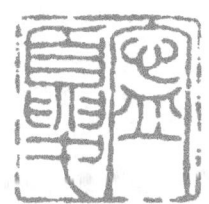
宁夏

吉林

海南

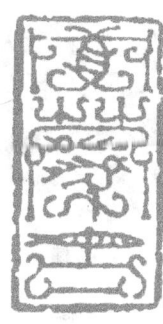
内蒙古

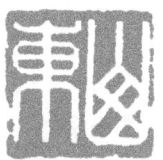
山东

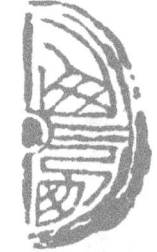
山西

湖北

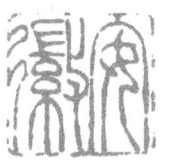
安徽

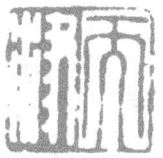
天津

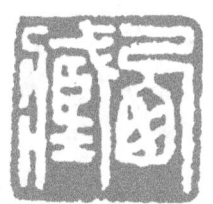
西藏

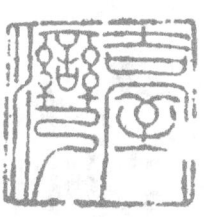
台湾

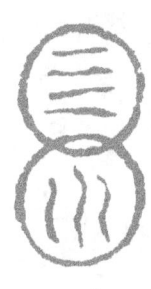
四川

辽宁

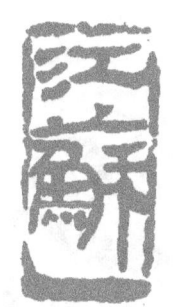
江苏

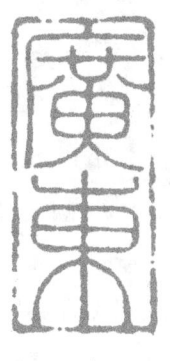
广东

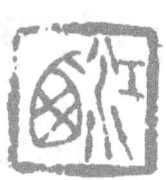
江西

新疆

黑龙江

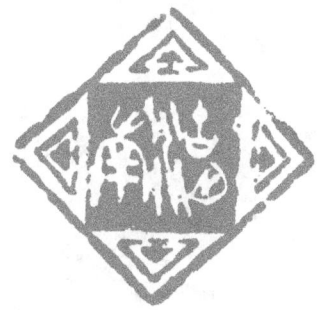
湖南

浙江

青海

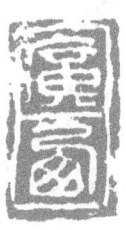
广西

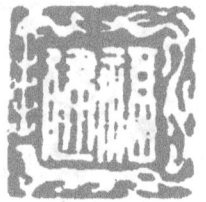
福建

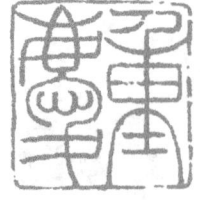
重庆

裕花园

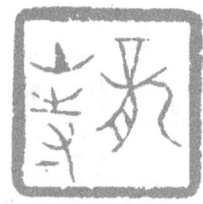
龙山寺

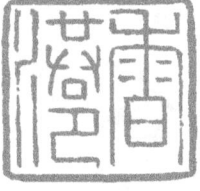
香港

澳门

天福宫

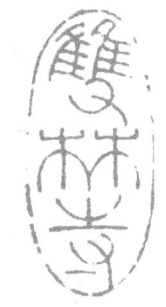
双林寺

《狮城十景》

胡炜 刻

《中国历史文化名人》选刻

阮吉（女）刻

国家博物馆

星和园

苏轼

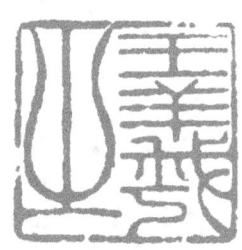
王羲之

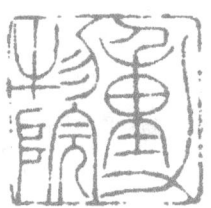
动物院

范克利夫水族馆

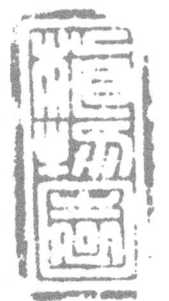
植物园

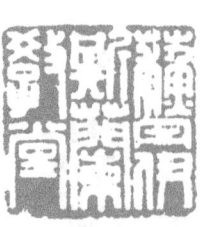
苏丹伊斯兰教堂

蒲松龄

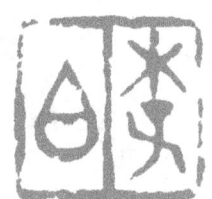
李白

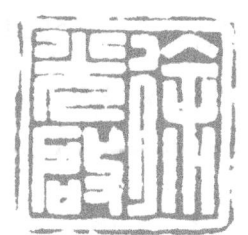
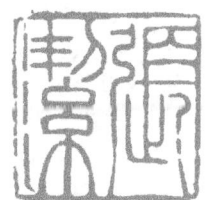
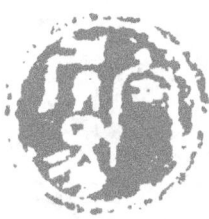

杜甫　　　徐光启　　　张爱玲　　　张洁

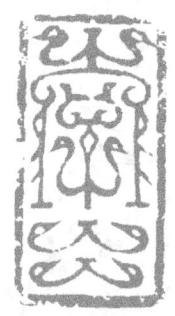

贾思勰　　　李冰

《唐代诗人》选刻

程璞　刻

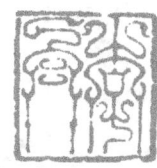
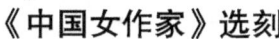

《中国女作家》选刻

阮吉（女）刻

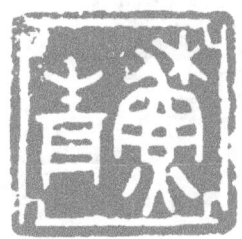
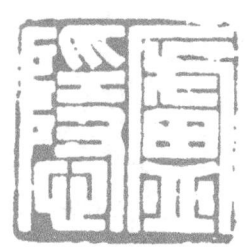
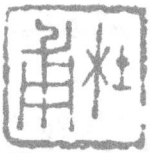
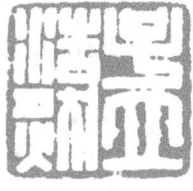

李白　　　白居易

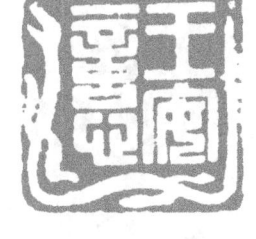

苏青　　　庐隐

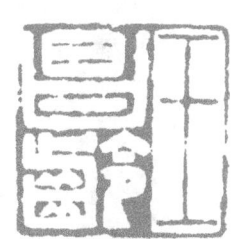

杜甫　　　孟浩然

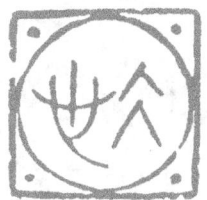
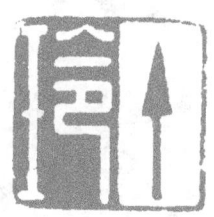

林徽音　　　王安忆

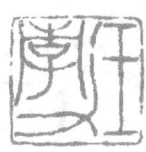
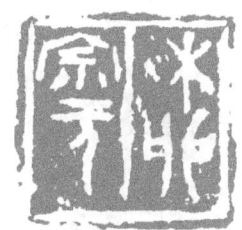

冰心　　　丁玲　　　王勃　　　柳宗元

《外国科学家》选刻

程璞 刻

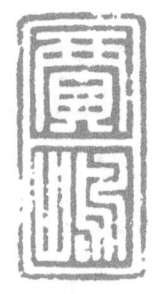 贾岛

 王之涣

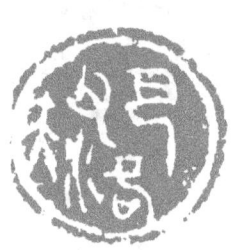 居里夫人

 林耐

 刘长卿

 刘禹锡

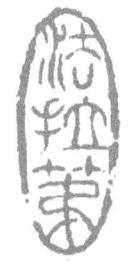 巴父（甫）洛夫

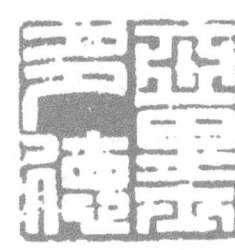 瓦特

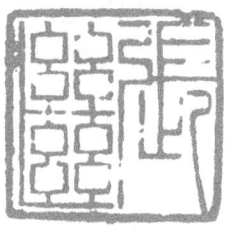 张继

 张志和

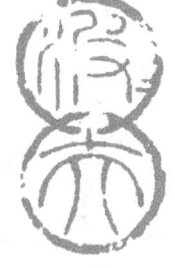 法拉第

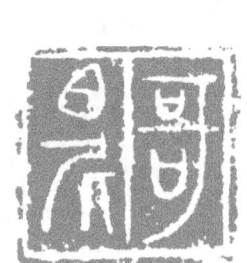 亚里士多德

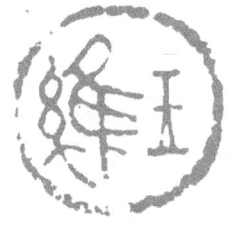 王维

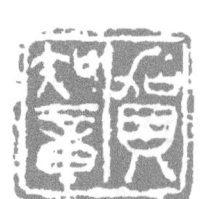 杜牧

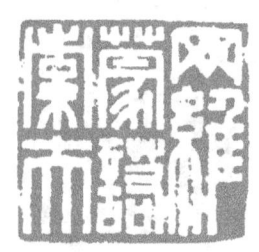 波波夫

 哥白尼

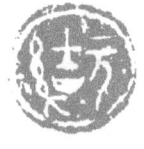 元结

高适

李商隐

贺知章

 罗蒙诺索夫

哈雷

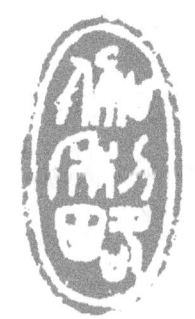
伽利略

弗洛伊德

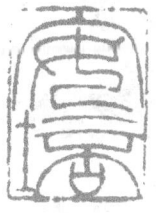
安培

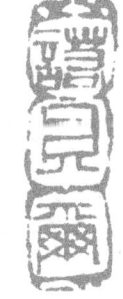
诺贝尔

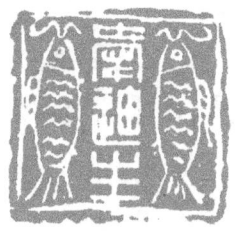
爱迪生

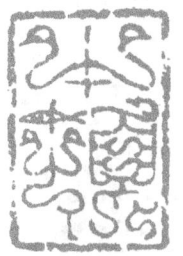
牛顿

欧姆

高斯

《八仙》

周海祥 刻

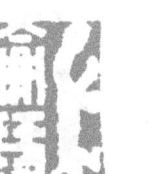
伦琴

阿基米德

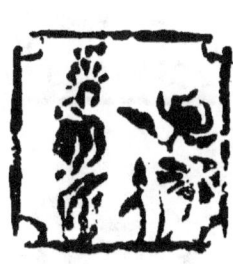
何仙姑

达尔文

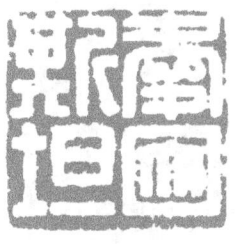
爱因斯坦

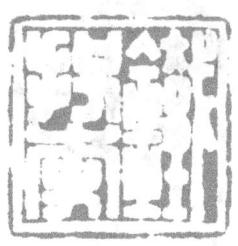
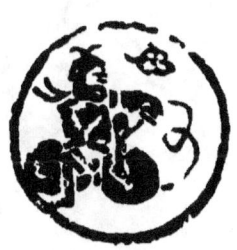
铁拐李

笛卡尔

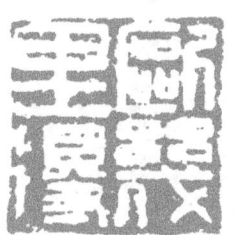
欧几里得

蓝采和

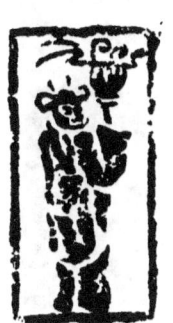

《外国著名文学家》选刻

周海祥 刻

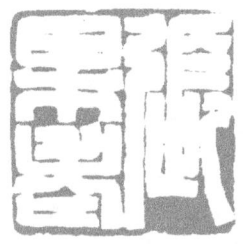
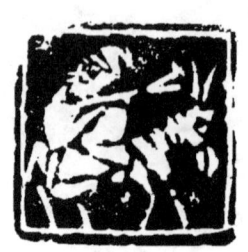

张果老

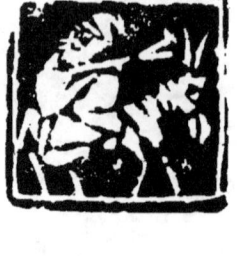
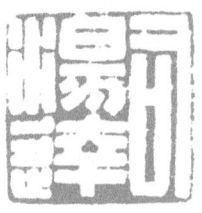

川端康成　　　司汤达

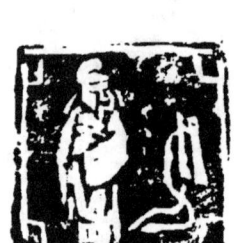

曹国舅

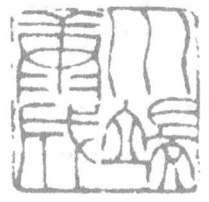
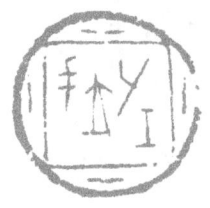

但丁　　　左拉

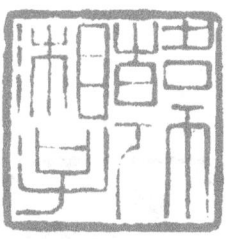

韩湘子

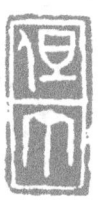
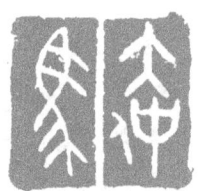

芥川龙之介　　　大仲马

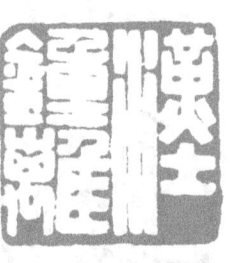

汉锺离

小仲马　　　高尔基

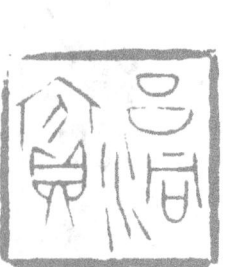

吕洞宾

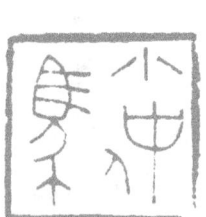
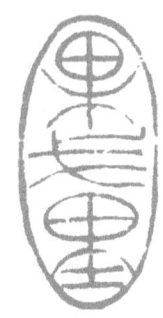

马克吐温　　　果戈里

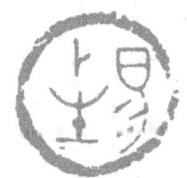
易卜生

普希金

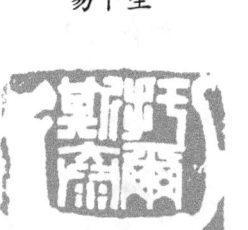
托尔斯泰

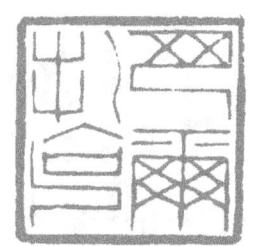
巴尔扎克

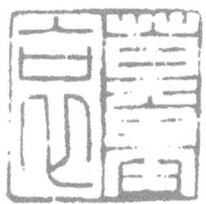
莫里哀

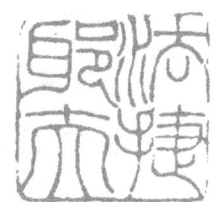
法捷耶夫

《中药名》选刻

李孜光 刻

知母

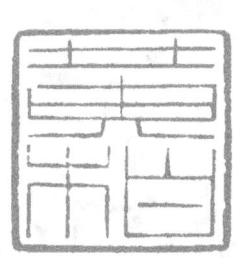
黄柏

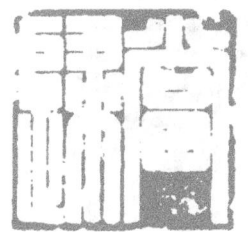
当归

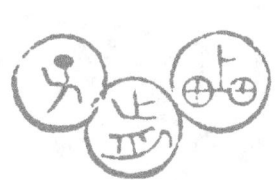
车前子

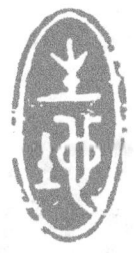
生地

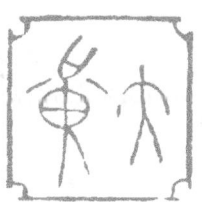
大黄

《北京名胜》选刻

李孜光 刻

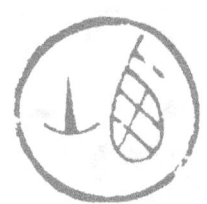
西山

北海公园

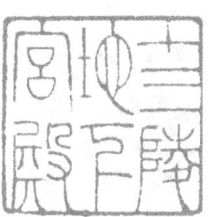
十三陵地下宫殿

紫禁城

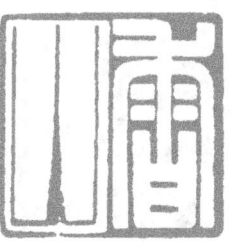
香山

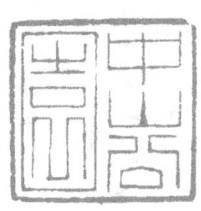
中山公园

天坛

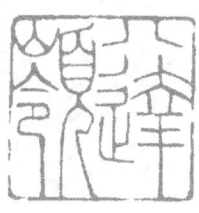
八达岭

《中国名酒》选刻

章东海 刻

杜康

杏花村

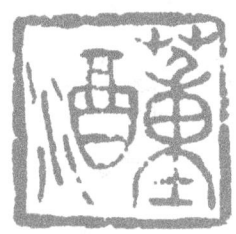

董酒

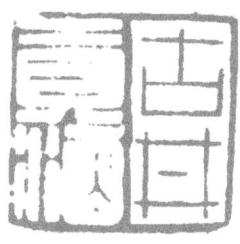

古井贡酒

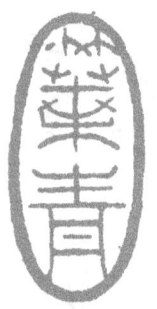

竹叶青

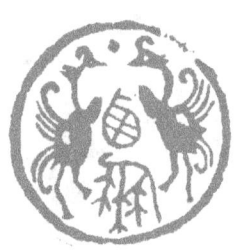

西凤

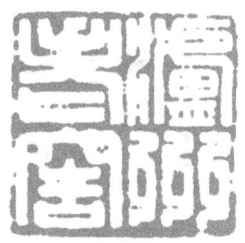

泸州老窖

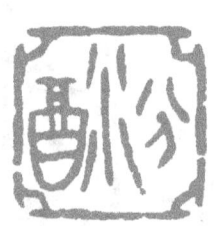

汾酒

剑南春酒

全兴大曲

茅台

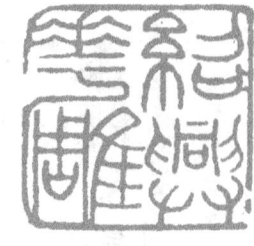

绍兴花雕

洋河大曲

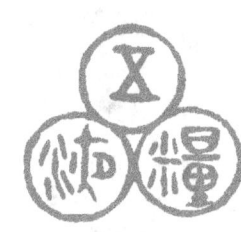

五粮液

《礼貌用语》选刻

章东海 刻

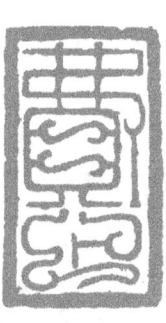

费心

指教

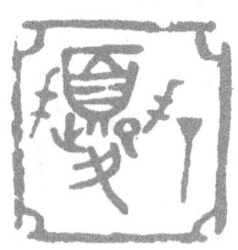

打扰

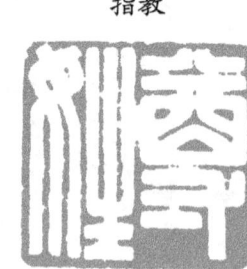

尊姓

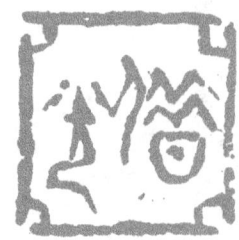

借光

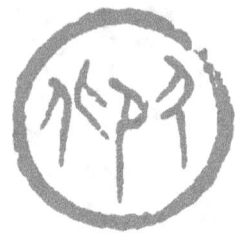

久仰

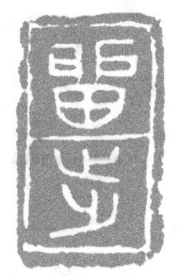
留步

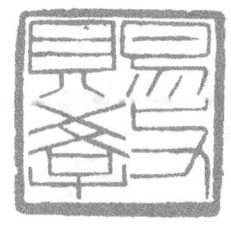
赐教

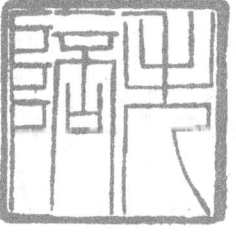
失陪

恭候

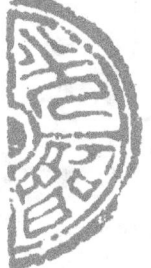
光临

奉还

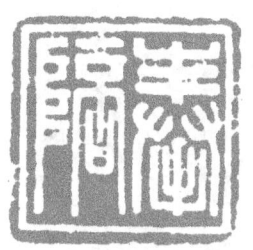
奉陪

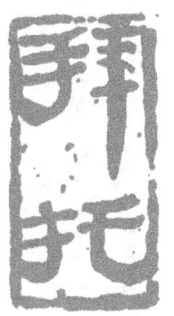
拜托

《十八罗汉》

姚欣 刻

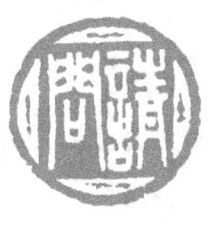
请问

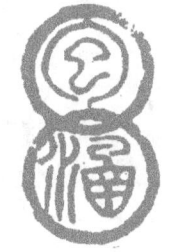
包涵

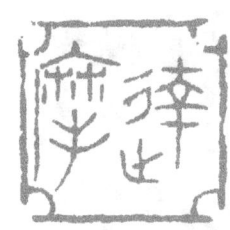
达摩

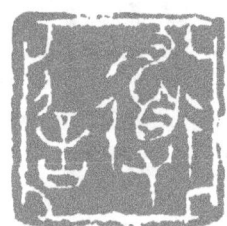
道信

劳驾

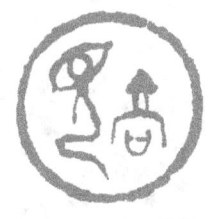
高见

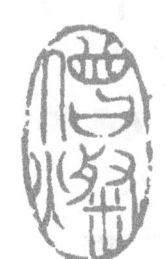
僧灿

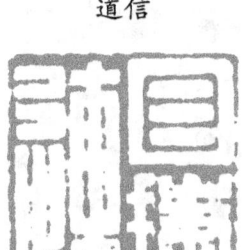
目捷连

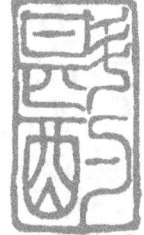
斟酌

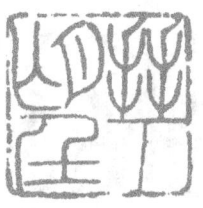
拜望

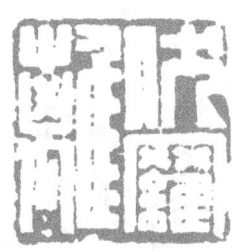
伏罗离

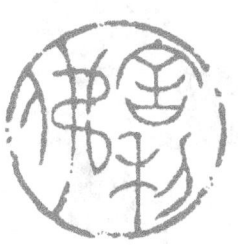
舍利佛

摩呵迦叶

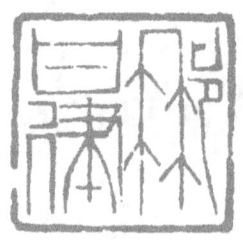
那甘律

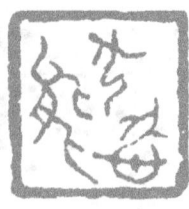
弘忍能

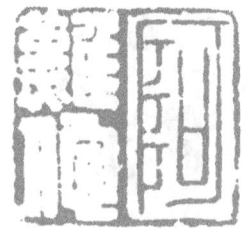
阿难佗

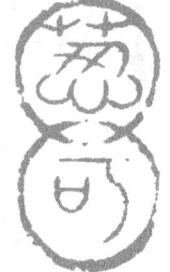
葱可

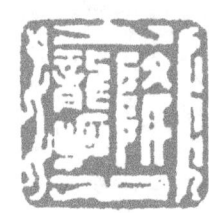
降龙手

《山珍海味》选刻

姚欣 刻

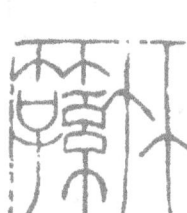
竹荪

海参

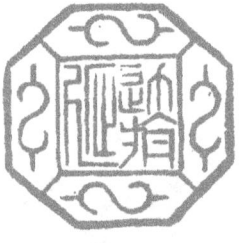
迦旃延

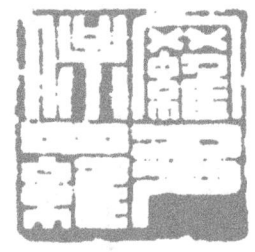
罗多保罗

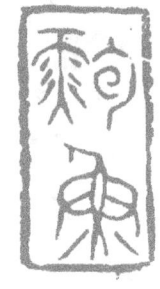
鲍鱼

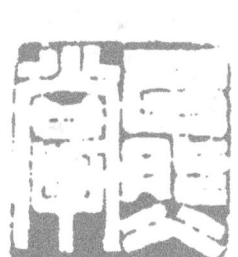
熊掌

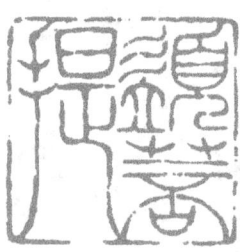
须菩提

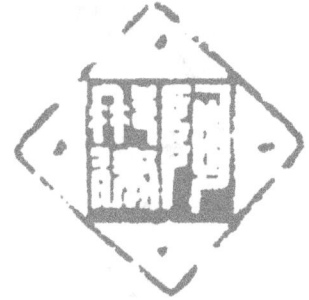
阿那律

鱼唇

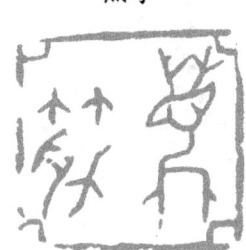
鹿筋

富楼那

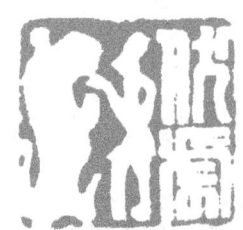
伏虎

驼峰

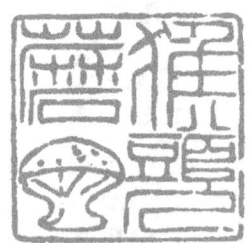
猴头蘑菇

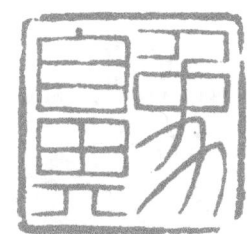
象鼻

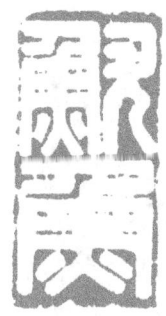
鱿鱼

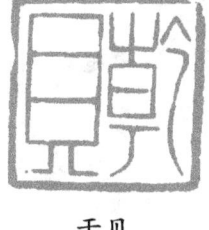
燕窝

鱼翅

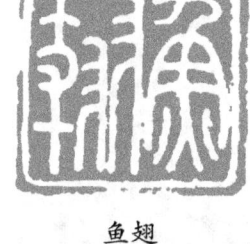
干贝

淡菜

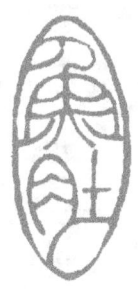
鱼肚

《中国古代四大发明》

黄之宇 刻

印刷

火药

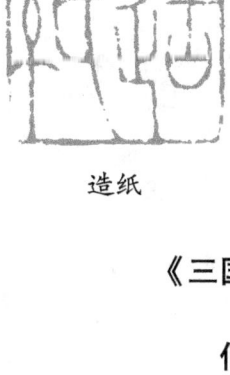

造纸　　　指南针

《三国人物》选刻

何周一 刻

赵云

孙权

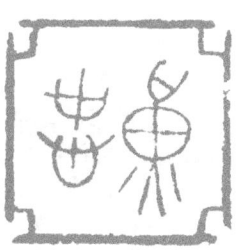
黄忠

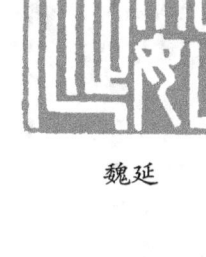
魏延

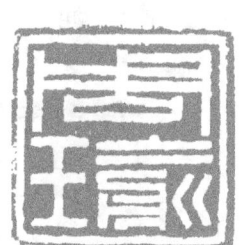
周瑜

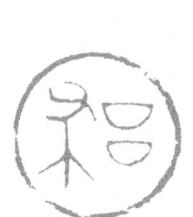
吕布

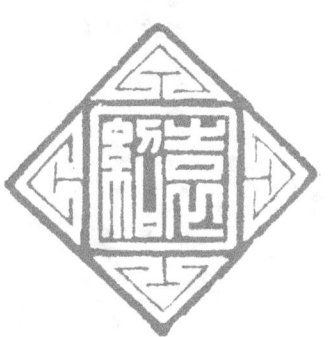
袁绍

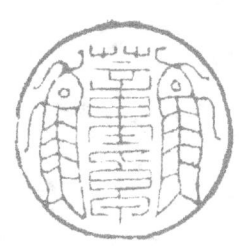
董卓

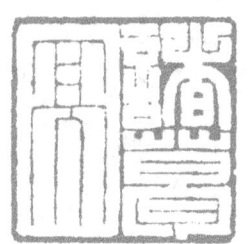
诸葛亮

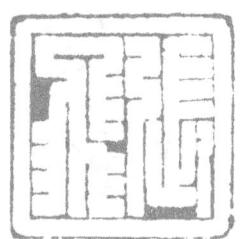
张飞

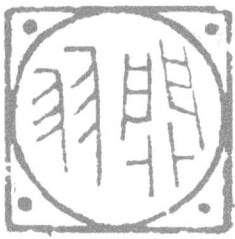
关羽

刘备

《水浒人物》选刻

王少华 刻

宋江

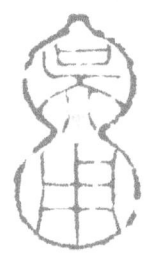
吴用

卢俊义

公孙胜

关胜

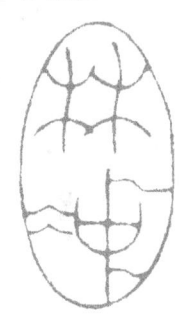
林冲

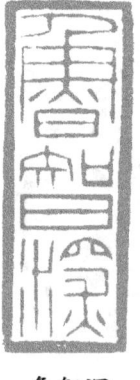
鲁智深

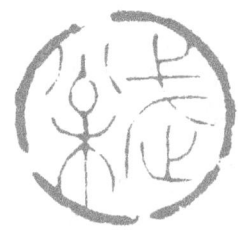
武松

杨志

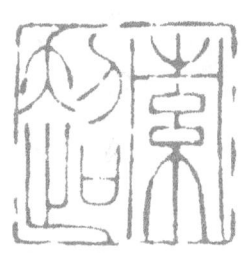
索超

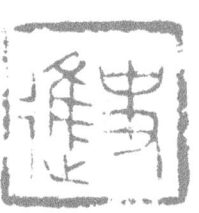
史进

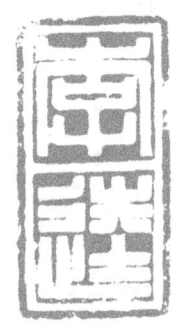
李逵

《中国名茶》选刻

陈稼时 刻

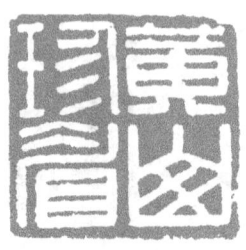
黄山珍眉

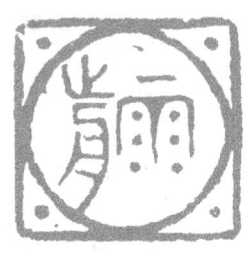
雨前

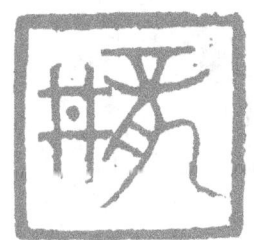
龙井

碧螺春

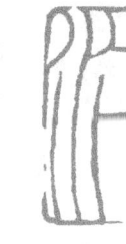
九江

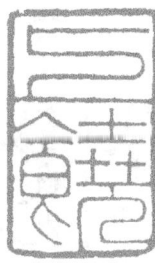
上饶

乌龙

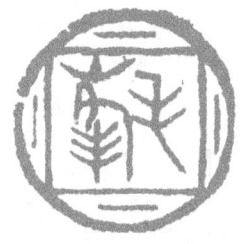
毛峰

庐山

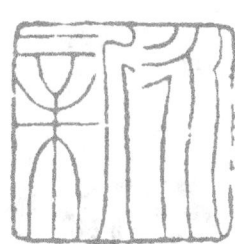
永新

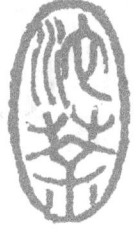
沱茶

祁门红茶

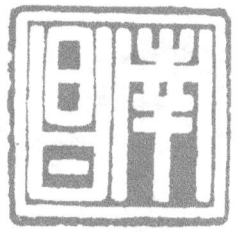
南昌

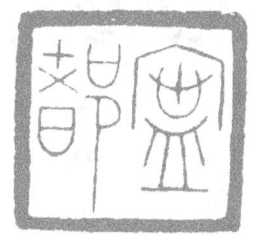
宁都

《江西地名》选刻

《澳门八景》

倪冷（女）刻

吴臻 刻

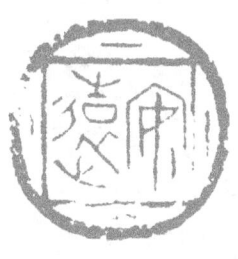
安远

吉安

镜海长虹

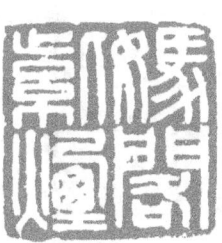
妈阁紫烟

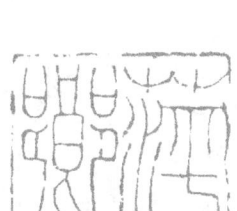
萍乡

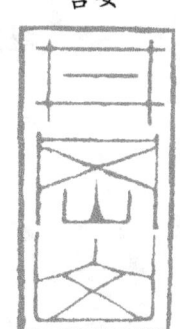
井冈山

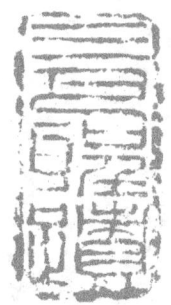
三巴圣迹

普济寻幽

龙环葡韵

灯塔松涛

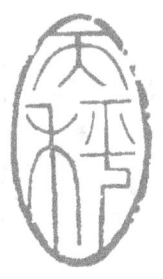

天秤

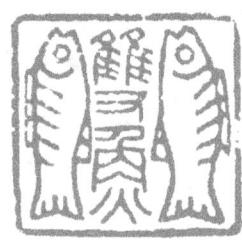

双鱼

卢园探胜

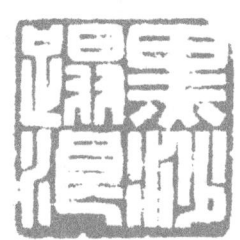

黑沙踏浪

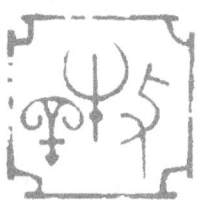

牧羊

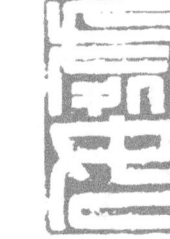

处女

《十二星座》

黄维敏 刻

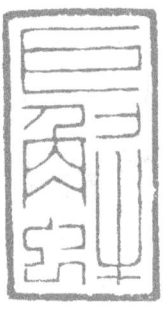

巨蟹

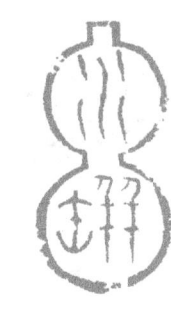

水瓶

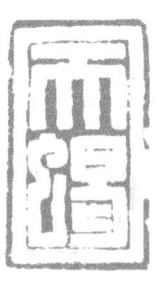

天蝎

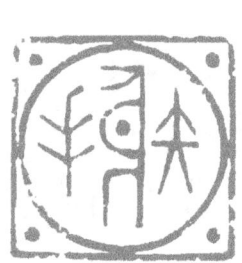

射手

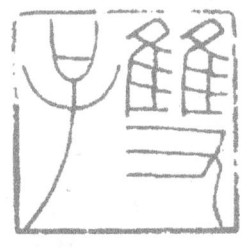

双子

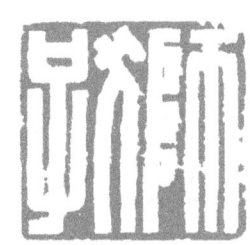

狮子

《中国传统节日》选刻

章东海、胡炜 刻

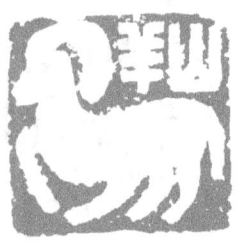

山羊

牧牛

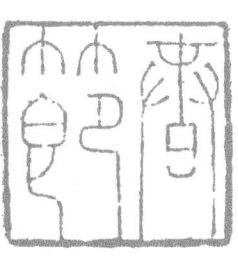

春节

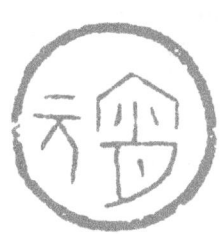

元宵

第十八章 创作举例

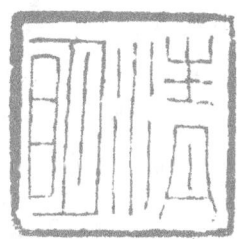
清明

端午

中秋

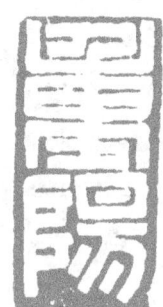
重阳

《和平颂》

集体创作

和平
（杨一）

和平
（刘翔）

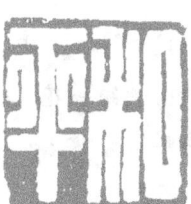
和平
（刘晓蕾·女）

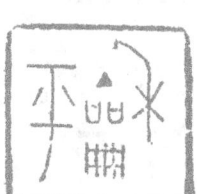
和平
（胡炜）

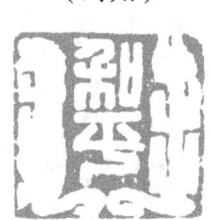
和平
（康镇海）

和平
（章东海）

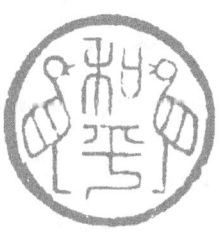
和平
（康镇海）

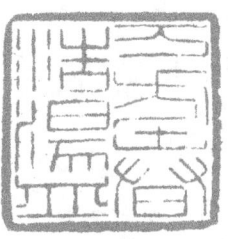
万方春浩荡
（程郭庆）

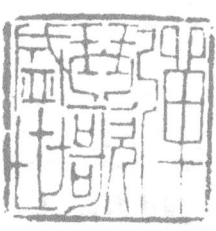
弹琴歌盛世
（黄文忠）

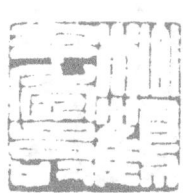
松鹤千年寿
（周海祥）

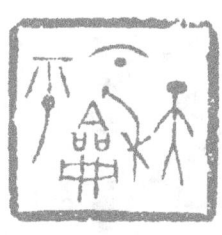
天下和平
（吴越·女）

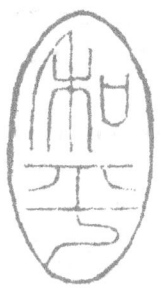
和平
（奚沁）

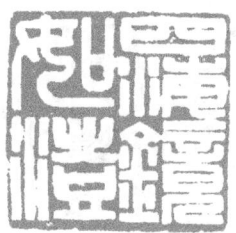
四海镜如澄
（程郭庆）

洗笔颂和平
（黄文忠）

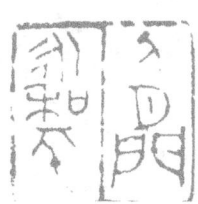
人间永和平
（周海祥）

春满人间
（吴越·女）

长颂和平
（吴越·女）

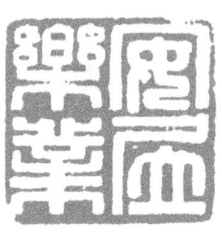
安居乐业
（吴越·女）

《庆香港·澳门回归》

集体创作

四海归心
（方嘉磊·女）

普天同庆
（方嘉磊·女）

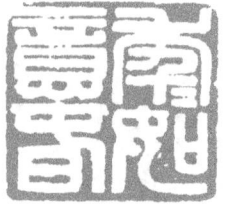
年年如意春
（吴越·女）

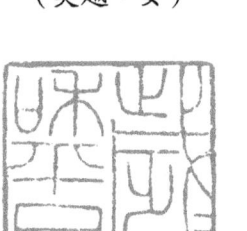
岁岁和平日
（吴越·女）

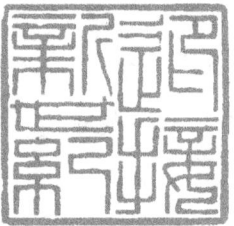
迎接新世纪
（方嘉磊·女）

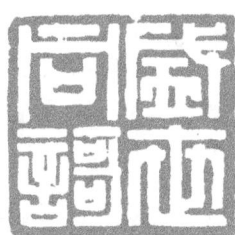
盛世同歌
（方嘉磊·女）

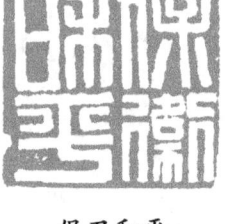
保卫和平
（孙炜）

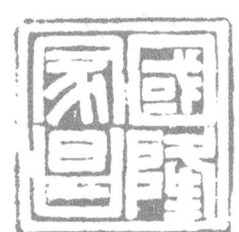
国隆家昌
（褚红波·女）

思归
（杨家宏·女）

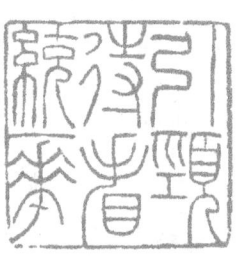
引颈待看统一花
（杨家宏·女）

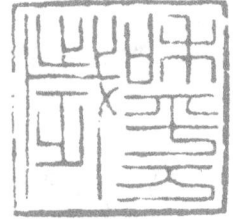
和平万岁
（山芳·女）

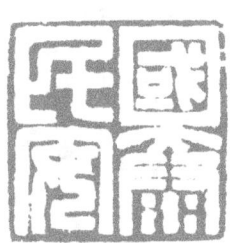
国泰民安
（山芳·女）

保卫和平
（方军）

世界和平
（周海祥）

澳门回家了
（杨家宏·女）

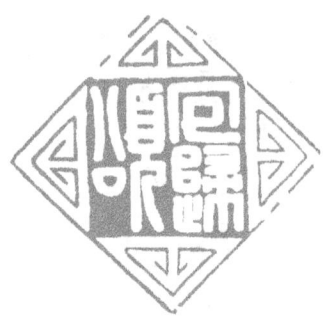
回归颂
（杨家宏·女）

《南京名胜》选刻

女生集体创作

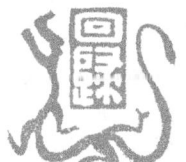
回归
（潘韩斌）

高度自治
（潘韩斌）

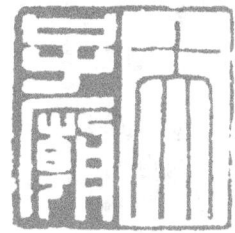
夫子庙
（刘晓蕾）

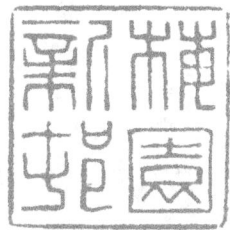
梅园新村
（刘晓蕾）

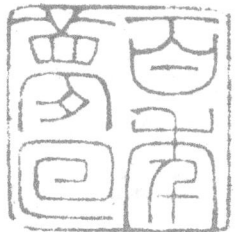
百年梦回
（潘韩斌）

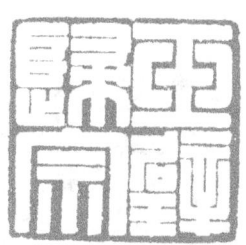
玉璧归宗
（潘韩斌）

鸡鸣寺
（刘晓蕾）

雨花台
（刘晓蕾）

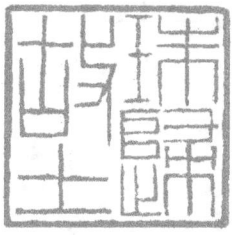
珠归故土
（杨阳）

故土重光
（杨阳）

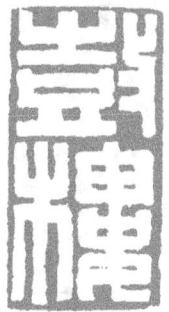
鼓楼
（刘华）

莫愁湖
（刘华）

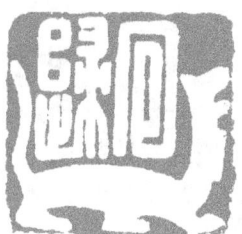
回归
（杨阳）

引颈待看统一花
（杨阳）

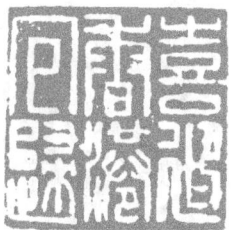
喜迎香港回归
（李孜光）

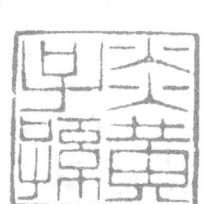
炎黄子孙
（李孜光）

明孝陵
（刘华）

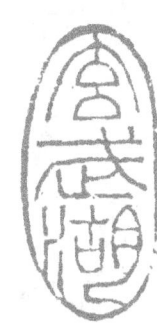
玄武湖
（刘华）

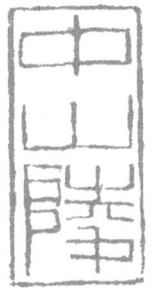
中山陵
（刘华）

紫金山
（刘华）

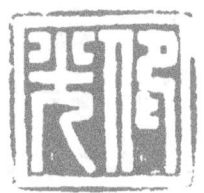
仰光
（褚红波）

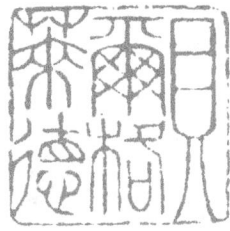
贝尔格莱德
（山芳）

《世界名城》选刻

女生集体创作

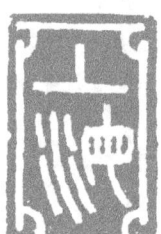
上海
（吴越）

莫斯科
（陆沁）

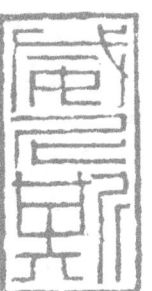
威尼斯
（吴缨）

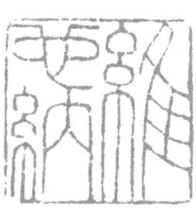
维也纳
（吴越）

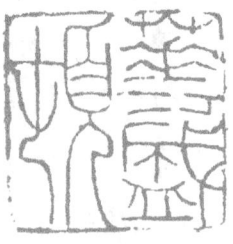
华盛顿
（褚红波）

布达佩斯
（褚红波）

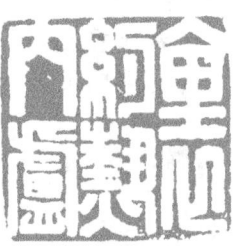
里约热内卢
（山芳）

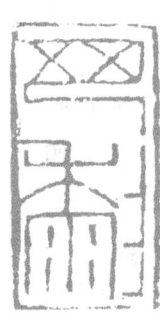
巴黎
（吴缨）

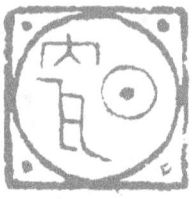
日内瓦
（陆沁）

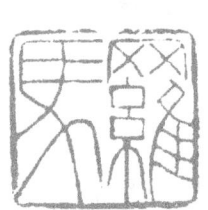
罗马
（陆沁）

华沙
（陆沁）

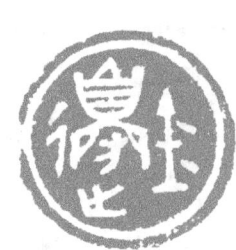
金边
（山芳）

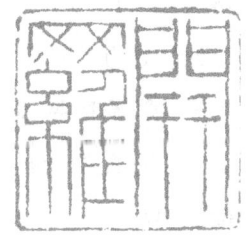

开罗
（山芳）

东京
（褚红波）

布加勒斯特
（吴越）

伦敦
（吴缨）

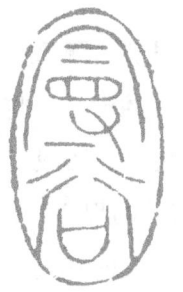

曼谷
（陆沁）

斯德哥尔摩
（吴越）

附　录

逐鹿于方寸之间

——关于《两天晒网斋印跋书法选》的对话

孙慰祖　舒文扬

孙：吴颐人数十年从艺的性格有独特性，他喜欢做别人没有做过的事，寻找别人没有好好利用的空间。东巴文入印，汉简入印文，选择汉简加以个性化的改造，这都是他在艺术道路中上下求索、左冲右突的表现。边款创作演变到这样一个面目，创造这样一个形式，和他总是要寻找个性表现的突破口的性格是一脉相承的。

舒：他立意于走新路、开新风，以重复别人为不屑，如以东巴文创作书法篆刻作品，别人肯定与否，他并不在意。记得吴颐人早就刻过一方印"逐鹿者不顾兔"，他的艺术探索也属于这种状态，这当是一个艺术大家必备的素质。如果艺术创作处处要去看人颜面，以别人的臧否来左右自己创作的话，一个艺术家的个性就很可能因此而泯灭。

孙：搞艺术是有风险的，创造新风格更加有风险。我记得吴颐人有"三难堂"一印的边款："难行能行，难忍能忍，难舍能舍"，这充分表现了他的艺术主张。

舒：吴颐人一直在追求印章边款艺术的创新，这和前辈篆刻家钱君匋先生的长跋边款创作理念多少有点渊源关系，吴颐人在边款字体的表现方面则完全强化他个人鲜明的书法风格，这一点又和篆刻大家吴让之颇为相似。

孙：听说，他近期有《两天晒网斋印跋书法选》出版，作为边款作品的专著，很令人关注。其实，从明代开始，文人在印石上留款的风气逐步形成后，边款书体的个性表现并不是一下子凸现出来，直至清代中期这种显示个性的努力才出现新局面，这种努力包括书体、书风、用刀等技术层面的个性差别。以浙派与邓石如派为例，邓石如、吴让之的行书、草书边款，表现出流动的感觉，以丁敬为首的浙派印人的楷书边款，则表现出拙的一面。吴昌硕、赵之谦的独特表现，标志着边款艺术个性化走向了一个新阶段。

舒：印人对边款创作一定会有自己的用刀特点和书法特点，总体上会把边款创作作为篆刻创作中的一道程序，自然也会注入个人的书风、刀法，这种创作意识一定会有，但一开始并不一定具备主动性的追求。吴颐人的边款创作特点是特别重视个人书体在边款这一方寸之间的表现，这在当代印人中是很突出的。

孙：他对边款创作的关注绝不亚于对印面创作的关注。他喜欢长跋形式，字体上为了达到强化的效果甚至不惜对字形大小作了适度的夸张，而从传统眼界来看是突破通常比例的。

舒：边款字体则选用他最为擅长的书法字体——汉简，他研究自己独特的刻法，用刀来表现汉简书风，正如他的艺术个展，展品中除了篆书就是汉简，在单一字体中追求形式变化与艺术表现力，将这片天地发挥到了极致。

孙：从毛笔到铁笔，并不是一种简单的转换，他对汉简书法趣味的表现力进行了再创造。汉简边款的成就是在他书法艺术的基础上生发出来的，为求重点突破，他对汉简书风作出长久不懈的研究，进而引入边款中去。这是他对以书入印理论的可贵实践。他的汉简书体入款成为当代印人群体中独标的风格。

舒：他经常提醒周围的人要注重边款艺术的独特性，强调边款艺术的创意，强调边款风格鲜明的个性。但对后学者来说恐怕重要的是借鉴他的理念，而很难去复制他的风格。

孙：这一理念相当重要。中国印章已经成为一个立体艺术。边款艺术作为艺术发挥的独立空间是逐步被认同的，历代印人对边款空间艺术因素的发掘也是一点点强化起来的。当代印人对此的关注显然超过了过去任何一个时代，吴颐人是其中走得比较远的一位印人。

舒：走到这一步，给人的启示就是：印章印面的空间和印身的空间相比，后者的"疆域"来得更大。对于独具慧眼的印人而言，与印面密切相关的空间如同良田万顷，如果不去开掘耕耘，是一件无比遗憾的事。他恰恰看中了这一天地，在边款这一印面延伸出来的广阔天地中大有作为。

孙：汉简书风纵向取势，据说吴颐人为此煞费苦心地寻觅了一批款面硕大的印材，将印款的艺术表现可能拓展到最大程度，可见他对边款这一空间的看重到了分寸必争的程度。

舒：他对这一空间倾注了极大的热情，从章法、书法、文字结构到用刀、使转、收放都进入了十分精熟的境界，刀石与笔墨意趣的结合发挥得淋漓尽致。从创作过程来看，他的这些长跋是一次有规模的专题创作，并结集成册。过去是将边款作为缩小的碑刻来看待，他是将边款作为一个书法创作的造型单元来看待，打破原来的比例。前人将边款作为印面的附属部分，吴颐人更加强调它的独立性。这也应是他将边款印跋作为书法作品单独出版的理由，使之成为一个独立体，继而将这个独立体融汇在他的整个创作中，使得作品的个性化在四面八方都被表现出来。

孙：这部书的题材除了文字之外，还有岩画。将岩画吸收到印章中也是有点风险的。因为岩画不单是线条化的东西，还有点、块、面，在印章上对古代岩画进行再创作，必须进行抽象化、线条化的再度思考。他创作岩画的造型特点是用刀笔恰到好处，人类童年稚拙的一面得到了强化，有一种生气勃勃的意象。

舒：他寻找的题材和他原先所具备的素养是密切相关的，这也反映了他的艺术创作中的改造能力、捕捉能力、选择能力得到了很好的融合，这些岩画小品即使作为独立的作品也是可以成立的。晚清以来对印款题材的开拓，扩大了篆刻的表现范围。风气所及，影响了民国印坛，篆刻款识的探索在近三十年的印坛十分活跃。吴颐人的岩画入印，在题材上开风气之先，同时通过富有表现力的艺术手段，将先民遗存的原始素材移入篆刻艺术，有水乳交融之感。此外，印款内容上表现出来的对人生的感悟，对亲情的思念，对创作理念的阐述等，也构成他印款艺术的重要亮点，这在他以往的创作中很受读者欣赏，文学性和思想内容的加入，对于当代篆刻边款的创作，无疑提供了极好的范例，读者在多侧面的艺术元素中获得了对篆刻创作的完整解读。

孙：他的为人风格，同样也有独特、鲜明的一面。他有许多与人不同的个性，与他艺术性格天然合一，这也是吴颐人在当代令人瞩目，且在诸多领域里都有独创，并为人们高度认同的重要因素。他四面八方寻找艺术享受、艺术表现，这从他诸多爱好中可以看到某种内在的一致性。他的书法、篆刻、绘画创作，都表现出鲜明的个性色彩，同样，他的边款艺术也必将成为吴颐人新的艺术标签。

长跋印八方

逐鹿者不顾兔

逐鹿者不顾兔,见《淮南子·说林训》语。庚寅重刻此印,兼得美国加州印第安人岩画,曾在加州展出。此美国加利福尼亚州岩画《争战图》,其夸张之头发,乃异邦独有。(4×4×18 cm)吴颐人并记。

万里衡阳雁今年又北归

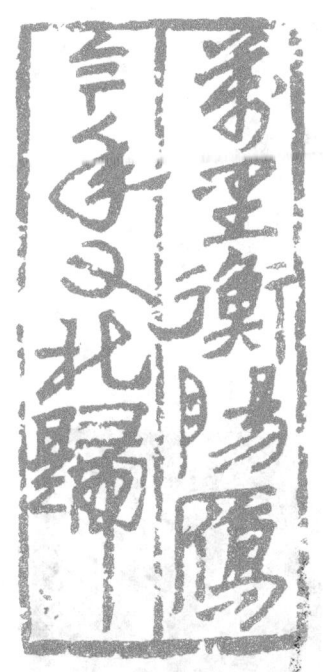

万里衡阳雁,今年又北归。云头应极目,故友立斜晖。己丑重刻己巳旧作《少陵归雁》诗句,并续一韵兼怀北国芥子,吴颐人。

云南沧源汉至唐代岩画。(9×4×15 cm)

千万莲花院

屋外无院,院中无莲。莲生笔下,心有万千。自用斋名重刻多次,庚寅孟夏赴洛城前重刻,吴颐人。

新疆托克逊县托格拉克布拉克早期铁器时代岩画。(4×4×18cm)

◎附录

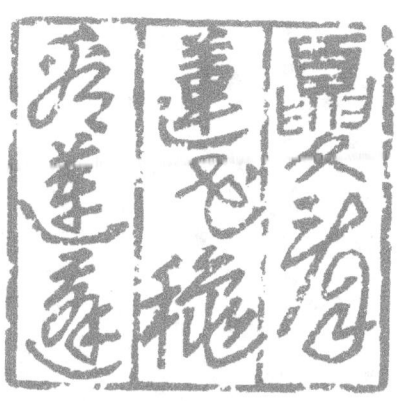

夏看莲花秋看莲蓬

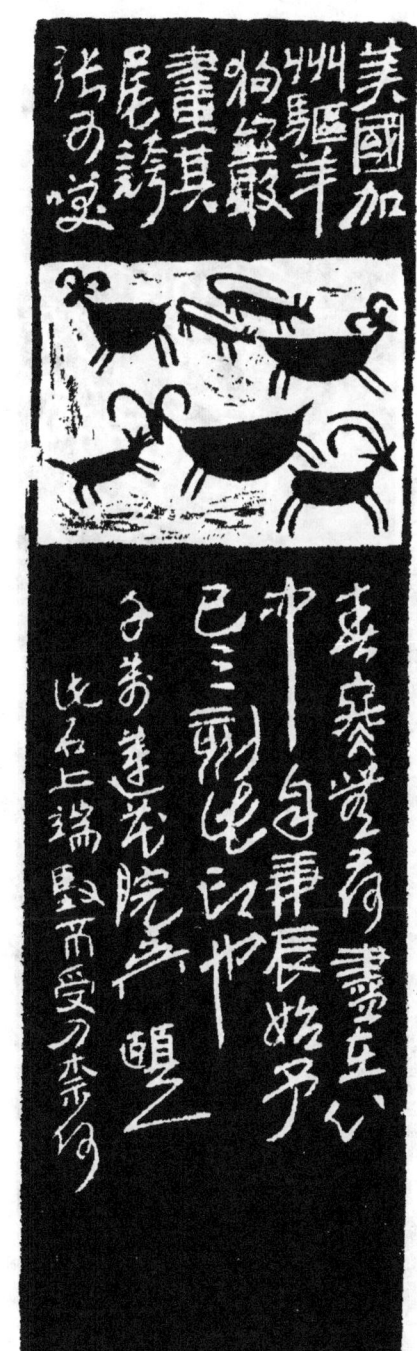

春冬无荷,尽在心中。自庚辰始,予已三刻此印也。千万莲花院吴颐人。此石上端坚不受刀,奈何。美国加州驱羊狗岩画,其尾夸张可笑。(5×5×18 cm)

山阴道上

右军、放翁、青藤、悲庵、鲁迅相遇山阴道上，予耳未暇接，不及观景矣。辛未作，己丑重刻，吴颐人。

内蒙古乌拉特中旗阴山新石器时代岩画。（5×5×18cm）

换鹅毛

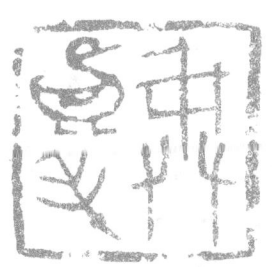

右军贺我得鹅毛。己丑春，吴颐人于千万莲花院刻以自嘲。甘肃靖远县早期铁器时代岩画。（3.5×3.5×19 cm）

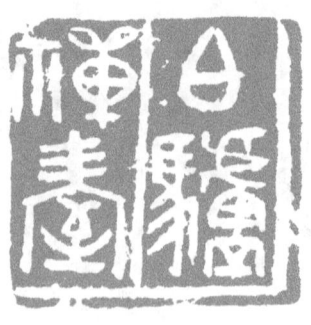

白驴禅屋

远法个山驴,中师白石翁。近尊苦禅老,一屋尽春风。岁在己丑之冬,千万莲花院吴颐人刻。内蒙古阿拉善右旗曼德拉山北朝时岩画。(4×4×19 cm)

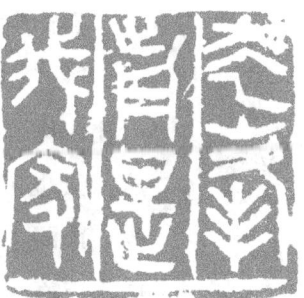

太乙峰前是我家

予未亲谒太乙，心之所往即家，况太乙巍巍，能不神飞？己丑中秋后四日吴颐人于三难堂。内蒙古达尔罕茂明安联合旗比旗格淖青铜时代岩画。（4×4×19cm）

作者别号、斋名小引

取字号、斋名历来是中国传统文人的习惯，无非是寄托情思、表达艺术观点及人生态度。另外在书、画、印作品落款时也可以多一点变化。在当今出版的一些古代名人辞典里，同名同姓的文人书画家重复者颇多，有时也全凭不同的字号、斋名才能区别。但拟一个好的名号或斋名也并非易事，有时也真要好几年才偶然拟得一个。作者自认为所拟自用别署不失含蓄、幽默，签署书写及入印文字也颇能变化，今不揣简陋，一一列出供读者参考：

忘我庐、越斋、强之

"忘我庐"乃作者早期所用斋名，钱君匋、钱瘦铁两位恩师均为我刻过印，用意是勉励我以忘我的精神献身艺术。早期曾用过的斋名还有"越斋"，借用润之先生词句"从头越"，希望自己不断进取，超越自我，"强之"也有此含意，但此号及一些别的名号用过一个短阶段或很少用。

壬壶、宁邬

作者生于1942年，为农历壬午年，肖马。由于生性好静，又爱好宜兴紫砂壶，故有此谐音别号。

司马由缰

"司马"复姓在古玺中甚多，是我较喜爱的复姓。作者肖马，个性素忌约束，我想，如果我是个司马者，一定纵马由缰、驰骋广野。柯文辉兄比我更为奔放，废弃缰绳，曾有名"司马无缰"。

绿云楼

作者爱用没骨法写芭蕉，芭蕉又雅称"绿云"，故名。

豁饮庐、豁饮散人

"豁、溪"二字相通，只是前者书写出丰富变化。作者生于农历三月初三，可称黄道吉日。这一天也正是一千五百八十九年前王羲之与好友在山阴（今绍兴）兰亭修禊之日。惠风和畅，曲水流觞，似有前世书缘。

逐鹿山房、逐鹿子

"逐鹿者不顾兔"语出《淮南子·说林》，其意正符合作者的"主攻方向论"。一艺之长，无不需要付出毕生心血。妥善安排好时间是一大诀窍，时间安排得巧妙，可以事半功倍；若安排不当，则事倍功半。不分主次，没有重点，学一样丢一样，则决无成功之日。

两天晒网斋

年轻时学艺，见缝插针，全身心投入。因作者爱好众多，体育、文学、书画、篆刻、音乐、舞蹈无不痴迷。中年后，艺术研究重心悟，书画印创作全凭一时激情，兴来如潮涌，兴尽数月不作一字一印，而今目疾渐甚，操刀刻印为艰。故撷"三天打鱼、两天晒网"之后四字为斋名，藉此自我调侃。

三难堂

行菩萨道要尽力做到"难行能行，难舍能舍，难忍能忍"，即可福慧双增，功德无量。好友柯文辉公认为"做人难、难做人、人难做"亦可作"三难堂"注释。

白驴禅屋

作者自幼即喜水墨写意画，上年纪的老人均清晰地记得作者旧宅多面粉墙上，均有我的涂鸦"佳作"。60年代初得以请教当时还错打成

"右派分子"的刘海粟、钱瘦铁等国画大师。在风格上，出于个性尤其钟情于齐白石、八大山人（驴屋）、潘天寿、李苦禅等大师大写意一路风格，遂取三位大师名号中之一字成"白驴禅屋"斋名（惜潘天寿先生之大名无法列入），又兼表达了作者对菩萨之崇敬心情。

千万莲花院

莲花，俗称荷花，出污泥而不染。"一花一世界，一叶一如来"，莲花也是佛的象征，菩萨宝座即称"莲花宝座"。曾见他人有"百莲斋"、"万荷堂"，作者则希望自己的书斋处在千千万万的莲花丛中。而且，作者作画又最爱作莲花，配以自由自在的游鱼，自署"千万莲花院主"或"千万莲花院长"。

醉汉

作者因醉心于汉简、汉画像石，自号"醉汉"，其乐不在酒也。并刻有"神游两汉"、"醉我汉魂"、"追汉魂"、"书乡醉汉"、"醉汉无心最有情"、"梦中犹是汉衣冠"等印，其中有边款一则可以明志："酒醉心暗；书醉心明。汉画汉简，养我汉魂。"

天马行地厩、嘶云阁、嘶云山民、追风子、追风草民

作者生肖属马，自觉天马行空太张扬，且行空飘忽，不若奋蹄吻大地，擂鼓助童叟。世界上并无嘶云山，也无嘶云阁，这些斋名、别号均与"马"有关，随意用以自娱的。

候补愚叟居

六十岁后撰此斋名，候补官每思转正，候补叟唯恐转正。然岁月无情，唯将勤补拙，以颐天年。

星照一心园

人生孤独，习惯孤独、享受孤独，先刻有"美哉孤独"、"偏爱一星孤"闲章，自感一星不孤，有光便足也。

拜婴楼

莫谓老夫多傲骨，童稚面前肯折腰。人生一过半百，倍感人情险恶，唯有童子之纯真无邪难得。

雷聋山房

有三重含义。一、崇拜前辈吴昌硕（大聋）、潘天寿（雷婆头峰寿者），二者各撷一字成之。二、"雷聋"二字与沪语"烂弄"、"乱弄"谐音，表示作艺无所家法。三、艺界杂乱，炒作、作假之风令人作呕，为求清净，不屑与之为伍，喻即使打雷，我亦聋而听不见也。

嘶云阁

此为作者之官网名。爱汉简的作者肖马，巧合的是汉简出土的地点，竟有四处含"马"字：长沙马王堆、长沙走马楼、敦煌马圈湾、天水放马滩。驿动之马充满生命活力，长嘶一声，天马行空，寄托作者内心的希望。

观蚁亭长

静观艺界，虚张声势，自我炒作，争名夺利之辈，素为作者所不齿。远离喧嚣、躁动，自娱自乐，追求宁静、恬淡的每一天。悟出世上之人类，无不如同尘埃一般微不足道的蚂蚁。且观蚂蚁世界有礼有仪，有勤有勇，当今不少七尺男儿见之无愧乎。

倚塔吟雁堂

是因为父母在日寇侵华逃难时生作者于湖南衡阳，该地有来雁塔、回雁峰。并多次刻范仲淹诗句"衡阳雁去无留意"。2013年作者首访出生之地，登上来雁塔，承诺捐赠楹联、匾额予来雁塔。联曰：塔影雁韵八千里路云和月；稻香枫舞一片乡心水与山。并附款：余生衡岳下，幼时不知雁声，今头白矣，闻雁思乡。何日登岳麓，观雁绕塔舞，余当奏琴伴之，岂非韵事也。岁在癸巳之秋，倚塔吟雁堂主吴颐人。匾题五个大字"倚塔盼雁来"。

千里散骑司马

散淡自在也。余生肖为马，甲午为本命年，思忖本人个性散淡，不善驰骋。起此名号，非慕高爵，自嘲而已。据考，唐白居易时代，"司马"乃一小官，而在汉代，"司马"是大将军也，一笑。

雷聋山房

有三重含义：一是崇拜前辈吴昌硕（大聋）、潘天寿（雷婆头峰寿者），二者名中撷一字成之。二是"雷聋"二字与沪语"烂弄"、"乱弄"谐音，表示作艺无所家法。三是艺界杂乱，炒作、做假之风令人做呕，为求清净，不屑与之为伍，喻"即使打雷，我亦聋而听不见也"。

倚塔吟雁塔

因为父母在日寇侵华逃难时生作者于湖南衡阳，该地有来雁塔、回雁峰，且作者多次刻过范仲淹词句"衡阳雁去无留意"。2013年作者初访出生之地，登来雁塔，承诺捐赠楹联，匾额予来雁塔。联曰："塔影雁韵八千里塔云和月；稻香风舞一片多心山和水。"并附款：余生衡岳下，幼时奏琴伴之，岂非韵事也。岁在癸巳之秋，倚塔吟雁堂主吴颐人。匾题五个大字："倚塔盼雁来"。

观蚁亭长

极言追求宁静、恬淡、远离烦躁、虚妄艺界的愿望，与其耳闻目睹众"大师"证明夺利。不如闲看蚂蚁运粮之忙。

（以上多数斋号、别署已选入江西美术出版社朱亚夫编著《名家斋号趣谈》）

明天，你会选择什么样的篆刻风格

学习篆刻这一门视觉艺术，就其入门的初级阶段来说，有着很强的技术特性。如本书开始要求你进行刻回文的训练，以及临刻一字印、二字印之类的训练，都要求奏刀沉着，把线条刻得平直光洁、匀称饱满。实践证明，这一阶段的练习并不需要太久时间，几乎所有的人为时不久即能做到操刀自如。然而，作为一个篆刻艺术上心摹手追的实践者来说，属于艺术范围里的学习只是刚刚学步。只有具备了必不可少的书法、文字学、美学、绘画构图和有关音乐、舞蹈、戏剧等各类文学艺术方面的知识，以及具备一定的生活经验、想象力、思想水平、艺术感觉以后，才谈得上对刀法、笔意的鉴赏和对章法设计的心领神会——这才是篆刻艺术的真趣所在。

在具备了一定的基本功后，鉴赏能力的高下，直接关系到艺术水平的提高，因为艺术家全部的技巧、学养和个性，往往都在他的精心之作中化成最为形象、具体的艺术语言。而不通晓这种语言，是难以与先贤进行心灵的对话的。所谓"心摹手追","心摹"就是赏析上达到的理解和沟通,这是应该永远走在实践之前的。学刻者最终的理想都希望自己的作品具有独特的风格,但这说起来容易,做起来极难,甚至一生也难以做到。那是因为风格的形成有多种因素,与个人气质、学养有极大关系,往往通过长年积累,渐入佳境,由量变到质变。一觉醒来形成了"风格"是自欺欺人。艺术上的懒汉永远不会有成就,艺术上的"近视眼"也绝对创不出什么"风格"来。

我想说的是跟着本书学刻,由于只选择了部分有代表性的作品,即使做完全部作业,也只是初入门而已。起初几年,还是应该再多临工整一路的古印与名家印,可按本书所附资料选择经过长期历史考验,为多数专家所公认的相关内容,继续认真临刻,同时结合一点创作。如果你问我到底要临刻多少方才算打好基本功,"学海无涯",我可能无法回答你具体数字;你真要"逼"我说,如果你真的有志于学刻,我想临刻加"画印"总不能少于500至1000方。你可能认为要求过高了一点,但我却认为,这是一个起码的数字。完成了这一定的量以后,可以允许你按自己的喜好,选择工整或粗放一路的印风,结合个人气质继续摹刻相关的范本,并以这一类印风进行半创作或正式的创作。这里,我的确比较强调学习的基础性、正规性,同时探索自己的可持续发展性。有些学刻朋友急功近利,忽视基本功训练,一味求奇,什么风格易获奖就学什么。殊不知,在学习的道路上如要成功,基本训练这一关是逃不过的。历数中国篆刻史上明清以来所有成功的篆刻家,没有不跳开时人的影响而直溯本原的,只有近视的学习者才只学时髦的印风而轻视传统基本功。

那么,怎样确定自己今后该选择的印风呢?这取决于自己究竟爱好哪类风格的作品。以风格而论,不外乎两大类:

工整一路:

1. 汉印中工整的　2. 王福厂　3. 赵叔孺
4. 罗福颐　5. 陈巨来　6. 韩登安

粗放一路:

1. 汉将军印　2. 秦汉封泥　3. 吴昌硕
4. 齐白石　5. 钱瘦铁　6. 来楚生
7. 陈师曾

还有介于二者之间的一路:

1. 赵之谦　2. 吴让之　3. 黄士陵
4. 钱君匋　5. 叶潞渊

你的个人气质属于哪一类,可以按我为你设计的心理测试题的积分来判断。这仅是我的一种借鉴方法,你不妨一试(书画均适用)。我们应该懂得,书画、篆刻这些传统的艺术实在是充满强烈个性的艺术,艺术家的作品里承载着作者自己的个性,透露出画家、书法家、篆刻家们对艺术的不同感悟方式。不注意运用、修炼和发挥个人的气质特长,即使你有丰富的学识、扎实的基本功,也很难成为艺坛高手。只是当个人气质未能被准确识别出来时,每个人都会为此感到困惑。

巴甫洛夫认为:"气质是每一个个别人的最一般的特征,是他的神经系统的最基本的特征,而这种特征在每一个人的一切活动中都打上一定的烙印。""气质"不是我们以自己的力量能控制的。无视个人的先天性,于学习,特别是于艺术风格的追求,是十分无益的。气质特征越明显,越有利于你的学艺。

凡是在艺术上卓有成就的艺术家,必定是气质特征十分突出的人。所以,我们应该认识到个人的气质特征,把握好并自觉地扬长避短,使先天的气质特长向高级完善的方向升华。但要注意，一味沉浸在个人气质相近的范本中经久不离，忽视了向那些虽然风格相近却面目各异的作品借鉴学习，产生顽固的排外性，会因"偏食"而"结壳"，以致泯灭了自身的气质。

我们的尝试灵不灵，这要以实践来证明。从我几十年所接触的师友、学生来看，基本上是符合这些特征的。下面这一简单的测试，只需选择最适合你个性的答案，然后将分数累加，就能测出结果。如其中有你从未经历过的，那就请选一个在这种情景下你最有可能作出的反应。因为，你只有回答所有的问题，才能确保阅读判断的有效性。

心理测试（编号即分值）

一、假如手绢、钱包、钥匙是你出门必带之物，你会：………………………（　　）

1. 没有固定安放口袋，甚至有时会忘记。
2. 偶然不放在固定口袋。
3. 永远固定放在某个口袋中。

二、你会多次丢失钱包、钥匙吗？…（　　）

1. 已多次丢失。
2. 只丢过一次，之后就吸取教训。
3. 从未丢失过。

三、对待书架上的藏书，你的习惯是：
………………………………………（　　）

1. 只有大致的安排，并会随意在书上题写、划线。
2. 安放基本整齐。
3. 各类书安排整齐，每本书四角笔挺，不喜在书上题写，有用书签夹页和包书的习惯。

四、拉开你的抽屉：………………（　　）

1. 很杂乱，要翻找一样东西常不易找到。

2. 大体有点规律，有时会找不到东西。
3. 整理得井井有条，记得每件资料或东西放在什么地方。

五、当你用好毛笔，钤盖好印章后：
………………………………………（　　）

1. 无洗笔、揩净印章的习惯。
2. 不忙时会洗笔、揩净印章，一忙便会对此毫不在意。
3. 每次都洗笔、揩净印章，再放在固定的地方。

六、你记得第一天上小学的情形吗？
………………………………………（　　）

1. 记不清了。
2. 有点记得。
3. 清楚地记得是谁陪我上学，路上碰到谁，甚至这天的天气，穿了什么衣服。

七、你在学习、工作时看手表吗？
………………………………………（　　）

1. 没想到要看，或不戴手表。
2. 不忙时偶然看。
3. 有看表的习惯。

八、你会记得父母或爱人的生日吗？
………………………………………（　　）

1. 记不得，自己也不过生日。
2. 不全记得，有时为他们或自己过生日。
3. 对此很在意，清楚地记得家庭成员的生日，常起劲地操办。

九、晚上十点钟，你回家时：………（　　）

1. 顺手拉上门，打开电视机，并不注意音量的大小。
2. 轻轻拉上门，即使看电视也会注意音量大小。
3. 特地旋转把手，无声地拉上门。考虑到邻居或家人已睡觉，不开或把电视机音量调到特别轻。

十、节日，你给好朋友寄贺卡吗？
................................（　　）

1. 虽然相互关系不差，但想不到要寄贺卡。
2. 偶尔也寄过几次。
3. 节日前早就开列好名单，并到商店一一选择贺卡了。

十一、与同学、朋友约会，你通常会：
................................（　　）

1. 早几分钟晚几分钟都无所谓。
2. 一般准时到。
3. 基本喜欢早到五至十分钟。

十二、盛夏酷暑，作为一个男子，你会：
................................（　　）

1. 光着膀子，穿着塑料拖鞋写字、刻印。
2. 至少穿件汗背心。
3. 穿汗衫或T恤衫，出门总穿薄袜子、风凉皮鞋。

十三、除了炎热的夏天，在其他季节里：
................................（　　）

1. 换洗衣服无规律，通常时间较长。
2. 要家人催了才换洗。
3. 有规律，定时换洗。

十四、与友人在外进餐时点菜，你会选择：
................................（　　）

1. 带麻辣味的川菜。
2. 广东菜或上海本帮菜。
3. 带甜味的无锡菜。

十五、与友人在外进餐时点饮料，你会选择：
................................（　　）

1. 白酒或低度酒。
2. 干红葡萄酒。
3. 绿茶或矿泉水。

十六、如果你患了感冒，伴有咳嗽、咽喉疼痛，你的反应是：................（　　）

1. 没当一回事，嫌到医院看病麻烦。
2. 随便服点现成的感冒药。
3. 找时间去看看医生，即使煎服中药也不嫌麻烦。

十七、若是让你去菜场或商店购物，付款时你会：........................（　　）

1. 爽快地付钱走人。
2. 自己预先心算一遍，早备好款子。
3. 买好菜会到公平秤上去复验。

十八、如果有三类民歌，允许你自选其中一种的话，你会选择：..............（　　）

1. 高昂悠远的蒙、藏民歌。
2. 来自黄土高原上的陕北民歌。
3. 婉转清丽的江浙民歌。

十九、如果让你去当一次体育观众，你会选择：..........................（　　）

1. 拳击、散打、足球。
2. 乒乓球。
3. 自由体操、高低杠。

二十、让你在下列旅游点选一处游览，你会选择：........................（　　）

1. 敦煌的大漠风光或内蒙草原景色。
2. 深圳或广州的南国都市风光。
3. 以小桥流水园林著称的苏州或杭州。

附心理测试标尺，看你的总分大致属于哪一类：

（1）粗放一类（20—30分）
（2）介于粗放与工整之间（30—50分）
（3）工整一类（50—60分）

2009版《篆刻跟我学》后记

2004年本书出版后，颇得社会好评。书后的20道心理测试题"明天，你会选择什么样的篆刻风格"，不仅有不少学刻者认为极有新意，而且还告诉我按题测试基本符合。全国首家书法专业报刊《书法报》也全文转载。书不久即售罄，恰在这市场的真空期，盗版商来凑热闹了。

一直在听说"盗版"，这次竟盗到我头上来了。2006年初，友人在大超市书架上，买到了一本署名吴颐人编著、西泠印社出版的32开本的《教你怎样篆刻》。开本缩小了，纸张及印刷质量极差，但从2004年至今已重印多次，后来我在另一家私营店也买到一本。这使我十分震惊，因为我从未编过这本书，但其中内容，又确实系出自我的《篆刻跟我学》。本人出书近30本，但这算是首次在西泠印社"出版"了一次书。

全书443页，其中320页的确来自我在2004年上海辞书出版社出版的16开本的《篆刻跟我学》中的内容，其余100多页模糊不清的照片及所附印章，均非原著所有。这些黑白照片及内容与原著太不协调，属于生硬加入。经查，这些内容大多来自杭州一作者所编72页的《怎样学篆刻》。

盗版猖獗，竟然还有"双胞胎"奇案。2007年夏天，我在一家卖折扣书、盗版书的私人小店中竟又发现了一本冒名上海辞书出版社出版、"中国篆刻协会隆重推荐"的《篆刻技法》。与上一本盗版书不同的是，内容全部摘自我的《篆刻跟我学》。看来，生意好，是因为学刻者与盗版商都青睐我的这本书。友人调侃我说，这应引为"骄傲"。我想自己学刻五十多年，还不知中国有一个"中国篆刻协会"，能被它"隆重推荐"，照例应该是值得自傲的。对此，只好苦笑而已。

盗版书印刷拙劣，为迷惑读者，骗取读者上当，在上述第一本盗版书中，照样按我的习惯，在书的正文前附拙作书法两件、"千万莲花院"斋名印一方，书末照样有"后记"及《明天，你会选择什么样的篆刻风格》一文。盗版商的目的在于赚黑心钱，只要此书好卖，他即开盗，根本不顾什么图书质量。现有专业维权法律人士在关注此事。以上所介绍的情况，为的是要告诉关心我的读者朋友，别一不小心买了署我名的盗版劣质书。

盗版猖獗，为不使市场空缺，使关心我的读者能买到我的正版书，我将书稿转请国内出版界享有盛名的吉林美术出版社出版。他们同意我以最快的速度，出版全新的正版书与热爱我的读者见面。

我的书易社出版并不少见，并无其他原因，因为读者喜欢我的书，出版社卖完了就该重印，不印，我便另找出路，总不能让市场上空着，使愿意跟我学刻的青年失望。在本书易社再版之际，正值戊子新春。写毕再版后记，作者愿与广大读者一起，在新的一年里，认真学习传统，共同参与保存篆刻这一祖国稀有艺术的火种。

戊子灯节
吴颐人于三难堂南窗

后　记

这二十年来，与篆刻有关的书，我着实是编写了几本。《篆刻五十讲》《篆刻法》《印章名作欣赏》《常用汉字演变图说》《吴颐人百印集》《吴颐人印存》《鲁迅著作印谱》《福寿印谱》《心经》等，在社会上较有影响。说来也惭愧，记得我到北京潘家园时，连大部分不认识的刻印铺子的摊主都来握握手，呼我为"老师"，说他们都是根据我的几本书学刻的。

当然，每本书都有各自的使命，《篆刻五十讲》通俗、简洁，用不多的文字，介绍篆刻的基本知识，注重知识性、技巧性、资料性与趣味性。《篆刻法》则介绍得比较详细，篇幅多，资料全，可以满足深一层次学刻者的要求。如果光刻而不辨印作的优劣，莫明其妙，要想提高也难。于是，受绘画、音乐等名画、名曲欣赏的启发，我又编写了《印章名作欣赏》。学习篆刻使用的是已远离我们日常生活的篆书，在当今生活节奏如此之快的社会中，除少数专业工作者外，要一个学刻者精通大小篆是不现实的，但了解一点汉字发展的一般规律，还是十分必要的，于是就有了《常用汉字演变图说》（后改名《汉字寻根》重版）。如此等等，不一一赘述。由于我当过教师，有能力把复杂、古奥的篆刻艺术，用通俗易懂的语言介绍给读者，又有数十年的篆刻实践，所以每本书上市后都很畅销，大都重版、重印，多者重印达十余次。这是广大读者对我的厚爱，也是最值得我引以为安慰的快事。

在二〇〇一年十二月第二次于上海美术馆举办了"学艺五十周年书画篆刻展"后，友人们看到我目疾日甚，人也渐入老境，劝我不要再写书了，一费眼力，二是稿费太低，但急需提高的书画篆刻创作，又在等待我投入更多的精力。对此，我内心是十分接受的，表示将手头这几本与上海辞书出版社约好的书完成后，就可以歇手了。具体地说，除了《吴颐人题汉画像石》《梦绕丽江——纳西象形文书法刻印》外，就是这本《篆刻跟我学》了。

这是一本与以往任何一本书都不同的书，但也可以说是一本捡来的书。那都是近二十年来，一些学刻者的临作，原本并无留存的必要，而我只是随意地放在几个大盒子里。前些年，也许是受到时下很流行的英语口语读本和各种学科练习册的启发吧，我感到艺术虽无捷径，但是对典型风格技巧的研究、剖析、评点，于初学者来说还是大有裨益的，而有侧重地循序渐进、重点突破，从量的积累到质的飞跃，从感性的认识到理性的领悟，正是我的切身体会之一。于是我突发奇想，把这些不成熟的临作与原作对照，逐方评点，或许会给学刻者另一种启发。而在《篆刻五十讲》与《篆刻法》（增订本）两书中，也已有极少的段落或篇章如此做了，这或许就是本书的雏形吧。

由于积累的资料有限，内容有一定的局限性，这是要请读者谅解的。我认为，本书后面附录的创作，倒是有点意思。读者学刻到一定阶段，不妨也自己找点题材，不论数量多少，试着搞一点创作。如果说，以上这些篇章都还是脱离不了传统艺术入门书的老套的话，书后的心理测试题"明天，你会选择什么样的篆刻风格"可能还不多见。我从日常生活习惯中选了二十道题，根据不同的答案，借以粗轮廓地给学刻者号号脉、分分类。无论是学习书、画、篆刻还是其他艺术门类，看来都可以尝试一下填写这些问题，给自己今后的学艺道路找找努力方向。此法是否可行，是否行之有效，尚待实践检验，这里也只能说是供读者参考。

书首的文字知识，我不另写新词。那是因为我再写，也总跳不出自己先前写的《篆刻五十讲》与《篆刻法》（增订本）这两本书，说来说去，还不是这几句老话？对于手头尚无这两书的学习者，可能有新鲜感；而对于已有这两本书的学习者来说，请原谅我自己抄袭了自己另两书的文章（还说不上"侵权"），为的是给您提供一点方便而已。因为如不介绍一点刻法之类的知识，一下子进入临刻，可能会使初学者觉得突兀。

图书在版编目（CIP）数据

篆刻跟我学/吴颐人著. —上海：上海书店出版社，2015.7
ISBN 978-7-5458-1084-4

Ⅰ.①篆… Ⅱ.①吴… Ⅲ.①篆刻—技法（美术）
Ⅳ.①J292.41

中国版本图书馆CIP数据核字（2015）第148231号

责任编辑　彭亚星
特约编辑　林子序
技术编辑　丁　多
封面设计　郑邦谦

篆刻跟我学

吴颐人　著

出　　版　上海世纪出版股份有限公司上海书店出版社
发　　行　中国图书进出口上海公司
版　　次　2015年7月第1版
ISBN 978-7-5458-1084-4/J.298

www.ingramcontent.com/pod-product-compliance
Lightning Source LLC
Chambersburg PA
CBHW081813220526
45470CB00006B/2299